U0918346

区域经济与粤港澳台合作研究丛书

本书获暨南大学广东产业发展与粤港澳台区域合作研究中心资助出版

# 知识经济研究

——从知识经济学到知识产业、知识市场、知识创业、知识城市及其他

代　明／等著

中国财经出版传媒集团

**图书在版编目（CIP）数据**

知识经济研究：从知识经济学到知识产业、知识市场、知识创业、知识城市及其他／代明等著．—北京：经济科学出版社，2019.9

（区域经济与粤港澳台合作研究丛书）

ISBN 978-7-5218-1043-1

Ⅰ.①知… Ⅱ.①代… Ⅲ.①知识经济-研究-中国 Ⅳ.①F124.3

中国版本图书馆 CIP 数据核字（2019）第 221023 号

责任编辑：杜 鹏 常家凤
责任校对：刘 昕
责任印制：邱 天

**知识经济研究**

——从知识经济学到知识产业、知识市场、知识创业、知识城市及其他

代明/等著

经济科学出版社出版、发行 新华书店经销

社址：北京市海淀区阜成路甲 28 号 邮编：100142

编辑部电话：010-88191441 发行部电话：010-88191522

网址：www.esp.com.cn

电子邮箱：esp_bj@163.com

天猫网店：经济科学出版社旗舰店

网址：http://jjkxcbs.tmall.com

固安华明印业有限公司印装

880×1230 32 开 13.5 印张 360000 字

2020 年 3 月第 1 版 2020 年 3 月第 1 次印刷

ISBN 978-7-5218-1043-1 定价：76.00 元

**（图书出现印装问题，本社负责调换。电话：010-88191510）**

# 前　言

知识产业、知识城市、知识市场、知识创业、知识并购等议题是本人及所指导的博士、硕士研究生团队（参见“代老师团队/www.dai-team.net”网站）的主要研究方向之一，统属创新理论指导下的知识经济研究；经多年努力，我们积累了近百项上百万字的系列研究成果，包括期刊论文、会议论文、工作论文、课题（结题）报告、调研报告、成果简报、政策建议以及学位论文等。在此基础上，我们经重新审视、精心筛选和有序整理编成此书，以期对本团队在这一领域的研究做一个阶段性总结，并为感兴趣的读者提供集中、系统、方便的浏览体验。全书分为六个单元。

第Ⅰ单元主要介绍本系列研究的基础或基本理论，涉及熊彼特创新理论、知识经济学已有研究成果及与之相关的分享经济理论等。由于国内外关于知识经济的研究整体上仍处于浅层次、碎片化、欠成熟状态并滞后于突飞猛进的知识经济实践，我们听到了“新经济呼唤新经济学”“知识经济催生知识经济学”的声音。

第Ⅱ单元主要研究知识经济时代的主导产业——知识产业，其更常见的提法为“研发（R&D）产业”，有时也称“知识产权产业”等，涉及该产业的内涵、特质、评价、形成路径、商业模式（业态）、投入产出测算等，其中包含研发产业化的非典型路径、CSO高端商务基模、研发或知识产出的价值测算方法等较新的理论发现或成果。本团队在这方面的研究开始较早，积累的成果相对较多，但从全书篇幅和各章之间平衡考虑，这里只能“挂一漏十”（不敢说“挂一漏万”）了。

第Ⅲ单元主要分析知识经济社会的核心资源配置手段或机制——知识市场，有时也称“创意市场”（market for ideas，或“主意/点子市场”）或“技术市场”“研发市场”“知识产权市场”等，涉及该市场的兴起、界定、实证、制度设计、失灵及其修复、流畅性及其影响因素、知识供应链等。不论是从国内外还是从本团队在这方面的研究成果来看，知识市场理论的建构都还有很长的路要走。

第Ⅳ单元主要分析知识经济时代的创业特质或创业引领模式——知识创业，涉及概念的梳理和界定、具体形式和影响、与资本创业的联系和区别、对区际创业绩效差异的评价分析、关于当前“双创”活动的优化策略等，由于知识创业在国内外学术上还是一个新课题，本团队对这方面的研究也才起步，许多成果尚在研中，故这里只能算开（点）了个题。

第Ⅴ单元主要研究知识经济时代的核心要素/产品（也即知识要素和知识产品）集散中心——知识（型）城市，其别称为“创新型城市”“智慧城市”，有时为强调其科技创新面也称“科技城市”“技术枢纽城市”，为突出文化创新面又称“创意城市”等，涉及这方面的理论回顾、实践总结、样本分析、地缘文化特质、知识集散效应模型与实证、创新型城市与创新型企业的潜在依存关系等内容。本人及本团队致力于这方面的研究已有近二十年，成果数量在本系列研究中居首，在此也只能“挂一漏十”了。

第Ⅵ单元介绍本团队在本系列研究领域的课题（科研项目）成果，主要是本团队以课题组名义承担的政府及企事业单位招标课题结题报告，涉及“粤台自主创新能力比较与科技合作”“知识城市的国际比较与对标管理”“科技中介市场体系建设”“多元权益函数与大范围员工股份期权计划”“知识集散效应下的城市形态”“城市创新支持系统”“创新型城市/区域评价体系”“跨区域创新资源配置与共享”“知识或创新型城市定位下的知识市场体系建设”“创意产业园规划”“本土创业创新企业调查”“全球创客之都研究”等专题。同样因篇幅所限，这里仅分享其中一篇关于知识城市发展知识/研发产业的调研报告。

此外，本系列研究还包括知识并购、知识营销（或知识经营）、知识要素禀赋与流动及其他相关议题，在这里也因篇幅所限暂未列入，或可留待将来出版本书续集。

我们在总结、回顾和梳理本系列研究历程及成果时感到：一方面，我们所处的这个时代具有强化和深化知识经济研究的巨大需求，比如许多招标课题都与此有关，经济学人因此拥有较大作为空间和实现理论创新的机会；另一方面，本人及本团队所在的地域为本系列研究提供了可能和条件——“珠三角”地区是中国最重要的经济增长极之一，其中的深圳市更是全国首屈一指的知识（研发）产业重镇、知识市场实验场、知识（创新型）城市标杆和创客之都。就如同国外的新经济研究多以美国硅谷为范本一样，深圳知识经济及其知识产业、知识市场、知识创业、知识城市等的发展也为本系列研究提供了较好的国内样本。但毕竟本人及本团队学术功力有限，涉入本系列研究也才近二十年时间，面对这样一个世纪性研究命题，不经过数代人的努力是难以取得重大突破和见到实质性成效的，正所谓任重而道远。

作者

2020年1月

# 目　　录

## 单元Ⅰ　知识经济学

## 单元Ⅱ 知识产业

## 单元Ⅲ　知识市场

## 单元Ⅳ　知识创业



## 单元Ⅴ　知识城市

## 单元Ⅵ　案例研究（样本）

# 单元Ⅰ　知识经济学

知识经济学比较通用的定义是：研究知识之生产、交换、分配和消费的科学。其提出者博尔丁特别强调研究对象——知识作为关键要素和产出的性质，认为知识经济学研究的是作为过去产物也是未来决定因素的知识在社会系统中的作用。知识经济则被经济合作与发展组织（OECD）定义为“基于知识和信息的生产、分配和使用的经济”。因而广义的知识经济学还包括信息经济学在内。知识经济学渊源于熊彼特的创新理论，萌发于知识经济发端的20世纪中后期，产生于当时引领全球高科技发展并率先涉足知识经济实践的发达国家，经历了50多年的发展已具雏形。其间出现的分享经济理论是工业经济时代与知识经济时代之交、资本一元权益函数受到挑战时，西方学者开出的一副“药方”，后因得到知识经济时代信息技术的加持而演变为今天协同消费意义上的“共享经济”。“新经济呼唤新经济学”，在这样一个不断颠覆传统工业社会经济法则和惯例的时代，整个知识经济研究或知识经济学尚处于浅层次、碎片化和欠成熟状态，并滞后于日新月异的知识经济实践，亟待实现“创造性破坏”（creative destruction）、革命性深化和系统性建构。

# 1. 创新理论一百年：熊彼特《经济发展理论》（1912～2012年）①

**【提要】** 知识经济学渊源于创新理论。标志创新理论诞生的熊彼特《经济发展理论》首次出版已一个世纪。“创新理论一百年”是值得纪念的。因为在经济学说史上对人类发展产生过如此深远影响的成果并不多见。为此，本文谨对创新理论的提出与要义、发展与完善、影响与前景等做一简要回顾和总结。

《经济发展理论》（*Theorie der wirtschaftlichen Entwicklung/The Theory of Economic Development*）[1] 是约瑟夫·熊彼特（Joseph Alois Schumpeter，1883～1950年）的成名作，也是创新理论（The Innovation Theory）的“开山作”。关于此书首次出版年，学界包括作者本人曾有1911年和1912年两种说法。对此丹麦学者贝克尔和努森（Becker & Knudsen）还专门做过考证：剑桥大学马歇尔经济学图书馆保存的该书德文第一版孤本目录上所印出版年为1912年，封面上原印的出版年是1911年但却被手工改成了1912年；查出版商原始档案登记的该书出版年也是1912年[2]。据此推测其出版应在1911年与1912年之交（以至在排版时竟出现跨年疏忽）。其实认定前者还是后者均无大碍。本文权且依据出版商记录以2012年为

① 原以“创新理论：1912－2012/纪念熊彼特《经济发展理论》首版100年”为题载《经济学动态》2012年第4期，署名：代明、殷仪金、戴谢尔。全文转载于《人大复印报刊资料/创新政策与管理》2012年第7期。

该书首版100周年并纪念之。

## 一、熊彼特及其创新理论

熊彼特的生平与评价频现当今各种文字的文献中，其知名度之高由此可见一斑，因而无须赘述。他的创新理论自成体系，独立于主流经济学以外，就像德国哲学家海德格一样，以其广博的知识与远见，关注技术、组织和制度的共同演化。从古典经济学包括马克思那里汲取动态的观点，承袭德国历史学派强调历史方法的传统，并用新古典微观基础的研究方法，解释个人行动的相互作用，进而对整个经济层面进行推演，形塑经济演化的过程[3]。实际上，熊彼特的创新理论不仅反映在他的《经济发展理论》一书中，还不同程度地融汇于他后来的一系列成果中。其同样堪称经典的“经济周期”（business cycle）、“创造性破坏”（creative destruction）、“精英民主”（elite democracy）等理论，无一不是他创新理论的发展、演绎、运用和深化。按西方学者的梳理，熊彼特的创新理论主要涉及如下内容。

### （一）基本假设

从熊彼特早期的作品中，可以总结出其创新理论基于以下基本假设：（1）不确定性嵌入所有的创新计划中，经济主体（个人或组织）是“有局限性”的[4]；（2）先行者或比他人行动得更快，才可以获得潜在的经济利润。熊彼特认为靠支配着经济学的完全信息而做出“最优”选择的假设是行不通的，因此，企业家需有独特超前的视野和领导能力；（3）在所有社会层次中存在“阻碍新方法流行”和威胁摧毁新事物的“惯性”，使企业家不得不为创新的成功而付出代价；（4）知识是公司范围内的扩散现象，并以一种“惯例”的形式存在。这与新增长理论把知识当作“公共品”并可免费使用的假设不同。熊彼特的上述基本假设，既区别于新增长理论的创新，也与主流经济学中效率优先、一般均衡等假设有异，可谓独树一帜[1,5]。

### （二）创新和企业家

古典经济学认为创新是经济系统以外的因素，对经济产生重大影响却又不属于经济的一部分。熊彼特在1912年引入创新（innovation），并与发明（invention）做出区分，这在当时是一件很不简单的事[6]。熊彼特为了阐释创新，提出了五种创新模式，包括新产品、新生产方式、新市场、新材料及其来源和新组织形式（[1] P.68）。他在《经济周期》一书中把创新定义为“在经济生活的范围内以不一样的方式做事”（[7] P.84）。虽然这种解释像循环论证，但哈佛大学教授斯威齐（Sweezy）认为这误解了熊彼特的原意[8]。创新活动是由特定的人群——企业家所执行的。与发明不同，创新是一个商业化的概念，大部分产生于企业中。为把发明转化为创新，企业通常需要组合几种不同类型的知识、能力、技能和资源[9]。企业家要实现创新，必须展现出对创新的实现力，与其是否为发现者或发明家关系不大。重要的是，企业家必须克服心理和社会的阻力，坚持运用新方法产生“新的组合”。简而言之，他们必须有领导的才能，是一群具有特定性格特征的社会人群[8]。如同亚里士多德定义灵魂是“人类最核心的本质”一样，创新是企业家的特殊功能，是企业家的“灵魂”所在。

### （三）利润、扩散、竞争和经济周期

熊彼特认为，利润作为“成功创新的额外奖励”，不存在于静态的循环流中[1]。因而在古典经济学的静态均衡中不可能存在利润空间，只有熊彼特的创新及创造性破坏才是目前对利润唯一令人信服的解释[10]。在现实经济中，若有企业家引入创新并打开利润之门，同行业者发现了更高水平的利润便会尝试复制创新，因此，前者的利润只能短暂存在。模仿与竞争引起价格下降，熊彼特称为

"竞价下跌（competing down）"，最终导致整个经济受益及所有利益的积累（[7] pp. 105－108）。鉴于创新者和模仿者之间的相互作用影响经济增长，熊彼特进一步假设这一过程并非是线性的，而是非均匀地分布在时间轴上。当创新完全被吸收和扩散，经济才能重新恢复均衡[6]。基于这些假设，"群集"的模仿者跟随着重大创新的成功引入影响着部门和产业的增长，在较长的时间内这种集聚的程度是很高的；而起源式的重大创新，在相同或相关领域内还会促进（引入）其他的创新（[7] P. 131）。因此，在系统内部，创新"趋向于集中在一个特定的部门或者相关产业"，"集聚"使得这段时间的增长快于整个经济（[7] pp. 100－101）。或早或晚，这种集聚的增长将会慢下来，形成循环趋势，从而增加商业周期变化的长度。而熊彼特在《经济周期》中对长波进行了更为复杂的讨论。

### （四）资本主义社会的发展规律

熊彼特在后期的作品中认为，企业会通过进一步的创新，运用专利权使商业过程秘密化，以"直接攻击现存或潜在的竞争对手"等方式来维持自身的高利润（[7] pp. 104－107）。而创新金融和管理的"新人"（new men）及"新厂商"（new firm）的崛起造就了兼并狂潮下的大公司时代，熊彼特相信大公司拥有巨大的优势——新的单位控制、新的管理原则、新的产业研究、新型的规划和装备并选择"最优的"方式去商业化新技术（[7] pp. 403－404）。这在1942年出版的《资本主义、社会主义和民主》一书中被阐释为"创造性破坏"，对今天以知识经济为基础的全球经济一体化特别适用。"在大公司的世界里"，相互之间的技术竞争继续驱动着资本主义的演化，"技术研究变得越来越机械化和组织化了"，并以一种平滑的路径进行创新（[7] P. 109）。当创新成为一种"常态"或"惯例"后，创新"仿佛"就不存在了。"没有创新，就没有企业家；没有企业家的成就，就没有资本家的回报和资本主义的推动力。产业变革的环境和'过程'，是唯一可以让资本主义生存的条件"

([7] pp. 907 - 1033)。资本主义最终将因为缺乏创新或产业变革而向社会主义和平演变。

### (五) 两种创新模式

熊彼特早期主要研究单个企业家的作用，后期转向“合作型的企业家”以及大公司组织的创新活动，并将其区分为“竞争式”和“托拉斯式”的资本主义。纳尔逊和温特（Nelson & Winter）曾论及这两种创新活动模式[11]：“熊彼特模式Ⅰ”由《经济发展理论》所描述。企业家把新企业引入市场，有远见的银行家通过信用系统对前者的商业行为进行投资，创新降低了进入门槛，小规模的新企业得以在这种环境中扮演重要的角色。这是创新的“广度模式”。“熊彼特模式Ⅱ”由1942年出版的《资本主义、社会主义与民主》所提出。该书讨论了行业R&D试验室与技术创新的相关性，以及大公司在创新中扮演的关键角色。大公司利用“创造积累”建立进入壁垒，以阻止新的创新者。这种创新的集聚程度较模式Ⅰ更高，创新者拥有更大的经济规模，是创新的“深度模式”[12]。

## 二、创新理论的发展

20世纪40~60年代，凯恩斯理论在西方抢尽风头[13]。熊彼特一生对创新的诉求似乎将在他1950年逝世后宣告失败。此后10年，关于创新的学术出版物少之又少，创新研究陷入低谷。而经济研究越来越受数理、统计、均衡等方法的支配。这些静态方法的分析能力很快就遇到了瓶颈，使人们转而探索新的观点和方法，以致从20世纪60年代开始，以弗里曼（Freeman）、纳尔逊（Nelson）、兰德沃尔（Lundvall）等为代表的新熊彼特学派复兴了熊彼特的思想和理论，并在20世纪90年代开始迅速走红[14]（参见图1-1）。下面尝试梳理此时创新理论的发展主线。

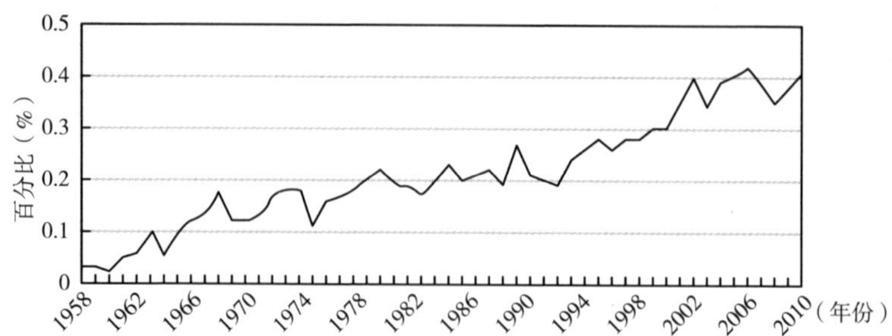


**图 1－1　标题含“创新”的文献占 SSCI 收录比重（1956～2011 年）**

资料来源：SSCI（ISI Web of Science）.

### （一）长波理论

20 世纪 60～70 年代，西方国家发生了一场始料不及的经济衰退，引起了理论界对滞胀和经济长期增长的研究。此前熊彼特曾沿袭“康德拉季耶夫周期”说，指出重要的创新并非随机发生，而是倾向于在确切的时间段和经济部门集中爆发，并以“长波”的形式表现出来[7]。基于此，德国学者门施（Mensch）于 1976 年出版了《技术的困境——创新战胜萧条》（德文版，英文版 1979 年）一书，堪称演绎熊彼特长波理论的代表作。他认为重要的创新会进行分化并产生长期稳定的增长，影响社会和政策对主导产业的支持及其行为方式。随着主导产业潜在的增长日渐式微，最终会引起萧条的发生。书中假设新的创新集聚会克服萧条，并认为创新活动可以用来解释西方经济史中明显的繁荣与衰退。实证研究表明，“长波理论”对世界 GDP 的影响确实存在，但很弱。现很多学者更倾向于使用“工业”或者“技术革命”来避免过度套用“波浪”机制进行类比[15]。

### （二）创新经济学

到了 20 世纪七八十年代，特别是在苏塞克斯大学成立社会政策研究中心（SPRU）以后，越来越多的研究明确地基于熊彼特的逻辑，内容倾向于创新与技术扩散、增长和贸易，并且大量运用技术活动数据、特别是对 R&D 和专利的统计进行实证研究[16]。弗里曼（Freeman）在 1974 年出版了《产业创新经济学》[17]，对工业革命以来的重大创新进行了历史探讨，分析了微观经济、宏观经济和创新政策，总结了欧美学界十几年来的相关研究成果，形成了创新经济学。该学科将创新看作专业化模式以及贸易和经济长期差异背后的首要因素，致力于为政策制定者提供决策支持，并衍生出“创新系统”理论（详见（四））。

### （三）演化理论

熊彼特是运用“演化”方法研究资本主义长期发展的引领者[18]。现代演化理论与新增长理论虽都源于熊彼特的创新研究，但两者却有诸多不同之处，故不宜混同[19]。该理论在近三十年取得长足发展。其中，纳尔逊和温特在 1982 年写的《经济变迁的演化理论》[11]，被视为演化经济学中发展最为迅速、最具影响力的一种研究范式。他们开创了“模型演化”（modelling evolution）之路，借鉴生物学理论，引入生物演化中的异质性（或多样性）、惯例等概念，在西蒙（Simon）理论的基础上融入合理的“程序化”和“有限性”，个体依照惯例进行经济活动，使模型适合更多的企业行为和产业特点，区分了企业的技术活动和这些活动的产出，并支持了熊彼特关于经济非连续演化的观点。近年来，该研究范式分成了三个支流：（1）关于消费者、公司和组织，与认知心理学、商业和组织研究密切相关的微观演化理论；（2）关于特定行业的演化历史，产业动态以及创新系统的行业研究；（3）关于经济增长形态的模型。这些分支基于异质性、选择和创新进程之间的相互作用来研究经济的演化[19]。

演化经济学试图从异质性、竞争、选择和创新等因素之间的互动出发来解释增长，形成了五类演化模型：（1）根据产业动态、历史偏好和部门创新系统构建的结构变化和创造性破坏模型[20]；(2) 基于随机事件和增长性回报的共同作用构建的路径依赖模型[21]；(3) 关于长波和非周期性起伏的模型[22]；(4) 内生专业化和非均衡的国际贸易模型[23]；(5) 关于宏观层面上国家之间收敛与发散问题的模型[24]。

### (四) 多层次创新系统

由于技术创造和组织创新变得越来越复杂，而这种复杂关系并不能纳入线性框架内，于是创新研究在 20 世纪 80 年代末上升到国家层面并提出“国家创新系统（NIS)”。弗里曼据此研究日本案例，认为国家创新系统是“二战”后日本经济繁荣背后最重要的原因，证实了一国拥有积极且组织良好的创新系统的重要性[25]。波特（Poter）通过对比 10 个工业化国家不同经济表现背后的因素，从一个更窄的角度构思创新系统，以公司的创新活动为分析点，运用大量经济因素来解释创新活动及其在不同国家的产出[26]。纳尔逊研究了 15 个国家创新模式后认为，分析国家创新会纠缠于讨论劳动市场、金融系统、货币或贸易政策等议题，故尚需构建一个更具现实意义的理论框架[27]。对此兰德沃尔做了尝试，其《国家创新系统：面向创新理论和交互学习》一书从演化系统的角度研究创新进程的微观基础，认为创新是一个复杂的动态现象，不能仅从孤立的个人或公司的角度来考虑，需要关注系统各个部分及其相互之间的影响和反馈[28]。

对于创新系统的边界，艾奎斯特（Edquist）认为不能简单按国家的边界来确定，应更多使用区域创新系统（RSI）的概念[29]。此前库克（Cooke）曾由根植性制度环境提出过此概念[30]。布雷斯基和马勒尔巴（Breschi & Malerba）则指出，不同的产业和部门之间，其创新的方式和扩散的发生是很不一样的，提出用“产业创新系统(SIS)”来定义这种现象，并应用到演化模型中[31]。卡尔森和斯丹奇维切（Carlsson & Stankiweicz）认为创新系统的区域维度中，每个地方的技术影响范围是不尽相同的，使用“技术系统（TS）”更为合适[32]。

创新系统是近二十多年来发展较快的研究领域，其研究方法更关注经济系统对于新技术的采用和执行力，以及不同参与者创造新技术的能力。虽然创新系统是基于一系列理论的组合，并从实证研究中产生、发展为一套较成功的系统工具，但它仍需要更为精细的理论去透视系统的运作，而这又离不开演化理论的支持[18]。

### （五）复杂经济学

结合数学、物理学、心理学、生物学等不同学科，复杂经济学基于微观和宏观相互作用的动态过程，运用系统的方法来解释经济主体的行为和产出。复杂经济学与熊彼特理论的前提假设有很多共同点：（1）异质化的主体；（2）地域概念；（3）本土化知识；（4）本土环境的相互影响；（5）创造性；（6）系统间的相互依赖[33]。复杂经济学把产出看成是不确定的，且可在很大程度上归因于先决条件。正如亚瑟（Arthur）指出的，增加的回报不管是来自R&D投资、干中学、用中学还是网络的外部性，这些细微的差异可能决定了长期的结果，也就是路径依赖（path dependence）[21]。根据杜尔劳夫（Durlauf）的分析，路径依赖是复杂动态的一种特殊形式，而创新是非均衡状态发生的原因与结果，这有助于理解经济是如何作为一个演化系统存在的[34]。虽然复杂经济学并非创新理论的直接产物，但其与演化经济学有较深厚的渊源，未来可能成为创新研究的新范式。

### （六）创新研究的领域与派别

在经济学中坚持熊彼特观点并被广泛认可的学派主要有熊彼特学派、新熊彼特学派和演化经济学派。与（传统）熊彼特学派不同，新熊彼特学派更加注重在知识、创新和企业家等微观层面的实证研究，尤其重视对新事物和不确定性的研究。由于技术创新是新事物最明显的特征，新熊彼特学派在微观经济层面上研究创新和学习行为，在中观层面上研究创新驱动的产业演化，在宏观层面上研究在国际竞争中创新所决定的经济增长[35]。而演化经济学派则是新熊彼特技术变迁理论与凡勃伦制度主义的融合，确切地说是由熊彼特思想、新熊彼特思想以及纳尔逊和温特的演化思想三者融合而成的学术流派。新熊彼特理论和演化经济学并非泾渭分明，有时难以区分[18]。此后，法格伯格和范斯帕根（Fagerberg & Verspagen）还曾尝试做另一种分类，他们对全球 136 个创新研究单位（中心、院所、部门等）的调查表明，研究创新的学者可以分为五个流派：熊彼特学派（Schumpeter Crowd）、地理和政策学派（Geography and Policy）、工业经济学派（Industrial Economics）、管理学派（Management）和外围学派（Periphery）（参见表 1－1）[14]。

### （七）创新概念的发展

熊彼特把创新定义为建立一种新的生产函数，并从五个方面予以诠释。此定义曾引起一些经济学家的质疑，包括斯威齐、库兹涅茨（Kuznets）、安吉尔（Angell）、里昂惕夫（Leontief）、兰格（Lange）等。学者们还展开了对创新与经济学的关系之争，促进了创新的理解、弘扬、普及和深化[36]。创新内涵在继承熊彼特思想的基础上被不断扩展，如今已被用于表达人类所有的创造性行为：不仅有企业（家）创新、技术创新，还有制度创新、政策创新、科学创新、文化创新、管理创新、教育创新、产业创新、金融创新等。特别是近 20 年来，基于信息化、全球化推动的技术进步，学者们从创新的必要性、有效性、国际性、获利性，创新的成功实施，创新的扩散等方面来诠释创新的概念[37]。同时在深化和系统化创新研究方面作出不懈的努力：汉内尔（Haner）将研究引向"创新质量"（innovation quality），即把创新从新颖、创造和非常规引向标准化、低方差和系统化[38]；戈多（Godoe）从美学角度探究由意外发现、想象力和创造所组成的创新的"灵魂"内核[39]；克罗森（Crossan）用多维度的创新组织框架，对创新概念进行新的集成与发展等[40]。

**表1－1　法格伯格等划分的五个创新研究学派[14]**

| 学派名称 | 学术带头人 | 主要期刊 | 核心组织 | 学科人员构成 | 地区分布 |
|---|---|---|---|---|---|
| 熊彼特主义学派（Schumpeter Crowd） | 熊彼特、弗里曼、斯尔蒙、温特 | 产业和公司的变化；演化经济学刊；经济学创新和新技术；政策研究 | 国际熊彼特学会；丹麦工业动态研究所 | 经济学家68%，管理学家15% | 南欧26%，中欧19%，英国和爱尔兰19%，北欧12% |
| 地理和政策学派（Geography and Policy） | 兰德沃尔、波特 | 演化经济学刊；区域研究；技术创新；政策研究 | 区域科学国际协会；区域研究协会 | 经济学家40%，地理学家20%，工程师10% | 中欧34%，北美16%，北欧15%，拉丁美洲10% |
| 工业经济学派（Industrial Economics） | 格里利奇、弗里曼 | 美国经济评论；经济学创新和新技术；产业经济学刊；兰德经济学刊 | 欧洲产业经济研究协会；国际熊彼特学会 | 经济学家93% | 中欧39%，南欧23%，北欧17% |
| 管理学派（Management） | 纳尔逊、德鲁克、格里利奇 | 管理科学；产品创新管理学刊；战略管理学刊；政策研究 | 美国管理协会；欧洲组织研究集团；丹麦工业动态科研所 | 社会学家27%，管理学家18%，工程师18%，经济学家10% | 北美73%，其他27% |
| 创新外围学派（Periphery） | 格里利奇 | 兰德经济学刊；美国经济评论；研发管理；政策研究 | 国家经济研究局；美国管理协会；研发学会 | 经济学家61%，工程师11% | 北美31%，中欧26%，南欧16% |

### （八）创新主体的多元化

创新主体在熊彼特那里原本指企业（家），如今已可以是国家、地区、城市、产业、非企业组织和个人等。据克罗森统计分析，全球有关创新的文献52%研究公司组织，9%研究经济社会，8%研究跨层次经济主体，6%研究产业和市场，6%研究团体或团队，5%研究个人……其中仍以公司组织的创新研究为主且最具活力和代表性[40]。近年来的创新研究趋向于关注特定层次[41]并针对技术和战略层面[42]。如希尔斯（Sears）从创新的动机、资源和管理技巧三个方面，从个人创新、团队创新、公司创新以及社会创新四个层次构建了一个较系统的创新理论框架，分别从微观、中观和宏观视角去探讨驱动创新的因素或能量，颇具启发性[43]。

## 三、创新理论的影响

《经济发展理论》首版100年来，熊彼特及其创新理论历经跌宕。尽管其德文版曾几次修订再版，但直到1934年由作者履新的美国哈佛大学出版英文版后，技术创新在经济中的重要性才得以广泛传播[13]。但紧接着又遭遇到凯恩斯及其《通论》（1936）光芒的遮盖，直到20世纪50～60年代“冷战”开始，美国对全球竞争优势和技术霸权的需要才使创新理论及熊彼特重新受到关注。随着新技术革命和新经济的崛起，“创新”更受到全球“热捧”，“创新学”也发展成为一个新兴的学科分支[14]。正如“管理学之父”德鲁克（Drucker）所预言，形势越来越清晰地表明，在20世纪末及接下来的三四十年，熊彼特将在经济政治上重塑人们思考和提问的方式[10]。这一点很快便得到了普利策奖得主麦克若（McCraw）的证实：在21世纪初，计算机数据库已经显示熊彼特作品的引用率比凯恩斯的要多——这一趋势在数年前就变得不可思议了[44]。

### （一）对经济学的影响

古典及新古典经济学在西方长期占据主流地位，其代表人物斯密、李嘉图、马歇尔、凯恩斯、萨缪尔森等也就自然站在了经济学的中心舞台。但熊彼特的创新理论是那个“一派独大”时代最耀眼的一颗“新星”，更是实现从“非主流”跻身（事实上的）“主流”的成功典范。熊彼特不但提供了创新理论的基本分析工具并给出了相关定义，而且构建了一个跨越微观、中观以及宏观的理论体系：由企业家与创新所组成的微观基础；由企业家、银行家和模仿者集聚而成的社会网络的中观层次；由集中创新所推动的经济周期，由创新消亡导致资本主义灭亡并最终走向社会主义的历史性宏论[33]。熊彼特把创新这一“上天恩慈之物”纳入经济学的研究领域，其非凡的洞察力、开创性及独树一帜吸引了大批经济学人跟进，衍生出长波理论、演化经济学、复杂经济学、系统创新等相关经济理论。

### （二）对其他学科的影响

从20世纪80年代开始，在商业、金融、经济、管理学领域（按SSCI学科分类）发表的以创新为题的文献每年增长14%，2008年已超过1000篇[40]。创新研究文献涉及工程、地理、管理、历史、人类学、政策、心理学、社会学等不同学科[4]。创新理论为其他学科提供了一个看待问题的全新视角，比如，创新影响金融结构[45]，创新影响股票市场[46]，从创新角度分析旅游产业[47]，从创新角度分析医院制度创新[48]，等等。加上研究者学术背景的交叉性，创新理论正日益渗透到其他学科。

### （三）对企业实践的影响

公司管理是创新研究的中心[49]。以德鲁克为代表的管理学派从20世纪50年代中期就开始研究创新与企业家精神，并阐明了创新在商业中的基本功能和地位[50]。我们可以从较早的一份抽样调查结果一窥熊彼特创新理论对全球企业实践所产生的革命性影响：信奉熊彼特创新理论并把创新看作利润主要源泉的跨国公司占70%以上；设有研发部门和人员的高新技术及先进制造企业占80%以上；接受或尝试过至少一项制度创新（如业务流程再造、大范围股份期权、学习型组织等）的美国现代公司占60%以上[10]。而最集中反映创新影响的指标可能是研发投入增长。2011年微软研发投入达90亿美元，研发投入强度（占销售收入比重）最高的美国博通高达25.8%。据美国国家科学委员会2012年1月17日发布的报告《2012科学与工程指标》称，2009年全球研发支出已超过1.25万亿美元，而10年前这一数字只有6410亿美元，差不多翻了一番（参见图1-2）。

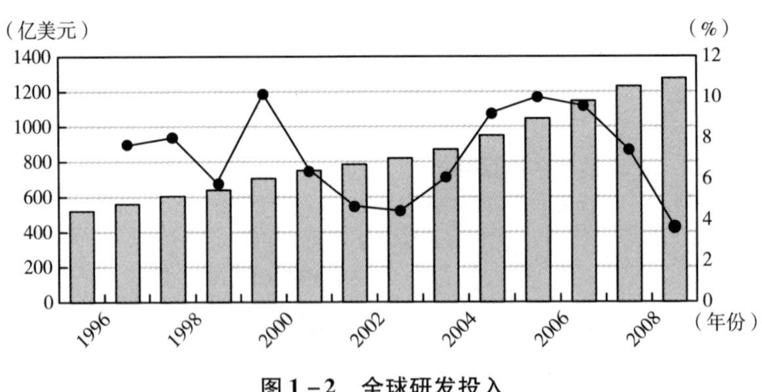


**图1-2　全球研发投入**

### （四）对公共政策的影响

支持创新的公共政策发端于20世纪50～60年代"冷战"时期。当时的美国从其全球战略出发需加强研发、争创技术优势[14]。此时德、日、韩等国也采用了类似的国策，国力得到迅速提升。卡尔森研究发现，受创新系统理论的影响，创新政策在20世纪80年代进一步受到世界各国的推崇和热议[51]。相关讨论涉及国家创新系统的建设、技术基础设施的改善、R&D的促进、知识产权的保护（特别是专利法）、公共与私人研发的角色、高校与园区的定位及校企合作，以及技术转移、FDI和贸易政策等。第二波创新政策研究高潮兴起于20世纪90年代后期，由各国和多个欧盟计划所资助，主要探讨创新导向型的知识基础[52]。至于各国的产业和企业政策，近30年来受创新理论的影响尤为显著，创新导向性功能日益增强，涉及税收优惠、工业园区、公司制度、资金筹措、人才激励等方方面面，旨在打造一个适宜创新的良好生态、构建一个完整的政策框架去减少创新的障碍[53]。

### （五）对中国的影响

熊彼特著作的第一个中译本可能是1965年由商务印书馆出版的《从马克思到凯恩斯十大经济学家》，继而是1979年出版的《资本主义、社会主义和民主主义》，直到1990年才出版《经济发展理论》。而对熊彼特创新理论的介绍，较早见于许涤新1980年主编的《政治经济学辞典》、唐岳驹1981年发表于《世界经济》的《熊彼特和他的创新理论》等。熊彼特及其创新理论进入中国虽较晚，但与其先前在西方的命运一样也是经历了一番冷遇后才渐入佳境：当其20世纪60～70年代在西方复兴时，中国仍处在“独尊”马克思经济学的时代；当其20世纪90年代在世界掀起新一波高潮时，在中国却被古典、新古典等主流经济学以及发展经济学的光芒所遮盖；直到2005年中央提出科学发展观和自主创新国策，才引发了创新研究的热潮。据CSSCI统计，2005年以后以创新为主题的文献已大大超过此前的总和。可以说，创新理论已成为支撑科学发展观和影响当代中国的三大思想支柱之一，另外两个是以人（民）为本和可持续发展。

## 四、结语

“创新理论一百年”是值得纪念的。因为在经济学说史上对人类发展产生过如此深远影响的成果并不多见。为此，我们从3年前就开始准备这篇旨在总结全球创新理论发展动态的纪念性文章。在此过程中很快印证了麦克若“不可思议”的发现：近年来关于熊彼特及其创新理论的引用和研究已超过所有同行包括长期热门的凯恩斯[44]。我们收集到的相关研究文献也很快达到数百篇（部）。因篇幅所限这里只能反映其中的一小部分，所列参考文献也只是本文引用过的寥寥数十篇。最后是与读者分享的四点体会：

——知识也需要与时俱进甚至“创造性破坏”。创新理论就是这一过程的结果。熊彼特就是在科学领域实现这一过程的“企业家”[14]。他既是创新理论的首创者也是其践行者。这也许是他在今天格外受到推崇的首要原因。

——科学的发展路径是枝杈状的，创新理论在其众多的传承者那里得到不尽相同的诠释、演绎和深化。这就需要我们关注、跟进和借鉴不同国家、学派或学者的相关研究进展，以拓宽思路和共享成果。比如，西方学者十分重视创新理论与经济演化[2]及动态分析[54]的关系，这值得我们关注。

——尽管近几十年涌现了大量的相关研究成果，但不同国家、不同学科、不同背景人士的参与也使得对创新的理解变得困难起来，让各种基本概念变得模糊不清。这是因相互之间缺乏沟通交流所致，并阻碍了创新研究的进步[55]。因此，交流，尤其是国际、界际交流有待加强。

——熊彼特及其创新理论的沉浮衰兴与实践的需要密切相关。如今的中国已从“追随模仿”步入自主创新的时代，创新理论也可望在这里进一步地发扬光大。

## 参考文献

[1] J. A. Schumpeter. The Theory of Economic Development [M]. Harvard University Press: Cambridge, 1934 (Original edition in German, 1912).

[2] C. Becker & T. Knudsen. Schumpeter 1911: Farsighted Visions on Economic Development [J]. American Journal of Economics and Sociology, 2002/61 (2): 387 -403.

[3] Y. Shionoya. Hermeneutics and the Heidegger = Schumpeter Theses [J]. American Journal of Economics and Sociology, 2010/69 (1): 188 - 202.

[4] H. A. Simon. Rational decision making in business organizations [J]. American Economic Review, 1979/69: 493 - 512.

[5] R. P. Cowan, A. David & D. Foray. The explicit economics of knowledge codification and tacitness [J]. Industrial Dynamics and Corporate Change 2000/9: 211 - 253.

[6] E. Rogers. Diffusion of Innovation [M]. 4th ed, New York: The Free Press, 1995.

[7] J. Schumpeter. Business Cycles: A Theoretical, Historical, and Statistical Analysis of the Capitalist Process [M]. New York: McGraw - Hill, 1939.

[8] P. M. Sweezy. Professor Schumpeter's Theory of Innovation [J]. The Review of Economics and Statistics, 1943/25 (1): 93 - 96.

[9] J. Carland. Innovation: The Soul of Entrepreneurship [J]. Small Business Institute National Proceedings, 2009/33 (1): 173 - 184.

[10] P. Drucker. Modern Prophets: Schumpeter and Keynes? [A]. The Frontiers of Management [C]. New York: Penguin Putnam Inc., 1999: 104 - 115; Originally published as "Schumpeter and Keynes", Forbes (May 23, 1983): 124 - 128.

[11] R. R. Nelson & S. G. Winter. An evolutionary theory of economic change [M]. Cambridge, MA: Harvard University Press, 1982.

[12] F. Malerba & L. Orsenigo. Schumpeterian patterns of innovation are technology-specific [J]. Research Policy, 1996/25: 451 - 478.

[13] D. Dabic et al. Keynesian, post-Keynesian versus Schumpeterian, neo-Schumpeterian An integrated approach to the innovation theory [J]. Management Decision, 2011/49 (2): 195 - 207.

[14] J. Fagerberg & B. Verspagen. Innovation studies—The emerging structure of a new scientific field [J]. Research Policy, 2009/38: 218 - 233.

[15] G. N. Von Tunzelmann. Technology and industrial progress: the foundations of economic growth [M]. Aldershot: Edward Elgar, 1995.

[16] K. Pavitt. R&D, patenting and innovative activities: a statistical exploration [J]. Research Policy, 1982/11: 35 - 51.

[17] C. Freeman. The Economics of Industrial Innovation [M]. Penguin, Harmondsworth, 1974.

[18] J. Fagerberg. Schumpeter and the revival of evolutionary economics: An appraisal of the literature [J]. Journal of Evolutionary Economics, 2003/13: 125 - 159.

[19] F. Castellacci. Evolutionary and New Growth theories: Are they converging? [J]. Journal of Economic Surveys, 2007/21 (3).

[20] F. Malerba. How innovation differs across sectors and industries [A]. In J. Fagerberg, D. C. Mowery & R. R. Nelson (eds), The Oxford Handbook of Innovation [C]. Oxford: Oxford University Press, 2005.

[21] W. B. Arthur. Increasing returns and path dependency in the economy [M]. Ann Arbor: The University of Michigan Press, 1994.

[22] G. Silverberg & D. Lehnert. Growth fluctuations in an evolutionary model of creative destruction [A]. In G. Silerberg and L. Soete (eds), The Economics of Growth and Technical Change: Technologies, Nations, Agents [C]. Aldershot: Edward Elgar, 1994: 74 - 108.

[23] B. Verspagen. Uneven Growth between Interdependent Economies: Evolutionary View on Technology-Gaps [M]. Trade and Growth, Aldershot: Avebury, 1993.

[24] G. Dosi & S. Fabiani. Convergence and Divergence in the

long-term growth of open economies [A]. In G. Silerberg & L. Soete (eds), The Economics of Growth and Technical Change [C]. Edward Elgar, 1994.

[25] C. Freeman. Technology Policy and Economic Performance: Lessons from Japan [M]. Pinter Publishers, London, 1987.

[26] M. E. Porter. The competitive Advantage of Nations [M]. New York: Free Press, Macmillan, 1990.

[27] R. R. Nelson. National systems of innovation: a comparative study [M]. Oxford: Oxford University Press, 1993.

[28] B. A. Lundvall. National systems of innovation: towards a theory of innovation and interactive learning [M]. London: Pinter Publishers, 1992.

[29] C. Edquist (ed). Systems of innovation: technologies, institutions and organizations [M]. London: Pinter, 1997.

[30] P. Cooke. Regional innovation systems: competitive regulation in the new Europe [J]. Geoforum 1992/23 (2): 365-382.

[31] S. Breschi & F. Malerba. Sectoral innovation systems: technological regimes, Schumpeterian dynamics and spatial boundaries [A]. Systems of innovation: technologies institutions and organizations [C]. Pinter, London, 1997: 130-156.

[32] B. Carlsson & R. Stankiewicz. On the nature function and composition of technological systems [J]. Journal of Evolutionary Economics, 1991 (1): 93-118.

[33] C. Antonelli. The economics of innovation: from the classical legacies to the economics of complexity [J]. Economics of Innovation and New Technology, 2009/18 (7): 611-646.

[34] S. N. Durlauf. Complexity and empirical economics [J]. Economic Journal, 2005/115: 225-243.

[35] H. Hanusch & A. Pyka. Principles of Neo-Schumpeterian Eco-

nomics [J]. Cambridge Journal of Economics, 2007/31: 275 – 289.

[36] B. A. McDaniel. A Survey on Entrepreneurship and Innovation [J]. The Social Science Journal, 2000/37 (2): 277 – 284.

[37] A. Abouzeedan et al. Innovation and Entrepreneurship-new themes for new times, Annals of Innovation & Entrepreneurship, 2010, Vol. 1, no 1, p. 1 – 3.

[38] U. Haner. Innovation quality—a conceptual framework [J]. International Journal of Production Economics, 2002/80: 31 – 37.

[39] H. Godoe. Innovation Theory, Aesthetics and Science of the Artificial After Herber Simon [J]. Journal of Knowledge Economics, 2011/7: 1 – 17.

[40] M. M. Crossan. & M. Apydin. A Multi-Dimensional Framework of Organizational Innovation: A Systematic Review of the Literature [J]. Journal of Management Studies, 2010/47 (6): 1154 – 1191.

[41] U. R. Hülsheger, N. Anderson & J. F. Salgado. Team-level predictors of innovation at work: A comprehensive meta-analysis spanning three decades of research [J]. Journal of Applied Psychology, 2009/94 (5): 1128 – 1145.

[42] J. Fagerberg, D. C. Mowery & R. R. Nelson. The Oxford Handbook of Innovation [M]. NY: Oxford University Press, 2005.

[43] G. J. Sears. Toward a Multistage, Multilevel Theory of Innovation [J]. Canadian Journal of Administrative Sciences, 2011/28: 357 – 372.

[44] T. K. McCraw. Prophet of Innovation: Joseph Schumpeter and Creative Destruction [M]. Belknap Press, 2007.

[45] G. Bertocco. Finance and development: Is Schumpeter's analysis still relevant? [J]. Journal of Banking & Finance, 2007/32: 1161 – 1175.

[46] T. Nicholas. Does Innovation Cause Stock Market Runups?

Evidence from the Great Crash [J]. The American Economic Review, 2008/98 (4): 1370－1396.

[47] C. Camisón & V. M. Monfort-Mir. Measuring innovation in tourism from the Schumpeterian and the dynamic-capabilities perspectives [J]. Tourism Management, 2011, 1－14.

[48] F. Djellal & F. Gallouj. Innovation in hospitals: a survey of the literature [J]. The European Journal of Health Economics, 2007/8 (3): 181－193.

[49] F. Belloc. Corporate governance and innovation: a survey [J]. Journal of Economic Surveys, 2011 (10): 1－35.

[50] J. Maciariello. Marketing and innovation in the Drucker Management System [J]. Academy of Marketing Science, 2009 (37): 35－43.

[51] B. Carlsson. Innovation Systems: A Survey of the Literature from a Schumpeterian Perspective [A]. In A. Pycka (ed), The Companion to Neo-Schumpeterian Economics [C]. Edward Elgar, Cheltenham, 2003.

[52] L. K. Mytelka & K. Smith. Innovation Theory and Innovation Policy: Bridging the Gap [C]. Paper presented to DRUID Conference, Aalborg, 2001.

[53] J. C. Hermosilla et al. Policy Strategies to Promote Eco-Innovation [J]. Journal of Industrial Ecology, 2010/14 (4): 541－557.

[54] R. Swedberg. Schumpeter—A Biography [M]. Princeton, NJ: Princeton University Press, 1991.

[55] J. Fagerberg. Innovation: A Guide to the Literature [A]. In J. Fagerberg et al. (eds): Oxford Handbook of Innovation [M]. Oxford, Oxford University Press, 2003.

# 2. 知识经济学五十年：回顾与展望（1966～2016年）[①]

【提要】值《知识经济学与经济学知识》发表50年（1966～2016年）之际，有必要对知识经济学的来龙去脉及发展动态进行梳理和述评。结果表明，知识经济学萌发于知识经济发端的20世纪中后期，产生于当时引领全球高科技发展并率先涉足知识经济实践的发达国家，由博尔丁、马克卢普等西方学者提出，并在此后不久传入追赶知识经济步伐的中国。经过50年的发展，知识经济学作为一门经济学分支已具雏形，但整体上仍处于欠成熟状态并滞后于知识经济实践，亟待并有望在下一个50年里取得重大突破。

"知识经济学"（economics of knowledge/knowledge economics）在国外已经有相当长的研究历史，较早可以追溯到美国当代著名经济学家肯尼思·博尔丁（Kenneth E. Boulding）于1966年发表的《知识经济学和经济学知识》（*The economics of knowledge and the knowledge of economics*）一文[1]，其中对知识经济学的渊源、要义、范畴等进行了富有洞见的论述；最晚也可以从经济合作与发展组织（OECD）于1996年发布的报告《以知识为基础的经济》（*The Knowledge-Based Economy*，*KBE*）算起[2]。2016年恰逢博尔丁的

---

① 原以"知识经济学：50年回顾与展望"为题载《经济学动态》2016年第12期，署名：代明、陈俊、陈景信。摘转于《中国社会科学文摘》2017年第6期。

《知识经济学和经济学知识》一文发表50周年以及OECD的《以知识为基础的经济》报告发布20周年，此时就知识经济学的来龙去脉与发展动态做一总结和梳理是十分必要且大有裨益的。

## 一、研究的背景与缘起

将知识纳入经济学研究的尝试由来已久，许多重要的经济学理论成果都有所体现。但对知识经济学进行专门研究并酝酿以学科形式提出则是在知识经济发端的20世纪中后期，且出现在率先涉足知识经济实践的发达国家。

### （一）古典和新古典经济学的“知识”

斯密（Smith）在《国富论》中虽然没有对知识进行直接论述，但把知识蕴藏在“分工和专业化”之中，他指出“分工是国民财富增进的源泉”，正是分工所形成的专业化促进了发明创造和生产工艺改进，从而提高了生产效率[3]。马歇尔（Marshall）把企业内分工带来的效率提升称为“内部经济”，而“产业区”的工业集聚则主要是“外部经济”在发挥作用[4]。庇古（Pigou）沿袭了马歇尔的“外部性”理论，并引入“外部不经济”（external dis-economy）等概念对其进行了扩展[5]，为“庇古税”（Pigovian tax）的提出奠定了理论基石。可见，经济学从一开始就关注知识对经济发展的作用，但此时尚未专门对经济学中的知识做出系统论述。

### （二）哈耶克与“知识分工”

知识问题得到了奥地利学派代表人物、1974年度诺贝尔经济学奖得主之一哈耶克（Hayek）的重视，并在其理论中发挥了重要作用[6,7]。在20世纪初兴起的“社会主义（计划经济）运算论争”（socialist calculation debate）中，哈耶克提出了著名的“知识分工”（division of knowledge）学说——知识分散在个体之中，任何个人或组织不可能掌握经济有效运行的全部知识[6]。“知识分工”是哈耶克经济思想的源泉，也是其批判主流“均衡”假说和计划经济的利器[8]。由于计划经济无法获得资源有效配置和价值运算所需要的全部知识，他因此判定只有在自由竞争和定价的分权市场系统中，分散在许多人手中的知识和信息才能被充分利用[7]。

### （三）马克卢普与“知识产业”

马克卢普（Machlup）于1962年发表了题名为《美国的知识生产与分配》（*The Production and Distribution of Knowledge in the United States*）的著作[9]，他在该书中系统论述了知识和知识产业（knowledge industry）的经济地位。他将知识产业定义为生产知识和提供信息服务或生产信息产品的组织或机构，并认为经济学家此前对知识产业未给予足够的重视，正如其所言，“经济学家已经分析了农业、采矿业、钢铁产业、造纸业、运输业、零售业以及其他各种提供服务和产品的产业，但是他们忘记了分析知识生产。”随后，马克卢普又出版了《知识：它的创造、分配和经济意义》（*Knowledge：Its Creation，Distribution and Economic Significance*）丛书，起初计划共出版10卷，而马克卢普临终前仅完成前三卷[10-12]。兰格瓦（Langlois）认为马克卢普的研究实质上已经把知识当作可以买卖和投资的商品，这已经完成了“从经济学知识向知识经济学的转变”（*from the knowledge of economics to the economics of knowledge*）[13]。但马克卢普本人并没有在专著中使用“知识经济学”一词。

### （四）博尔丁与“知识经济学”

博尔丁涉足知识研究的时间与马克卢普相近。其1956年出版的《意象：生活和社会中的知识》（*The Image：Knowledge in Life and Society*）[14]一书，认为所有知识都是由一系列“意象”（images）构成的，这些“意象”来自过去的经验，知识是有机的（organic）、可增长和积累的。在1965年美国经济学联合会年会所举办的“理查德·伊利讲座”（Richard T. Ely Lecture）上，博尔丁作了题为“知识经济学和经济学知识”的演讲，内容随后刊登于《美国经济评论》1966年第1/2期合刊。博尔丁认为，知识的不可分性和非排他性会带来交易和定价问题，进而导致经济学对知识商品性的忽视：一是竞争市场理论下的“完美知识”（perfect knowledge）说——知识是市场充分提供的免费品，市场中的商品交易仅凭价格机制即可完成；二是经济发展理论下的“动力模型”（mechanical models）说，其发展掩盖了“演化理论”强调的“知识过程”（knowledge process）或“学习过程”（learning process）；三是决策理论下的“未来意象”（image of the future）说，相信对未来的认知源于过去的信息投入，偏好并非不变而是可学习的，因此，有必要针对这种似乎不具商品性的特殊对象，开创专门的“知识经济学”研究[1]。

尽管不少同行视马克卢普为最早将知识作为经济资源来研究的学者[15]，但博尔丁首次在权威期刊上提出“知识经济学”的概念仍具有标志性意义。鉴于两人都是有影响的经济学家，都曾在20世纪60年代相继担任美国经济学联合会会长，并都在几乎相同的时间段对知识经济学做出了开创性贡献，所以西方学界通常将两人一并视为知识经济学的开创者，而作为这一经济学分支学科的形成起点则非博尔丁的《知识经济学和经济学知识》一文莫属。然而，在此后相当长的一段时间里，由于美国及其他西方国家面临两大阵营之间的“冷战”并深陷滞胀、衰退等经济顽症，西方经济学家大都热捧新古典经济学和凯恩斯主义，以期从中找到良方，知识经济学研究因此显得冷寂。直到20世纪90年代，新经济自美国开始崛起，以信息技术为标志的新一轮科技革命席卷全球，步入后工业社会的发达国家初露知识经济端倪，这一领域的研究才重新趋热。而此时出现的另一标志性事件就是OECD在1996年发布题为《以知识为基础的经济》的报告，其中明确定义了知识经济并预言了知识经济时代的到来，知识经济学研究随之进入高潮[16]。

## 二、对基本概念的探索

从时间序列看，知识经济学大致经历了孕育（20 世纪 70 年代以前）、低潮（20 世纪 70 年代到 90 年代中期）、高潮（20 世纪 90 年代中期以后）的发展阶段。在其提出后的 30 年（1966 ~ 1996 年），知识经济学虽然触及许多基本议题和概念，但研究尚不活跃且较为零散（碎片化）。直到新经济崛起和知识经济起航，知识经济学才得到较深入研究。这导致很多研究议题虽然持续时间较长，但成果性文献却主要见于 1996 年以后的情况（参见图 2 - 1）。据此，下面分别介绍知识经济学的基本概念和研究动态。

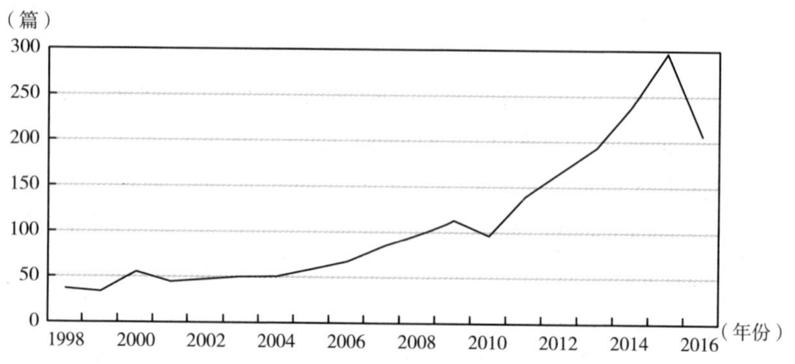


**图 2 - 1　Science Direct 数据库中标题、摘要和关键词中含“knowledge economy”的论文数**

### （一）知识经济学

博尔丁认为，知识经济学研究的是“作为过去产物也是未来决定因素的知识在社会系统中的作用”[1]。后来不断有学者在其著述中对知识经济学做出新的界定和诠释。如弗雷（Foray）认为狭义的知识经济学研究科研、教育、学习和能力（competences）等及其对增长的影响，广义的知识经济学还包括信息经济学在内[16]。安德森和贝克曼（Andersson & Beckmann）所讨论的知识经济学主要包括知识的生产、扩散（diffusion）和使用以及对宏观经济增长的影响[17]。勒帕拉（Leppälä）则将知识经济学定义为“对知识的生产、流通和使用中的激励和制度的研究”[18]。OECD对知识经济的定义则是“基于知识和信息的生产、分配和使用的经济”[2]。亚太经合组织（APEC）更加强调知识在生产、分配和使用中对所有行业增长、创造财富和就业的作用[19]。为强调“知识经济”与“知识经济学”之间的关联，人们又常将知识经济学定义为研究知识生产、交换、分配和消费的科学。事实上，由于知识的特殊性，在知识经济学中出现了许多异于传统概念的新概念。

### （二）知识分类

界定知识的概念是知识经济学研究的前提。马克卢普把知识按用途划分为五类：实用知识、学术知识、闲谈和消遣知识、精神知识和不需要的知识[9]。勒帕拉按文献脉络梳理后认为，知识经济学沿着技术知识和市场知识两个方向发展。其中，技术知识专指开发新产品或服务以及提高生产效率的知识，也包括研究、教育等科学知识在内；市场知识专指关于决策环境的知识，包括可得资源、偏好、竞争产品、产品质量以及市场参与者行为等知识，更偏向于信息经济学的研究范畴[18]。兰德沃尔和约翰逊（Lundvall & Johnson）提出了更为通用的四分法：事实知识（know-what）、原理知识（know-why）、技能知识（know-how）和人力知识（know-who）[20]。兰德沃尔认为，其中的事实知识和原理知识对应可编码的显性知识（explicit knowledge）；技能知识和人力知识对应难以表达的隐性知识（tacit knowledge）[21]。

### （三）知识市场

与传统市场的功能类似，知识市场是知识资源和成果的一种重要配置机制。知识市场按交易发生场所可划分为外部知识市场和内部知识市场。外部知识市场也称一般性知识市场，是指组织或个人对知识要素和成果进行陈列、搜寻、交换的场所或渠道[22]；内部知识市场则是指交易者为了现期或远期价值进行知识交换的系统[23]。目前，研究者主要总结了两种知识交易方式：一种是通过知识产权制度赋予知识在交易过程中必要的排他性，借助于传统市场实现价值转移[24]；另一种是鼓励知识所有者将知识共享，通过协作的方式实现经济价值[25]。在交易过程中，中介组织（如知识交易平台）为实现知识产品在买卖双方间的流转发挥着重要作用，它的发展直接推动了知识产权市场的兴起。值得注意的是，知识市场除了产权转让这种直接交易方式外，还涉及知识产权投资、知识产权质押融资以及非产权化知识交易等多种模式，这些模式近年来在国内外迅速发展。

### （四）知识定价

在市场经济条件下，市场对资源的配置主要依赖价格机制来完成，知识定价则是知识交易过程中最为关键的环节。对于知识这种无形产品的定价问题，传统经济理论长期缺乏有效的处理手段，加上知识产品本身具有的复杂性和不完全排他性，导致知识交易容易产生“阿罗信息悖论”（Arrow information paradox）和市场失灵等问题，这就为知识定价增添了诸多困难[26]。但这并不意味着市场之手就无能为力。安东和姚（Anton & Yao）提出“固定收益 + 知识提成”、拍卖、捆绑出售等多种定价方式[27]。此外，国内学者周波效仿一般商品的定价方法，提出在单边垄断市场中卖方可基于买方的效用定价，在双边垄断市场中买卖双方可分别基于对方的成本和效用定价，在差异化竞争市场中买卖双方可基于信号显示定价三种方式[28]。随着知识市场理论研究的深入，更多知识定价方式将不断涌现，知识定价理论也能得到进一步完善。

### （五）知识创业

创业知识化是近20年来全球创业活动呈现出来的新特征，英特尔、微软、高通、谷歌、华为、腾讯等的诞生和扩张即属此类。"知识创业"（knowledge entrepreneurship）这一概念随之被提出。麦克唐纳（McDonald）把知识创业描述为一种企业（组织）能力，也即企业先通过学习认知某种知识的价值，然后采取创新行为将知识转化为现实价值，并强调这种企业能力取决于环境意识、分析勤奋度（analytical diligence）、新项目实施及其风险承受能力[29]。这一定义虽然突出了知识在创业过程中的重要作用，但并没有揭开知识创业与传统资本创业的本质区别。圣吉斯（Senges）进一步指出，知识创业更注重识别或把握机会以及提高知识的创造和产出，而非简单地追求利润最大化，其核心是知识生产[30]。这类观点又与奥哲曲和凯尔巴可（Audretsch & Keilbach）强调的知识环境对企业创业行为影响的知识溢出创业理论存在明显差别[31]。当然，若以麦克唐纳的定义来看，知识溢出创业也是知识创业的形式之一[29]。

### （六）知识城市

"知识城市"（knowledge city）这一概念初见于20世纪90年代的欧洲，如赖瑟（Ryser）、奈特（Knight）的相关研究[32,33]。在欧盟2002年的《尤里卡计划：迈向知识城市战略》（*The Eureka Project: Towards a Knowledge City Strategy*）报告中，知识城市被正式提出，泛指那些通过研究、技术和智力等知识要素来创造高附加值产品输出从而实现持续发展的城市，其特征是源自教育、培训、研究等投入的社会产出（GDP）比重明显偏高。这一定义随后获得了瑞典隆德大学艾德文森（Leif Edvinsson）等的肯定，并指出知识城市是一个有目的地鼓励知识培育的城市（转引自Ergazakis et al.[34]）。卡里洛（Carrillo）在其著作《知识城市：方法、经验和展望》（*Knowledge Cities: Approaches, Experiences and Perspectives*）中也采用了相似的定义[35]。此外，弗罗瑞达（Florida）作了进一步补充，认为知识城市除了强调知识要素的重要性外，还更加注重社会文化、资源环境、高质量的基础设施、文化包容性、政治透明性以及人力资本之间的相互作用[36]。在实践方面，已经有许多通过实施知识城市发展战略而成功转型为知识城市的案例，较为典型的如西班牙的巴塞罗那、瑞士的代尔夫特和埃因霍温以及澳大利亚的墨尔本[34]。当今，一些主要的国际发展机构和国家纷纷采取知识发展政策（knowledge-based development policy），在此机遇下，知识城市必将乘势崛起[37]。

## 三、研究的深化与拓展

20 世纪 90 年代中期尤其是 21 世纪以来，知识经济学得以“从消失到重现”[18]，并步入一个发展高潮。其重要迹象是更多学者开始尝试构建知识经济学的理论体系并陆续出版了一些专著（见表 2－1，大多出版于 1996 年以后），也出现了较多有价值的期刊论文。相关学者经过这些年的检验和沉淀，虽然尚未构建起比较成熟完整的知识经济学理论体系，但已在许多相关前沿问题的探索上取得了进展和突破。

**表 2－1　国外尝试构建知识经济学体系的部分专著**

| 标题 | 作者 | 出版源 |
|---|---|---|
| 信息和知识经济学（*Economics of Information and Knowledge*） | 兰博顿（D. M. Lamberton） | 企鹅书店（Penguin Books），1971 |
| 知识生产经济学（*The Economics of Knowledge Production*） | 圭纳（A. Geuna） | 爱德华·埃尔加（Edward Elgar）出版社，1999 |
| 知识分享经济学（*Economics of Knowledge Sharing: A New Institutional Approach*） | 赫尔姆斯塔特（E. Helmstadter） | 爱德华·埃尔加（Edward Elgar）出版社，2003 |

续表

| 标题 | 作者 | 出版源 |
| --- | --- | --- |
| 知识经济学（*Knowledge Economics*） | 库克（P. Cooke） | 劳德里奇（Routledge）出版社，1st ed. 2004 |
| 知识经济学（*The Economics of Knowledge*） | 弗雷（D. Foray） | 麻省理工出版社，7th ed. 2016；1st ed. 2004 |
| 不完善的知识经济学（*Imperfect Knowledge Economics: Exchange Rates and Risk*） | 弗里德曼和戈尔伯格（R. Frydman & M. D. Goldberg） | 普林斯顿大学出版社，2007 |
| 知识经济学：理论、模型与测算（*Economics of Knowledge: Theory, Models and Measurements*） | 安德森和贝克曼（Ã. E. Anderson & M. J. Beckmann） | 爱德华·埃尔加（Edward Elgar）出版社，2009 |
| 创新与知识经济学（*Innovation & Knowledge Economics*） | 佩索阿（A. Pessoa） | 创作空间（Createspace）出版社，2012 |
| 劳德里奇知识经济学手册（*Routledge Handbook of the Economics of Knowledge*） | 安东内里和林克（C. Antonelli & A. N. Link） | 劳德里奇（Routledge）出版社，2015 |
| 知识经济学与知识经济（*The Economics of Knowledge & the Knowledge Driven Economy*） | 安东内里和戴维（C. Antonelli & P. David） | 劳德里奇（Routledge）出版社，2015 |

资料来源：笔者据专著标题和内容整理。

### （一）知识以流量方式引入经济增长模型

在经济增长的相关文献中，知识存量被视为一种重要的生产要素[38,39]。哈金斯和汤普森（Huggins & Thompson）认为，新古典与内生增长模型仅考虑了知识存量对经济增长的贡献，而忽视了组织间知识流动的作用，尤其是在知识市场不发达条件下，组织网络是促进知识流动、推动区域创新的有效方式[40]。为此，哈金斯和汤普森在此前哈和豪维特（Ha & Howitt）构建的一般化经济增长模型[41]中引入知识流量。

哈和豪维特假设生产函数如式（2－1）所示，$Y$ 代表总产出，$K$ 代表物质资本，$A$ 代表技术进步，$H$ 代表人力资本，$L$ 代表劳动力，$\alpha$代表资本份额。

$$Y = K^{\alpha} (AHL)^{1-\alpha} \tag{2-1}$$

其中，技术进步率（$g_A$）可进一步表示为式（2－2），$R$ 代表 R&D 资本，$Q$ 代表产品种类，稳态下 $Q \propto L^{\beta}$，参数$\sigma$、$\phi$ 和$\beta$分别代表 R&D 重要程度、规模报酬变化和产品多样化。

$$g_A = \lambda \left(\frac{R}{Q}\right)^{\sigma} A^{\phi-1} \tag{2-2}$$

哈金斯和汤普森将知识流量以式（2－3）的方式引入增长模型，将 $R$ 表示为关于 R&D 人员（$v_R L$）和网络资本（$W$）的函数，$v_R$ 代表劳动力中 R&D 人员所占比重，$\psi$代表 R&D 人员的重要程度。

$$R = (v_R L)^{\psi} W^{1-\psi} \tag{2-3}$$

在对网络资本（$W$）、网络维持成本（$C$）和网络关系价值（$\overline{V}$）做出一系列假设后，他们最终推导出经济增长率将取决于 R&D 人员投入、网络维持人员投入和网络关系价值，如式（2－4）所示。其中，$\overline{V}_L$ 和 $\overline{V}_{NL}$ 分别代表本地和非本地的平均网络关系价值，$v_{LC}$ 和 $v_{NLC}$ 分别代表本地和非本地的网络维持人员投入。

$$R = (v_R L)^{\psi} (\overline{V}_L v_{LC} L + \overline{V}_{NL} v_{NLC} L)^{1-\psi} \tag{2-4}$$

哈金斯和汤普森的改进补充了技术进步来源的探讨，除 R&D 资本、人力资本等要素以知识存量方式进入经济增长模型之外，网络资本和 R&D 人员以知识流量方式也被引入经济增长分析中，成为技术进步的重要来源[42]。

### （二）知识以多种方式参与市场交易

学者们对于知识具有“公共品”性质早已形成共识。据此，传统市场似乎无法对知识资源进行有效的配置[26]。但在现实社会中，越来越多营利性组织或个人介入知识的生产环节，又表明知识并非免费提供。那么，知识生产者如何获得经济报酬呢？对于隐性知识而言，一般可通过嵌入产品或服务的方式，随着产品或人员的流动实现经济价值。对于产权化了的显性知识，即知识产权，可通过转让、许可等方式获取收益。甘斯和斯特恩（Gans & Stern）借鉴了罗斯（Roth）的市场设计理论，认为可以从市场厚度（thickness）、流畅性（lack of congestion）和安全性（safety）三个方面来构建有效的知识产权交易市场[43,44]。最复杂的则是未被产权化的显性知识，在缺乏知识产权保护的情况下，安东和姚认为卖方有两种选择：事先与买方签订或有契约（contingent contract），在了解知识的价值后完成交易，即"征用激励"（expropriation incentives）；或者事先披露知识的价值，买方事后公开竞价，即"敲诈模式"（blackmail model）。虽然两种选择可以解决排他性和不确定性问题，但更好的办法是与产权化知识"捆绑"出售[45]。

## （三）创新模式从简单线性转向复杂网络

创新是知识生产中最为关键的环节。线性创新模型（linear model of innovation）揭示创新投入转化为产出需经过"基础研究—运用研究—试验发展"三个阶段。20世纪50年代以后，研究者开始强调非研发活动（non-R&D）对创新的作用，线性创新模型也从三个阶段扩展到"基础研究—应用研究—试验发展—生产扩散"四个阶段[46]。20世纪80年代，在欧洲和美国同时兴起了一种基于社会工程方法（social engineering approach）的新理论——国家创新系统，意图弥补主流经济学在经济增长分析中对创新和学习研究的不足，进而形成一个新的分析框架[47]。此前，温特和纳尔逊（Winter & Nelson）曾论及熊彼特提出的两种创新模式：新企业进行创新投资的"广度模式"；大公司建立垄断壁垒的"深度模式"[48]。

与强调企业家作用的"熊彼特模式Ⅰ"和大公司创新的"熊彼特模式Ⅱ"不同，创新系统则是通过在企业与知识机构之间建立合作网络，形成更为强大的集体创业（collective entrepreneurship），因而也被视为"熊彼特模式Ⅲ"[47]。

企业创新的复杂性体现为创新过程的动态交互作用，任何个人或企业都无法完全独自创造新知识[49]。野中和富山（Nonaka & Toyama）把知识创造视为一个辩证过程（dialectical process），认为企业是为协调个人、组织和环境之间的各种矛盾而存在的，并构建了一套有别于传统经济学和组织科学的新知识理论（new knowledge-based theory）[50]。阿罗（Arrow）的"干中学"（learning by doing[51]）、罗森伯格（Rosenberg）的"用中学"（learning by using[52]）以及兰德沃尔的"用户—生产者互动"（user-producer interaction[53]）都表明，在知识经济中学习和互动对创新具有重要的作用，延森（Jensen）等称此为"DUI 创新模式"[54]。

### （四）知识网络重塑经济空间组织

经济活动为什么在空间上集聚？城市为什么存在？"中心—外围"模型将其解释为递增报酬的作用[55]。杜兰顿和普加（Duranton & Puga）把递增报酬的产生机制概括为：共享、匹配和学习，其中，知识溢出和不可分性（indivisibility）是学习和共享的基础，劳动力池（labor pool）则提高了技能与岗位匹配的概率[56]。由于知识的传播会随着距离增大而不断衰减，地理邻近（geographic proximity）则大大便利了知识溢出，降低企业创新的不确定性[57]。格莱赛（Glaeser）等认为，知识主要存在 MAR（Marshall/马歇尔 - Arrow/阿罗 - Romer/罗默）外部性、波特（Porter）外部性和雅各布斯（Jacobs）外部性三种溢出方式[58]。与知识溢出的单向传导不同，知识网络更强调互利性（reciprocal）和使用者数量，并通过外部学习和互补性资产共同促进知识生产，但也可能产生"技术锁定"和"路径依赖"问题[59]。社会网络分析技术的发展为知识网络研究提供了很好的工具，特瓦尔和博齐马（Ter Wal & Boschma）认为社会网络分析在集群、区域创新系统以及知识溢出领域有巨大的潜力，异质性网络结构、动态网络分析以及网络演化与产业动态的融合是未来的发展方向[60]。

### （五）"知识共享"与零边际成本社会

创造新知识的成本极高，而知识一旦被创造出来其边际生产成本极低甚至为零，其价值随着使用者的增多而提高[59]。在处理知识要素或产品时，新古典主义的思路是通过建立私有产权赋予知识排他性，使得知识可直接参与市场交易，从而激励创新者从事知识生产。熊彼特（Schumpeter）则认为知识生产的极低边际成本容易形成自然垄断，创新者可从垄断市场中获取超额回报[61]。不同于新古典主义和熊彼特的观点，里夫金（Rifkin）2014出版的《零边际成本社会》（*The Zero Marginal Cost Society*）一书描绘了一种新的知识价值实现方式——协同共享。以新兴"慕课"（MOOC/Massive Open Online Course）为例，其生产成本主要发生在制作环节，一旦制作完成后共享到互联网，就可以同时让数以万计的学生受益，而提供这种服务的边际成本极低甚至为零。在零边际成本时代，资本主义经济将面临严峻挑战：许多商品和服务近乎免费提供，市场机制将失去存在的必要性；零售商的边际利润不断消失，消费将实现从所有权到使用权的转变；"产消者"（消费自己生产的商品）大规模出现，协同共享将成为激励创新的新机制[62]。"知识共享经济"在一定程度上验证了哈耶克的知识与自发秩序理论，同时也是知识经济发展的新阶段。

## 四、知识经济学的影响

"知识经济学"从博尔丁于1966年提出至今，其半个世纪的发展饱受争议。早期学者对"知识"和"信息"的界限并没有清晰地划分，从兰博顿的书名《信息和知识经济学》（*Economics of Information and Knowledge*）可见一斑[63]。随着斯蒂格勒（Stigler）、阿罗、米尔利斯（Mirrlees）、维克里（Vickrey）、斯蒂格利茨（Stiglitz）、阿克洛夫（Akerlof）、斯彭斯（Spence）等人登上诺贝尔奖台，经济学上的“知识”一词逐渐被“信息”取代。早在1962年马克卢普就曾建议取消两词的重复使用，他认为所有的“信息”都是“知识”，即便偶尔把某种“知识”称作“信息”，也要避免“知识和信息”这种累赘用法[9]。如今，随着知识在经济学中的位势上升，越来越多的学者意识到对“知识”与“信息”区分的必要性，甚至认为信息经济学从属于广义的知识经济学[64,16]。

### （一）对经济学科的影响

经济学中许多前沿理论的发展均与“知识”有关，正如阿罗所言，“20世纪后半叶（1950～2000年）经济学的最大变化之一在于更加突出了知识和信息的作用”（转引自Colander et al.，P. 292[65]）。第二次世界大战后，芝加哥学派、考尔斯委员会和麻省理工学派成为新古典微观经济学理论三大主要流派，他们将知识（或信息）以对象物（thing）、归纳推理（inductive inference）及计算（computation）的形式纳入各自的理论框架，许多经济学理论或学科因此留下了知识经济学的印记，如决策理论、博弈论、机制设计理论、理性预期理论、信息经济学、创新经济学、组织理论、科学经济学、知识产权经济学、行为经济学以及神经经济学等[66]。从米若斯基（Mirowski）的梳理中不难发现，知识经济学几乎已经渗透到20世纪中期以后所有经济学科的重要领域（参见图2－2）。

### （二）与其他学科的融合

据统计，1960～2010年社会科学领域所发表的题目、关键词和

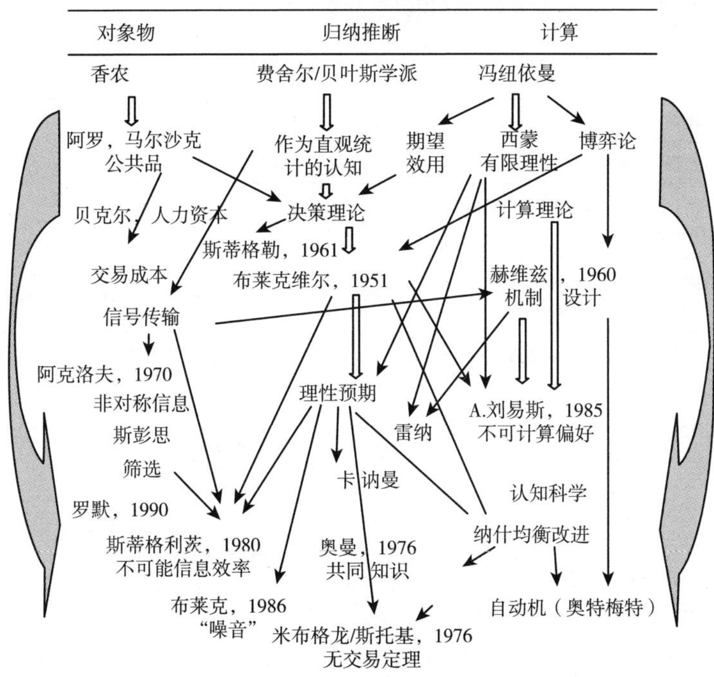


**图 2－2　知识经济学史谱**[66]

摘要中含有“知识经济”的文献总量已超过 5000 篇，全文检索到“知识经济”的文献超过 17000 篇[67]。随着知识经济的深入发展，知识经济学研究也逐渐融入其他学科。涉及知识经济学的文献频频发表于一些较有影响力的综合期刊并在全球范围内产生影响，这些研究已经广泛融入法学（如知识产权法）、管理学、教育学、社会学等多个学科（参见表 2－2）。对知识经济学研究具有重要意义的《知识经济杂志》（*Journal of the Knowledge Economy*）于 2010 年正式创刊，其定位就是聚合经济学、管理学、法学、社会学、人类学、心理学、政治学等多学科理论来重新阐释知识的价值及其影响[68]。

表 2－2　　发表有关知识经济学文章的 SSCI 期刊

| 期刊名称 | 影响因子 | 所属学科 | 年发文量（篇） | 出版地 |
|---|---|---|---|---|
| 研究政策（*Research Policy*） | 3.117 | 经济学/管理学 | 141 | 荷兰 |
| 技术创新（*Technovation*） | 2.526 | 经济学/管理学 | 46 | 荷兰 |
| 技术转让学刊（*Journal of Technology Transfer*） | 1.181 | 经济学/管理学 | 53 | 美国 |
| 产品创新管理（*Journal of Product Innovation Management*） | 1.696 | 经济学/管理学 | 64 | 美国 |
| 知识管理学刊（*Journal of Knowledge Management*） | 1.586 | 管理学 | 68 | 英国 |
| 创造和创新管理（*Creativity and Innovation Management*） | 1.016 | 管理学 | 44 | 英国 |
| 产业与创新（*Industry and Innovation*） | 0.732 | 经济学/管理学 | 30 | 英国 |
| 知识管理研究与实务（*Knowledge Management Research & Practice*） | 0.554 | 管理学 | 40 | 克罗地亚 |
| 创新管理政策与实务（*Innovation-Management Policy & Practice*） | 0.513 | 管理学 | 23 | 澳大利亚 |
| 创新：欧洲社科研究学刊（*Innovation-The European Journal of Social Science Research*） | 0.400 | 经济学/社会学 | 29 | 英国 |
| 国际教育和教学创新（*Innovations in Education and Teaching International*） | 0.384 | 教育学 | 57 | 英国 |
| 亚洲技术创新研究（*Asian Journal of Technology Innovation*） | 0.308 | 经济学 | 33 | 韩国 |

资料来源：SSCI（2015）目录，2015 年的影响因子数据来自影响因子网站（impact factor.cn）。

## （三）对现代企业制度的修正

从国内外涉及“现代企业制度”的大量文献来看，这一概念通常是指形成于工业经济时代资本主义产权法则下的企业法人制度或有限公司制度。如果按资源的重要性和稀缺度把人类生产方式划分为农业经济时代的土地一元权益函数制度（土地所有者主导生产和分配）与工业经济时代的资本一元权益函数制度（资本所有者主导生产和分配，等量资本获取等量权益），那么知识经济时代是否也会出现知识与资本的二元权益函数制度、全要素多元权益函数制度乃至知识一元权益函数制度呢？这正是知识经济学正在议论的一个热门课题，并已深刻影响到发达国家的企业实践，以致从硅谷等地开始陆续出现了突破资本一元权益惯例的有限合伙制（limited partnership）、大范围员工股票期权计划（broad-based employee stock option plan）、CEO制、知识产权投资、人力资本制、利润（益）分享制等[69,70]。

### （四）对统计制度的挑战

"投入—产出"比较分析是研究经济绩效的基本方法，然而，现有统计制度对"知识"的投入和产出统计存在明显缺陷。由于缺少对知识产出价值的统计，文献中通常以专利件数、论文篇数和技术交易合同宗数等产量（而非产值）指标来衡量知识产出，这样简单的处理显然无法满足经济学分析对知识产出质量和绩效评价的需要[71]。相比产出端的统计而言，投入端的统计更为丰富，但仍不完善。以R&D统计为例，尽管《弗拉斯卡蒂手册》（*Frascati Manual*）已对R&D投入的统计做出了详细说明，但在SNA1993（System of National Account）中R&D被作为中间消耗品处理，直到最新的国际统计标准SNA2008实施，R&D才被作为固定资产形式纳入GDP核算体系，而R&D资本的折旧率、价格指数等计算问题仍然没有解决。

### （五）知识经济学在中国

1996年经济合作与发展组织发布的《以知识为基础的经济》报告在各国掀起"知识经济"热潮。受此影响，国内学者吴季松于

1998 年出版了《21 世纪社会的新趋势：知识经济》（简称《知识经济》）一书[72]。此后，以“知识经济学”直接命名的著作不断问世（见表 2 - 3），与“知识经济”相关的论著更是不计其数。然而，知识经济学在国内的研究起点颇有争议，按作者自述或他述至少有两种不同的起点：其一，吴季松自述其《知识经济》是“我国第一本介绍知识经济的著作，行销 27 万余册”[72]；其二，张和生撰文称，“中国第一个发表知识经济方面论文的期刊是《生产力研究》，第一家出版知识经济方面文献的出版社是辽宁人民出版社”，意指其 1992 年出版的《知识经济学》为国内最早的知识经济学著作[73]。两种说法均有相关论著支撑。从出版时间看，孰先孰后自明。若论主题，不论是张和生的《知识经济学》，还是吴季松的《知识经济》及他此后的《知识经济学：理论、实践和应用》，都是研究此议题的专著，似乎都有理由称“国内最早或较早系统研究知识经济（学）”，但也都不是世界范围内的“创立”或“首创”。

**表 2 - 3　国内以知识经济学命名的著作**

| 标题 | 作者 | 出版社 | 首版（年） | 类型 |
|---|---|---|---|---|
| 《知识经济学》 | 张和生 | 辽宁人民出版社 | 1992 | 专著 |
| 《知识经济学导论》 | 袁志刚 | 上海人民出版社 | 1999 | 专著 |
| 《知识经济学：理论、实践和应用》 | 吴季松 | 北京科学技术出版社 | 1999 | 专著 |
| 《知识经济学简明教程》 | 李子卿 | 花城出版社 | 1999 | 教材 |
| 《知识经济学导论》 | 雷家骕、冯婉玲 | 清华大学出版社 | 2001 | 教材 |
| 《知识经济学教程》 | 高洪深 | 中国人民大学出版社 | 2001 | 教材 |
| 《知识经济学》 | 郭晓君等 | 中国物价出版社 | 2003 | 教材 |
| 《知识经济学》 | 李玉峰 | 南开大学出版社 | 2003 | 教材 |
| 《知识经济学教程》 | 高广平 | 中国传媒大学出版社 | 2005 | 教材 |

续表

| 标题 | 作者 | 出版社 | 首版（年） | 类型 |
|---|---|---|---|---|
| 《知识经济学》 | 刘晓枫、邱学明 | 黑龙江教育出版社 | 2006 | 教材 |
| 《知识经济学》 | 吴季松 | 首都经济贸易大学出版社 | 2007 | 教材 |
| 《知识经济学》* | 张守一、葛新权 | 经济科学出版社 | 2010 | 专著 |

注：* 原名为《知识经济概论》，首版于1999年。

## 五、展望

以上综述表明，“知识经济学”产生于特定的时空条件——知识经济发端（以信息技术应用为标志并与后工业时代交织）的20世纪中后期和当时引领全球高科技发展并率先涉足知识经济实践的发达国家，由博尔丁、马克卢普等西方学者提出，并在此后不久的20世纪90年代被引入追赶知识经济步伐的中国。经过50年的发展，知识经济学作为一门经济学分支已具雏形，但整体上仍处于欠成熟状态并滞后于活跃、猛进、日新的知识经济实践，以致被某些学者称为“不完善的知识经济学”（imperfect knowledge economics）[74]和“改进中的理论框架”（improving theoretical framework）[75]。

众所周知，反映工业经济时代的“资本经济学”到了工业时代中后期也即资本主义发展的成熟阶段，才积淀起足够充实的内容，建立起堪称完整的体系，涌现出集大成的理论大师（如斯密、李嘉图、马克思、凯恩斯等）。同样，反映知识经济时代的知识经济学，也将随着人类知识经济实践的不断丰富、娴熟和精致，而在不远的将来抑或下一个50年里呈现如下发展趋势。

1. 积淀起足够充实的内容。包括构建起适应知识生产、交换、分配、消费的通用（commensurable）概念体系、解题模型、价值原理、实证工具、计量单位、统计指标、投入—产出比较公式及数据库等，以致发生库恩（Kuhn）所定义的“范式转换”（paradigm shift）[76]。马克思曾说，一种科学只有在成功地运用数学时，才算达到了真正完善的地步[77]。哈耶克也认为一种经济形态的存在有赖于其核算体系的支持[6]。从这个意义上说，已具有定性分析基础的知识经济学的下一个关键突破点在定量分析。而这正是目前国内外同行的关注点和探索方向。知识经济发展实务的迫切需要必将使很多相关理论难题包括核算障碍迎刃而解[15]。

2. 建立起较为完整的体系。从博尔丁开始，50 年来这一领域的探索者不懈尝试构建知识经济学的分析框架或理论体系，其中也不乏中国学者。但迄今尚无一例获得较普遍认同和权威的地位，以至于有同行称知识经济学原理尚处在“碎片化”状态[18]，而其理论框架仍处于“改进之中”[75]，甚至质疑其未能跳出新古典主义市场分析框架，并因此断言“知识经济学尚不存在”[66]。但国内外学者构建知识经济学分析框架和理论体系的努力从未止步，探索仍在进行。随着知识经济实践的丰富和越来越多理论难题的解决，一个较严谨的知识经济学体系的形成将为时不远。

3. 涌现出集知识经济学之大成的理论大家。国内外不断有学者对这一领域做出开创性的贡献，包括博尔丁、马克卢普乃至作为其理论先驱的熊彼特（创新理论被视作知识经济学的理论渊源）等。但正如勒帕拉所言：“迄今许多这方面的研究都局限于各自领域的刊物，而对其融合鲜有尝试，对知识经济学的新一轮关注和探索或将有助于聚合各家之长。”[18]换言之，知识经济实践的不断丰富和理论内容的逐步充实，可望在不久的将来催生出整合各派碎片化研究成果、集各阶段知识经济学研究之大成的理论大家，由其来实现知识经济学（较成熟）理论体系和分析框架的建构。如果未来 50 年里出现了与研究工业时代资本主义经济的上一代大师比肩的新一代经济学巨匠，那一定是因为他（她）们在研究这个时代的知识经济上做出了重大建树。

## 参考文献

[1] K. E. Boulding. The economics of knowledge and the knowl-

edge of economics [J]. American Economic Review, 1966/56 (1/2) (2): 1-13.

[2] OECD. The Knowledge - Based Economy [R]. OCDE publishing/GD (96) 102, Paris, 1996.

[3] 斯密（A. Smith）. 国富论 [M]. 译者，商务印书馆，2014（原1776）.

[4] 马歇尔（A. Marshal）. 经济学原理 [M]. 译者，商务印书馆，1964（原1890）.

[5] 庇古（A. C. Pigou）. 福利经济学 [M]. 译者，商务印书馆，2006（原1920）.

[6] F. A. von Hayek. Economics and knowledge [J]. Economica, 1937/4 (13): 33-54.

[7] F. A. von Hayek. The use of knowledge in society [J]. American Economic Review, 1945/35 (4): 519-530.

[8] B. Caldwell. Hayek's Challenge [M]. University of Chicago Press, 2005.

[9] F. Machlup. The Production and Distribution of Knowledge in the United States [M]. Princeton University Press, 1962.

[10] F. Machlup. Knowledge: Its Creation, Distribution and Economic Significance, Vol. Ⅰ: Knowledge and Knowledge Production [M]. Princeton University Press, 1980.

[11] F. Machlup. Knowledge: Its Creation, Distribution and Economic Significance, Vol. Ⅱ: The Branches of Learning [M]. Princeton University Press, 1982.

[12] F. Machlup. Knowledge: Its Creation, Distribution and Economic Significance, Vol. Ⅲ: The Economics of Information and Human Capital [M]. Princeton University Press, 1984.

[13] R. N. Langlois. From the knowledge of economics to the economics of knowledge: Fritz Machlup on methodology and on the "Knowl-

edge Society" [A], in W. J. Samuels (ed), Research in the History of Economic Thought and Methodology: A Research Annual [C]. JAI Press, 1985.

[14] K. E. Boulding. The Image: Knowledge in Life and Society [M]. University of Michigan Press, 1956.

[15] C. Antonelli & P. David. The Economics of Knowledge and the Knowledge Driven Economy [M]. Routledge, 2015.

[16] D. Foray. The Economics of Knowledge [M]. MIT Press, 2004.

[17] Ã. E. Anderson & M. J. Beckmann. Economics of Knowledge [M]. Edward Elgar, 2009.

[18] S. Leppälä. Economic analysis of knowledge: The history of thought and the central themes [J]. Journal of Economic Surveys, 2015/29 (2): 263 -286.

[19] APEC. Towards Knowledge-based Economies in APEC [R]. APEC Publishing, 2000.

[20] B. A. Lundvall & B. Johnson. The learning economy [J]. Journal of Industry Studies, 1994/1 (2): 23 -42.

[21] B. A. Lundvall. From the Economics of Knowledge to the Learning Economy [M]. Globelics Academy, 2000.

[22] A. Natalicchio et al. A literature review on markets for ideas: Emerging characteristics and unanswered questions [J]. Technovation, 2014/34 (2): 65 -76.

[23] T. H. Davenport & L. Prusak. Working Knowledge [M]. Harvard Business School Press, 2000.

[24] H. A. Simon. The many shapes of knowledge [J]. Revue D'économie Industrielle, 1999/88 (1): 23 -39.

[25] A Simard. Knowledge markets: More than providers and users [J]. The IPSI BgD Transactions on Advanced Research, 2006/2

(2)：3－9.

[26] K. J. Arrow. Economic welfare and the allocation of resources for invention [A]. in R. R. Nelson (ed), The Rate and Direction of Inventive Activity [C]. Princeton University Press, 1962.

[27] J. J. Anton & D. A. Yao. Markets for partially contractible knowledge [J]. Journal of the European Economic Association, 2005/3 (2)：745－754.

[28] 周波．知识交易的定价 [J]．经济研究，2007（4）：79－89.

[29] R. E. McDonald. Knowledge Entrepreneurship：Linking Organizational Learning and Innovation [M]. Digital Commons, 2002.

[30] M. Senges. Knowledge Entrepreneurship in Universities [M]. Universitat Oberta de Catalunya, 2007.

[31] D. B. Audretsch & M. Keilbach. The theory of knowledge spillover entrepreneurship [J]. Journal of Management Studies, 2007/44 (7)：1242－1254.

[32] J. Ryser. The Future of European Capitals Knowledge-based Development [M]. Goethe-Institut, 1994.

[33] R. V. Knight. Knowledge-based development：Policy and planning implications for cities [J]. Urban Studies, 1995/32 (2)：225－260.

[34] K. Ergazakis et al. Towards knowledge cities [J]. Journal of Knowledge Management, 2004/8 (5)：5－15.

[35] F. J. Carrillo. Knowledge Cities：Approaches, Experiences and Perspectives [M]. Routledge, 2006.

[36] R. Florida. The Flight of the Creative Class [M]. Harper Business, 2005.

[37] K. Ergazakis et al. Knowledge cities [C]. Innovations'07：4th International Conference on Innovations in Information Technology

(IIT), 2008.

[38] P. M. Romer. Increasing returns and long-run growth [J]. Journal of Political Economy, 1986/94 (5): 1002 - 1037.

[39] R. E. Lucas. On the mechanics of economic development [J]. Journal of Monetary Economics, 1988/22 (1): 3 - 42.

[40] R. Huggins & P. Thompson. A network-based view of regional growth [J]. Journal of Economic Geography, 2014/14 (3): 511 - 545.

[41] J. Ha & P. Howitt. Accounting for Trends in Productivity and R&D: A Schumpeterian Critique of Semi-Endogenous Growth Theory [J]. Journal of Money Credit & Banking, 2007/39 (4): 733 - 774.

[42] R. Huggins & P. Thompson. Entrepreneurship, innovation and regional growth: A network theory [J]. Small Business Economics, 2015/45 (1): 103 - 128.

[43] J. S. Gans & S. Stern. Is there a market for ideas? [J]. Industrial and Corporate Change, 2010/19 (3): 805 - 837.

[44] A. E. Roth. What have we learned from market design? [J]. Economic Journal, 2008/118: 285 - 310.

[45] J. J. Anton & D. A. Yao. Expropriation and inventions [J]. American Economic Review 1994/84 (1): 190 - 209.

[46] B. Godin. The linear model of innovation: The historical construction of an analytical framework [J]. Science, Technology & Human Values, 2006/31 (6): 639 - 667.

[47] B. A. Lundvall. National innovation systems—Analytical concept and development tool [J]. Industry and Innovation, 2007/14 (1): 95 - 119.

[48] S. G. Winter & R. R. Nelson. An Evolutionary Theory of Economic Change [M]. Belknap Press of Harvard University Press, 1982.

[49] C. Antonelli & A. Colombelli. External and internal knowledge in the knowledge generation function [J]. Industry and Innovation

2015/22 (4): 273 -298.

[50] I. Nonaka & R. Toyama. A firm as a dialectical being: Towards a dynamic theory of a firm [J]. Industrial and Corporate Change, 2002/11 (5): 995 -1009.

[51] K. J. Arrow. The economic implications of learning by doing [J]. Review of Economic Studies 1962/29 (3): 155 -173.

[52] N. Rosenberg. Inside the Black Box: Technology and Economics [M]. Cambridge University Press, 1982.

[53] B. A. Lundvall. Product Innovation and User-Producer Interaction [M]. Aalborg University Press, 1985.

[54] M. B. Jensen et al. Forms of knowledge and modes of innovation [J]. Research Policy, 2007/36 (5): 680 -693.

[55] P. Krugman. Increasing returns and economic geography [J]. Journal of Political Economy, 1991/99 (3): 483 -499.

[56] G. Duranton, & D. Puga. Micro-foundations of urban agglomeration economies [A], in: G. Duranton et al (eds), Handbook of Regional and Urban Economics [C]. Elsevier, 2004.

[57] M. P. Feldman. Knowledge complementarity and innovation [J]. Small Business Economics, 1994/6 (5): 363 -372.

[58] E. L. Glaeser et al. Growth in cities [J]. Journal of Political Economy, 1992/100 (6): 1126 -1152.

[59] R. G. Harris. The knowledge-based economy [J]. International Journal of Management Reviews, 2001/3 (1): 21 -40.

[60] A. L. J. Ter Wal, & R. A. Boschma. Applying social network analysis in economic geography [J]. Annals of Regional Science, 2009/43 (3): 739 -756.

[61] J. A. Schumpeter. Capitalism, Socialism and Democracy [M]. Harper and Brothers, 1942.

[62] J. Rifkin. The Zero Marginal Cost Society [M]. Palgrave

Macmillan, 2014.

[63] D. M. Lamberton. Economics of Information and Knowledge [M]. Penguin Books, 1971.

[64] B. Ancori. The economics of knowledge [J]. Industrial and Corporate Change, 2000/9 (2): 255 –287.

[65] D. Colander et al. The Changing Face of Economics [M]. University of Michigan Press, 2004.

[66] P. Mirowski. Why there is (as yet) no such thing as an economics of knowledge [A], in: H. Kincaid & D. Ross (eds), The Oxford Handbook of Philosophy of Economics [C]. Oxford University Press, 2009.

[67] I. N. Dubina. et al. Creativity economy and a crisis of the economy? [J]. Journal of the Knowledge Economy, 2012, 3 (1): 1 –24.

[68] E. G. Carayannis. Editor's note [J]. Journal of the Knowledge Economy, 2010/1 (1): 1 –3.

[69] J. C. Sesil et al. Broad-based employee stock options in US "new economy" firms [J]. British Journal of Industrial Relations, 2002/40 (2): 273 –294.

[70] A. M. Sullivan & S. M. Sheffrin. Economics: Principles in Action [M]. Pearson Prentice Hall, 2007.

[71] A. Copeland & D. Fixler. Measuring the price of research and development output [J]. Review of Income and Wealth, 2012/58 (1): 166 –182.

[72] 吴季松．知识经济学 [M]. 北京：首都经济贸易大学出版社，2007.

[73] 张和生．有关我国知识经济研究的历史起点问题 [OL]. 全球品牌网（www. globrand. com），2010.

[74] R. Frydman & M. D. Goldberg. Imperfect Knowledge Econom-

ics ［M］. Princeton University Press, 2007.

［75］ B. Khumalo. Knowledge economics: Improving theoretical framework of knowledge transfer ［A］. MPRA Paper 2008/No. 8942.

［76］ T. S. Kuhn. The Structure of Scientific Revolutions ［M］. University of Chicago Press, 1962.

［77］ 保尔·拉法格等. 回忆马克思恩格斯［A］. 马集译，人民出版社，1973：7.

# 3. 分享经济理论三十年：威茨曼《分享经济》（1984～2014年）①

**【提要】** 在威茨曼《分享经济》出版30年之际，谨撰文对其缘起、内容、影响、运用、演化以及在中国的发展等做一系统回顾和总结，从中可见：该理论立足于解决现实问题，具有很强的针对性；跳出主流经济学研究视角并提出独特见解，具有较大的创新性；发展出多种分享计划及演化模式，具有强大的生命力和扩展性。面对当今一些亟待解决的复杂经济问题，分享经济尚有相当的作为空间。

2014年是马丁·L. 威茨曼（Martin Lawrence Weitzman，1942－）的《分享经济：克服滞胀》（*The Share Economy*：*Conquering Stagflation*，1984）出版30年[1]。当年该书试图解决西方通货膨胀伴随下的经济长期停滞［合称“滞胀（stagflation）”］问题。如今全球经济状况与那时多少有些类似：尚未摆脱2007年金融危机以来的低迷。那么作者所提出的解决方案还有无适用性呢？这为我们今天重温该书陡增了实践意义。此外，近年来理论界关于分配与工资机制的讨论再度趋热。那么，威茨曼颇富魅力的分享经济理论还有无启示性呢？这又为我们今天关注这一理论的发展演变增添了学术意义。

---

① 原以“分享经济理论发展动态：纪念威茨曼《分享经济》出版30年”为题载《经济学动态》2014年第7期，署名：代明、姜寒、程磊。

## 一、分享经济理论的渊源

许多重要理论的形成都有其渊源，例如，马克思的劳动与剩余价值学说渊源于英国古典经济学；现代区域经济学继承了德国古典农业区位理论；当代环境经济学借鉴了新古典经济学的外部性理论等。同样，早在分享经济理论形成之前就出现了一些相关思想和实践。

### （一）分享概念的由来

朴素的分享思想和实践由来已久，如原始人类的“平均分配”、古代农民的“劫富济贫”、农业生产的分租制度等。现代分享实践则可追溯到18世纪末的美国。当时，被誉为职工持股之父的格雷逊（Gallation）就曾在其位于宾夕法尼亚州新日内瓦的玻璃厂实行美国第一个分享计划，并主张民主不应仅限于政治领域，还需扩展到经济生活中。有趣的是，“分享”的理论概念出自德国古典农业区位理论的鼻祖杜能（Thunen）及其代表作《孤立国》（*The Isolated State*）[2]。其第2卷运用边际分析法得出自然工资公式 $A = \sqrt{ap}$（其中，A为工资，a为总工资中用于必要生活资料的部分，$p$为劳动总产品或总收益），也即工资不只等于必要的生活资料，还要加上一定的资本利息，并与企业最终经营成效挂钩。他本人极为看重这个公式，以至于在生前就让人刻在了他的墓碑上。他认为解决资本主义劳资矛盾的方法并不是废除私有制，而是通过分享制使每个人都成为资本的所有者。后来，1889年在巴黎举行的一次关于利润分享经济的国际会议上，该经济被定义为“一种可以自由签订的协议，在这个协议下，员工按预先确定的固定比例接受利润中的份额”[3]。

### （二）卡弗尔的“经济革命”

20世纪20年代，美国一些公司掀起了所谓员工所有制运动。

经济学家卡弗尔（Carver）认为这是一场引发所有权结构悄悄发生变化的革命，也即“美国当前的经济革命”（The Present Economic Revolution in the United States）[4]。他认为，随着证券、银行业的发展，美国已经具备了产权分散的条件。而通过员工持股等手段分散产权可让更多的劳动者成为资本所有者，通过这些方式参与利润分享会使他们的收入更加合理化，从而改善劳资关系，达到进一步激励劳动者并提高生产力的效果。但这一运动随后被淹没在 1929 年开始的大萧条之中。

### （三）约翰斯通的“人民资本主义”

1933 年以后，美国经济逐步复苏，现代股份制日益普及，证券市场迅速发展，公司向股民大量发售股票，加上频繁的股票散户交易，造就了大批“升斗”股民。在这种背景下，前美国商会会长约翰斯通（Johnstone）提出了“人民资本主义”（the people's capitalism）的概念[5]，认为上述变化使得职工可以分享企业收益，进而给企业所有权关系带来革命性变化。美国官方和媒体还联合举办了“人民资本主义”展览会和学术研讨会，宣扬“在美国人人都是资本家”，将该理论推向西方各国，一度影响甚广。

### （四）凯尔索和阿德勒的“新资本家”

与前者相呼应，凯尔索和阿德勒（Kelso & Adeler）合著的《资本家宣言》（*The Capitalist Manifesto*[6]）和《新资本家》（*The New Capitalists*[7]）等，将人民资本主义定义为一个全民资本家共同分享收益的无阶级社会。这样工人在其中不仅得到劳动报酬，还获得资本收入，构成所谓的“双因素财产”。而在收入分配中合理确定劳动和资本的分享比例可以建立更好的劳资关系，资本主义制度也因此会更加牢固。凯尔索认为“员工持股计划”（详见三（三）分享经济计划的实施）是该理论的具体体现和实践。在其倡导下，1974 年美国国会通过了《员工退休和收入保障法》，为日后推行各种分享制或员工持股计划奠定了法律基础。

### （五）舒尔茨和贝克尔的“人力资本”

20世纪60年代，美国经济学家舒尔茨（Schultz）、贝克尔（Becker）等提出了人力资本理论[8,9]，认为人力资本和物质资本一样是主要生产资源，在经济增长中前者的作用甚至高于后者。该理论提出后得到了全社会广泛重视，被用来解释大量发展差距现象。从资本积累的角度看，教育是投资人力资本的主要方式，不论是社会还是企业都需重视教育和培训。从分配机制的角度看，既然把人力（劳动）资本化了，那么人力资本也理应参与到剩余价值的分配中来。而具体的分配过程涉及如何确定人力资本价值，这时就需要一个有效的机制来凸显其异质性，以更好地对劳动者进行激励，分享经济不失为解决该问题的有益探索。

从分享经济理论的渊源可以看出，在早期受当时激烈阶级斗争的影响，实行分享的主要目的是缓解劳资矛盾，带有较为浓烈的“社会性”色彩。而人力资本学说的兴起为研究分享的激励性及其对经济发展的作用奠定了基础。威茨曼的分享经济理论正是在此基础上对分享的作用进行了较为全面的研究，并就利润（收益）分享对宏观经济的作用进行了开创性的探索，形成了系统化的分享经济学说。

## 二、分享经济理论的形成

从20世纪60年代末开始，西方开始出现滞胀：美国通货膨胀率平均达10.46%（1969～1982年），失业率攀升至10.8%（1979年），工业生产年降幅高达15.3%（1973年）。传统的凯恩斯主义对此一筹莫展，滞胀成为理论界和实践界关注与讨论的焦点问题，关于解决这一问题的大量研究成果出炉，威茨曼的分享经济理论应运而生。

### （一）分享经济提出的过程

目睹久治不愈的滞胀现象，时任麻省理工学院经济学教授的威茨曼先是针对失业问题在 1982 年发表了《报酬递增和失业理论的基础》（*Increasing Returns and the Foundations of Unemployment Theory*）[10]一文，对古典经济学和凯恩斯主义关于失业的观点进行了总结，认为经济系统自我调整能力的有限性（工资黏性）是非自愿失业存在的重要原因。次年，他又发表了《选择性薪酬制的宏观经济意义》（*Some Macroeconomic Implications of Alternative Compensation Systems*）[11]，对传统工资制和分享制进行比较，并提出了分享经济的若干主要观点。1984 年出版了他在这一研究领域的标志性成果《分享经济》一书后，作者又补充发表了《利润分享的朴素宏观经济学性质》（*The Simple Macroeconomics of Profit Sharing*）[12]等文。至此，威茨曼的分享经济理论才正式形成。这也意味着，只有把这些相关文章与原著结合起来阅读，才能理解威茨曼经济学（Weitzmanomics）的要义[13]。

### （二）分享经济试图解决的问题

《分享经济》是作者针对困扰西方的滞胀顽症所做出的诊断：其病因在于现存工资制度——工人工资主要与企业以外的劳动市场供求、生活费用指数等因素相关，而与企业自身的经营状况结合不紧。在经济运行平稳的情况下，固定工资是一种有效手段，可起到优化资源配置等作用。但当不利冲击出现时，该制度就只能通过解雇工人来舒缓成本压力。而解雇工人会进一步引起需求不足，使经济恶化加剧。政府为创造更多的就业机会，只得采用积极的货币政策。这又引发通货膨胀。对此作者开出的药方是将工人工资与企业收益或利润挂钩：当经营环境不佳时，工资成本自动下降，企业就无须通过解雇员工来舒压了。除了发挥这种内在稳定器的作用外，分享制企业还存在超额需求从而起到“吸尘器”（vacuum cleaner）

的作用。因此，“分享经济具有内在的三面锋刃，可以用来对付失业、生产停滞和价格上涨趋势[11]”。作者还就如何向分享制转变提出建议：由于其很多益处具有外生性，指望现有工资模式自发地转变为分享制是很难的，而仅靠少数企业采取分享制对宏观经济的影响又微乎其微，所以政府必须借助“看得见的手”与“看不见的手”，也即采用税收政策等行政手段与“自由用工”等市场机制相结合的方式，对该转变进行诱导。

### （三）分享经济的理论模型

威茨曼将分享经济定义为单位劳动成本随雇佣量上升而下降的一种工资制度[1]，也就是说，边际劳动成本（$MC_L$）小于平均劳动成本（$AC_L$）。这皆基（缘）于“工效挂钩”或收益共享，而共享可以让平均成本和边际成本发生较大的改道并产生超额劳动需求（excess demand for labor）。该超额需求正是理解分享经济的关键。假设公司 $i$ 所雇工人的工资水平如式（3－1）所示。其中，$W_i$ 代表工资水平，$F_i$ 代表函数关系，参数 $\lambda_i$ 代表公司和劳动者之间的契约条款，$Z_i$ 代表与公司 $i$ 有关的经济指标，如产品价格、销量、人均利润等。

$$W_i = F_i(\lambda_i, Z_i) \tag{3-1}$$

在传统工资制度下，因员工工资水平不与 $Z_i$ 挂钩，则有式（3－2）。其中，$L_i$ 代表该公司雇佣的劳动量。此时利润对雇佣量的导数为 0，没有超额劳动需求。

$$W_i = F_i(\lambda_i, Z_i) = \lambda_i \text{，则} \frac{\partial W_i}{\partial L_i} = 0 \tag{3-2}$$

而在分享经济制度下，由其定义可知员工工资水平与 $Z_i$ 挂钩，则有式（3－3）。式中 $Z_i = G_i(L_i, A)$，$A$ 为经济环境所代表的外生变量。

$$W_i = F_i(\lambda_i, Z_i) = \lambda_i Z_i \text{，则} \frac{\partial W_i}{\partial L_i} < 0 \tag{3-3}$$

假设在长期均衡状态下 $W = W^*$ ，收益为 $R_i(L_i, A)$ ，由传统的微观经济学知识可知在长期均衡时有式（3－4），则利润如式（3－5），将式（3－5）对 $L_i$ 求导可得式（3－6）。

$$\left(\frac{\partial R_i}{\partial L_i}\bigg| *\right) = W^* \tag{3-4}$$

$$\pi_i = R_i(L_i, A) - W_i(L_i, \lambda_i, A)L_i \tag{3-5}$$

$$\left(\frac{\partial \pi_i}{\partial L_i}\bigg| *\right) = \left(\frac{\partial R_i}{\partial L_i}\bigg| *\right) - W^* - L_i^*\left(\frac{\partial W_i}{\partial L_i}\bigg| *\right) = -L_i^*\left(\frac{\partial W_i}{\partial L_i}\bigg| *\right) \tag{3-6}$$

此时，利润对雇佣量的导数为正，也就是说，随着雇佣量的上升，企业利润会增大，存在超额劳动需求。

### （四）分享经济与传统薪酬制度比较

威茨曼的分析框架主要是围绕分享经济与传统工资制度的比较展开的。除了以上建模思路外，作者还从多视角比较了两类薪酬制度（参见表3－1）。在此基础上，米切尔（Mitchell）又进一步建模对分享制和传统工资制面对不利经济冲击时的反应进行了比较[14]。如图3－1所示，横轴为劳动力投入 $L$，纵轴为工资投入 $W$。$d$，$d'$，$d''$为劳动需求曲线。以传统的固定工资体制为初始状态，则企业付给工人的工资为 $W_0 = C$，雇佣的劳动量为 $OI$。当该公司开始实行“奖金”式的分享制后，其工资为 $W = W_1 + b$，其中 $b$ 代表分享制下的奖金，$b = W_0 - W_1$。此时愿意雇佣的劳动量为 $OD$，则产生了 $ID$ 的劳动需求。如果更多公司实行分享经济的话，市场上没有足够的工人去满足 $ID$ 这个需求。因此，分享经济只能使公司在未实现充分就业前去雇佣工人。假设在 $OA$ 状态下（此时工资为 $C_2 = W_2$）已经实现了充分就业，则分享制公司会雇佣的劳动量比原先的固定工资体系多 $IA$。假设在 $C_2$ 的工资基础上将雇佣人数定为 $A'$，公司增加的就业人数获得的利润为 $aeA'A$，而付出的成本为

$abA'A$，则公司损失三角形 $abe$。这就是威茨曼所说的分享经济体系下公司在实现充分就业前所具有的吸尘器作用。当经济不景气时需求下降，也造成公司的劳动力需求下降为 $d'$，此时公司依旧不会解雇工人。因为 $W_1$ 和 $d'$ 的交点所需劳动量仍然大于 $OA$。只有当劳动需求进一步下降到达 $d''$ 时才会解雇劳动力 $UI$。

**表 3－1　两种薪酬制度比较**

| | 传统工资制 | 分享式薪酬制 |
|---|---|---|
| 基本模型 | $W_i = F_i(\lambda_i, Z_i) = \lambda_i$ | $W_i = F_i(\lambda_i, Z_i) = \lambda_i Z_i$ |
| 劳动需求 | 无超额需求 | 有超额需求 |
| 遇到衰退 | 靠解雇员工舒压 | 因工效挂钩故自动舒压 |
| 面对滞涨 | 无能为力 | 表现较优 |
| 实施条件 | 自动自发 | 需公共政策诱导 |
| 激励性 | 缺乏激励 | 激励性较好 |

资料来源：笔者据 Weitzman 分享经济理论整理。

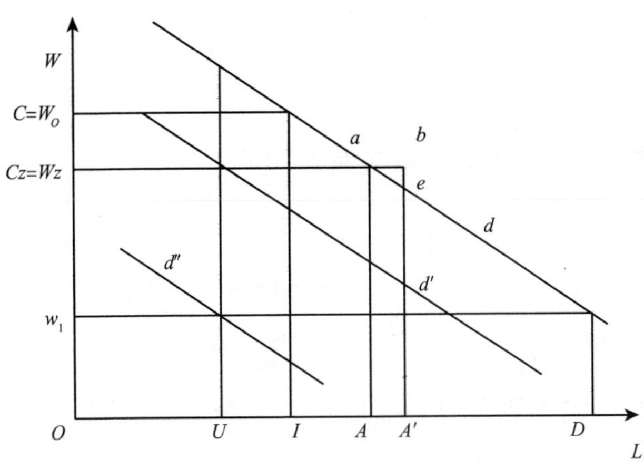


**图 3－1　分享经济面对不利冲击的反应**[14]

### （五）分享经济的不同形式

就分享经济的形式而言，威茨曼以“煮蛋”做比喻，把奖金制、利润分享制等称为“半熟”（soft-boiled）或“中熟”（medium-boiled）状态的分享经济，而收入或收益分享制则是一种“全熟”（hard-boiled）的分享经济状态[1]。随后，英国经济学家米德（Meade）出版了《分享经济的不同形式》（*Different Forms of Share Economy*）一书[15]，进一步从实践的角度对分享经济进行研究。其中涉及职工股份所有制、劳动者管理合作社、利润分享制、收入分享制、劳动资本合伙制等分享经济的具体形式，并将利润分享与收入分享作了比较。他认为，前者是在支付给工人一定固定工资的基础上，对剔除掉相应成本之后的剩余也即纯收入，在工人和雇主之间进行分配。这意味着亏损由企业承担，工人负盈不负亏，可以激发工人的工作热情并缓解劳资矛盾，是一种“半熟”或“中熟”状态的分享经济。后者则取消了固定工资，将企业的全部收入（净产值、增加值）拿来在雇主和工人之间按照一定比例进行分配。这意味着劳动跟资本一样既负盈也负亏，从而将劳动进一步资本化，至此方为“全熟”状态的分享经济。

## 三、分享经济理论的发展

分享经济理论形成后产生了怎样的影响？经历了怎样的发展？尤其在历史条件改变后又发生了哪些与时俱进的演化？这都是人们回眸《分享经济》出版30年所关切的问题。

### （一）《分享经济》的影响

《分享经济》一书出版后在美国及全球引起的反响非同寻常。1985年8月26日的《美国新闻与世界报道》将其推崇为“凯恩斯理论之后最卓越的经济思想”。《纽约时报》也有过类似的赞誉

(the best idea since Keynes)[13]。威茨曼因此被IDEAS/REPEC排行榜列为全世界较具影响力的经济学家（维基百科）。原著很快便被翻译成十几种文字（包括中文）在全球发行。各种推介、述评夹杂着"权威人士"的赞誉之声不绝于耳。如宾夕法尼亚大学教授阿扎睿迪斯（Azariadis）在书评中称赞威茨曼的新书确实包含了关于周期性失业问题的全新积极思考，且写得通俗易懂有吸引力[16]。美国科学院院士、耶鲁大学经济系教授诺德豪斯（Nordhaus）在一篇推介文章中写道：《分享经济》的确创造了很好的阅读（效果）——引人入胜、诙谐机智且避开了同行常用的晦涩术语[13]。中译本序称其"述语浅显，立意新颖，方法别致，篇幅精短，不失为人们研究当代资本主义经济运行以及探索社会主义经济改革的一本富有吸引力的参考书"[1]。甚至时任英国首相的撒切尔夫人也对其赞赏有加[17]。然而，随着分享经济提出的背景——滞胀的消退，理论的焦点和人们的注意力被很快引向其他问题，作者本人也在调往哈佛大学后将研究重心转向资源环境经济学领域。

### （二）《分享经济》引发的讨论

《分享经济》引发的讨论和争议同样非同一般。焦点之一是分享制的有效性。如曾经推介过《分享经济》一书的知名教授诺德豪斯后来也怀疑"分享经济能克服滞胀吗？"（Can the Share Economy Conquer Stagflation?）[18]。甚至连威茨曼把日本经济的成功作为证明分享经济有效的依据也受到了质疑：佩克（Peck）采用相关数据进行实证检验，结果显示，在日本奖金与企业利润之间并不存在显著相关性，以此批驳"日本是分享经济的实验室"的说法[19]；佐野（Sano）认为，日本的奖金制度向下调整能力有限，并不完全符合威茨曼对分享经济的定义[20]。威德瓦尼（Wadhwani）则认为在效率工资模型下，从长期均衡看分享制并不能创造出"超额需求"[21]。科佛尔和米勒

(Koford & Miller)、勒文（Levine）等也认为，萧条时期工人工资的下降会带来生产率的下降，也即企业降低工资所带来的成本节约会导致产出减少，因而分享制无法起到降低失业率和增强宏观经济稳定性的作用[22,23]。焦点之二是分享制的可行性。托宾（Tobin）认为在实践中对于分享比例的调控是十分困难的[24]。特雷西（Tracy）等认为日益壮大的工会制度会阻碍分享经济的实施[25]。居尔格尔和米凯利斯（Jerger & Michaelis）认为在有限理性的情况下很难找到使工会和企业都满足的分享方案[26]。焦点之三是纷纷围绕上述焦点探寻对策。帕克斯(Parks) 结合工会制度，指出分享经济更容易在小企业中实现，且利于小企业留住和吸引人才，培养员工忠诚度[27]。拉斯维塔和皮若格（Lacivita & Pirog）建议实施分享制不仅要在转制过程中提供政府津贴，还需在转制后给予工人风险补偿[28]。埃尔鲍姆（Elbaum）主张通过适当的改进，如对工资、劳动、产出之间的各种弹性比进行设定，让分享经济的优点扩展到效率工资模型中去[29]。张等（Chang et al.）认为分享制之所以发挥得不尽如人意，是因为劳资双方都存在道德风险，这就要通过重复博弈等手段来降低这种风险[30]。基尔斯坦因等（Kirstein et al.）发现，尽管分享制较优越，但在现实中却不如固定工资制可行，因而需解决“固定工资谜题”(fixed wage puzzle)[31]。

### （三）分享经济计划的实施

《分享经济》出版后，从美国开始，人类社会逐步迎来新经济时代。顺应人本化、知识化、全球化的浪潮，分享制也采取人力或知识资本（权益）的形式进入实际运用中（参见表3-2）。一是实施员工持股计划（Employee Stock Ownership Plan/ESOP)，包括其派生形式雇员股票购买计划（ESPP)、限制型股票（Restricted Stock)、虚拟股票（Phantom Stock）等，美国等西方国家还相继出台了一系列法案助推其实施，由此越来越多的员工得以与雇主共同分享所在企业乃至整个宏观经济繁荣的成果（参见表3－3）。二是实施股份期权计划（Stock Option Plan/SOP），从针对小范围授予对象的经理股份期权（Executive Stock Option/ESO）逐步扩大到针对部分乃至大部分员工的大范围股份期权计划（Broad-Based Employee Stock Option Plan/BBESOP），以至于1980年以来持这种期权的美国人增长了9倍，到2012年达900万人（美国员工持股中心\National Center for Employee Owners，http//www. nceo. org）。三是实行有限合伙制（Limited Partnership/LP），这种以“知方”（普通合伙人）VS. “资方”（有限合伙人）的权益分享体制在美国尤其是硅谷创投业中的采用率高达80%～90%，也很快风靡全球并涉入其他行业甚至家庭（family limited partnerships）[32]。

**表3－2　美国实施较普遍的几种分享制形式或计划**

| 分享方式 | 实施内容 | 授予对象 | 实施时间 | 收益方式 | 相关法案 |
|---|---|---|---|---|---|
| **员工持股计划** | 授予或优惠售予股票 | 部分或所有员工 | 入职、退休或离职 | 股价上升、股息 | ERISA，国内税法409（p） |
| 雇员股票购买计划 | 折价出售股票 | 所有员工（或不含新员工和高管） | 一定时间内 | 股价上升、折扣差价、股息 | 国内税法423 |
| 限制型股票 | 授予或折价出售股票 | 部分员工 | 约定时间或满足一定条件 | 股价上升、折扣差价、股息 | 国内税法83（b） |
| 虚拟股票 | 授予（奖给）股票或现金 | 同上 | 一定时间内或满足一定条件 | 现金或股票转让 | ERISA |
| **股份期权计划** | 授予看涨股票期权 | 从管理层扩大到员工 | 约定时间或满足一定条件 | 行权获利 | 国内税法421（a） |
| 经理股份期权 | 同上 | 管理层 | 同上 | 同上 | 同上 |

续表

| 分享方式 | 实施内容 | 授予对象 | 实施时间 | 收益方式 | 相关法案 |
|---|---|---|---|---|---|
| 大范围股份期权计划 | 同上 | 部分乃至大部分员工 | 同上 | 同上 | 同上 |
| **有限合伙制** | 约定管理权与利润分享比例 | 普通合伙人（实际管理者/团队） | 按项目投资周期或合伙协议 | 管理费 + 分享利润 | RULPA（1985） |

注：ERISA 即 Employee Retirement Income Security Act（员工退休收入保障法）。

RULPA 即 1985 年修订的 Revised Uniform Limited Partnership Act（修正统一有限合伙法）。

实施分享计划的典型案例更是层出不穷，如星巴克的“大范围股份期权计划”、RAMs 的“房地产有限合伙制”（Real Estate Limited Partnership）、美洲银行的“全球伙伴股份期权计划”（Global Associate Stock Option Plan）、百时美施贵宝的“团队分享股份期权计划”（Team Share Stock Option Plan）、杜邦的“公司分享项目”（Corporation Sharing Program）、索诺科的“百年分享计划”（Centennial Share Program）等[33]，甚至马里兰医院也推出了“新型统一付费范式下的收益分享方案”（Gain Sharing under the New All-Payer Demonstration Model）[34]。

### （四）分享经济效果的实证

上文提到西方理论界曾发生分享经济是否可行和有效的争议。其实前者已经被 30 年来分享计划在新经济中得到广泛实施的大量数据（如表 3 -2、表 3 -3 所示）和案例所“实证”：尽管存在种种障碍，但其可行性毋庸置疑。表 3 -4 的数据更表明，即使在传统行业和不景气年份，美国大公司的利润分享规模和影响仍不可小觑。至于分享制的有效性，则需从以下两方面进行实证分析。

表 3-3　　美国公司近年来采用 ESOP 计划统计

| 年份 | ESOP 计划（个） | 参与人数（万人） | 涉及权益（亿美元） |
|---|---|---|---|
| 2000 | 10500 | 640 | 3150 |
| 2001 | 10500 | 839 | 4084 |
| 2002 | 10300 | 974 | 4684 |
| 2003 | 9600 | 1109 | 6225 |
| 2004 | 9700 | 1136 | 6977 |
| 2005 | 10000 | 1170 | 7175 |
| 2006 | 9400 | 1030 | 8670 |
| 2007 | 9600 | 1030 | 9340 |
| 2008 | 10100 | 1060 | 7090 |
| 2009 | 9800 | 1030 | 8690 |
| 2010 | 11000 | 1060 | — |
| 2011 | 11500 | 1080 | 8580 |
| 2012 | 12000 | 1100 | 8700 |

资料来源：National Center for Employee Ownership，http//www. nceo. org

表 3-4　　美国公司 2013 年利润分享抽样数据

| 企业名称 | 参与员工（人） | 人均（美元） | 总额（亿美元） |
|---|---|---|---|
| 福特汽车 | 47000 | 8800 | 4. 1360 |
| 通用汽车 | 48500 | 7500 | 3. 6375 |
| 克莱斯勒 | — | 2500 | — |
| 达美航空 | 80000 | 6329 | 5. 0630 |
| 联合航空 | — | — | 1. 9000 |

资料来源：上述公司官网。

1. 从微观层面检验其是否改善企业绩效。大草和大竹（Ohkusa & Ohtake）、乔杜里和霍克（Chowdhury & Hoque）、布莱克和林奇（Black & Lynch）、卡拉夫特和尤戛可维（Kraft & Ugarkovi）、色西尔和林（Sesil & Lin）等学者基于大量实证数据和案例分析给出了肯定答案[35-39]。还有许多学者从委托代理的角度或分享制对人力资本的激励作用出发展开探讨，所给出的原因包括分享制有效降低代理成本[40]、提高企业运用人力资本的水平从而加强组织运作能力[41]、促进劳动者学习专业技能和鼓励员工接受培训[42,43]、通过增进员工对公司的忠诚度等减少离职概率[44]、有利于企业留住精英员工[45]及提高企业创新能力[46]等。当然相关分析也涉及由于信息不对称等原因引发的员工“搭便车”等负面效应[47]。但总体评价不失“利大于弊”。美国员工持股基金会（The Employee Ownership Foundation）在2012年所做的一份调研报告也显示，76%的受访者认为员工持股计划提高了生产力，93.3%认为该计划是正确的商业决定。

2. 从宏观层面则看其是否增进整体经济效益尤其是稳定性（抑制失业、通货膨胀、衰退等）。弗里曼估算在美国仅S-ESOP（指所有者≤75的“小公司职工持股计划”）在2007年就为美国做出了相当于330亿美元的贡献[48]。至于分享制是否发挥了威茨曼所预期的克服滞胀、改善宏观经济运行的效应，尽管人们看到了《分享经济》出版后滞胀便悄然而愈的事实，但多数学者并不认同这是分享经济带来的神奇功效，而更相信是发端于美国尤其是其硅谷的新经济带来了转机。部分学者如法国的卡哈克和多尔蒙（Cahuc & Dormont）还基于1986年以来的经验数据证明：实施分享计划对生产率确有提升，但对失业、通货膨胀等问题的改善却并不显著[49]。

### （五）分享经济的演化

如果说作为“来源版”的威茨曼分享经济理论及其派生出的各种利润分享计划侧重微观分配视角，旨在调整企业内部劳资及多要素之间权益关系的话，那么随着供应链管理（SCM）、协同学（synergetics，“新三论”之一）、可持续发展（sustainable development）等理论和实践的兴起，它又先后涉入交换、生产、消费等领域，演化出了各种分享经济的“扩展版”。首先是侧重交换视角，基于企业间供需联系和供应链协同的链际“收入分享”（revenue sharing in supply chain），从20世纪90年代以来一直是全球商务实践和商学讨论的热点，由此突破了单个企业边界、将分享经济扩展到了企业的外部联系[50-52]。其次是侧重生产视角，基于企业与非企业组织协同、经济与社会共创价值（creating shared value）的“价值分享”（value sharing），由哈佛大学著名教授波特（Porter）等近年提出，从而把价值创造和分享的概念进一步扩展到了经济层面以外的社区或社会层面并涉及企业的社会责任[53,54]。最后是侧重消费视角，基于循环经济、人地协同理念的“资源分享”（resource sharing）或“协同消费”（collaborative consumption），由此突破传统所有权关系的限制，将分享经济再进一步扩展到了可持续发展和资源环境领域。

让威茨曼始料未及的是，如今后一种也即“资源分享”或“协同消费”意义上的“分享经济”（英文构词同为 the share economy/the sharing economy/the shared economy）概念正风靡西方乃至全球，其使用频率已经超过威茨曼原来定义的分享经济。最新维基百科词条将其解释为“围绕人力和物质资源分享而建立起来的一种可持续经济系统”（a sustainable economic system built around the sharing of human and physical assets），包括不同个人或组织对自然资源、在线资源、资金资源、不动产资源、人力资源、知识资源乃至产品和服务的分享，其意义在于提高资源及其转化物——产品和服务的利用率[55]，减少传统所有权“独占”或“封存”下的“废旧品”“闲置物”及人类对有限资源环境的浪费[56]，其“使能器”（enabler）是现代信息技术及其衍生出来的P2P等网络平台。这种分享经济尽管在主体、客体上已发生了很大改变，但在协同共生的本质上与威茨曼的分享经济仍是一脉相承的。至此我们可以看到一条如图3-2所示的分享经济演化路径。其中的分享对象——利润、收入、价值、资源之间可能具有一定的重叠性（如劳资之间也可叫收入分享、供应链企业之间也可称利润分享），关键在于不同主体协同下的分享。这也许意味着人类社会正在步入一个全方位协同和大分享的时代。

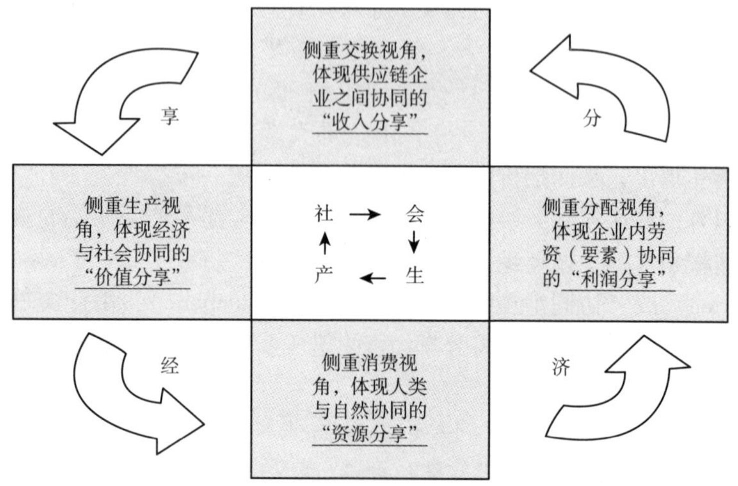


**图 3－2　分享经济的扩展与演化路径**

注：内环表示社会生产过程，外环表示分享经济演化路径。

## 四、分享经济理论在中国

近 40 年来中国经历了改革开放和经济崛起的巨变，分享经济理论在该过程中有过怎样的作为和发展呢？

### （一）对分享经济理论的评价

原著问世不到两年，其中译本便以《分享经济：用分享制代替工资制》（林青松等译，1986）为名出版[1]，旋即引起社会各界尤其是理论界的极大关注和热评。正面评价主要是肯定该书跳出西方传统宏观经济学和凯恩斯的需求管理角度观察问题，从微观层面的企业行为和劳动者报酬制度入手来解释和分析滞胀的原因并提出相应的解决方案[57]；同时肯定其对中国改革当时仍显僵化的企业分配制度、强化激励机制的重大借鉴意义。也有学者通过实证研究表明，以奖金形式为代表的分享制确实促进了我国国有工业企业的发展[58]。负面评价仍集中在对威茨曼分享经济可行性与有效性的质疑上，不仅直指其对资本主义经济痼疾的疗效甚微，还采用中国上市公司数据，通过建立回归方程来分析实施员工持股计划与公司资产收益率（ROA）、净资产收益率（ROE）、销售回报率（ROS）以及托宾 Q 值之间的关系。实证结果显示，员工持股计划与以上四个变量并不存在显著关系，股权的大量分散使每个持股员工没有得到多少正面激励，反而产生了“搭便车”倾向[59]。

### （二）分享经济在中国的实践

创新分配与激励制度是近 30 年来中国改革开放的重头戏之一，其中一直贯穿着分享经济的思想和实践。一是在早期的奖金制度中，较普遍实行劳动报酬与企业利润挂钩，还创造了“除本分成制”“净产值分成制”“企业效益拆成制”等特色模式。二是将股份制植入公有经济，创造了劳动与资本相结合的农村股份合作制和工人所有制股份公司（如南京发动机配件厂），前者至今仍是我国农村及其城市化后新社区的一种基本经济组织形式（参阅 2013 年中共中央一号文件）。三是将员工持股纳入现代企业制度建设，在股份公司中较普遍实行内部职工股。据不完全统计，截至 2012 年 9 月底，员工持股的 A 股上市公司达 1841 家，占全部 A 股上市公司的 74.63%，中国证监会还于 2012 年发布了《上市公司员工持股计划管理暂行办法（征求意见稿）》。四是部分企业实行有限合伙、股份期权等现代分享制。前者从北京中关村起步后在全国尤其是创投业中得到一定的发展，后者从万科、金蝶等企业开始后逐渐被推广。截至 2012 年 12 月底，涉及股票期权计划、限制性股票、虚拟股票等股权激励的 A 股上市公司达 345 家，约占 A 股上市公司总数的 20%。而中国证监会 2005 年颁布的《上市公司股权激励管理办法（试行）》，则标志着股权激励这种“半熟”或“中熟”状态（尚无须激励对象“负亏”）的分享经济，在我国已进入规范化、法制化的实施阶段。

### （三）分享经济理论的“中国版”

结合中国国情及实践的需要，一些国内学者也在尝试创建“中国版”或“中国特色”的分享经济理论。其中最具代表性的是“社会主义（或公有制）分享经济理论”，主张将“成本对利润”［式（3-7）］或“物化劳动对活劳动”［式（3-8）］视角的价值公式转化为一种扣除不变成本 $c$ 后的净收入分配制度［式（3-9）］。前两个公式体现着资本主义生产关系，其中，$c$ 和 $v$ 都被作为成本，企业为了扩大利润 $m$ 必将进一步压缩工资 $v$。而后者则体现着公有制下的社会主义生产关系，其中，$n_1$、$n_2$、$n_3$ 表示国家、企业、个人对“需要价值”的分解，这样就会使企业形成进一步提高工资的动力[60]。

$$w = (c + v) + m \tag{3-7}$$

$$w = c + (v + m) \tag{3-8}$$

$$w = c + n_1 + n_2 + n_3 \tag{3-9}$$

值得关注的还有“全要素资本化理论”，主张基于传统资本理论、马克思劳动价值论、当今人力资本理论及系统论，将劳动、技术和管理等生产要素全部资本化以实现“泛股制”，让诸要素共担风险并共享收益[61]。与之相近的还有“按生产要素（贡献）分配理论”，其依据是“广义价值论”[62]，认为就财富的物质内容即使用价值而言，劳动不是唯一源泉，非劳动生产要素实际参与了创造，因而也应取得报酬。对此中共十六大已有明确定论：确立生产要素按贡献参与收入分配的原则，进一步完善以按劳分配为主体、多种分配方式并存的分配制度。

## 五、结语

回眸《分享经济》出版 30 年，至少可从三个方面看到其理论价值与特色：一是现实性，即立足于解决现实重大问题并借助于各种分享计划去实现；二是创新性，正如许多中外同行所肯定的那样，敢于跳出主流经济学和权威凯恩斯主义去观察问题，从而辟出新视角、提出新见解并建立新框架；三是拓展性，不仅在新经济时代发展出多种实用的分享计划或模式，而且扩展到了企业与企业、经济与社会、人类与自然之间，显示出强大的生命力。然而，《分享经济》出版所带来的辉煌虽堪比凯恩斯的《通论》（且都是针对重大经济顽症及时开出的“救世”药方），但若撇开各种演化或实践模式，其辉煌却远不如《通论》来得持久。这在很大程度上与滞胀悄然消退、针对性似乎不再及威茨曼本人研究兴趣转向有关。不过发端于 1997 年的亚洲金融风暴、2007 年的全球金融危机以及迄今的经济持续低迷，似乎又在提醒经济学家们重新关注固定工资与经济周波、人类确定性“偏好”与事物不确定性“天性”之间的关系。尤其广泛的“协同”正把企业乃至人类的经济行为重新定义为“共创分享价值”，这或将驱动全球经济的下一轮创新和增长[53]。由此看来，分享经济研究尚任重而道远。

## 参考文献

［1］ M. L. Weitzman. The share economy：conquering stagflation［M］. Boston：Harvard university press，1984.（中译本《分享经济：用分享制代替工资制》，林青松，译．北京：中国经济出版社，1986）

［2］ V. Thunen. The isolated state［M］. English edition translated by C. M. Wartenberg，London：Pergamon Press，1966（Original edition in German：Vol. Ⅰ，1826；Ⅱ，1850；Ⅲ，1867）.

[3] 张卓元等. 政治经济学大辞典 [M]. 北京：经济科学出版社，1998.

[4] T. N. Carver. The present economic revolution in the United States [M]. New York: Little Brown press, 1925.

[5] E. Johnston. America unlimited [M]. New York: Doran Doubleday press, 1944.

[6] L. O. Kelso & M. J. Adler. The capitalist manifesto [M]. New York: Random House press, 1958.

[7] L. O. Kelso & M. J. Adler. The new capitalists: A proposal to free economic growth from the slavery of savings [M]. New York: Random House press, 1961.

[8] T. W. Schultz. Investment in human beings [M]. Chicago: University of Chicago Press, 1962.

[9] G. S. Becker. Human capital: a theoretical and empirical analysis, with special reference to education [M]. Chicago: University of Chicago Press, 1964.

[10] M. L. Weitzman. Increasing returns and the foundations of unemployment theory [J]. The Economic Journal, 1982/92 (368): 787 - 804.

[11] M. L. Weitzman. Some macroeconomic implications of alternative compensation systems [J]. The Economic Journal, 1983/93 (372): 763 - 783.

[12] M. L. Weitzman. The simple macroeconomics of profit sharing [J]. American Economic Review, 1985 (2): 937 - 953.

[13] W. Nordhaus. Introduction to the share economy [J]. Journal of Comparative Economic, 1986 (10): 416 - 420.

[14] D. J. B. Mitchell. The share economy and industrial relation [J]. Industrial Relations, 1987/26 (1): 1 - 17.

[15] J. Mead. Different forms of share economy [M]. London:

Public Policy Centre press, 1986.

[16] C. Azariadis. Weitzman's the share economy: conquering stagflation [J]. Rand Journal of Economics, 1985/16 (4): 581-582

[17] A. Gamble. The free economy and the strong state: the Politics of Thatcherism [M]. Basingstoke: Macmillan, 1988.

[18] W. Nordhaus. Can the share economy conquer stagflation? [J]. Quarterly Journal of Economics, 1988/103 (1): 201-217.

[19] M. J. Peck. Is Japan really a share economy? [J]. Journal of Comparative Economic, 1986 (10): 427-432.

[20] Y. Sano. Changes and continued stability in Japanese HRM systems: choice in the share economy [J]. The International Journal of Human Resource Management, 1993 (4): 11-27.

[21] S. B. Wadhwani. Profit-sharing and Meade's discriminating labor-capita! partnerships: A review article [J]. Oxford Economic Papers, 1987/39 (9): 421-442.

[22] K. J. Koford, & J. B. Miller. The natural rate in a share economy [A]. California Institute of Technology Social Science Working Paper, 1987/631: 228-277.

[23] D. Levine. Efficiency wages in Weitzman's share economy [J]. Industrial Relations, 1989 (28): 321-334.

[24] J. Tobin. Inflation and unemployment in the share economy [J]. Journal of Comparative Economic, 1986 (10): 460-463.

[25] J. Tracy. Unions and the share economy [J]. Journal of Comparative Economic, 1986 (1): 433-437.

[26] J. Jerger & S. Michaelis. The fixed wage puzzle: Why profit sharing is so hard to implement [J]. Economics Letters, 2011 (110): 104-106.

[27] B. Parks. The share economy: a boon for small business? [J]. American business review, 1990/8 (2): 20-24.

［28］ C. J. Lacivita & R. L. Pirog. Implementing the share economy ［J］. Southern Economic Journal，1992/58 （4）：1095 －1102.

［29］ B. Elbaum. The share economy with efficiency wages ［J］. Industrial Relations，1995/34 （2）：299 －323.

［30］ J. J. Chang et. al. Profit sharing，worker effort，and double-sided moral hazard in an efficiency wage model ［J］. Journal of Comparative Economics，2003 （31）：75 －93.

［31］ R. Kirstein & A. Kirstein. A. inefficient intra-firm incentives can stabilize cartels in cournot oligopolies ［A］. FEMM Working Paper，2007 －04，available from www. uni － magdeburg. de.

［32］ I. L. Blackman. Family limited partnerships ［J］. Modern Machine Shop，2013/86 （6）：42 －44.

［33］ 陈国权等. 大范围员工股份期权计划——产权和激励制度的新进展 ［M］. 西安：西安交通大学出版社，2004.

［34］ MHA. Gain sharing under the new all payer demonstration model ［R］. Maryland Hospital Association （MHA），2014.

［35］ Y. Ohkusa & F. Ohtake. The productivity effects of information sharing，profit sharing，and ESOPs ［J］. Journal of the Japanese and International Economies，1997/11 （3）：385 －402.

［36］ D. Chowdhury & Z. Hoque. Profit sharing and corporate performance：Some evidence from Bangladesh ［J］. The International Journal of Accounting，1998/33 （4）：469 －481.

［37］ S. E. Black & L. M. Lynch. What's driving the new economy? The benefits of workplace innovations ［J］. Economic Journal 2004/114 （493）：97 －116.

［38］ K. Kraft & M. Ugarkovi. Profit sharing and the financial performance of firms：Evidence from Germany ［J］. Economics Letters，2006 （92）：333 －338.

［39］ J. C. Sesil & Y. P. Lin. The impact of employee stock options adoption and incidence on productivity: evidence from US panel data [J]. Industrial Relations, 2010/50 (3): 514－534.

[40] J. E. Gamble et al.. ESOP and employee attitudes: The importance of empowerment and financial value [J]. Personnel Review, 2002/31 (1): 9－26.

[41] J. C. Sesil. & Y. P. Lin. Do broad-based stock options promote organization capital? [J]. British Journal of Industrial Relations, 2011/July 0007－1080: s402－s416.

[42] D. Parent. Incentives? The effect of profit sharing plans offered by previous employers on current wages [J]. Economics Letters, 2004 (83): 37－42.

[43] C. P. Green & J. S. Heywood. Profit sharing, separation and training [J]. British Journal of Industrial Relations, 2011/49 (4): 623－642.

[44] J. R. Blasi et al.. Shared capitalism at work: employee ownership, profit and gain sharing, and broad-based stock options [J]. Chicago: University of Chicago Press, 2010.

[45] R. Freeman et al.. Shared capitalism: employee ownership, profit and gain sharing, and stock options [M]. Chicago: University of Chicago Press, 2010.

[46] K. Aerts et al.. Profit-sharing and innovation [A]. ZEW Discussion Paper, 2013/No. 13-114.

[47] J. S. Heywood & U. Jirjahn. Profit sharing and firm size: The role of team production [J]. Journal of Economic Behavior & Organization, 2009 (71): 246－258.

[48] S. F. Freeman & M. Knoll. S corp ESOP legislation benefits and costs: public policy and tax analysis [A]. University of Pennsylvania Working Paper #08－07, July 29, 2008, available from https://community-wealth.org/

［49］ P. Cahuc & B. Dormon. Profit-sharing：Does it increase productivity and employment? A theoretical model and empirical evidence on French micro data ［J］. Labour Economics，1997（4）：293 –319.

［50］ B. K. Bahinipati et al. . Revenue sharing in semiconductor industry supply chain：Cooperative game theoretic approach ［J］. India：Sadhana，2009（34）：501 –527.

［51］ J. A. Cooke. Sharing supply chains for mutual gain ［J］. CSCMP's Supply Chain Quarterly，2011（2）：65 –72.

［52］ 庞庆华．供应链收益共享契约的协调机制与优化策略［M］. 北京：经济科学出版社，2012.

［53］ M. E. Porter & M. R. Kramer. Creating shared value—How to reinvent capitalism and unleash a wave of innovation and growth ［J］. Harvard Business Review，2011（89）：62 –77.

［54］ S. K. Chopra. & M. G. Narayana. Creating shared value by aligning business and social objectives through the application of technology ［C］. IEEE 2013 Global Humanitarian Technology Conference：489 –494.

［55］ S. Fournier et al. . Learning to Play in the New Share Economy ［J］. Harvard Business Review，2013（91）：125 –129.

［56］ J. Hamari & A. Ukkonen. The sharing economy：Why people participate in collaborative consumption ［A］. John Wiley & Sons，Inc. 2013，67（9）：2047 –2059.

［57］ 滕维藻，刘卫．分享经济：评价与启示［J］. 经济研究，1987（3）：63 –66.

［58］ S. J. Yao. Profit sharing，bonus payment，and productivity：A case study of Chinese state-owned enterprises ［J］. Journal of Comparative Economic，1997（24）：281 –296.

［59］ R. J. Meng et al. . Do ESOPs enhance firm performance? Evidence from China's reform experiment ［J］. Journal of Banking &

Finance, 2011 (35): 1541 - 1551.

[60] 李炳炎. 公有制分享经济理论 [M]. 北京：中国社会科学出版社，2004.

[61] 李德伟. “全要素资本化”与“按生产要素分配”理论的提出与发展 [J]. 学术论坛，2008 (3): 31 - 39.

[62] 蔡继明. 按生产要素贡献分配理论：争论和发展 [J]. 山东大学学报：哲学社科版，2009 (6): 2 - 15.

# 4. 新经济呼唤新经济学[①]

**【提要】** 经济学正面临新经济条件下的知识主导对传统的生产资料或资本一元权益函数的挑战。这就需要理论的创新和与时俱进。新经济正催生代表先进生产力发展要求的新经济学。

生产力决定生产关系，生产关系一定要适应生产力的发展要求。这是马克思主义的最基本原理，也是中国共产党建构“三个代表”重要思想的理论依据。那么反映并代表当代先进生产力发展水平和趋势的新经济——由信息技术推动的新技术革命和经济日益全球化是其两大突出特征，又提出了什么样的制度要求呢？我们的经济体制及规范经济体制的法律体系该怎么来反映并适应这些要求呢？我们的经济学因之面临着怎样的挑战呢？这些已成为当今经济学亟待解决的重大问题。

按照生产函数理论，生产过程是多种生产要素结合并相互作用的过程。在过往的各个经济社会里，由于生产资料一直是最短缺的要素，便形成了以生产资料为唯一自变量的一元生产函数型经济。在农业社会里最短缺的生产资料是土地，于是就产生了土地所有者主导的经济。在工业社会里最重要的生产资料是表现为资本的机器、厂房、原材料、货币等，于是又形成了资本所有者主导的经

① 原载《深圳特区报》2002 年 8 月 26 日，理论版，署名：代明、代毅。摘转于《IT 经理世界》2002 年第 11 期。

济。而机器超越土地成为最重要的生产要素，皆源于生产力的发展和进步。正所谓“手推磨产生的是封建主为首的社会，蒸汽磨产生的是工业资本家为首的社会”[1]。

值得思考的是，今天人类已进入21世纪，生产力发展早已从蒸汽机进入计算机、从机械化走向信息化、从社会化迈向全球化的时代。在这样的生产力条件下，以生产资料为唯一自变量的一元函数型经济形态还适应吗？完全由资本来主导并占有全部剩余价值的资本一元函数型经济制度还仍然管用吗？答案恐怕并不肯定。在知识要素日显重要的新经济也即知识经济时代，不仅传统的资本一元函数型经济形态发生了变异，而且连自古以来被视作天经地义的生产资料一元函数型经济法则也受到了前所未有的挑战。

## 一、两权分离削弱了生产资料所有者在生产过程中的绝对权利

在各种旧的经济形态中，谁是生产资料的所有者，谁就是生产过程的当然支配者和管理者。可随着租赁制、委托制、承包制、信用制等的出现，所有权与经营权开始发生分离。而现代股份制则把这种分离推向了极致：产权人不仅将公司的日常经营管理权全部交托给了经理人，而且绝大多数所有者因其股份微不足道而仅剩下“用脚投票”（买卖股票）的权力，少数大股东也因股权分散而只具有有限的影响力。

## 二、核心专长输出取代了常规资本在直接投资活动中的主导地位

一谈到投资，常识就会让我们想到投资款、投资额、投资比例、控股权等。但在当代跨国公司的理念和实践中，直接投资是包

括资金、设计、技术、设备、品牌、管理、团队甚至企业文化等在内的“一揽子”要素输出（反过来讲是投入），而其中纯货币资本输出（投入）的作用和意义显得越来越无足轻重了。不仅如此，人们习以为常的“控股权 = 主导权”的法则也在这里发生了变化。如雪铁龙公司在神龙公司仅持有百分之二十几的股份（加上 2 家银行法方共持股 30%），中方二汽持有 70% 的股份。但由于神龙所使用的核心技术、管理及设计、品牌等都是雪铁龙提供的，那么，在相当长一段时间里就不得不由雪铁龙享有主导权。再如华特·迪斯尼公司在香港迪斯尼乐园项目投资中仅占 43%，特区政府占 57%，同理也得由持有核心专长的前者来主导。说到底，现代直接投资的关键和真谛已不是投钱投物，而是一个企业核心专长的输出了。

## 三、知识、人才的资本化改变了货币资本在经济生活中的一元性

在资本一元函数型经济形态里，货币资本因可以方便地转化为其他任何资本形式从而最具“一元性”，于是便产生了形形色色的货币拜物教或拜金主义，从而也就形成了“谁投资谁管理”“谁出钱谁当权”的老板法则。然而此一古老法则在新经济浪潮的冲击下已经开始悄然发生改变。首先是随着知识产权的商品化，专利技术、版权、商标、KNOW-HOW 等也可作价投资。其次是人才在经济活动中的位阶扶摇直上，这些技术专家和职业经理人被赋予了“人才资本”的概念，既是资本那自然就要分享股份和权（领导权）利（利润）。最后是货币等传统资本与知识资本的力量对比此消彼长，而且这种消长还呈现出愈演愈烈之势。如人们约定俗成及法定的知识产权或高新技术成果出资占注册资本的比例，已从早先限定的 20% 增加到后来的 35%，再增加到软件等特殊行业的 50%，直至取消对所有高新技术企业的限制。再如最近引起各媒体广泛关注的“我投资、你创业”的创维模式[2]，就是一种由投资人全额

出资持小股、由未出资的项目创意人和管理技术专家持大股并全面主导的全新创举，可谓全然颠覆了传统的老板法则。

## 四、CEO 制、独立董事制等淡化了产权所有者在公司治理结构中的权威性

通常的两权分离只是剥离了产权所有者对企业的日常经营管理权，却仍保留了其对公司所有重大问题的最高或最终决策权。但随着知识要素作用的日益增加，相继出现了强化经理人权威和权限的总裁制、CEO 制、CFO 制以及制衡主要产权所有者也即大股东的独立董事制等。其中 CEO 就具有全部总经理的权力加上半个董事长的权力，企业权力重心因之进一步从产权所有者（出资人）转向了职业经理人（出“知”人）。

## 五、有限合伙制进一步改变了知本与资本在企业制度中的权益对比

有限合伙制是源于硅谷并很快风靡美国直至全球创投业界的一项最具新经济色彩的制度创新。它不仅改变了传统合伙制的无限责任安排，而且突破了等量资本取得等量权益的资本法则及通行的基本财产权法理。在有限合伙制企业里，作为普通合伙人的“知本”方仅投资 1% 却独揽经营管理权并享有远超过 1% 的利润分配权，代价就是对合伙企业的债务承担无限责任。而作为有限合伙人的“资本”方需投资 99% 却不具经营管理权并只享有远低于 99% 的利润分配权，但无须承担连带责任。如此组合有助于解决投资人、创投专家和科技创业者之间的信息不对称问题，使创投企业管理者的权利和义务达到一致，从而实现了资本与知本的理想结合，因此，被业内专家称为发展风险投资的最适宜最有效的制度安排。这种“新概念企业”最近也已被悄然引入我国的企业实践及某些地方法

规，比较典型的就是北京市颁布的《中关村科技园区条例》和《有限合伙管理办法》以及据此组建的中国第一家有限合伙制企业——天绿创投中心。

如果把对生产的“过程和结果”或“权力和利润”的支配看作一个整体，且统称为“权利”或“权益”的话，则传统资本要素与知识要素在这个权利格局中的相对地位也即权益对比是互为消长的。在资本一元函数型经济形态里，两者的权益对比是100：0，正所谓“谁投资谁所有”“等量资本取得等量权益”“对生产过程与成果的支配与你的投资成比例”等。随着知识要素在生产过程中作用的不断增长及人们对这种作用的日益认同，两者的权益比便随之或慢或快、自觉或不自觉地发生改变，如99∶1，98∶2，97∶3，…，70∶30，…，50∶50…知识经济越发展，行业的高新技术程度越高，企业的技术创新欲望与能力越强，则知识要素在上述权益对比中的分享率就越大，资本要素的分享率也就相应越小。对这种权益比的变化走势与倾斜趋向，我们可称为“知识倚重倾向”。这也从某种程度上解释了为什么此类制度创新较多发生在高科技行业的原因，如各种名目繁多的知识股权及CEO制较多出现在IT行业，有限合伙制目前也主要只应用于创投业等。

以上分析说明，生产力的发展和新经济的崛起正在渐渐引起许多传统经济观念和法则发生改变，而这些改变似乎皆源于生产过程中知识要素作用的日益增长。换句话说，经济生活里的资本主导似乎正在让位于知识主导，知识主导已渐成当代新经济的主要特征和趋势。在这里，我们不妨看一下西方学者对此问题的看法。美国前财长、现任哈佛大学校长劳伦斯·萨默斯（Lawrence Henry Summers）和前助理财长、现任伯克利加州大学经济学教授布拉德福德·德郎（Bradford Delong）就曾联合撰文指出：“我们过去生活在这样一个经济时代：公认的价值来源是一块铁锭、一桶石油或一蒲式耳小麦。我们现在正朝向另一个经济时代迈进，在这个时代里，公认的价值来源是一个基因序列、一条电脑代码或一个标识语句。

人们在判断商品价值的时候，越来越多地看重没有一点重量的技术成分，而不是它们的有形实体。”[3]在这样的新经济时代，如果我们的观念、理论、体制和法律还仍然停留在“过去生活的那个经济时代”就显然不够了。因为生产力又向前发展了。为适应新生产力的发展要求，人们就得不懈地创新制度，于是技术创新和制度创新就成了承载新经济发展并行不悖的两个车轮。

可我们现在面临着什么样的问题呢？一是实践超前。越来越多的企业等不及法律来规范及理论来指导就已经开始尝试 CEO 制、有限合伙制、创维模式等新形式了。二是立法空白。企业的这些大胆借鉴、尝试与创新往往因触及我国法律空白甚至“违法”而遭遇种种尴尬。三是理论滞后。企业实践与国家立法都需要正确的理论来指导，可我们的经济学对当今方兴未艾的新经济有多少系统研究？当代经济学对新经济发展所隐含的“知识倚重倾向”是否予以了足够的关注？资本与知本之间的权益比究竟应遵循一个什么样的理性比例和走势？……可见，时代在呼唤理论的与时俱进，新经济正催生代表先进生产力发展要求的新经济学！

## 参考文献

[1] K. 马克思 . 哲学的贫困 [A].（法语原文：1847），马克思恩格斯全集 [M]. 人民出版社，1958/V4：144.

[2] 深圳商报记者 . 创维推出“我投资、你创业”的投资新模式：创办公司让管理者持大股 [N]. 深圳商报，2002 - 05 - 26.

[3] L. 萨默斯，B. 德郎 . 新经济不只是一种时尚 [N]. 新加坡：海峡时报，2002 - 06 - 03.

# 单元Ⅱ　知识产业

知识产业自马克卢普提出以来面临多种提法和内涵之争。为减少不必要的论争，本书将知识产业视作研发（R&D）产业的同义语。前者是该产业的成果或结果性表述：知识产业就是生产知识和提供知识服务的业务门类。后者是该产业的行为或过程性描述：研发产业就是从事研究（research）和开发（development，或“设计/design”）活动的业务门类。此外还有一些相近的概念如“信息产业”“数字（码）产业”等。但“信息”里毕竟还包括“垃圾信息”“负面信息”“伪知识信息”“反科学信息”等，“数字（码）”就跟语言和文字一样，也只是信息和知识的“载体”，严格地说，它们都还不能等同于“知识（产业）”。

研发外部化或外置化是研发产业（亦即知识产业，下同）形成的典型路径；而非研发业务的外置化或外包，原（源）企业转而专理研发、品牌营销并委外（贴牌）生产则是研发产业形成的非典型路径。研发产业具有特殊的集散需求、模式和空间形态。可基于波特的菱形模型构建研发产业竞争力评价指标体系。知识产业的形成也表现为商业模式或业态的日益知识（主导）化，以至于衍生出CSO高端商务基模。测算全社会知识产出（值）需要用不同方法分别测算出交易性、融入性和公共性研发产出净值后加总。据此对样本城市进行试测算表明，样本年度全市知识或研发产出总值占同期GDP的13.02%，与不论是原本还是被剔除了知识增加值后的三次产业比较：高于第一产业，（暂时）低于第二、第三产业；但其增速“一马当先”，大有未来赶超第二甚至第三产业之势。这既比较符合样本城市的知识城市定位及其创建状态，也显示知识或研发产业正在成长为知识经济时代的新兴主导产业，甚至预示其可能正在成型为未来的第四产业（至少体量足够，一旦被单独统计将终止第三产业无限“独大”下去的趋势）。

# 5. 研发外部化及其形成逻辑：一条典型的研发产业化路径①

**【提要】** 企业内部研发业务外部化为独立业者是当今许多研发企业的形成之路，谓之研发产业化的典型路径。本文综合运用交易费用和能力理论，探讨企业研发外部化的形成逻辑、动力机制与模式选择。从短期看，研发外部化以降低内部成本和产生规模效应来使企业获得比较优势；从长期看，制造企业借助研发有限外部化来提高自主创新水平和竞争优势。通过比较企业采取外部市场交易和内部协作两种方式获得技术的代价，可知市场搜寻、知识产权保护、知识整合、技术风险等成本是影响研发外部化（反过来是研发内置化）程度的重要因素，也是政府制定研发外部化推动政策的着力点。

## 一、引言

研发外部化也称研发外置化，是指将从事知识生产的研发业务（部门）从原企业分离出来独立成业或外包给专门研发企业的行为和现象。国内外许多研发企业都是由此形成的，因而是一条典型的研发产业化路径。如国内某城市政府于 2010 年出台《关于鼓励制造业企业分

① 原以“研发外部化的形成逻辑及实现路径”为题载《中国科技论坛》2015 年第 2 期，署名：代明、刘佳。

离发展现代服务业的若干意见》，倡导科技研发等现代服务业与制造业分离发展，将制造企业内部的研发部门、设计室所、技术中心、产业技术平台等分离出去，组建成专业化的具有科技研发、技术推广、工业设计和节能环保等功能的服务型企业，成为为企业技术创新提供社会化有偿服务的体系，由此便很快催生出了一大批独立研发企业。

按主流经济理论，专业化分工既能提高劳动生产率又能够获得规模报酬递增。正如当年“后勤”从传统产业分离出来而衍生为独立的现代“物流”产业一样，地方政府鼓励研发外部化无疑也是要集中资源获得专业化和规模化带来的“正效应”。但与物流服务所不同的是，研发业务并非一般的“后勤”，技术是重要的中间产出，研发各个阶段所产生的“知识产品”体现着企业的核心竞争力，其分离和外置必有其不同于一般业务外部化的形成逻辑、动力机制与适宜模式。对此，本文尝试进行探讨。

## 二、交易费用与能力理论视角下的研发外部化

### （一）交易费用理论下的研发外部化

为了考察研发外部化的动力问题，我们先简要分析企业这一独立经济组织的形成动因。科思（R. H. Coase）认为价格机制发挥作用将产生“交易费用”（transaction cost），而企业正是“价格机制的替代物”。如果企业内部交易费用较高，甚至超过在市场交易的费用，就会出现市场替代企业的逆过程，即发生外部化[1]。按照科斯的企业理论，当通过市场购买技术的成本小于内部组织研发的成本时，企业便会从外部市场获得技术，从而导致研发外部化或者研发服务与制造业企业的分离。

### （二）能力理论下的研发外部化

交易费用理论倾向于从成本视角审视“外部化”问题，但该观

点只关注（交易）成本节约却忽视了价值创造过程。研发不仅是企业生产有形产品的中间环节，也是源源不断创造无形知识的过程。研发外部化不仅依赖于交易的特征，还取决于战略目标、自身能力和治理环境等因素。彭罗斯（E. Penrose）的企业内生成长理论认为，企业应在内部开展具有比较优势能力的活动，而将那些不具有比较优势能力的活动外包出去[2]。研发活动有赖于人们将隐性、显性知识共享、传递和外化，从而进行知识的整合和创新，此过程将产生一定的“知识整合成本”[3]。当企业内研发的知识整合成本大于市场知识整合成本时，企业就会放弃内部研发尤其是非核心研发而转向外部获取。研发外部化程度取决于保留在企业内部培养为核心能力的研发活动集合。

### （三）两种理论相融合的分析框架

近年来的研究表明，企业能力理论在分析企业边界选择时，更多地融合交易成本进行探讨。交易费用理论适用于一般分析，例如“对于研发活动 R，企业最有效的治理结构是什么”。而企业能力理论对一些特殊情况更为有效，比如“对于某企业（优劣势共存），以怎样的组织形式开展研发 R”。笔者认为，企业在选择是否进行研发外部化时，应动态地将交易费用和能力理论融合（见图 5－1），正如“一枚硬币的正反两面”——企业要实现利润最大化目标，既需要成本最小（交易费用理论的观点），也需要收入最大（能力理论的观点）。

鉴于此，对于某个具有一定比较优势和劣势的制造企业 X，面对研发部门外部化该如何做出决策？假设市场上有 X 和 Y 两家企业，其中，X 为一体化制造企业，Y 为专业研发企业。如果企业 X 不具备生产最终品 A 的研发能力，则企业 X 会倾向于从供应商 Y 处购买中间产品 B，而当获得 B 的交易费用明显小于自行研发费用时，企业 X 会直接将研发部门外部化，以避免开展耗费时力的能力培养和生产过程。如果企业 X 具备生产 B 的研发能力，则需将成本

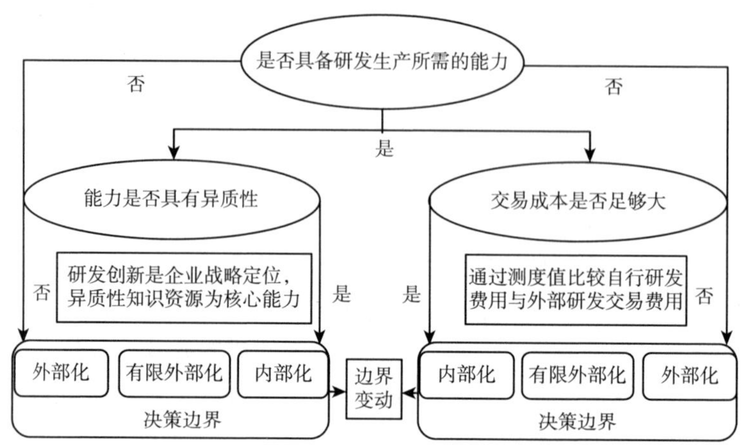


**图 5－1 交易费用与能力理论融合的研发外部化策略分析**

和能力两方面结合研究。对企业的战略定位而言，异质性能力是获得超额利润和可持续竞争优势的重要来源，而这种异质性可体现在研发、生产效率、营销等不同环节上。如果企业 X 的核心能力并非体现在研发上，当其内部研发成本高于外界交易成本时，它会选择纵向解体的方式从市场上（企业 Y）购买，从而集中资源在其比较优势环节上；若企业 X 将创新作为核心竞争力培养，即使获得 B 的交易费用小于自行研发费用（只要整个生产利润存在），企业 X 仍然会把核心研发保留在内部，研发不会完全外部化。

制造企业将其研发中心、技术中心、实验发展、工业设计等机构和功能分离出去，其核心竞争力最终在哪里？从图 5－1 所描述的研发外部化策略流程图可知，是否具备研发生产所需的能力是决策的第一个环节。而研发能力的提升具备刚性，需要通过长期知识积累、研发资本投入才能形成的企业禀赋在短期内无法改变，因而成为整个决策环节的“瓶颈”，这也正是导致我国绝大多数企业无法实现由低端简单制造向中高端创新“智造”转型升级的根本原因。所以短期内能力是影响企业是否将研发进行外部化的先决因素，而交易费用仅起到次要的制约作用。就我国制造业发展现状而言，主要有以下三种情况。第一，对于大多数劳动、资源密集型制造企业，短期内无法拥有自主创新生产所需的研发能力，在利润存在的既有条件下，无论外部交易费用高低，都倾向于通过“制式”缩减将研发部门外部化。第二，一部分资本和技术密集型制造企业，短期内具备一般研发所需的能力；在能力同质性条件下，如果外部研发交易费用较小，企业会倾向于“外部化”或“外购”研发产品。第三，处于快速成长期的高新技术或先进制造企业，短期内拥有研发所需能力并且与供应商的能力异质化，在比较优势选择下，这类企业将与外部企业形成专业化研发互补：若交易费用足够小，就会外购（包）研发以降低成本增大盈利空间；反之，外购（包）研发的优势和动因将减弱直至自理研发。长期内，研发专业化是其比较优势，一方面，基于选择机制“路径依赖”，企业会用更大程度的专业化行为来强化研发带来的比较优势；另一方面，学习能力的提高不仅可以获取和整合现有的知识，还可以持续创造新知识，最后达到降低自理研发成本的效果。因而该类企业只会将外围、一般性研发业务剥离外包，或通过研发联盟、模块化组织等中间形态来壮大企业内研发实力，达到一种“有限外部化”的动态平衡[4]。具体见表 5 - 1。

**表 5 - 1　我国制造业研发外部化：模式选择与作用机理**

<table>
<tr><th>制造企业类型</th><th>R&D/工业总产值<br>R&D/增加值</th><th>典型部门</th><th>作用机理</th><th>研发活动组织形式</th></tr>
<tr><td>低技术制造业</td><td>≥0.0045<br>≥0.016</td><td>劳动、资源密集型：纺织业、食品业、塑料制品业</td><td rowspan="2">研发投入相对较低，企业自主研发能力不足且效率低下，创新能力薄弱，技术模仿较为普遍</td><td>研发部门外部化，外部输送研发养料降低企业开发成本</td></tr>
<tr><td>中低技术制造业</td><td>≥0.0050<br>≥0.018</td><td>资本密集型：金属制品业、有色金属冶炼及压延产业</td><td>短期内外部化，长期内有限外部化，培养自主创新能力</td></tr>
</table>

续表

| 制造企业类型 | R&D/工业总产值<br>R&D/增加值 | 典型部门 | 作用机理 | 研发活动组织形式 |
|---|---|---|---|---|
| 中高技术制造业 | ≥0.0080<br>≥0.040 | 技术密集型：化学原料及制品业、交通运输设备制造业 | 研发作为核心能力培养，企业异质性创建比较优势，知识能力提升进一步降低内部和外部研发交易费用，以此良性循环 | 短期内外部化，长期内有限外部化，培养自主创新能力 |
| 高技术制造业 | ≥0.010<br>≥0.045 | 知识密集型：电气机械及器材制造业、通信设备及电子、医药制造业 | | 有限外部化，以研发联盟、并购外包等中间形式获取资源，构建创新网络 |

资料来源：《中国高科技产业统计年鉴》（2013）。

## 三、研发外部化的市场实现机制

由前文知，推动制造企业内部研发向“外部化”或“有限外部化”发展，是当前培育和提高我国创新竞争力的重要趋势与有效举措。那么研发外部化在什么情况下能通过市场作用自发实现？交易成本理论与能力理论在分析“外部化”问题时，都不约而同地将“费用”作为企业边界变动的重要判断依据[5]。

### （一）研发交易费用的测度：融入能力成本的综合考量

与一般物质产品的生产行业不同，技术的生产与交易有其自身特点，如技术产品兼具私人物品和公共产品两种性质。如果说交易费用决定了企业的选择行为，那么结合技术产品和研发行为本身的特点来计算其生产和交易费用就是必需的。

首先计算作为私人物品的技术的交易费用。假设技术是一种商品，可以通过知识产权保护而具有完全排他性。技术的交易成本来自三个方面：一是直接支付给技术出让方的费用，知识产权维护成本较高；二是在市场上寻找与所需技术相匹配的研发成果的费用，这部分交易费用往往较一般商品要高；三是引进外部技术以后，学习新技术、产业化应用过程所投入的费用。一项研发产出经由营运评估规划、加值、移转、让与企业后，还需投入大量资源进行学习、消化与吸收，并结合其他相关技术运用于开发（新）商品、产业或生产制程。这部分成本主要受企业能力因素的影响，属于企业对新知识的“整合成本”。

本书借鉴麦卡恩和伊斯特尔（L. McCann & K. W. Easter）对环境政策下交易费用构成要素的测度模型[6]，结合上述分析得到某项技术的交易费用构成，如下式所示：

$$TC_i = \sum_{i=0}^{T} R_{it} + E_{it}(c,k,\varepsilon) + D_{it} \tag{5-1}$$

其中，$i$ 表示不同的技术；$t$ 表示时间；$R$ 为市场搜寻费用；$E$ 为购买技术直接支付给技术出让方的费用，购买技术的直接支出费用由三个部分组成：$c$ 是技术出让企业技术研发的各要素投入之和，$k$ 是技术产出的维护成本即知识产权保护成本，$\varepsilon$ 是研发产品的附加值，$D$ 为后期投入的技术管理费用，包括知识转移成本及其消化、吸收、运用成本。

此外，企业自行研发的成本构成可表示为：

$$TQ_i = \sum_{i=0}^{T} \alpha_t(S_{it} + P_{it} + M_{it} + C) \tag{5-2}$$

其中，$\alpha$ 表示技术风险因子；$S$ 表示研发人力投入成本；$P$ 表示研发试验设备等硬件设施投入成本；$M$ 表示维护企业内部研发机构日常运行的管理费用；$C$ 表示技术研发成功后的知识产权维护成本。需指出的是，即使研发持续投入专业研发人员与高昂研发经费，技术研发成功的概率仍然有限，因此，在企业前期研发投入成本中需要加入一个技术风险因子 $\alpha$，当技术开发难度大（如关键技术或行业领先技术），开发风险高，$\alpha$ 值相对较大；当技术开发难度小（如一般性普及技术产品），研发风险小，$\alpha$ 值相对较小。

### （二）推论及其动因分析

比较两种获得技术所付出的成本，企业便能决定采用何种方式获得技术。基于上述两个成本公式，我们便能得到以下四个推论。

（1）其他费用支出不变，市场搜寻费用 $R$ 越高，企业越倾向于研发内部化。

（2）其他费用支出不变，知识产权维护成本 $k$ 越高，企业越倾向于研发内部化。

（3）其他费用支出不变，技术管理费用 $D$ 越低，企业越倾向于研发外部化。

（4）企业费用支出不变，技术风险因子 $\alpha$ 越大，企业越倾向于研发外部化。

以上推论尚须实证检验。假如此推论正确，便可对企业研发外部化的动力问题进行回答。调查数据显示[7]，目前我国企业研发方式较多倾向于自行研发，少数产业会进行合作开发，而运用授权或技术转移的公司较少。钢铁、机械、电子信息、石化等产业自行研发取得技术的企业约占80%以上。表明企业研发外部化的动力不强，究其原因主要有如下四点。

（1）市场搜寻费用高。企业对外界环境不了解，对资源的利用率较低，缺乏信息交流平台而不懂善用外界资源。在全球制造网络和创新网络中，领先制造企业以自身为核心，将分散在各地的创新资源要素有效整合及协调，通过培育“开放式创新模式”，广泛利用外部知识来源以搜寻具备商业潜力的新思想[8]。基于全球创新网络的不平衡性，我国企业大多处于创新价值网络边缘或外围区域，且由于研发投入长期不足，对所需技术的搜寻能力、花费成本以及收益也各不相同。

（2）知识产权维护费用高。技术出让方对知识产权维护的高难度和高成本导致企业宁愿自行研发。例如，在技术模仿以至山寨盛行的情况下，技术产品的附加值 $\varepsilon$ 大幅降低，虽一定程度上促使研发活动外部化，但这种外部化是恶性的，将使研发企业转让技术所得利益下降，一旦低于其研发成本，就会造成研发活动的停滞。深圳曾经盛极一时的山寨手机行业的迅速衰落便是很好的例证。

（3）知识转移成本及吸收转化成本高。研发属于知识密集型活动，具有较高的隐性程度、复杂程度和标准化程度。我国企业在承让技术时，因缺乏相关人才消化吸收和再创新，即使外购到专业技术，也还需要在不断试错过程中学习、摸索和积累，因此，知识转移效率低下。弗雷萨等（L. Fresard et al.）认为，如果某种部件的生产需要用到另一部件的生产知识，那么由于知识转移的困难性会导致较高的交易成本，企业应内部化这种部件的生产，而不是把相关生产知识转移，勉强实现部件的外部化[9]。

（4）安于低风险的应用性研发。我国科学技术研发能力与科技先进国家差距较大，在世界创新型国家研发总投入中，基础研究、应用研究与试验开发的比例一般为1∶1∶3，而我国2012年这三者比例为1∶2.5∶17.5，基础研究虽为“原始创新”的关键环节，但研发周期长、资金风险大，而试验开发技术风险相对较小，市场化预期短，属于大多数企业能够承担的风险。这不但导致我国企业缺少对关键、核心及原创技术的研发，而且这种实用性研发偏好和低风险预期也制约了研发的外部化。

## 四、我国制造业研发外部化的实现路径

长期来看，快速的技术变迁会增加企业研发内部化的不确定性，降低外部市场交易的不确定性，市场力量由此驱使研发从制造业中逐步分离。但短期内市场却有可能失灵，通过对研发外部化的市场实现机制的分析可知，融入能力因素的交易费用仍然是研发外部化的重要制约因素。假如我们以促进研发的专业化分工推动研发外部化或有限外部化为政策目标，从交易费用和能力理论的角度出发，就要降低在市场上获得研发技术的成本，使其低于企业自行研

发的成本。这样越来越多的专业化研发企业就会在市场资源配置作用下形成（见图5－2）。

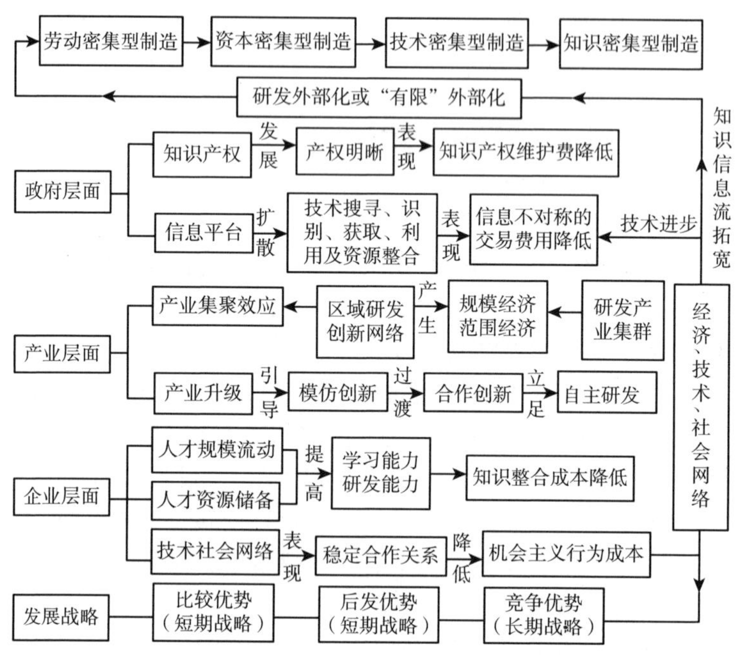


**图5－2　推动研发外部化或有限外部化的逻辑路线图**

### （一）政府层面

一是重视技术交易信息平台的建设，打造一个有效的技术交易或知识产权交易平台。充分共享供需信息将大大降低企业的市场搜寻费用。目前部分地区建立的知识产权专利池以及技术交易会展等，都是技术交易平台的具体实现形式。

二是重视知识产权的保护，创造良好的知识产权保护环境，通过法律规制来提高知识产权侵权行为的成本，保护研发主体的利益。尤其对于研发过程中的概念设计，小试、中试产生的“中间产品”，也应给予知识、技术物化价值的产权保护。

### （二）产业层面

一是发挥产业集聚效应，形成研发产业化发展的规模经济和范围经济。通过构建区域研发创新网络和技术创新系统，降低研发中的不确定性和交易费用，引导不同研发能力企业形成网络化分工协作体系，实现研发产业区域性集聚式发展。

二是加快技术引导的产业升级，促进研发联盟并构建企业间、区域内、全球化开放式创新网络。通过扩大知识流的宽度，与一些专业研发机构、国家实验室、跨国企业研发中心合作，进行一些关键技术、核心技术的研发，形成多层次技术研发目标体系。

### （三）企业层面

全社会范围内知识转移机制的不断发展健全是促进知识大规模低成本转移的重要因素，由此带来的人才“红利”是研发专业化分工的内生动力。在人才引进机制上，通过促进劳动力市场一体化及完善股权、期权激励等措施加速人才的流动；在人力资源储备上，逐渐向具有创新能力的研发设计与管理人才倾斜。最终促进高技术人才空间集聚和知识扩散，从而降低知识转移成本，激发更多企业将资源集中于价值链研发及服务的核心环节。

## 参考文献

［1］ R. H. Coase. The Nature of the Firm ［J］. Economica, Blackwell Publishing, 1937 (4/16): 386 -405.

［2］ 伊迪丝·彭罗斯 (Edith Penrose). 企业成长理论 ［M］. 上海：上海三联书店，上海人民出版社，2007.

［3］ 曾楚宏，王斌. 能力、交易费用与企业边界的变动 ［J］. 社会科学，2011 (10): 45 -53.

［4］ 侯广辉. 企业边界的确定：“内部化”与“外部化” ［J］.

财经科学，2009（8）：73－81.

［5］笪凤媛，张卫东．交易费用的含义及测度：研究综述和展望［J］．制度经济学研究，2010（1）：225－234.

［6］L. McCann & K. W. Easter. Transaction Cost Measurement for Evaluating Environmental Policies［J］. Ecological Economics，2005（52）：527－542.

［7］叶忠，张智勇．科技管理［M］．中国台北：高立图书有限公司，2007.

［8］刘洋，魏江，江诗松．后发企业如何进行创新追赶？——研发网络边界拓展的视角［J］．管理世界，2013（3）：96－110.

［9］L. Fresard，G. Hoberg & G. Phillips. The Incentives for Vertical Mergers and Vertical Integration［J］. Research Policy，2013（2）：452－466.

# 6. 从“被剥离”到“剥离”：一条非典型的研发产业化路径①

**【提要】** 当今全球知识生产或研发活动呈现出“产业化”的趋势。国内外相关研究看到了研发部门从原（源）组织“被分离”出来独立成业为“显性”研发企业的典型演化路径，但对一些高端企业通过“剥离（非研发业务）”而转化为“隐性”研发企业的非典型路径关注不足。本文从比较优势、交易费用、核心竞争力、系统集成理论出发并借鉴新兴古典经济学的超边际分析法，尝试建模解析企业选择非典型研发产业化路径的经济动因，并结合具体案例加以实证和说明，再据此给出交替运用两种模式尤其是倚重非典型路径促进研发产业化的对策建议。

伴随着知识经济的到来，当今全球研发（R&D）活动呈现出“产业化”的趋势。沿袭此前“企业、医院、学校、政府、工会等各种大小组织越来越多地把它们原有的文书事务、机器维护和后勤等工作分离出去”[1]的路径，很多组织内部的研发业务也从其母体分化出来“独立成业”。如美国贝尔实验室、通用汽车中国科学研究院、上海睿智化学研究有限公司、江苏钢铁研究院、深圳创维半导体设计中心有限公司、中兴微电子技术有限公司等。国内外相关

---

① 深圳市软科学项目《深圳研发产业发展研究》（暨大代明课题组，2012）的工作论文之一，署名：代明、姜寒、刘佳、韩启钰。

研究普遍注意到了这一演化现象，并很自然地用以往产业分化尤其是生产服务业（如广告、培训、律师事务、售后服务、物流等）形成的一般或“典型”路径来诠释研发产业的形成。有些地方还据此制定了促进物流、研发等业务从原（源）组织分离以加快现代服务业发展的方略和政策①。然而这一“路径”并不能诠释一些“另类”研发企业的形成或蜕变过程。如 IBM 通过出售其全球 PC 机制造业务、保留并强化研发而转型为系统解决方案提供商（一种事实上的研发业者），中国的华为等公司也有类似的转型动向。再如 Apple 公司通过逐步逐层外包制造、专做研发设计和品牌营销而转型为“虚拟”或“贴牌”生产商（一种隐性研发业者），中国台湾的 HTC 将部分智能手机生产外包、中集集团实行“集中研发设计分散生产制造”等也都属此类演化。这表明，不论在国外还是国内都还存在着一条与常规或典型路径不同的、“非典型”的研发产业化路径。对其进行跟踪、观察和研究，尝试建模解析一些企业选择这条非典型研发产业化路径的经济动因，并在与典型路径相比较的基础上探索其形成机理，具有一定的理论创新空间和学术意义。进而，据此提出交替运用两条途径，尤其是倚重非典型路径促进研发产业化的对策建议，不论是对我国企业还是对政府决策都不无实践意义。

国内文献所称研发产业化有两种情况：一种是指计划经济条件下形成的传统公营研发事业在改革开放中如何“走向市场”或“被推向市场”，如中科院陆续创办并股控的 470 余家高新技术企业、上海科学院先后转制的十几家下属所等。这种“产业化”主要发生于“转型”经济体及其所处转型期。另一种是指市场经济条件下企业等组织内部的研发活动如何在产业演化和社会分工演进过程中“独立成业”或“演化成产业”。前一种情况曾是我国改革开放

① 如苏州市政府出台的《关于鼓励制造业企业分离发展现代服务业的若干意见》，2010 年 3 月 23 日。

初期与中期讨论的热点问题。这里主要关注后一种情况也即当下面临的现实问题。

## 一、文献综述

研发产业化路径问题涉及产业演化的一般原理、物流等现代服务业的形成理论以及研发产业化研究本身，也需借助于适用的分析工具，在此对它们做一简要回顾和梳理是必要的。

### （一）关于产业演化

早在古典经济学巨著《国富论》中，斯密就对分工的作用进行了探讨：分工是生产力发展的重要动力，而分工细化则会产生新的产业[2]。这也许是最早涉及产业演化和形成的文献论述，而绝对比较优势被他本人视作产业分工的基础。此后的李嘉图（Ricardo）则又把相对比较优势引入了这一论述[3]。随着自然科学和社会科学的融合，演化经济学奠基人凡勃仑（Veblen）看到了生物演化和经济演化过程的密切关联，达尔文主义“变异、遗传和选择”的演化法则被用来解释经济演化过程[4]。熊彼特认为，创新不只是企业家的个体活动，还是一种集体组织行为并通常出现在大企业的 R&D 团队中[5]。继承这一观点的演化经济学重要人物纳尔逊和温特（Nelson & Winter）则结合组织行为学对创新系统和选择机制的关系进行了研究[6]。随着演化经济学的发展，达尔文主义的演化法则被转化为“创新、扩散和选择机制”，并被用来对演化过程进行分析[7]。后来，网络化效应、自组织理论、协同学、突变论等更多学科的理论被借鉴来研究产业演化问题，涉及演化的机理、动力、途径、动态性等多方面。

### （二）关于物流等现代服务业的形成

第二次世界大战后，受美军后勤保障模式的启发，众多企业开始剥离采购、仓储、运输、包装、分发、配送等物流服务并将其外包给更加专业化的公司代理，进而发展出现代物流业。这种以物流为代表的服务（此外还有广告服务、售后服务、保安服务、IT 服务、HR 服务等）从企业分离或被剥离的现象得到了中外学界的普遍关注，学者们试图通过交易费用理论、资源禀赋理论以及网络理论等来予以解释。科思（Coase）曾在分析企业存在的原因及边界问题时，指出企业和市场是两种不同且可以相互替代的资源配置手段：企业内部化产生管理成本，市场化则产生交易费用，产业演化是在两者之间寻求平衡的结果[8]。而后的大量研究表明，通过物流、IT 等服务的外包可以减少企业的管理成本和交易费用并达成新的平衡[9-11]。第二种观点认为企业具有不同的资源禀赋，只有合理利用自身资源条件发挥比较优势才能使公司具有更好的绩效[12]，并将物流等业务发包和承包双方的选择归结于各自的核心竞争力(core competence)[13,14]。网络理论则认为，物流业可以帮助企业建立更好的供应链，并有助于加强各个部门之间的协同作用，为企业、客户甚至是竞争对手带来价值[15]。这些讨论清楚地揭示了物流等服务为什么以及如何从原组织分化出来独立成业的一般规律，适用于解释已经并将要发生的任何对象业务的分离分化及产业化现象。

### （三）关于研发产业化

上文所谓的“任何对象业务”当然也包括源（原）企业内部的研发活动，所称的“一般规律”也适合于解释一般或至少部分研发企业的形成之路。于是紧随物流服务业、IT 服务业、HR 服务业等之后也出现了“R&D（研发）服务业”及其分离和研究。国内外相关研究主要是从研发服务外包开始的。这符合物流等服务通过外包而走向产业化的“常道”。拉西提和赫西姆（Lacity & Hirschheim)、基耶萨和曼奇尼（Chiesa & Manzini)、豪威尔斯（Howells)、安特拉斯（Antras)、庞春、费方域等对此都有过比较深入的分析[16-21]。而专门研究研发产业化甚至直接以此命题的成果，如《R&D 产业化研究》[22]、《R&D 产业形成与发展研究》[23]等，则分析了研发产业及研发产业化的内涵、特征、成因、主体、供求、管理、环境、战略等基本概念。这些研究大多认为研发产业是从事研发活动的企业与组织的集合，研发产业化的主要形式是企业研发活动外部化，而研发外包又是企业研发外部化的主要形式[24,25]。至于研发产业化的实现路径，几乎所有的相关研究都看到并分析了组织内部的研发活动随物流等服务先后分离出去也即“被剥离”的一般规律，但尚未注意或涉及还有一些企业通过“反向”分化之路转型为研发企业的特殊规律。

### （四）关于新兴古典经济学及其超边际分析法

20 世纪 80 年代以来，随着线性规划和非线性规划等数学手段的发展，杨小凯、黄有光等将其引入传统分工理论进行研究[26]，把新古典经济学遗弃的古典经济学中关于分工和专业化的论述转换为决策和均衡模型，形成了弥补新古典经济学缺陷的新兴古典经济学，换发了古典经济学的生机，也让华人经济学第一次登上了世界级学术殿堂。新兴古典经济学的主要研究方法就是超边际分析法，其步骤包括：一是利用文定理进行初步筛选，排除一些不可能的角点解；二是对余下角点解运用超边际分析求解，得出每个角点解的局部最大目标函数值；三是比较各角点解的局部最大目标函数值，其中最大的那个便是一般均衡最优解[27]。基于该方法，杨小凯及其弟子还将极其复杂的现代生产过程高度概略和抽象地化简为少数几个环节（本书称为“简构法”）[28,20]，为专业化分工决策和产业演化分析提供了极大的便利，也开启了本书的分析思路。

从以上综述可见，社会分工推动产业演化并不断衍生新产业，从原（源）组织分离或被剥离导致了物流等现代服务业的形成，研发产业化也是研发活动从原（源）企业分离或被剥离出来独立成业的结果。这些研究皆揭示了一条适用于一般产业（包括部分研发产业）分化和形成的典型路径，但并不能解释一些特殊研发企业的转型和蜕变过程。因为事实上还存在一条“非典型”的研发产业化路径。

## 二、模型构建

在社会分工高度发达的今天，研发业者的形成已有新设、分离、转型、重组等多种方式。但鉴于一体化厂商曾是工业经济时代（尤其是早期、中期）的主要企业组织形式，遂将此作为研发产业形成的历史和逻辑的起点，以暂时撇开其他现象的干扰而尽可能使分析单纯化。本文借鉴新兴古典经济学超边际分析中的“简构法”，将极其复杂的现代生产过程化简为知识研发、配件加工和成品组装三个环节，三环节分别产出知识（中间品）、配件（中间品）、成品（最终品），在此基础上对以一体化为起点到逐步分工的过程进行建模分析。

假设一个地域性经济体（国家、区域、城市等，简称“域体”）内只存在两种类型的业者或厂商，分别为 $\mu$ 型业者和 $\nu$ 型业者。每个业者都既是生产者又是消费者。假设两类业者的数量不受市场分工结构影响且始终相等，$M_{\mu} = M_{\nu} = M$。两者消费同一种最终商品 $y^*$，他们可以自己生产也可以通过市场进行购买。生产过程分为三个环节：一是知识研发环节 R；二是配件加工环节 X；三是成品组装环节 Y。我们用 a、b、c 分别表示研发环节、配件加工环节和成品组装环节的生产率。$l_r$、$l_x$、$l_y$ 分别为经济实体用在三者上的劳动配额，即专业化水平。三者的生产函数如下：

$$r^t = r + r^s = Max\{0, a_i l_r\}$$
$$x^t = x + x^s = Max\{0, b_i l_x\}$$
$$y^t = y + y^s = Max\{0, c_i l_y\}$$

其中，$r^t$、$r$、$r^s$ 分别为知识产量、自用量和出售量；$x^t$、$x$、$x^s$ 分别为配件产量、自用量和出售量；$y^t$、y、$y^s$ 分别为组装产量、自用量和出售量（在这里我们把组装过程也抽象为一种要素投入）。其中 i $=\mu,\nu$。假设 $\mu$ 类业者在配件加工环节上具有优势，而 $\nu$ 类业者在研发环节上具有优势，在成品组装环节上无差别，也就是说 $a_\mu < a_\nu$，$b_\mu > b_\nu$，$c_\mu = c_\nu = c$。假设在最终品的集成贴牌过程中，产生集成缝合作用，$\eta$、$\theta$、$\lambda$ 为研发、配件加工以及成品组装的缝合效率。其中 $D_r$、$D_x$、$D_y$ 为虚拟变量，其取值如下：

$$D_{\mathrm{r}} = \begin{cases} 1,\text{如果生产最终产品的业者未从事研发环节生产} \\ 0,\text{如果生产最终产品的业者从事研发环节生产} \end{cases}$$

$$D_{\mathrm{x}} = \begin{cases} 1,\text{如果生产最终产品的业者未从事配件环节生产} \\ 0,\text{如果生产最终产品的业者从事配件环节生产} \end{cases}$$

$$D_{\mathrm{y}} = \begin{cases} 1,\text{如果生产最终产品的业者未从事组装环节生产} \\ 0,\text{如果生产最终产品的业者从事组装环节生产} \end{cases}$$

借鉴柯布—道格拉斯生产函数设定最终品的生产函数为：

$$\mathrm{y}^{*t} = \mathrm{y}^{*} + y^{*s} = (1 + \eta D_r + \theta D_x + \lambda D_y)^{\varepsilon} (r + \mathrm{s}r^d)^{\alpha} (x + tx^d)^{\beta} (y + ny^d)^{\gamma} \mathrm{s}, t \in (0,1)$$

其中，$y^{*t}$、$y^{*}$、$y^{*s}$分别为最终产品的总量、自用量和供给量；$r^d$、$x^d$、$y^d$分别为对于知识、配件、组装的需求量；s、t、n 分别为研发、配件制造以及成品组装环节的交易效率。我们假设规模报酬不变，则 $\alpha+\beta+\gamma=1$，为了简化分析，再假设三个环节在生产过程中贡献相同，则 $\alpha = \beta = \gamma = \frac{1}{3}$，且 $\varepsilon = \frac{1}{3}$。

每个业者的劳动总额固定为1。业者的禀赋约束如下：

$$l_r + l_x + l_y = 1 , l_{\mathrm{r}}, l_x, l_y \in (0,1)$$

业者的预算约束如下：

$$p_r(r^s - r^d) + p_x(x^s - x^d) + p_y(y^s - y^d) + p_{y*}(y^{*s} - y^{*d}) = 0$$

其中，$p_r$、$p_x$、$p_y$、$p_{y*}$ 分别为知识、配件、组装以及最终产品的价格；z 为最终品的交易效率。业者的效用函数如下：

$$U = y^* + zy^{*d}$$

其中，$y^{*d}$ 为业者对最终品的需求。在分工顺序上，假设首先进行的是比较优势的分工，也就是说，一体化企业先剥离研发或配件部门，我们称为“演化一”，并在这里对企业剥离何种部门的动因进行讨论。其次进行的是组装环节与前一阶段未剥离的生产环节之间的分工，企业再次剥离其中的一个部门，我们称为“演化二”，并在此对为什么采用贴牌生产进行讨论。

与社会分工的发展阶段相适应，在工业经济时代曾大量存在一体化的制造企业。但随着社会分工的进一步深化，它们已经或迟早要经历从产品间到产品内分工、从一体化到专业化生产、从自制到买进中间品（如知识、配件、组装）甚至最终品的演化过程。于是就可能出现 7 + 1 种组合或演化结果（在下列结构中，“/”之前的字母代表源企业“保留”从事的生产环节，“/”之后部分代表其“放弃”从事或“抛离”的生产环节）。

1. “一体型”：RXY。企业从事从前端研发到中端零部件加工再到后端最终品总装（及其营销）的全部生产过程，此时尚未发生研发产业化进程，但却是研发产业化之历史和逻辑的起点，也即研发产业化的“原点”或“源企业”。

2. “中端型”：X/RY。企业保留或选择从事中端的某种或某几种零部件加工制造，分离或/并外包前端的研发及供给后端的成品总装，此时企业的业务性质便发生“去研发化”的结构性改变，也在外部造就并催生研发与总装业者。

3. “后端型”：Y/RX。企业保留或选择从事后端的成品组装，分离或/并外包前端的研发和中端的配件加工，此时企业的业务性质也发生如“中端型”的结构改变，同时在外部造就并催生研发与配件业者。

4. “中后端型”：XY/R。企业保留或选择从事中端的配件加工和后端的成品组装，分离或/并外包前端的（知识）研发，此时企业的业务性质同样发生如上第二种的结构改变，并在外部造就和催生出完全独立的研发业者（见图6－1）。

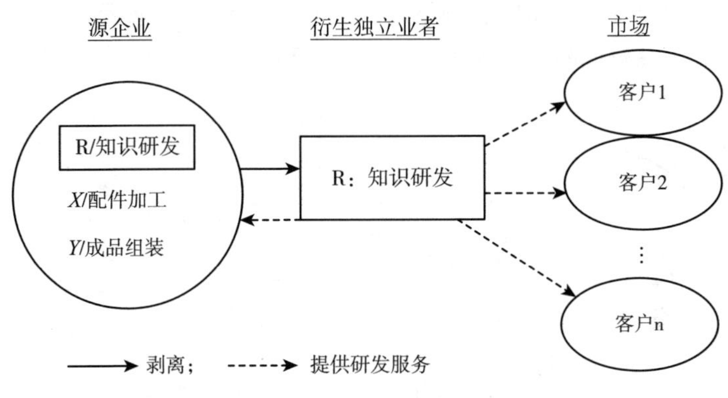


**图6－1 研发业者的正向分离形式之一**

5. “两端型”：RY/X。企业保留或选择从事前端的研发和后端的成品总装，分离或/并外包（外协、外购）中端的配件，此时企业的业务性质便开始发生某种“去制造化”的结构改变，也在外部造就并催生出（众多的）零部件业者。

6. “前中端型”：RX/Y。企业保留或选择从事前端的研发和中端的配件加工，分离或/并供给后端的成品总装，此时企业的业务性质也开始发生某种如上2的结构性改变，并在外部造就或催生总装业者。

7. “前端型”：R/XY。企业保留或选择从事前端的研发，分离或/并外包中端的配件加工和后端的成品组装，此时企业的业务性质便发生彻底的“去制造化”转变，并在外部造就和催生出完全独立的零部件加工和成品总装业者。如果仅此为止，那么在这里主动保留下来的R与在上述2、3、4中被剥离的R并无实质区别，都只是单纯、独立、常规的研发业者。

7$^{+}$. 变异“前端型”：R/－XY（“/”表示所有权分离、“－”

表示一体化“缝合”)。企业“实际”从事前端的研发，分离或/并外包中端的配件加工和后端的成品组装，但又采用 OEM、ODM 等“贴牌”模式实现对外部化 X、Y 的有效技术管控和契约缝合。此时，企业的业务性质不但发生彻底的“去制造化”转变，而且在外部造就和催生出其品牌引领下的一批独立“代工”业者，包括零部件代工业者和成品代工业者（见图 6 –2）。

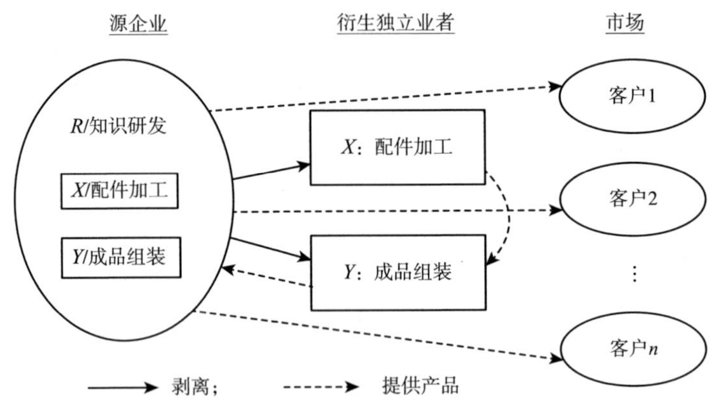


**图 6 –2　研发业者的逆向分离形式之一**

在以上组合中，4 和 7（尤指异型 7⁺）是完全研发产业化结构，2、3 和 5、6 分别为倾向前者或后者的不完全研发产业化结构。但两者的实现路径是不同的：第一，前者是“研发（R）”被源企业剥（抛）离出来而沦为独立业者，如图 6 –1 所示或可记作 RXY⇨XY ⌒ [R] ⇨XY/R；后者是源企业剥（抛）离“制造（X、Y)”而转型为事实上的研发业者，如图 6 –2 所示或可记作 RXY⇨R ⌒ [XY] ⇨R/XY。第二，前者较常见且与培训、维修、物流等服务从制造企业剥离出来的方式一样，所以属“典型路径”；后者主要发生在少数高端企业且采取“逆向”剥离方式，所以为“非典型路径”。第三，前者衍生出“显性”也是“服务性”的研发业者（“研发服务”提供商)；后者除此之外还演化出“隐性”也是“生产性”的研发业者（“研发产品”提供商）。第四，前者的 R 与 X、Y 及其他业者互为普通买卖关系；后者中的“隐性”研发业者则向 X、Y 定制（外包）产品再贴牌出售（见图6－2）。

## 三、理论解析

以上演化会产生不同的市场结构，可将其视作业者之间的不同分工。为便于分析，假设各类业者通过出售、分拆、外包等手段实现非核心业务的剥离并不会改变整个经济系统内两类业者的数量及每类业者的劳动力总额，则每类业者的数量为 M、单个业者的劳动力总额为 1。杨小凯曾证明不按比较优势形成的分工结构不是一般均衡结构[28]。据此并基于比较优势以及本文的假设条件和现实情况，我们对以上 7＋1 种组合或分工结构进行整理（如表 6－1 所示）：以“结构 A→结构 B→结构 C”体现企业分工细化的历史进程，则结构 B1 中 $\nu$ 类业者沿着非典型路径演化，在结构 B2 中 $\mu$ 类业者沿着典型路径演化。在结构 C 中会进一步分工，结构 C11 中的 $\nu$ 类业者是通过非典型演化形成的“显性”也是“服务性”的研发企业，其自身扮演系统解决方案提供商的角色，不从事贴牌生产；结构 C12 中的 $\nu$ 类业者是通过非典型演化形成的“隐性”也是“生产性”的研发企业，其本身只从事研发活动，将配件加工和组装外包，进行贴牌生产。值得注意的是，虽然在不同的假设条件下，非典型研发企业的形成过程在市场分工结构以及组织变迁上会与本文的路径有一定差异，但是这并不影响我们对其一般性的动因进行探索。

**表 6－1　　本文讨论的三种分工结构**

| 结构类型 | | $\mu$ 类经济实体 | $\nu$ 类经济实体 |
|---|---|---|---|
| 结构 A（自给自足） | | 组合 1^ | 组合 1^ |
| 结构 B（部分分工） | B1 | 组合 2 | 组合 5^ |
| | B2 | 组合 4^ | 组合 7 |

续表

| 结构类型 | | μ 类经济实体 | ν 类经济实体 |
|---|---|---|---|
| 结构 C（完全分工） | C11 | 组合 2 | 组合 3^、组合 7 |
| | C12 | 组合 2 | 组合 3、组合 7^ |
| | C21 | 组合 2^、组合 3 | 组合 7 |
| | C22 | 组合 2、组合 3^ | 组合 7 |

注：带^表示该业者从事贴牌生产。

### （一）结构 A

在结构 A 中，两类业者都自己生产自己消费的产品，自给自足，没有发生交易，两类经济实体面临的决策问题如下：

$$MaxU_i = y^* = \mathrm{r}^{\alpha}x^{\beta}y^{\gamma}$$

$$\mathrm{s.\,t.}\ \ \mathrm{r} = a_i l_r$$

$$\mathrm{x} = \mathrm{b}_i l_x$$

$$\mathrm{y} = \mathrm{c}_i l_y$$

$$l_r + \mathrm{l}_x + l_y = 1$$

对这个问题求解可得：

$$U_{\mathrm{i}} = \frac{a_i^{\alpha}b_i^{\beta}c^{\gamma}\alpha^{\alpha}\beta^{\beta}\gamma^{\gamma}}{\alpha+\beta+\gamma} = a_i^{\alpha}b_i^{\beta}c^{\gamma}\alpha^{\alpha}\beta^{\beta}\gamma^{\gamma} = \frac{\sqrt[3]{a_i b_i c}}{3}$$

### （二）结构 B

如果市场为 B1 型结构，对于 ν 类业者来说，面临如下决策问题：

$$MaxU_{\nu} = y^* = y^{*t} - y^{*s} = (1+\eta)^{\varepsilon}r^{\alpha}(tx^{d})^{\beta}y^{\gamma} - y^{*s}$$

$$\mathrm{s.\,t.}\ \ \mathrm{r} = a_{\nu}l_r$$

$$\mathrm{y} = \mathrm{cl_y}$$

$$p_x x^d = p_{y*}y^{*s}$$

$$l_r + l_y = 1$$

对这个问题求解可得：

$$x^d = \left[\frac{p_x (\alpha + \gamma)^{(\alpha+\gamma)}}{p_{y*} \beta t^\beta \alpha^\alpha \gamma^\gamma a_\nu^\alpha c^\gamma (1+\eta)^\varepsilon}\right]^{\frac{1}{\beta-1}}$$

$$U_\nu = \left(\frac{p_x}{p_{y*}}\right)^{\frac{\beta}{\beta-1}} (\alpha+\gamma)^{(\frac{\alpha+\gamma}{\beta-1})} \left[\alpha^\alpha a_\nu^\alpha \gamma^\gamma c^\gamma (1+\eta)^\varepsilon\right]^{\frac{1}{1-\beta}} t^{\frac{\beta}{1-\beta}} \beta^{\frac{1}{1-\beta}} \left(\frac{1}{\beta} - 1\right)$$

对 $\mu$ 类经济实体有：

$$MaxU_\mu = zy^{*d}$$

$$s.t.\ x^s = b_\mu l_x$$

$$p_x x^s = p_{y*} y^{*d}$$

$$l_x = 1$$

对这个问题求解可得：

$$x^s = b_\mu$$

$$U_\mu = z \frac{p_x}{p_{y*}} b_\mu$$

再根据市场出清原则 $M_\mu x^s = M_\nu x^d$，由前文假设可知 $M_\mu = M_\nu = M$，从而可以解出：

$$U_{B1\mu} = (\alpha+\gamma)^{-(\alpha+\gamma)} t^\alpha \alpha^\partial \beta \gamma^\gamma a_\nu^\alpha c^\gamma (1+\eta)^\varepsilon b_\mu^\beta z$$
$$= \frac{\sqrt[3]{2ta_\nu b_\mu c(1+\eta)}}{6} z$$

$$U_{B1\nu} = (\alpha+\gamma)^{-(\partial+\gamma)} t^\beta \alpha^\alpha \beta \gamma^\gamma a_\nu^\alpha c^\gamma (1+\eta)^\varepsilon b_\mu^\beta (\frac{1}{\beta} - 1)$$

$$= \frac{\sqrt[3]{2ta_\nu b_\mu c(1+\eta)}}{3}$$

采用相同的办法我们可以求出在 B2 型结构下两类经济实体的效用分别为：

$$U_{B2\mu} = (\beta+\gamma)^{-(\beta+\gamma)} s^{\alpha}\alpha\beta^{\beta}\gamma^{\gamma}a_{\nu}^{\alpha}c^{\gamma}(1+\theta)^{\varepsilon}b_{\mu}^{\alpha}(\frac{1}{\alpha}-1)$$

$$= \frac{\sqrt[3]{2sa_{\nu}b_{\mu}c(1+\theta)}}{3}$$

$$U_{B2\mu} = (\beta+\gamma)^{-(\beta+\gamma)} s^{\alpha}\alpha\beta^{\beta}\gamma^{\gamma}a_{\nu}^{\alpha}c^{\gamma}(1+\theta)^{\varepsilon}b_{\mu}^{\alpha}z = \frac{\sqrt[3]{2sa_{\nu}b_{\mu}c(1+\theta)}}{6}z$$

## （三）结构 C

在前文部分分工的基础上进一步对完全分工进行讨论。从比较优势原则出发，$\mu$ 类经济实体主理配件生产环节，$\nu$ 类经济实体主理知识研发环节。继前一次分工后从事两个环节的业者进一步发生分工。我们依据同类业者效率相等和市场出清原则可以解出。

$$U_{C11\mu} = \frac{\sqrt[3]{sta_{\nu}b_{\mu}c(1+\eta+\theta)z^{4}(z+1)^{-2}}}{3},$$

$$U_{C11\nu} = \frac{\sqrt[3]{sta_{\nu}b_{\mu}c(1+\eta+\theta)z(z+1)}}{3}$$

$$U_{C12\mu} = \frac{\sqrt[3]{tna_{\nu}b_{\mu}c(1+\eta+\lambda)z^{4}(z+1)^{-2}}}{3},$$

$$U_{C12\nu} = \frac{\sqrt[3]{tna_{\nu}b_{\mu}c(1+\eta+\lambda)z(z+1)}}{3}$$

$$U_{C21\mu} = \frac{\sqrt[3]{sna_{\nu}b_{\mu}c(1+\eta+\theta)z(z+1)}}{3},$$

$$U_{C21\nu} = \frac{\sqrt[3]{sna_{\nu}b_{\mu}c(1+\eta+\theta)z^{4}(z+1)^{-2}}}{3}$$

$$U_{C22\mu} = \frac{\sqrt[3]{sta_{\nu}b_{\mu}c(1+\theta+\lambda)z(z+1)}}{3},$$

$$U_{C22\nu} = \frac{\sqrt[3]{sta_{\nu}b_{\mu}c(1+\theta+\lambda)z^{4}(z+1)^{-2}}}{3}。$$

以上情况下两类业者的效率及比较如表 6－2 所示。

**表 6－2　本文讨论的若干情况下两类业者的效率及比较**

| | 经济实体 $\mu$ | 经济实体 $v$ | 效用比较 |
|---|---|---|---|
| 结构 A | $\frac{\sqrt[3]{a_\mu b_\mu c}}{3}$ | $\frac{\sqrt[3]{a_\nu b_\nu c}}{3}$ | 无法判断 |
| 结构 B1 | $\frac{\sqrt[3]{2ta_\nu b_\mu c(1+\eta)}}{6}z$ | $\frac{\sqrt[3]{2ta_\nu b_\mu c(1+\eta)}}{3}$ | $U_{B1\mu} < U_{B1\nu}$ |
| 结构 B2 | $\frac{\sqrt[3]{2sa_\nu b_\mu c(1+\theta)}}{3}$ | $\frac{\sqrt[3]{2sa_\nu b_\mu c(1+\theta)}}{6}z$ | $U_{B2\mu} > U_{B2\nu}$ |
| 结构 C11 | $\frac{\sqrt[3]{sta_\nu b_\mu c(1+\eta+\theta)z^4(z+1)^{-2}}}{3}$ | $\frac{\sqrt[3]{sta_\nu b_\mu c(1+\eta+\theta)z(z+1)}}{3}$ | $U_{C11\mu} < U_{C11\nu}$ |
| 结构 C12 | $\frac{\sqrt[3]{tna_\nu b_\mu c(1+\eta+\lambda)z^4(z+1)^{-2}}}{3}$ | $\frac{\sqrt[3]{tna_\nu b_\mu c(1+\eta+\lambda)z(z+1)}}{3}$ | $U_{C12\mu} < U_{C12\nu}$ |
| 结构 C21 | $\frac{\sqrt[3]{sna_\nu b_\mu c(1+\eta+\theta)z(z+1)}}{3}$ | $\frac{\sqrt[3]{sna_\nu b_\mu c(1+\eta+\theta)z^4(z+1)^{-2}}}{3}$ | $U_{C21\mu} > U_{C21\nu}$ |
| 结构 C22 | $\frac{\sqrt[3]{sta_\nu b_\mu c(1+\theta+\lambda)z(z+1)}}{3}$ | $\frac{\sqrt[3]{sta_\nu b_\mu c(1+\theta+\lambda)z^4(z+1)^{-2}}}{3}$ | $U_{C22\mu} > U_{C22\nu}$ |

前述情况的演化路线如图 6－3 所示。

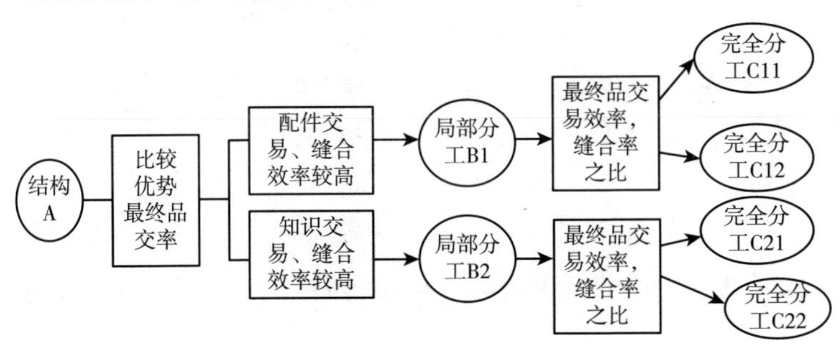


**图 6－3　演化路线**

如图 6－3 所示，从自给自足到部分分工（从结构 A 到结构 B）的演化过程为“演化一”，从部分分工到完全分工（从结构 B 到结构 C）的演化过程为“演化二”。这里首先对发生“演化一”的条件进行探讨：假设在两类业者都上升的情况下企业才会发生相应的演化，则选择 B1 的条件为 $U_{B1\mu} > U_{A\mu}$，$U_{B1\mu} > U_{B2\mu}$，$U_{B1\nu} > U_{A\nu}$，$U_{B1\nu} > U_{B2\nu}$，解得 $t(1+\eta) > \frac{4}{z^3} \cdot \frac{a_\mu}{a_\nu}$，$t(1+\eta) > \frac{1}{2} \cdot \frac{b_\nu}{b_\mu}$，$t(1+\eta) > \frac{8}{z^3} \cdot s(1+\theta)$；选择 B2 的条件为 $U_{B2\mu} > U_{A\mu}$，$U_{B2\mu} > U_{B1\mu}$，$U_{B2\nu} > U_{A\nu}$，$U_{B2\nu} > U_{B1\nu}$，解得 $s(1+\theta) > \frac{4}{z^3} \cdot \frac{b_\nu}{b_\mu}$，$s(1+\theta) > \frac{1}{2} \cdot \frac{a_\mu}{a_\nu}$，$s(1+\theta) > \frac{8}{z^3} t(1+\eta)$。我们可以从中发现比较优势和最终品交易效率的提高是分工的基础，而决定企业选择哪一种演化路径则是由配件和知识的交易效率以及集成配件和知识的能力决定的。其次看“演化二”，向 C11 也就是前文中提到的非典型路径下的“显性”研发企业演化的条件为 $U_{C11\mu} > U_{A\mu}$、$U_{C11\mu} > U_{B1\mu}$、$U_{C11\mu} > U_{B2\mu}$、$U_{C11\mu} > U_{C12\mu}$、$U_{C11\mu} > U_{C21\mu}$、$U_{C11\mu} > U_{C22\mu}$、$U_{C11\nu} > U_{A\mu}$、$U_{C11\nu} > U_{B1\nu}$、$U_{C11\nu} > U_{B2\nu}$、$U_{C11\nu} > U_{C12\nu}$、$U_{C11\nu} > U_{C21\nu}$、$U_{C11\nu} > U_{C22\nu}$，求解我们发现随着 z、$\frac{a_\nu}{a_\mu}$、$\frac{b_\mu}{b_\nu}$、$\frac{s}{n}$、$\frac{t}{n}$、$\frac{\theta}{\lambda}$、$\frac{\eta}{\lambda}$ 的增大就越容易满足以上不等式；向 C12 也就是前文提到的非典型路径下的“隐性”研发企业演化的条件为 $U_{C12\mu} > U_{A\mu}$、$U_{C12\mu} > U_{B1\mu}$、$U_{C12\mu} > U_{B2\mu}$、$U_{C12\mu} > U_{C11\mu}$、$U_{C12\mu} > U_{C21\mu}$、$U_{C12\mu} > U_{C22\mu}$、$U_{C12\nu} > U_{A\mu}$、$U_{C12\nu} > U_{B1\nu}$、$U_{C12\nu} > U_{B2\nu}$、$U_{C12\nu} > U_{C11\nu}$、$U_{C12\nu} > U_{C21\nu}$、$U_{C12\nu} > U_{C22\nu}$，求解我们发现随着 z、$\frac{a_\nu}{a_\mu}$、$\frac{b_\mu}{b_\nu}$、$\frac{n}{s}$、$\frac{t}{s}$、$\frac{\theta}{\eta}$、$\frac{\lambda}{\eta}$的增大就越容易满足以上不等式。综合以上分析，在“演化二”中，最终品交易效率以及比较优势仍是分工的基础，相对交易效率以及相对集成能力决定了演化的方向并决定了由谁来贴牌。值得注意的是，在这次分工以后，起初生产最终品的业者效率大于在“演化一”中就分离出来从事中间产

品生产的业者。这可以视为一种路径选择的结果。

### （四）小结

现代组织制度是分工效率与交易费用这“两难抉择”的结果。以上模型解析包含以下四个方面。

1. 基于比较优势理论的“被剥离”动因分析。源企业的某（些）业务活动环节为什么会“被剥离”？一方面是该业务具有对外比较优势，除了专属的内部市场外还能够在“独立成业”后赢得可观的外部市场；另一方面是该业务具有内部比较弱势，被剥离后有利于集中资源进一步做强做大具有内部比较优势的核心业务。这种比较优势差异会影响单一业者的演化强度和走向。从市场的角度看，正如斯密、李嘉图等所言，比较优势是分工的基础[2,3]。业者在某（些）环节的对外对内比较优势反差越大，分工就越能带来其效率的提升，从而形成帕累托改进。这种内外比较优势差异是形成新的市场结构的重要推力。

2. 基于交易费用理论的“剥离”动因分析。非典型路径中的源企业在分工演化过程中为什么要剥离制造等非研发业务？因制造等非研发业务与研发业务相比其交易效率更高而交易费用更低，剥离前者更容易带来“分工效率 > 交易成本”的效果。反之，因知识要素具有学习周期长、不确定性高、外溢性强等特点，部分知识还难以通过编码进行传播，也难在知识交易市场上保障其专利性，这就使剥离研发环节更容易产生“交易成本 > 分工效率”的结果，而且专业性越强的技术往往交易损失越大。交易费用不但在业者分工中起到“门槛”作用，而且在一定程度上决定谁更适合于选择非典型演化路径。

3. 基于核心竞争力理论的“保留”动因分析。非典型路径中的“$7^{+}$”为什么要保留研发也即通过研发的“内部化”而不是通常的“外部化”来实现研发产业化？一方面，因为这类企业的核心能力在研发环节，而自理核心业务、外包非核心业务是当代核心竞争力理论的要义和战略要领。这就促使那些以研发为核心能力的创新型企业做出保研发弃制造（R ⌒→ XY）而不是保制造弃研发（XY ⌒→ R）的选择。另一方面，现代制造业链上价值分布多呈“微笑曲线”，通过非典型路径主导前端的研发并同时管控后端的营销可以实现收益的最大化。

4. 基于系统集成理论的“缝合”动因分析。在“7⁺”中完成了“R ⌒→ XY”的源企业为什么又要通过外包（委外生产或定制X、Y并贴牌销售）实行“准一体化”？因为上述分离或分工虽促进了专业化从而提高了效率，但同时也带来分散、无序、局限、功能切割及不确定性等弊端[29]，这就需要集成和协同，以“缝合”“串联”或“弥补”因分工/离的“割裂”“断裂”等缺陷。而从集成效率的角度来看，业者会倾向于剥离缝合效率较高的环节，因为这种由分工带来的“无序”更容易通过缝合而得到“修缮”。此外，从上文模型的第二次分工过程可以看出，在没有相对比较优势的情况下，缝合能力也可以影响市场分工结构。

## 四、案例实证

一体化厂商曾是工业经济时代早期、中期的主要企业组织形式。此后随着生产力的发展和分工的细化，众多一体化制造企业开始剥离其非核心业务或部门。这种分离过程不断催生出一些新的产业，如各种零部件制造、原材料辅料生产乃至生产性服务业，具体包括广告、代销、培训、法务、维修、物流等。当这种分化进程上升到高端环节研发（另一个高端环节是品牌营销，两者正好处于产业链的两端）时，其模式和路径就变得更加复杂起来。

### （一）按典型路径形成的研发业者

这类业者指按正向路径被剥离出来，从专向母体提供“内部”研发服务转而向市场（包括母体）提供“外部”研发服务的“服务性”研发企业。研发产业的正向分化模式早已有之，按此典型路径形成的研发业者在数量上也较多。美国的贝尔实验室可能是世界上最早按典型路径形成的独立研发企业之一：它是在1925年由AT&T和Western Electronic两家公司的工程研发部合并成立的，现属朗讯旗下。在中国，近若干年来按这种演化路径形成的研发企业也不断增多，如GM中国科学研究院（属美国通用汽车公司）、台积电—成大联合研发中心（属台积电和台湾成功大学）、上海睿智化学研究有限公司（属尚华医药服务集团）、上海合全药物研发有限公司（属药明康德工艺公司）、深圳中兴微电子有限公司（属中兴通讯公司）、深圳创维半导体设计中心有限公司（属创维集团）等。尤其苏州市在相关政策的推动下，仅2010～2012年就按正向路径分离出了涉及多个领域的1061家企业，其中研发、设计、科技中介、物流、商务等业者达758家。仅沙钢集团一家就先后分业设立了江苏钢铁研究院、虹达运输公司、国贸公司、财务公司等11家具独立法人地位的生产性服务企业。

### （二）按非典型路径形成的“显性”研发业者

这类业者指按逆向路径主动剥离制造等非研发业务后，转而主理研发并向市场专门提供研发服务的“服务性”研发企业。2005年，IBM将其全球PC机制造业务整体转让给中国联想被视为这类业者形成的标志性事件。自1993年其启动“热情拥抱”（warmly embraced）计划以来，这个蓝色巨人便加速了从硬件制造商到系统解决方案或研发服务提供商的转变步伐。2001年其服务收入达到349亿美元，占总收入的42%，首次超过硬件成为其第一收入来源。此后收入结构进一步向服务化、软件化、研发化方向持续转变（参见图6－4）。为强化其系统解决方案研发商的新定位和相关能力，它还曾于2002年分别以39亿美元、21亿美元收购普华永道咨询公司和 Rational 软件公司，并于 2005 年完成前述 PC 制造业剥离，一举蜕变成世界上最大的不制造计算机的计算机公司。如今，IBM 把自己的主营业务分类为全球技术服务（Global Technology Services）、全球商务服务（Global Business Services）、软件（Software）、系统与技术（Systems and Technology）、全球金融财务服务（Global Financing）等，在其中已难觅硬件制造的影子。

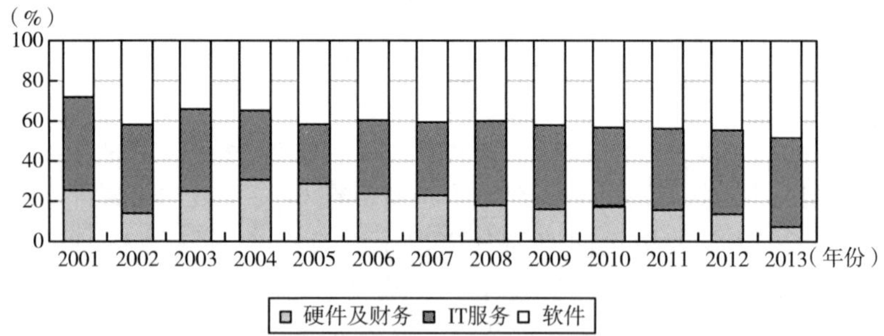


**图 6-4　IBM 收入结构变化（税前，2001~2013 年）**

资料来源：笔者根据 IBM 年报数据整理。

国外很多研究都注意到了一些世界领先企业正在把战略重心从产品提供转变为集成方案提供[30,31]。继 IMB 之后，DELL 于 2009 年开始了类似的战略转型。还有苏伊士集团（Gdf Suez）、诺华公司（Novartis）、思科公司（Cisco Systems）、英格拉姆麦克罗公司（Ingram Micro）、斯伦贝谢公司（Schlumberger）、埃森哲公司（Accenture）等更多的世界 500 强，也陆续开始将其部分乃至全部制造业外包给其他厂商，使自身专注于核心技术的研发和系统解决方案的提供（见表 6-3）。中国则有华为技术等 IT 企业率先呈现出这种转型迹象或倾向，它不仅在全球各地频频拿到全国宽带网（NBN）以及第三、第四代乃至第五代通信解决方案等“研发设计套餐”式的外包大单，还在其官网上将自身定位从“通信设备制造商”改成了“全球领先的信息与通信解决方案供应商”。

表 6－3　北美系统解决方案商排名

| 排名 | 公司 | 主要业务 |
|---|---|---|
| 1 | IBM Global Services | IT 技术商务软件服务 |
| 2 | Hewlett-Packard Company | IT 技术商务软件服务 |
| 3 | Accenture | 咨询服务 |
| 4 | Xerox Corporation | 打印机文案服务 |
| 5 | Computer Sciences Corporation（CSC） | IT 设施服务以及解决方案 |
| 6 | Capgemini Holding Inc | IT 在线服务 |
| 7 | SAIC，Inc | 技术解决，风险管理，模拟训练，物流供应链管理 |
| 8 | CDW Corporation | 软硬件安全顾问服务 |
| 9 | Dell Services | IT 技术商务软件服务 |
| 10 | Cognizant Technology Solutions U. S. Corporation | IT 信息服务，商业顾问，外包服务 |

资料来源：http：//www. crn. com，按收入排名。

### （三）按非典型路径形成的“隐性”研发企业

这类业者指按逆向路径主动剥离制造等非研发业务后，转而主（专）理研发设计和品牌营销，再通过生产外包向市场提供贴牌产品的“生产性”（实为“假”生产性）研发企业。Apple 公司尽管推出了 iPhone、iPad、Mac 笔记本电脑和台式电脑、iOS 8、OS X、iPod、iTunes 以及全新的 Apple Watch 等多种多款 IT 产品，但却逐步脱离实际制造而演变成了越来越“纯粹”的研发业者。如今其产品研发设计在美国的 Apple，关键零部件由日本企业生产，核心芯片和显示屏由韩国厂商制造，也有部分零部件由台湾厂商加工，最后在中国大陆的富士康完成组装，成品则由 Apple 检验贴牌后远销全球各地。Intel 曾在 20 世纪引领这种模式从而成为“隐性”研发企业的“先驱”，它当时将大量 IC（集成电路、芯片、晶圆）制造外包，带动了诸多接单制造商的发展。台积电（TSMC）就是通过为 Intel 等代工晶圆而逐步发展成为全球代工业巨头的[32]（见表6－4）。而华硕（ASUS）作为 Intel 曾经的主要主板代工商也在 20 世纪 90 年代取得了飞速发展，1992 年其主板和接口产量超过了 75000 片/月，1995 年《亚洲资源（Asian Sources)》杂志将其评为全球最大的主板制造商，同年销售收入达 78.7 亿新台币。

**表 6－4　台积电 20 世纪 90 年代部分年份相关代工生产数据**

| 年份 | 产能（片） | 产量（以六寸晶元折算） | 产值（新台币千元） |
|---|---|---|---|
| 1993 | 627500 | 664985 | 6282643 |
| 1994 | 915360 | 942617 | 8699044 |
| 1995 | 1158500 | 1217604 | 11507350 |
| 1996 | 1567890 | 1501884 | 16721361 |
| 1997 | 2095760 | 2267675 | 28343668 |

资料来源：笔者根据台积电年报整理。

从行业分布看，IC 是迄今逆向分离程度最高从而代工模式最通行的行业之一。如全球 IC 巨擘之一的高通公司（Qualcomm）专注于上游研发设计，主要通过外包和授权生产来取代自制，仅授权收入就占营业收入的 30% 左右（2012～2013 年）。如今全球尤其是发达国家的主要 IC 业者大都是以无晶圆厂的晶圆品牌商形式存在的（见表 6－5）。因有大量外部代工商的支撑，品牌 IC 业者就可以致力于产品的研发设计、流程控制和品牌维护，成为“隐性”然而也是真正的研发企业。值得注意的是，通过“去制造化”而向“隐性研发业者”转型的趋势不但发生在高新技术公司，而且开始出现在一些传统产业，如全球体育用品巨擘 Nike、Adidas 就逐步实现了生产外包，自身则专注于产品研发设计和品牌维护[33]，从而蜕变成了实质上的隐性研发企业。

**表 6-5　　十大无晶圆厂的 IC 公司（2013 年）**

| 2013 年排名 | 公司名称 | 所属国家或地区 |
|---|---|---|
| 1 | 高通（Qualcomm） | 美国 |
| 2 | 博通（Broadvom） | 美国 |
| 3 | 超微半导体公司（AMD） | 美国 |
| 4 | 联发科技（Mediatek） | 中国台湾地区 |
| 5 | 英伟达（Nvidia） | 美国 |
| 6 | 迈威（Marvell） | 美国 |
| 7 | 大规模集成电路（LSI） | 美国 |
| 8 | 赛灵思公司（Xilinx） | 美国 |
| 9 | 阿尔特拉（Altera） | 美国 |
| 10 | 安华高（Avago） | 新加坡 |

资料来源：IC Insights 2013 年度发展报告。

从空间分布看，目前这类依托外部代工进行贴牌生产的“隐性”研发业者主要出现在发达国家。中国包括台湾地区的许多产业在主流上还处在为全球高端、品牌企业（多是“隐性”研发业者如 Apple、Intel、Altera、Nvidia、AMD 甚至 Nike、Adidas）代工的阶段。不过也有少数创新性企业开始通过“逆向”剥离或外包制造而向“隐性”研发业者“转身”，如台湾地区 HTC 就对其中档智能手机生产实行了外包，中集集团实施多年的“（由总部）集中研发设计、（由各地子公司及关联企业）分散生产制造”模式也属此类转变。

从时间分布看，逆向剥离、外包制造的发展趋势既不是线性的也不是一成不变的。如 Intel 虽在 20 世纪后期引领全球贴牌生产模式并催生出了大批外部 IC 代工业者，但随着国际代工成本上升及代工业者自身寻求创新创牌趋势加剧，近年来 Intel 的制造业务反呈回流回升之势，甚至在一定程度上演变成了其原代工业者台积电等在晶圆制造上的竞争对手。

## 五、简短结语

通过对经济实践活动的考察及理论分析可见，在当代分工演进中，不仅存在一条“制造剥离研发”或“研发外部化”的典型研发产业化路径，还存在一条“研发剥离制造”或“研发内部化”的非典型研发产业化路径。由前者分化出“服务性”和“显性”的研发企业，由后者部分演化为“服务性”和“显性”、部分转型为“生产性”和“隐性”的研发企业。业者选择非典型研发产业化路径主要是基于知识产出的较高外部交易成本及自身在自主创新上的比较优势、核心竞争力和系统集成能力。因而非典型研发产业化路径相对更加适合高端产业及其高端企业。快速成长中的中国企业正在经历从制造优势到研发优势、由帮他人代工向自主创新创牌、从批量生产到系统化定制作业的转变，不但面临全球对网络、高铁、港口、运河、路桥、园区、能源、生态、减灾、疾控等系统解决方案的巨大需求，而且面临更多发展中国家企业携其更低廉劳动力与土地等资源优势参与全球产业承接、为跨国公司代工的“红海”竞争，学会运用非典型研发产业化路径，对迅速建立起中国企业在研发设计和品牌营销方面的新优势具有现实需要和实际意义。

## 参考文献

［1］ P. F. Drucker. Sell the Mailroom ［J］. Wall Street Journal, July 25, 1989; Reprinted in Wall Street Journal-Eastern Edition. 11/15/2005, Vol. 246 Issue 105, pB2. 0p.

［2］ A. Smith. An Inquiry into the Nature and Causes of the Wealth of Nations ［M］. London: W. Strahan and T. Cadell, 1776.

［3］ D. Ricardo. On the Principles of Political Economy and Taxation ［M］. John Murray, 1817.

［4］ T. Veblen, Why Is Economics Not an Evolutionary Science?

[J]. Quarterly Journal o f Economics，1898/V12：373 - 397.

[5] J. A. Schumpeter. Capitalism，Socialism and Democracy [M]. Harper & Brothers，1942.

[6] R. Nelson & S. G. Winter. An Evolutionary Theory of Economic Change [M]. Belknap Press，1982.

[7] 黄凯南．演化博弈与演化经济学 [J]．经济研究，2009 (2)：154 - 158.

[8] R. Coase. The Nature of the Firm [J]. Economica，Blackwell Publishing，1937/4 (16)：386 - 405.

[9] M. J. Earl. The Risks of Outsourcing IT [J]. Sloan Management Review，1996，Vol. 37 No. 3：26 - 32.

[10] J. E. Hobbs. A Transaction Cost Approach to Supply Chain Management [J]. Supply Chain Management，1996，Vol. 1 (2)：15 - 27.

[11] V. Mahnke，M. L. Overby & J. Vang. Strategic Outsourcing of IT Services：Theoretical Stocktaking and Empirical Challenges [J]. Industry and Innovation 2005，Vol. 12 (2)：205 - 53.

[12] R. P. Rumelt. Theory，Strategy and Entrepreneurship [M]. Boston：Harvard University Press，1974.

[13] C. K. Prahalan & G. Hamel.，The Core Competence of the Corporation [J]. Harvard Business Review，1990 (March-April)：79 - 91.

[14] J. B. Quinn & F. G. Hilmer. Strategic Outsourcing [J]. Sloan Management Review，1994/35 (4)：43 - 55.

[15] Z. G. Zacharia et al. The Emerging Role of the Third-Party Logistics Provider (3PL) as an Orchestrator [J]. Journal of Business Logistics，2011/Vol. 32 (1)：40 - 54.

[16] M. C. Lacity & R. A. Hirschheim. Information Systems Outsourcing：Myths，Metaphors，and Realities [M]. John Wiley &

Sons, Inc. 1993.

[17] V. Chiesa & R. Manzini. Organizing for technological collaborations: a managerial perspective [J]. R&D Management, 1998/Vol. 28 (3): 199 - 212.

[18] J. Howells. Research and technology outsourcing [J]. Technology Analysis & Strategic Management, 1999 (1): 17 - 29.

[19] P. Antras. Incomplete Contracts and the Product Cycle [J]. American Economic Review, 2005/Vol. 95 (4): 1054 - 1073.

[20] 庞春. 一体化、外包与经济演进：超边际—新兴古典一般均衡分析 [J]. 经济研究, 2010 (3): 114 - 128.

[21] 费方域，李靖，郑育家，蒋士成. 企业的研发外包：一个综述 [J]. 经济学（季刊）, 2009, 8 (3): 1107 - 1162.

[22] 吴敏辉. R&D 产业化研究 [D]. 上海：复旦大学博士论文，2003.

[23] 赵红光. R&D 产业形成与发展研究 [D]. 北京：北京交通大学博士论文，2007.

[24] 高汝熹，张国安，谢曙光. 上海 R&D 产业发展前景[J]. 上海经济研究, 2001 (9): 22 - 28.

[25] 黄鲁成. R&D 产业内涵、成因及意义 [J]. 科研管理, 2005, 26 (5): 62 - 67.

[26] 杨小凯，黄有光. 专业化与经济组织，一种新兴古典微观经济学框架 [M]. 北京：经济科学出版社，1999.

[27] 杨小凯，张永生. 新兴古典经济学与超边际分析 [M]. 北京：社会科学文献出版社，2003.

[28] X. Yang. Economics: New Classical versus Neoclassical Framework [M]. Malden, MA. USA and Oxford, UK: Blackwell Publishers, 2001.

[29] P. M. Senge. The Fifth Discipline: The Art & Practice of The Learning Organization [M]. Random House Audio, 1990.

[30] A. Davies et al.. Integrated solutions: The new economy between manufacturing and services [M]. Brighton: SPRU, EPSRC, CENTRIM, 2001.

[31] P. V. Jenster et al.. Outsourcing—Insourcing: Can Vendors Make Money from the New Relationship Opportunities? [M]. West Sussex, England: John Wiley & Sons, Ltd. 2005.

[32] 杨艾俐. IC 教父张忠谋的策略传奇：一年赚两百亿的人 [M]. 北京：三联书店，1998.

[33] S. J. Robert. The Modern Firm: Organizational Design for Performance and Growth [M]. Oxford University Press, 2004.

# 7. 研发产业集聚与扩散：基于新经济地理学与深圳案例的分析[①]

【提要】研发产业的空间集散与一般产业既有共性又有区别，对国家、区域、城市等域体的产业选择及定位具有特殊意义，值得关注和研究。基于新经济地理学框架和深圳案例的分析表明，规模报酬、要素成本及交易费用是研发产业集散的内在动因，中心与外围的联系互动是其与制造业及其他产业之间相关联的空间形态，其产业扩散具有特殊的内部、外部路径。据此，研发业者、中心城市和周边区域可分别采取相应的产业攻略并加强发展互动。

## 一、引言

经济全球化推动着产业国际分工和区域经济集散的细化与深化。随着产业升级的接力棒在各域体之间不断传递，许多国家、区域或城市都经历了地区（支柱）产业的集聚和扩散过程，最终实现了产业的逐步转型升级和经济的一次次腾飞。如今，为顺应产业转型升级的发展要求，国内许多大城市纷纷提出新时期的发展战略，例如深圳就提出了建设国家创新型城市的目标，试图让自身实现“高端化”以面对日益激烈的国内外竞争。“高端化”指的是支柱产业的“高知化 + 高值化”，即发展知识密集、附加值高的产业，

---

① 原载《产经评论》2014 年第 2 期，署名：代明、张杭、罗婉婷。

而研发产业正能满足这一要求。发展研发产业，实现产业的研发化和研发的产业化，有助于深圳这样的城市成功转型，增强核心竞争力，从而走上“高值低耗（排）”的可持续发展道路（参见图 7－1）。

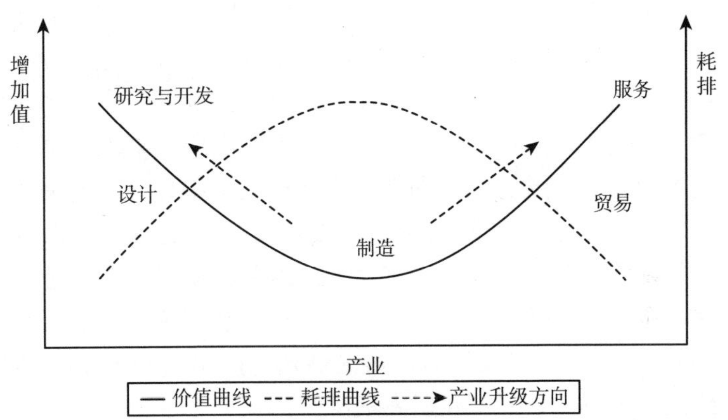


**图 7－1 “高值低耗”的转型升级路径**

城市的转型升级与产业的空间集散相互推动。产业集散为当地上下游产业创造了前后向联系，带来规模经济，为之创造比较优势，保持和增强其发展竞争力[1]，但同时也会抬高本地工资及其他要素成本，推动低端产业向其他地区转移[2]，从而不断推动本地产业升级。因此，对研发产业集散的时空过程、动力机制及内在动因等问题展开研究，不仅具有深化产业与城市经济研究的理论意义，还具有推进区域产业转型升级、优化城市发展战略和政策的实践意义。

## 二、综述：研发产业的概念界定与区位特征

研发产业是一个新生的产业类别，国内外对其研究仍处于初步探索阶段，因而至今学界对研发产业的界定仍未达成共识。国外关

于“研发产业”的研究始见于20世纪70年代对跨国公司研发活动区位选择的研究。乔治·泰奇（Gregory Tassey）在其研究中所提到的“研究密集产业”被认为是研发产业概念的雏形[3]。直到2001年，美国“缅因州用于研发的公共投资评估报告”（Evaluation of Maine's Public Investments in Research & Development）才正式提出了“研发产业”（R&D Industry）的概念：研发产业指一系列的组织，包括一些非营利性的大学和以研发为主要产品的公司[4]。国内的相关研究于21世纪初才起步，对研发产业的概念大多沿用国外的界定，但目前对其性质、内涵和外延等还存在一些异义。本文采用本研究团队在以往的系列研究中对研发产业所作的界定：以从事研究、开发及设计等“知识”业务为主，为制造业及其他产业提供研发成果和服务的产业。此定义一方面可以泛指所有的研发活动（广义）；另一方面也可以仅指向市场提供知识产出（权）和技术服务的外部化、市场化、专业化研发活动（狭义）。

研发产业本身固有的知识密集特点决定了它具有较明显的空间集散特征。奥哲曲（Audretsch）通过研究发现，区位的邻近使知识能得到更有效的创造和传播，因此，以新知识为基础的经济活动更倾向于集聚在同一个地理区位[5]。希佩尔（Hippel）的研究表明，“隐性知识”（tacit knowledge）必须通过“面对面”（face-to-face）的交流和重复才能达到最佳的传递效果[6]。国内学者张仁开和杜德斌的研究也发现，中国R&D产业发展存在显著的地域差异[7]。可见，空间集聚对于研发产业的发展具有重要意义。此外，奥哲曲和费尔德曼（Audretsch & Feldman）研究发现，知识外溢相对明显的产业，其创新活动更倾向于产生集聚[8]。他们还发现，创新活动的集散与产业的生命周期相关，尤其是在产业生命周期之初，创新活动所产生的知识外溢能够促进产业的集聚，而当产业生命周期发展至成熟或衰落时期，制造的兴盛可能促使产业发散[9]。而研发产业高度依存于创新活动，其空间演化必然更加关联于产业生命周期。格拉斯梅尔（Glasmeier）的研究则表明，生产客制化产品并倚重外包业务的高技术企业，比生产标准化产品的企业更有可能带来产业关联或衍生，从而促进产业的集聚和扩散[10]。

另有部分学者对影响研发产业集散的因素展开调研。奥基和库珀（Oakey & Cooper）基于传统区位理论对高技术产业所做的研究表明，大多数高技术产业的集聚受到原材料与劳动力优势的驱动[11]。莱昂斯（Lyons）的研究则表明，先进生产区以实力雄厚且创新能力强的高技术部门为特征，这些部门的集聚优势产生于分工、新型企业模式以及当地产业的前后向关联[12]。多夫曼（Dorfman）通过对波士顿128公路产业带的研究发现，高技术企业衍生在很大程度上促进了产业的空间集聚[13]。祖克尔（Zucker）通过实证研究发现，本地智力资源对新型产业的发展至关重要，而且这些智力资源所产生的外部性呈现出与科技人员所在位置相关的地理集聚[14]。近年来，国内学界也开始关注研发产业的区位选择问题，部分学者通过研究总结出影响研发企业区位选择的主要因素：接近性相关因素、通达性相关因素、环境相关因素以及决策者个人相关因素[15]。然而，迄今国内外对研发产业这一新兴产业的地理集散研究仍显不足，也不够系统和深入。为此，本文尝试借助新经济地理学理论对研发产业集散的规律、表现形式及内在动因等展开分析。

## 三、建模：基于新经济地理学的研发产业空间集散形态

自20世纪初以来，经济活动的空间集散现象引起了经济学家和地理学家的共同关注。20世纪80年代以前，关于经济活动的区位选择研究主要是基于新古典贸易理论，该理论建立在完全竞争市场、规模报酬不变及生产要素固定的假设基础上，通过揭示地区贸易中的比较优势，利用地区技术差异、要素禀赋及要素密集度差异等来解释产业区位模式的形成。然而，该理论忽略了生产要素的空间流动，且其完全竞争市场及规模报酬不变的理论假设在现实世界

并不完全成立，因此，对知识经济背景下的产业集散缺乏解释力。

随着高技术产业的快速发展、产业分工的细化及市场的扩展，规模报酬递增逐渐成为经济发展不可忽视的现象[16]。克鲁格曼（Krugrman）在 20 世纪 90 年代开创的以规模报酬递增为基本假设的新经济地理学因此顺应了潮流，成为知识经济背景下分析产业空间集散的新的理论工具[17]。越来越多的事实证明，随着企业生产规模的扩大，其平均生产费用会随之下降。同时，高科技产出具有很强的外溢性或正外部性，这便意味着研发产出具备规模报酬递增效应，它更多的是依靠对新技术的研究开发而形成的垄断竞争优势[18]。规模报酬递增理论同时还强调历史、偶然事件和制度等因素对产业集散的作用。研发产业集聚具有特定的历史原因和偶然性，偶然的技术创新往往能够带来规模报酬递增并促进集聚，而这种偶然性与地区的历史文化、制度环境及企业家的创新精神密切相关。

根据新经济地理学的核心—边缘模型，决定经济活动空间集散的力量来自两个方面：集聚力（A）和分散力（D），两者分别由三种效应体现。其中集聚力表现为市场接近效应和价格指数效应。市场接近效应反映企业倾向于选择市场规模较大的区位进行生产，价格指数效应反映企业的集中对地区生产生活成本的影响，这两种效应相互作用产生"循环积累因果关系"或"前后向联系"。分散力则表现为本地市场竞争效应，也称为"市场拥挤效应"，是指不完全竞争企业趋向于选择竞争者较少的区位。核心—边缘模型采用贸易自由度或交易成本来解释集聚力与分散力的强弱，反映地区保护政策、交通运输成本、信息交易成本、贸易壁垒等因素对产业集散的影响。不难理解，集聚力会随着贸易自由度的提高或交易成本的减少而减弱，而分散力的变化亦然，因为当贸易成本极小时，企业间竞争与区位无关[19]。两者变化情况如图 7－2 所示。

现基于该理论框架对研发产业集散展开分析。

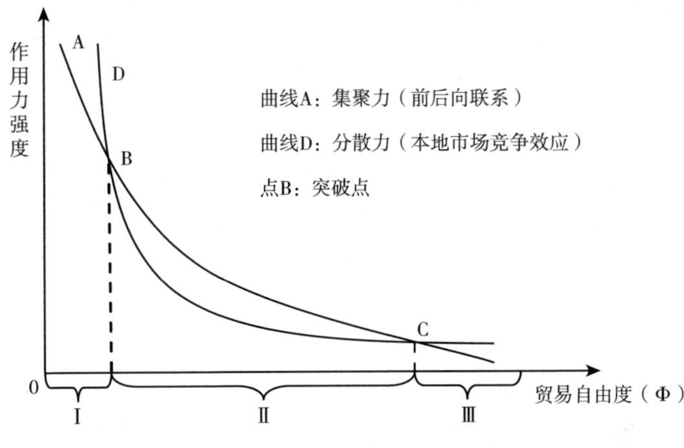


**图 7－2　研发产业集聚力与分散力变化情况**

### （一）阶段Ⅰ（研发产业集聚发生前期）：集聚力小于分散力，即 A＜D

该阶段只有少量研发企业受到该地区个别要素成本优势或优惠政策的吸引而进驻。此时，研发机构数量少，研发产业生产缺乏本地联系，外部规模报酬较低，贸易成本较高，因此，构成集聚力的市场接近效应和价格指数效应并不显著，分散力成为主导力。此阶段进驻的研发企业以大型企业为主，原因是大型企业具有内部规模报酬，故能够相对独立地生产。

### （二）阶段Ⅱ（研发产业集聚期）：集聚力大于分散力，即 A＞D

随着中心地开放程度的提高，研发产业分散力减弱的速度快于集聚力，在某一临界点（B）集聚力将超过分散力，中心地研发产业开始形成集聚。在该阶段，随着中心地产业政策和基础设施的进一步完善、高技术人才持续涌入以及大型研发企业生产不断深化，吸引了更多研发主体进驻，使中心地产业联系更加紧密，知识外溢显著，从而产生外部规模经济，带来成本节约，导致市场规模不断扩大，此时市场接近效应和价格指数效应所发挥的集聚力作用越来越显著，而市场竞争效应仍不明显。此阶段中心地的研发企业易形成马库森产业区分类中的轮轴式产业区分布[20]，具体如图 7－3 所示。

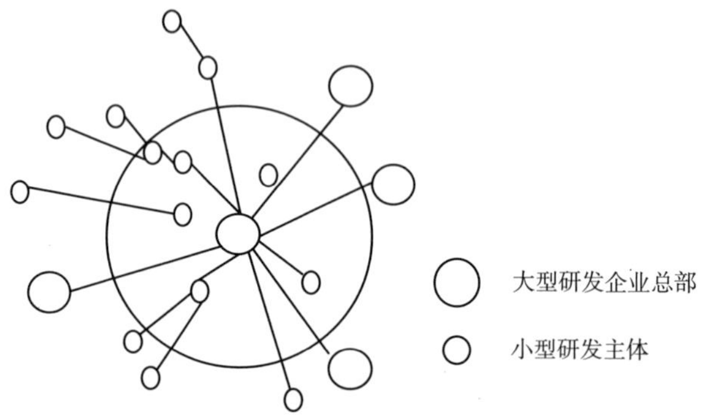


**图 7－3　轮轴式产业区**

### （三）阶段Ⅲ（研发产业扩散阶段）：集聚力小于分散力，即 A < D

当研发产业集聚发展到一定程度时，中心地研发主体对有限资源的激烈争夺将导致如劳动力、土地、物业、资本等生产要素成本的上升，最初吸引企业进驻的成本优势将逐渐消失。此时分散力下降的速度将随贸易自由度上升而逐渐减缓（表现为分散力曲线逐渐趋于平缓），其大小将逐渐趋近于集聚力，并在某一临界点（C 点）实现超越，随后研发产业开始发生扩散。

对于研发产业而言，其扩散除了中心地研发主体整体外迁的传统扩散模式外，还包括另一特殊路径——垂直分离，即研发企业将价值链上的个别环节，主要是制造环节及低端研发环节剥离并外迁，只在中心地保留产品研发和设计的核心业务。这种垂直分离既相似又有别于“垂直非一体化”的概念，这里更加强调其空间结构属性而非产权属性。

## 四、分析：研发产业扩散的特殊模式和路径

研发企业自身的特征决定了其具有特殊的垂直分离扩散模式：一是生产可分性程度高，主要体现在其制造环节的标准化及模块化程度高；二是知识密集程度高，研发活动涉及多个领域的知识，单个研发主体难以全部掌握，因此，他们会选择放弃部分生产环节，通过市场购买来间接获取产品或包含于其中的知识[21]；三是价值链各环节工资水平差异大，研发环节对劳动力素质的要求远高于制造环节，相应的工资水平差距也大，因此，研发企业倾向于将制造环节外包到工资水平较低的地区；四是规模经济水平高，研发设计环节相比制造环节存在较高的规模经济，这意味着制造环节的进入壁垒比研发环节低得多，因此，制造环节倾向于优先从研发企业中分离；五是根据生命周期理论，在产业生命周期的萌芽期和成长期，企业垂直一体化程度较高，而在产业生命周期的成熟期和衰退期，产业组织会出现垂直分离趋势，该理论同样适用于研发产业[22]。

### （一）扩散时机的选择

推动研发产业进行特殊扩散的，主要是随时间变化的中心与外围地区之间制造环节的要素成本差距。假设 $P_a$ 和 $P_b$ 分别是研发企业在中心和外围进行最终产品生产所需要的成本；$M$ 和 $N$ 分别代表研发企业从事一体化生产所产生的组织协调费用及研发企业因垂直分离而产生的额外运输成本和交易费用。因此，通过比较随时间变化的 $P_a+M$ 和 $P_b+N$ 便可知研发产业扩散的时机[23]。如图 7-4 所示，一般而言，起初中心地直接生产成本与外围地区差距不大，组织协调成本也会低于到外围地区组织生产而产生的运输与交易费用，因此，$P_a+M<P_b+N$，研发产业倾向于在中心地组织一体化生产。随着时间的推移，$P_a+M$ 和 $P_b+N$ 都会由于规模经济和范围

经济的作用而下降。然而，本地市场竞争效应对 $P_a+M$ 的反作用会使得其下降的速度慢于 $P_b+N$，最终在某个时间点 $T$，当出现 $P_a+M>P_b+N$ 时，研发产业就倾向于发生特殊模式的扩散。

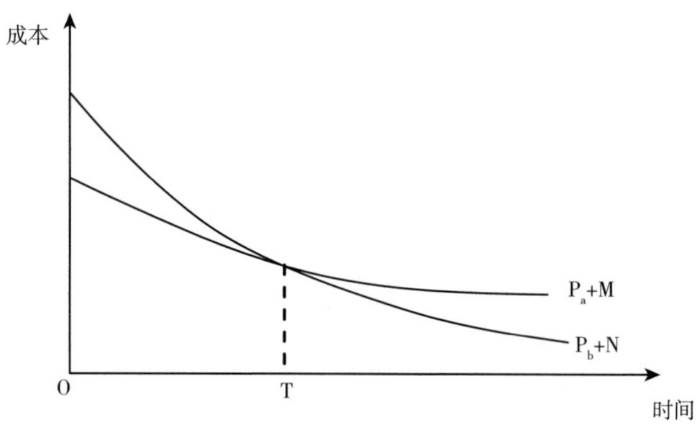


**图 7-4　研发产业扩散时机**

## （二）研发企业垂直分离的具体路径

根据研发产业垂直分离时产权是否也发生分离，可以将这种扩散模式进一步分为内部扩散和外部扩散。内部扩散是指研发企业在外围区直接设立分厂或车间，将制造环节外迁，研发环节和制造环节的产权没有发生实际的分离，如中集集团的“集中研发，分散生产”模式，在普通劳动力成本较低的诸多外围地区设立分厂或收购子公司进行产品制造，在总部所在地的中心地（深圳蛇口）专理研发设计。外部扩散是指研发企业只在中心地保留核心研发部门而将制造环节出售或将制造业务外包，此时研发与制造环节出现产权分离，如 IBM 将其 PC 制造环节出售给联想，Apple 将其零部件制造及产品组装业务外包给三星、LG、富士康等。那么，外部扩散和内部扩散这两种路径该如何进行选择才能使整体效果最优呢？下面借助理论模型进一步分析说明[24]。以下为基本假设。

（1）假设有中心地 A 与外围区 B。A、B 两地存在生产要素差异，用 $P$ 表示要素价格，而 A 地相对于 B 地具有较丰富的高质量人力资本 $H$，因此，其要素市场价格也相对较低，即 $P_{HA} < P_{HB}$；相反，B 地的普通劳动力 $L$ 相对丰富，要素市场价格也较 A 地低，即 $P_{AL} > P_{BL}$。此外，B 地比 A 地拥有相对低廉的土地租金 $R$，即 $P_{RA} > P_{RB}$。假设资本自由流动，因此，资本价格趋同。

（2）假设研发企业在中心地为产品提供研发设计服务，该过程投入高质量人力资本 $H$ 生产出 x，x 是形成最终产品 $y$ 的中间产品，$x = f(H)$。另外，研发企业在外围地区的制造环节投入 $x$、$R$、$L$ 生产出 $y$，$y = g(x,R,L)$。

（3）假设 $x = f(H)$ 的生产函数有如下特征：$f'(H) \geqslant 0$，$f''(H) < 0$，即研发环节的产出随高质量劳动力 $H$ 投入的增加而增加，但其边际生产率递减。对于制造环节的最终产品而言，假设其生产函数的性质为：$\partial g/\partial x \geqslant 0$，$\partial g/\partial L \geqslant 0$，$\partial g/\partial R \geqslant 0$，即 y 的产量随要素投入的增加而增加。为保证函数解的存在还假定：$\partial^2 g/\partial x^2 \leqslant 0$，$\partial^2 g/\partial L^2 \leqslant 0$，$\partial^2 g/\partial R^2 \leqslant 0$，表示各投入要素具有递减的边际生产率。

（4）假设对于相同的产出 $y$，各投入要素不可相互替代且投入比例不变，即 $\frac{\partial^2 g}{\partial R \partial x} = \frac{\partial^2 g}{\partial R \partial L} = \frac{\partial^2 g}{\partial L \partial x} = 0$。

模型分析如下。

（1）内部扩散。企业在 A 地从事研发，在 B 地进行生产制造。企业利润为：

$$\pi = P_y \cdot g(x,R,L) - P_{BR} \cdot R - P_{BL} \cdot L - P_{AH} \cdot H - \Delta C \tag{7-1}$$

其中，$P_y$ 为 $y$ 的价格；$\Delta C$ 为研发企业由于采取内部扩散而产生的组织协调成本增量。

（2）外部扩散。企业仍在 A 地从事研发，将制造环节外包至 B 地，两环节产权相互独立。外部扩散涉及两家企业对中间产出 x 的交易，这里不妨假定市场交易是可行的且 x 的双方协商价格为 $P_x$ ，交易费用为 $T$ 。$T$ 由两家企业共同承担，各自承担的比例取决于双方谈判势力的大小，这里假定 A 地研发企业承担 $\delta T$ 的交易费用，B 地代工企业承担 $(1-\delta)T$ 的交易费用，其中 $\delta \in [0,1]$ 。在价格与交易费用确定的情况下，A 地研发企业利润为：

$$\pi_x = P_x \cdot x - P_{AH} \cdot H - \delta T \tag{7-2}$$

同样，对于 B 地的生产企业而言，在价格与交易费用确定的情况下，其利润为：

$$\pi_y = P_y \cdot g(x,R,L) - P_{BR} \cdot R - P_{BL} \cdot L - P_x \cdot x - (1-\delta)T \tag{7-3}$$

将（7－2）式与（7－3）式相加，得到外部扩散路径下的总盈余：

$$\pi' = \pi_x + \pi_y = P_y \cdot g(x,R,L) - P_{BR} \cdot R - P_{BL} \cdot L - P_{AH} \cdot H - T \tag{7-4}$$

可以看出，（7－1）式与（7－4）式非常相似，主要区别在于：内部扩散路径下，研发企业总利润中减去的是企业的协调组织成本（ $\Delta C$ ）；而外部扩散路径下，两家企业的总利润中减去的是市场交易费用（ $T$ ）。现将（7－1）式与（7－4）式相减得：

$$\pi - \pi' = T - \Delta C \tag{7-5}$$

据此得出结论：当 $\Delta C > T$ ，即在同一企业组织内生产时产生的组织协调成本增量大于产权分离时产生的额外交易费用时，研发产业扩散适于采取外部扩散的路径；反之，当 $\Delta C < T$ 时，适于采取内部扩散路径，至于企业自身如何选择，则与交易费用比例系数 $\delta$ 有关。

## 五、实证：深圳研发产业集散的案例分析

### （一）发展现状

若采用科学研究与实验发展经费支出这一指标来大致衡量深圳研发产业的资本投入情况，则根据相关数据可知，自 2006 年以来，深圳研发产业资金投入规模历年保持稳定增长（年均 15%，见图 7－5），至 2012 年其研发投入强度（占 GDP 比重）达 3. 81%，约为全国平均水平的两倍，远远超出广东省 2. 1% 的同期数据，仅次于北京居全国第二[25]。而从行业分布看，深圳约 82% 的研发经费投向通信设备、计算机及其他电子设备制造业，其他行业所占比重较低[20]。

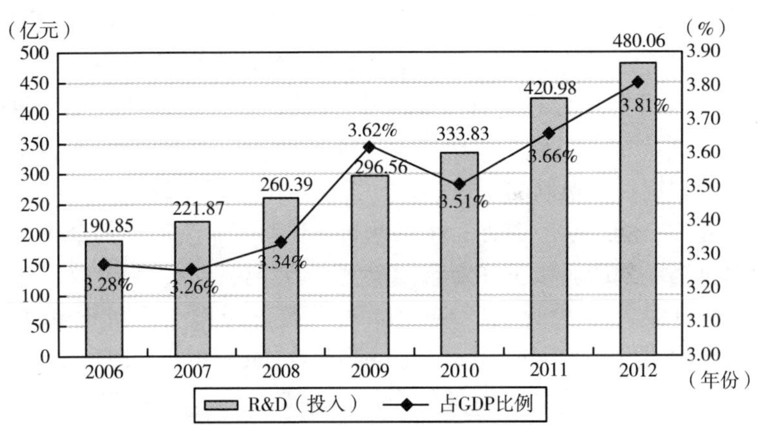


**图 7－5　2006～2012 年深圳科学研究与试验发展经费支出情况**

### （二）集散的时空过程

1985 年深圳成立高新技术开发园区可视为深圳研发产业发展的开端。20 世纪 90 年代后，深圳市做出了大力发展高新技术产业

的决策，相继出台了《关于推动科学技术进步的决定》（1995）、《关于进一步扶持高新技术产业发展的若干规定》（1998）以及一系列旨在吸引国内外优质资源和创新要素的优惠政策。经过前 10 年的发展，深圳成功吸引了一大批研发机构进驻。据深圳组织机构资源库数据统计，1990 ~ 2000 年，深圳市注册研发机构数量从 60 家增加到 840 家，其中包括 IBM、甲骨文、康柏、飞利浦、爱普生等知名跨国公司，以及华为、中兴、联想、长城、TCL、腾讯、华大等国内著名企业。这段时期是深圳研发产业集聚形成的初期，科技园区的成立和产业政策的积极引导吸引了一定数量的研发资源入驻。

进入 21 世纪，深圳研发产业迎来新的发展阶段。为了继续保持高新技术产业在国内外的竞争力，深圳市政府率先提出了建设区域创新体系的战略。随着公共技术平台、公共条件平台、科技要素市场等平台以及公共服务的相继完善，深圳作为研发产业集聚中心更具吸引力，新的研发机构纷纷成立，机构间也建立起更加紧密的联系，空间集聚力进一步增强。经过第二个 10 年的发展，截至 2010 年，深圳各类研发机构数量达到 6105 家。其中近 90% 为市场化、营利性、公司制的企业法人，其次为不附属于政府及高校的独立研究院、所、室、中心、社团等非营利性事业法人，其余为各类高教机构。其产业形态（业态）除涵盖各类传统研发设计外，还包括软件开发、IC 设计、Design House（或可译作“手机设计坊”）以及合同研发组织（Contract Reasearch Organization，CRO）等新型业态。若以技术成交额衡量研发产业的产出水平，则 2006 ~ 2010 年深圳技术市场合同数量从 2754 份增长到 6913 份，年均增长 20% 左右；核定技术交易额从 42.2 亿元增长至 92.46 亿元，年均增长 17% 左右。其中电子信息技术交易额所占比重最大，达到 75%。

这一时期深圳研发产业集聚格局日渐清晰，以南山区、福田区为中心的研发产业空间集聚和分工格局已大致形成。以 IC 设计企业为例，其主要集中在南山区（67%），其次是福田区（22%），并有少数分布在保安、龙岗、罗湖等区。Design House、软件开发商的分布情况类似。高校及其他教育机构则有约90%都分布于南山区，其中包括深圳大学、南方科技大学、深圳职业技术学院等主要本土高校，还有中国科学院、中国社科院、数所国（境）内外名校等的研究生院及其组成的虚拟大学园。科研院所同样主要集中分布在南山区（36%）与福田区（33%）。综上可看出深圳研发机构大体集中在智力资源密集的南山区和福田区，并有逐渐向宝安、罗湖、龙岗等其他城区辐射的趋势（见图7－6）。

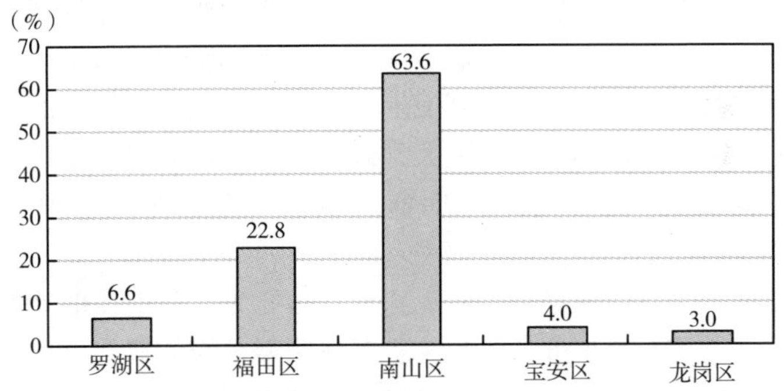


**图7－6　2011年深圳研发产业区际分布情况**

深圳研发产业在南山区、福田区集聚的同时也逐步抬高了本地要素成本。据南山区统计局公布数据，2005～2011年该城区从业人员数从372174人增长到534525人，总体增长了43.6%，其中制造业人数增长了近34%，而从事科学研究和技术服务的劳动力人数则增长了近90%，为南山区研发产业的快速发展提供了充足的人力资本保障，本地市场接近效应及价格指数效应明显。然而，研发机构对优势资源的追逐也使得中心地逐渐出现本地竞争效应。据统计，2005～2011年南山区整体人均月工资增长了近90%，从事科学研究和技术服务劳动力的人均报酬增长了47.4%，制造业人均报酬则增长了近1倍，达到97.3%。另外，2005～2010年南山区商品房平均价格从8929元/$m^2$增长至29082元/$m^2$，上涨超过225%。而与此同时，商业用房销售面积却逐年下降，这从另一侧面反映了深圳研发产业在中心地的竞争日益激烈。

为了应对经营成本上升的压力，许多研发企业开始考虑外迁或将企业部分生产环节外包至具有要素成本比较优势的外围地区。以华为技术有限公司为例，该公司于 1988 年在深圳注册成立，经过 20 多年的发展，如今已成长为年销售收入超过 2000 亿元的世界 500 强企业。21 世纪初，华为就已开始计划在深圳以外的全国乃至全球范围设置研发及生产基地。目前，华为已在珠三角其他地区如东莞建立大型研发及生产基地，并进一步将产业链条延伸至北京及长三角地区。此外，华为还将在未来几年向印度投资 20 亿美元设立研发中心、制造工厂以及其他生产设施，实现产业链条的全球扩散。据悉，如今深圳绝大多数大型研发企业已经完成或正计划通过这种方式实现产业扩散，说明深圳研发产业已步入扩散升级的阶段。

深圳的研发产业经历了从无到有、从原先百鸟朝凤般地集聚到如今天女散花般地扩散，一步一步实现转型升级的演变。促使深圳研发产业集聚的是当地得天独厚的地理位置、面向国内外的巨大市场、丰富的智力资源、完备的信息环境、优厚的政策激励以及多元化、包容性的地缘文化环境。而随着产业集聚的推进，日益高企的生产生活成本以及对产业高端化的不断追求，又促使深圳的部分研发产业或某些环节走向扩散。

## 六、结论

研发产业是一种新兴产业，其空间分布格局和形成规律与一般产业既有共性又有区别。规模报酬、要素成本及交易费用是研发产业集散的内在动因。研发产业在其发展过程中所产生的市场接近效应、价格指数效应及市场拥挤效应是研发产业集聚力和分散力的构成要素。集聚力与分散力的此消彼长导致研发产业出现较为明显的集聚扩散特征。研发产业除了传统扩散模式外，还存在特殊的扩散模式，即大型研发企业将其自身制造环节外迁、出售或以生产合同的形式外包，而只在中心地保留核心研发环节。这种扩散模式按照分离过程产权是否也发生分离，又可进一步分为内部扩散和外部扩散。

深圳作为创新型城市先驱和标杆，大力发展研发产业是其走向高端化、保持竞争力、实现可持续发展的有效途径。通过对深圳研发产业集散时空过程的实证分析，可以看出深圳研发产业的发展过程大致遵循了研发产业空间演化规律，表现出了较明显的空间集散特征。

为推动研发产业集散的顺利进行，推进城市与地区产业的成功转型升级，研发企业、中心城市及外围地带应相互配合、密切合作，共同促进地区及产业的成功转型升级。首先，作为产业主体的研发企业应继续加大研发投入，追求产品与技术创新；准确把握时机，交替运用两种扩散路径合理布局生产环节并努力向产业链高端环节靠拢。其次，作为研发产业集聚地的中心（高端）城市应积极实施高值低耗的转型升级战略，主动采取研发产业化和产业研发化的转型攻略，为研发产业的健康顺利集散消除障碍并提供必要支持。最后，外围地区作为中心城市的附域地带应主动完善产业配套基础设施及政策，营造良好的投资环境，为承接研发产业扩散“筑巢引凤”，适时通过内外两种产业承接模式加强与中心城市的产业互动，实现产业的无缝顺利对接。

## 参考文献

[1] Y. V. Monfort. Integration, Regional agglomeration and international trade [R]. CEPR Discussion Paper No. 3752, 2003.

[2] A. J. Venables & D. Puga. The spread of industry: spatial agglomeration in economic development [R]. Discussion Paper No. 279. London UK, 1996.

［3］任伟宏，黄鲁成．研发产业发展水平综合评价［J］．科技进步与对策，2009，26（9）：135－137.

［4］I. Michael，I. F. Luger，S. R. Catherine. Evaluation of Maine's Public Investments in Research & Development［M］. Kenan Institute of Private Enterprise，2001：15－27.

［5］D. B. Audretsch. Agglomeration and the location of innovative activity［J］. Oxford Review of Economic Policy，1998，14（2）：18－29.

［6］E. V. Hippel. "Sticky information" and the locus of problem solving：implications for innovation［J］. Management Science，1994，40（4）：429－439.

［7］张仁开，杜德斌．中国R&D产业发展的空间差异及地域分类研究［J］．地域研究与开发，2006，25（4）：20－24.

［8］D. B. Audretsch & M. P. Feldman. R&D spillovers and the geography of innovation and production［J］. The American Economic Review，1996，86（3）：630－640.

［9］D. B. Audretsch & M. P. Feldman. Innovative clusters and the industry life cycle［J］. Review of Industrial Organization，1996，11：253－273.

［10］A. Glasmeier. Factors governing the development of high tech industry agglomerations：a tale of three cities［J］. Regional Studies，1988，22：287－301.

［11］R. P. Oakey & S. Y. Cooper. High technology industry，agglomeration and the potential for peripherally sited small firms［J］. Regional Studies，1989，23：347－360.

［12］D. Lyons. Agglomeration economies among high technology firms in advanced production areas：the case of Denver/Boulder［J］. Regional Studies，1995，29：265－278.

［13］N. S. Dorfman. Route 128：The development of a regional

high technology economy [J]. Research Policy, 1983, 12: 299 -316.

[14] L. G. Zucker, M. R Darby & J. Armstrong. Geographically localized knowledge: spillovers or markets? [J]. Economic Inquiry, 1998, 36: 65 -86.

[15] 孔维强．上海研发产业空间演化研究 [D]. 上海：上海师范大学，2010. 2 -4.

[16] P. M. Romer. Growth based on increasing returns due to specialization [J]. The American Economic Review, 1987, 77 (2): 56 -62.

[17] P. Krugman. Increasing return and economic geography [J]. Journal of Political Economy, 1991, 99 (3): 483 -499.

[18] Z. Griliches. The search for R&D spillovers [J]. The Scandinavian Journal of Economics, 1992, 94: 29 -47.

[19] 安虎森．新经济地理学原理（第二版）[M]. 北京：经济科学出版社，2009：109 -120.

[20] 王缉慈．创新的空间：企业集群与区域发展 [M]. 北京：北京大学出版社，2001：156 -167.

[21] K. Monteverde. Technical dialog as an incentive for vertical integration in the semiconductor industry [J]. Management Science, 1995, 41 (10): 1624 -1638.

[22] 斯蒂格勒．产业组织和政府管制 [M]. 上海：上海人民出版社，1998. 22 -38.

[23] 代明．论跨国经营实务决策中的八个“W” [J]. 世界经济，1993，(10)：43 -50.

[24] 吴福象．跨国公司制造业垂直分离 [M]. 南京：南京大学出版社，2009. 118 -126.

[25] 杨婧如．深圳研发投入占 GDP 比重创新高 [N]. 深圳特区报，2013 年 1 月 13 日（A01：头版）.

# 8. 研发产业竞争力评价：兼及两岸比较分析[①]

**【提要】**国内外产业竞争力评价研究已较成熟，但新兴的研发（或知识）产业及其竞争力评价尚待深入探讨。本文尝试基于波特的菱形模型构建研发产业竞争力评价指标体系，利用包括台湾地区在内的我国省级行政区原始数据，通过归一化和加权处理，经层次和主成分分析，得出各自的研发产业竞争力综合得分与排名，据此做出相关策略分析，并提出深化两岸及省际产业合作的政策建议。

知识经济时代的到来、全球化竞争的加剧以及产品生命周期的缩短，加剧了全社会对技术创新成果和研发服务的需求。尽管国内外关于产业竞争力及其评价的研究已较成熟，但关于研发产业及其竞争力评价的研究却尚属粗浅，有待拓展和深化。尤其研发产业作为一门新兴业类有其特点，加上其在知识经济时代的主导产业中有着特殊重要地位，故构建其分析框架和评价体系就更具理论与实践意义了。

---

① 原以“研发产业竞争力评析及其对深化产业合作的启示——以台湾地区和大陆主要省市为例”为题载《软科学》2014 年第 5 期，署名：代明、龚平。

## 一、研究综述

### （一）关于产业竞争力及其评价

竞争力理论从20世纪60年代发展到现在，已经有了一般性的逻辑一致的分析框架[1]。但竞争力研究在概念、因素识别分析等方面仍然有理论和实证上的困难。西格尔（Siggel）等认识到了概念在研究中的基础作用，认为对竞争力的理解分歧可分为单一与多维（度）、静态与动态、双边与多边（比较）、确定与随机、事前与事后等各种角度[2,3]。这些区分导致对竞争力来源与评价方法的研究难以取得一致。弗朗西斯（Francis）等将竞争力分为企业、产业与国家竞争力三个层次[4]。波尔索（Boltho）认为产业竞争力是与外部均衡相容的最大可能的生产率增长[5]。而柯登（Corden）则更倾向于认为是利润率[6]。蔡昉等认为产业竞争力是一个动态的概念，主要表现为一个国家或地区某个产业的总体资源配置状况及其效果[7]。波什（Bosch）等将越来越多的因素考虑进去，甚至纳入了文化、气候和地理等一些很难量化的因素[8]。随着经济学的发展，金碚等进而将竞争力作为一个经济学分支（竞争力经济学）来研究[9]。竞争力理论的不断发展为产业竞争力分析提供了理论基础，后来的学者们在既有的基础上作了许多更便于定性比较和定量分析的模型。其中以波特（Porter）的竞争力模型最为经典[10,11]，邓宁（Dunning）、鲁格曼（Rugman）等在波特菱形模型的基础上作了进一步研究[12,13]。张金昌提出的“九因素分析法”[14]以及刘小铁提出的“五要素论”[15]也具有一定的创新和实际可行性。具体的评价方法总体上可分为单因素法和综合评价法，比如汪琦的CMS模型[16]、西格尔的成本收益法[2,3]，还有朱春奎把评价方法分为单一比较法、综合加权法、投入产出法、因子分析法、聚类分析法、层次分析法、DEA法、组合分析法等[17]。

### （二）关于研发产业及其竞争力评价

高汝熹等在分析上海 R&D 产业发展前景时认为“研发产业是指从事研发活动的企业和组织的集合”[18]。而中国台湾地区的《研发服务业发展纲领及行动方案》认为，研发服务业是指以自然、工程、社会及人文科学等专门性知识或技能，提供研究发展服务的产业，它并不是一个独立的产业，而是许多产业中提供研发相关服务者的整合。当前对研发产业的研究基本上都停留在定性分析层次，主要是从现状、水平、投入、产出、供需等方面进行一些简单粗略的分析。也有部分学者初步尝试研发产业发展评价研究，如罗亚非对国内 5 个地区的研发产业发展从投入、产出和技术转移三个方面进行对比分析[19]。覃成林对全国各地区研发产业从产业投入规模、投入系数、投入结构、产出量以及产出效率这五个方面进行评价分析[20]。总的来说，这些研究尚处在起步阶段，还得不到普遍公认而被广泛采用为全面评价一个地区研发产业竞争力水平的实用工具。国际上，WEF 和 IMD 设计的科技竞争力指标模型涉及 R&D 人力、R&D 经费、技术管理状况、技术环境状况和知识产权保护状况五个方面，其中含有 26 个指标。该体系是最具代表性的指标体系，通过采用加权平均法计算各国的科技竞争力得分，从而对科技竞争力进行综合评价[21]。姜春林和江诗松采用主成分分析法对中国 31 个省区市（不包含港澳台地区）的科技竞争力进行了比较分析[22]。刘芳采用数据包络分析的方法，对中国 31 个省区市（不包含港澳台地区）科技投入产出的相对有效性进行评价[23]。闫莹和李祖福采用系统动力学模型对山西省的科技发展能力进行分析，显示了 R&D 经费投入及其占 GDP 比例和科技人员数两因素的突出作用与贡献等[24]。

### （三）小结

综合衡量以上各种研究方法的优缺点、研发产业的特殊性以及数据的可获得性，本文拟采用加权主成分分析法，对包括台湾地区在内的我国省级行政区研发产业进行综合评价分析，得出各自研发产业竞争力的分项和综合得分及排名，兼及两岸研发产业竞争力的对比分析，为深化省际及两岸产业合作提供决策依据。

## 二、建模与变量说明

### （一）模型及指标体系的建立

产业技术密度高是研发产业的主要特征，技术创新能力是研发产业竞争力的持续来源和基础，这也是其与一般产业的根本区别所在。波特的“菱形模型”从生产要素、市场需求、相关产业、企业战略与结构、政府政策、机会六个方面来解释产业竞争优势的来源[10,]。以此竞争力模型为理论基础，本文将研发产业竞争力的评价指标分为内部竞争力和外部竞争力，内外各包括 3 项共 6 个指标。它们之间的相互作用机理如图 8 –1 所示，指标体系见表 8 –1。

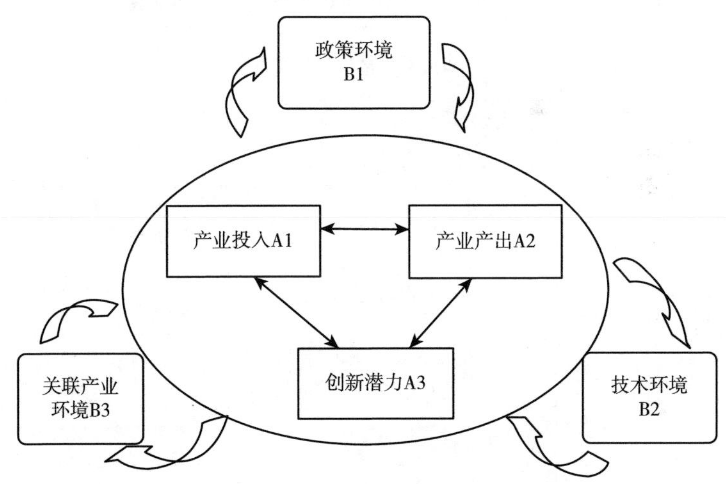


**图 8 –1　研发产业竞争力因子作用机理**

**表 8－1　　研发产业竞争力评价指标体系**

| 一级指标 | 二级指标 | 三级指标 | 具体说明 |
|---|---|---|---|
| 内部竞争力 A | 产业投入 $A_1$ | R&D 经费投入额 $X_1$ | |
| | | R&D 经费投入强度 $X_2$ | R&D 经费投入/地区生产总值 |
| | | R&D 人员数 $X_3$ | |
| | | R&D 人员投入强度 $X_4$ | R&D 人员/地区总就业人员 |
| | 产业产出 $A_2$ | 研发人员全时当量 $X_5$ | 单位：人年 |
| | | 高新技术产品产值 $X_6$ | |
| | | 技术市场技术流向地域合同金额 $X_7$ | 技术的咨询、服务、开发和转让总费用 |
| | | 工业增加值率 $X_8$ | 工业增加值/工业总产值 |
| | | 技术市场成交合同金额 $X_9$ | |
| | | 国际上检索收录的科技论文数 $X_{10}$ | 在 SCI 和 EI 上发表的论文数 |
| | 创新潜力 $A_3$ | 发明专利占专利申请授权数比重 $X_{11}$ | 发明专利/专利申请授权数 |
| | | 专利授权数量 $X_{12}$ | |
| 外部竞争力 B | 政策环境 $B_1$ | R&D 项目数 $X_{13}$ | |
| | | 科技经费支出占 GDP 的比重 $X_{14}$ | 科技经费支出/地区 GDP 总量 |
| | | 地区科技拨款占财政支出的比重 $X_{15}$ | 地区科技拨款/地区财政支出 |
| | | 金融行业经费支持额占科技经费筹集的比重 $X_{16}$ | 金融行业经费支持额/科技经费筹集额 |
| | | 基础研究投入强度 $X_{17}$ | 基础经费占/总投入经费比重 |
| | | 政府经费所占比重 $X_{18}$ | 政府经费/经费总投入 |

续表

| 一级指标 | 二级指标 | 三级指标 | 具体说明 |
| --- | --- | --- | --- |
| 外部竞争力 B | 技术环境 $B_2$ | 企业经费所占比重 $X_{19}$ | 企业经费/经费总投入 |
| | | 技术发展投入强度 $X_{20}$ | 技术发展经费/总投入经费比重 |
| | | 科技从业人员占总从业人员比重 $X_{21}$ | 科技从业人员数/总从业人员数 |
| | | 科学家与工程师人数占科技从业人员的比重 $X_{22}$ | 科学家与工程师人数/科技从业人员数 |
| | 关联环境 B3 | 地区的高校数量 $X_{23}$ | |
| | | 地区的高校毕业生人数 $X_{24}$ | |
| | | 高新技术产业园区的企业个数 $X_{25}$ | |

## （二）加权主成分分析

1. 主成分分析的相关理论基础。假定评价体系有 P 维样本，将 n 个样本点的变量记为 $X_1, X_2, \cdots, X_p$，主成分分析是在指标信息损失最小的情况下经过线性变换，以几个主成分因子来取代原来的多维原始变量。例如，设 $\lambda_1, \lambda_2, \cdots, \lambda_p$ 为矩阵从小到大排列的特征值，$e_1, e_2, \cdots, e_p$ 为对应的正交单位向量，则第 i 个样本的主成分可表示为：

$$F_i = e_i \cdot X = \sum_{j=1}^{p} e_{ij} \cdot x_j \tag{8-1}$$

主成分分析一般采用的是客观赋权，在指标合成时使用，先以协方差阵的单位化正交特征向量作权，合成主成分［即式（8－1）］，再以方差贡献率为权，对各主成分加权合成最终评价指标 y，即：

$$y = \sum_{i=1}^{m} d_i \cdot F_i \tag{8-2}$$

$$\sum_{i=1}^{m} d_i = \frac{\sum_{i=1}^{m} \lambda_i}{\sum_{k=1}^{p} \lambda_k} \tag{8-3}$$

式（8-3）表示主成分的累计贡献率，$m$ 的取值为特征值大于 1 的主成分个数，取的几个主成分一般可保留原始数据 85% 以上的信息。最后，将每个样本点的归一化数据分别代入各主成分的表达式中，以方差贡献率所占比重为权重求和得出综合得分。

2. 加权的主成分分析模型。主成分分析没有考虑到原始评价指标对评价问题的重要性差异。而对很多实际问题比如研发产业竞争力评价而言，就需要对评价指标给予主观赋权。为此，本文采用如下改进方法，建立系统评价的加权主成分分析模型：对评价指标 $x_1, x_2, \cdots, x_p$，根据它们对评价问题的重要性，通过层次分析法给它们依次赋予权数 $w_1, w_2, \cdots, w_p$，且要求作归一化处理：

$$\sum_{i=1}^{p} w_i = w_1 + w_2 + \cdots w_p = 1 \tag{8-4}$$

假设对原始数据归一化处理后的数据阵是 $X^* = (x_{ij})_{nxp} = (x_1^*, x_{2,}^* \cdots, x_p^*)$，并由它来构造一个新的矩阵：

$$\widetilde{X}^* = (\widetilde{x}_{ij}^*)_{n\times p} = [(1 + w_1)x_1^*, (1 + w_2)x_2^*, \cdots, (1 + w_p)x_p^*] \tag{8-5}$$

则有：

$$\mathrm{var}[(1 + w_i)x_j^*] = (1 + w_i)^2 \mathrm{var}(x_i^*) \tag{8-6}$$

加权主成分分析法使得评价系统中更加重要的、被赋予更大权数的变量的数据方差相应地被拉长，从而在主成分分析评价中得到更多的重视，将主、客观赋权有机地结合起来，使评价结果更加符合综合评价的目标和实际。

3. 模型分析的具体步骤。

（1）利用 MATLAB6.0 软件对原始数据进行归一化处理。

（2）利用层次分析法（AHP）求出各指标的权重。

（3）利用式（8－5）对归一化的数据进行加权处理，得到目标矩阵。

（4）利用主成分分析对目标矩阵进行综合分析。

## 三、应用及实证分析

本文的数据主要来源于《中国统计年鉴》（2012）、《中国科技统计年鉴》（2012）及中国台湾地区的《科学技术统计要览》（2012）等。一致性检验得出 C. I 值和 C. R 值都小于 0.1，可以认为层次排序较为合理，利用 AHP 分析是可行的。KMO 和球形 Bartlett 检验的 P 值也几乎为零，说明应用主成分分析也是合适的。本文取特征值大于 1 的主成分为最后分析的公因子，6 个主成分因子的累计贡献率达到了 91.034%，因此，这 6 个主成分足以解释以上所有指标所包含的信息，从而最终用这 6 个主成分因子来分析研发产业竞争力是可行的。根据因子得分系数矩阵和原始变量的归一化值，可以计算各因子的得分数。旋转后因子的得分函数表达式如下：

$$F_{总} = \sum_{i=1}^{6} \frac{\lambda_i}{\lambda_1 + \lambda_2 + \lambda_3 + \lambda_4 + \lambda_5 + \lambda_6} \cdot F_i \qquad (8-7)$$

归一化的因子具有同向同分制的可比性和可综合性，以方差贡献率为权数可以得到 2012 年大陆各省级行政区与台湾地区的研发产业竞争力综合得分与排名。由于研发产业竞争力的排名具有一定的主观性，为了避免引起不必要的争论，本文只列出前 10 名（见表 8－2），不影响后面的结果分析。

表 8 - 2　台湾地区与大陆部分省级行政区的因子得分排名表

| 排名 | 地区 | 综合得分 | 主成分 $F_1$ | 主成分 $F_2$ | 主成分 $F_3$ | 主成分 $F_4$ | 主成分 $F_5$ | 主成分 $F_6$ |
|---|---|---|---|---|---|---|---|---|
| 1 | 北京 | 1.9111067 | 3.10154 | 2.44906 | -2.06705 | -1.23399 | 0.40714 | -0.12194 |
| 2 | 台湾 | 1.7114811 | 2.12059 | 1.05502 | 4.26654 | 0.51463 | -0.88689 | -0.17127 |
| 3 | 上海 | 0.7351414 | 1.07504 | 0.59715 | -0.15899 | -0.55985 | 1.42001 | 0.63429 |
| 4 | 广东 | 0.401307 | 1.32916 | -1.49349 | -0.2212 | 1.39865 | 0.6537 | 0.87023 |
| 5 | 江苏 | 0.3236774 | 1.55947 | -1.862 | -0.74652 | 1.68717 | 0.38042 | -0.23287 |
| 6 | 天津 | 0.1335976 | 0.27197 | 0.1125 | 0.09799 | -1.60428 | 1.33134 | -0.24097 |
| 7 | 浙江 | 0.0754857 | 0.73452 | -1.36818 | -0.16846 | 0.85666 | 1.65283 | -1.05387 |
| 8 | 黑龙江 | 0.0744468 | -0.46155 | 0.42291 | 0.38062 | 0.95084 | -0.10642 | 2.39399 |
| 9 | 陕西 | 0.051905 | -0.01424 | 0.85355 | -1.27816 | 0.52946 | -1.75541 | 0.33988 |
| 10 | 山东 | -0.020725 | 0.6315 | -1.44558 | -0.05694 | 0.50904 | -0.46599 | 0.87532 |

## 四、结论与启示

若地区综合得分为正，表示其研发产业竞争力处于全国平均水平以上（零代表全国平均水平），为负则表示低于全国平均水平。由表 8 - 2 可知，台湾地区的研发产业竞争力综合得分分值为正且高于大陆大多数省市，说明其研发产业发展水平高于全国水平，且与北京、江苏、上海等地相差不大，北京略高于台湾地区。可以看出，台湾地区的研发产业整体竞争力水平是比较高的。接下来从四个方面对 6 个主成分进行简单的对比分析，从中可见深化两岸及省际产业合作的必要性与方向。

### （一）两岸分析

表 8 - 2 显示，台湾地区的研发产业发展水平和竞争力在中国省际比较中处于领先地位（仅次于北京），也远高于大陆平均水平（ > 0），尤其是台湾地区与国际研发产业的链际联系紧密、分工协作密切、应用性研发占优、产业化绩效突出，与之相关的上下游产业环境良好。台湾地区已成为全球资讯产业的生产与研发重地，多年来

和国际大厂建立起策略性合作联盟，在研发产业的各个方面都发展得比较成熟，接近发达国家和地区的水平。大陆研发产业的总体发展水平尚低于台湾地区，但由于其总量与规模庞大，市场容量巨大，研发门类比较齐全，基础研究实力雄厚，人才队伍丰富系统化，抗风险能力和发展潜力占优。这表明两岸在研发产业领域具有很强的互补关系，也为两岸产业深度合作提供了前提条件，更展示了相互开放市场、加快要素流动和资源共享、实行研发产业分工协作、合力打造跨海峡创新链、实现两岸双赢的巨大空间和良好前景。

### （二）省际分析

从表 8－2 可见，一方面，台湾地区的研发产业竞争力与大陆部分省级行政区（京、沪、苏、粤等）相当，显示相互之间存在一定的竞争，后者需要进一步推动研发产业化和产业研发化来抢占未来两岸乃至全球产业竞争的制高点，力争引领主导知识经济时代的新兴研发产业；另一方面，大陆大部分省级行政区在研发产业发展上的各个因子及综合得分低于台湾地区或全国平均水平，显示彼此之间存在很大的互补性和合作空间，需要深化包括台湾地区在内的省际产业合作，合力打造呈梯度分布的跨海峡研发产业链或创新链。尤其从总体上看，两岸之间的合作面要大于竞争面，深化产业合作是未来相互之间竞争合作关系的主轴。

### （三）业际分析

表 8－2 及相关统计数据还显示，两岸不同产业的研发竞争力和产业化程度各有强弱，如大陆有些省市在新能源、新材料、航太等产业较强，台湾地区在 IT、生物医药等产业较优；即使同一产业，如 IT，大陆在软件开发行业略强，台湾地区在 IC 设计行业略优等。另外，台湾地区的行业集中度过高，研发资源过多地集中在与计算机相关的产业，其高技术产业化程度虽然较高，但存在产品过于单一等问题；而大陆研发产业的行业分布面较广，主次重轻分

布均衡，表明其有条件实行分区差异化布局和提高局域性集中度。台湾地区与大陆目前都面临着加强创新、增强国际竞争力、促进产业升级等问题，这些都为两岸产业进行深度合作提供了机会。两岸同文同种且共同面临与发达国家的竞争，更宜利用两地的互补性和综合优势，加强高技术产业领域的合作，加快研发产业发展步伐，抢占后危机时代全球产业发展的制高点，提升两岸在全球产业分工体系中的地位，实现中华民族的共同繁荣。

### （四）类际分析

表 8－2 也显示两岸研发都存在“重技术轻科研、重应用轻基础”的倾向，以至于我国的科学技术整体上落后于西方发达国家，尤其核心科技依然掌握在发达国家手中。大陆的基础研究虽然落后于西方发达国家，但毕竟体量居大，体系完善，积累丰富，拥有广大的内销市场和庞大的科研队伍，与台湾相比具有明显的比较优势。台湾地区则在研发的产业化应用、市场化推广、科技金融、参与国际分工和链际合作、开拓国际市场等方面具有相对优势。因此，两岸研发存在着巨大的互补互利的合作空间，适宜拓展“台湾地区借助大陆的基础性科技研发、大陆借助台湾地区的应用性设计推广”的区域分工协作模式，形成两岸研发产业发展的动态互补关系（参见图 8－2）。

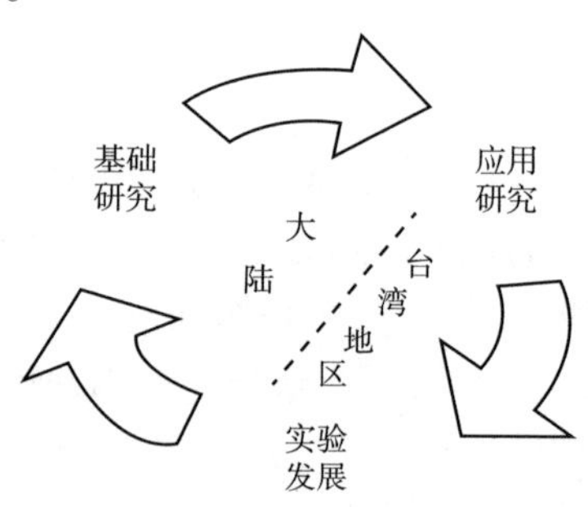


**图 8－2　两岸研发产业发展的动态互补**

## 参考文献

[1] S. Lall. Competitiveness Technology and Skills [M]. Edward Elgar Publishing, 2001.

[2] E. Siggel. India's Trade Policy Reforms and Industry Competitiveness in the 1980s [J]. The World Economy, 2001, 24 (2): 76 -95.

[3] J. Cockburn & E. Siggel et al. Measuring Competitiveness and Its Sources: The Case of Mali's Manufacturing Sector [M]. Equity and Growth through Economic Research 16, Eager Publication/BHM, 1998.

[4] A. Francis & P. K. Tharakan. The Competitiveness of European Industry [M]. Routledge, London and New York, 1989.

[5] A. Botho. The Assessment: International Competitiveness [J]. Oxford Review of Economic Policy 1996, 12 (3): 1 -16.

[6] P. H. Corden. The International Productivity Competitiveness of Industries In Bulgaria, Czechoslovakia, Hungary, and Poland [J]. Oxford Economic Paper, 1994 (46): 200 -221.

[7] 蔡昉，王德文，王美艳. 工业竞争力与比较分析——WTO框架下提高工业竞争力的方向 [J]. 管理世界，2003 (2): 58 -63, 70.

[8] V. D. Bosch et al.. International Productivity and Competitiveness [M]. Oxford University Press, 1992.

[9] 金碚等. 竞争力经济学 [M]. 广州：广东经济出版社，2003.

[10] M. E. Porter. Competitive Strategy [M]. New York: Free Press, 1980.

[11] M. E. Porter. The Competitive Advantage of Nations [M]. New York: Free Press, 1990.

[12] J. H. Dunning. Internationalizing Porter's Diamond [J]. Management International Review, 1993, 33 (2): 7 -15.

［13］ A. M. Rugman & A. Verbake. Foreign Subsidiaries and Multinational Strategic Management：An Extension and Correction of Porter's Single Diamond Framework ［J］. Management International Review, 1993, 33（2）：71－84.

［14］ 张金昌．国际竞争力评价的理论和方法研究［M］. 北京：经济科学出版社，2002.

［15］ 刘小铁．产业竞争力理论评述［M］. 南昌：江西人民出版社，2003.

［16］ 汪琦．我国对美日欧出口增长因素和产业竞争力［J］. 世界经济研究．2005（12）：26－31.

［17］ 朱春奎．产业竞争力评价方法与实证研究［D］. 华中科技大学研究生学位论文，2002.

［18］ 高汝熹等．上海 R&D 产业发展前景［J］. 上海经济研究，2001（9）：22－28.

［19］ 罗亚非．R&D 产业发展的评价指标初探［M］. 北京：北京科学技术出版社，2005.

［20］ 覃成林．区域 R&D 产业发展差异分析［J］. 中国软科学，2002（7）：95－97.

［21］ IMD. World Competitiveness Yearbook（2002）［R］. Switzerland：IMD Publishing，2002.

［22］ 姜春林，江诗松．基于主成分分析的省区科技竞争力评价［J］. 科技管理研究，2005（3）：65－67.

［23］ 刘芳．基于 DEA 的科技竞争力有效性分析［J］. 商场现代化，2005（5）：112－113.

［24］ 闫莹，李祖福．山西省科技发展能力分析［J］. 技术经济，2011，30（10）：27－32.

# 9. CSO 高端商务基模的辨识与解析：从商业模式演化看知识产业的形成①

**【提要】**知识产业的形成也表现为商业模式或业态的日益知识（主导）化，以至衍生出一种全新的高端商务基模——CSO。本文尝试从作业路线、流转路线和因果环路的视角对该基模加以辨识并用系统动力学模型进行刻画，从聚核、集成、成本节约和高端导引等方面对其功效做出评价，从下游客制化需求方、上游模块化供应商、中游系统集成商的角度对其应用价值和前景加以实证，以期对“常变常新”的现实商务实践和商业模式演化做出必要的理论跟进和总结，并为中国企业转型升级及走出去提供新的路径选择和策略参考。

近十几年来，国内外越来越多企业尤其是高端企业开始将核心业务从其传统优势领域转向提供系统解决方案（见表 9－1），并从总体上呈现出“生产→服务”“制造→研发”“标准→客制”“自制→外包”“分散→集成”“1：N→1：1”等转型迹象或趋势。这是否表明了一种全新商业模式或业态的出现呢？若是，它又是一个怎样的结构形态呢？该怎样来描摹（刻画）、评价和应用它呢？

---

① 原载《管理学报》2014 年第 6 期，署名：代明、陈罗俊、牛昕、曹利红。

**表 9－1　　名列 2012 年世界五百强的部分转型企业**　单位：百万美元

| 排名 | 公司名称 | 母国 | 营业收入 | 利润 | 转型前后核心业务 |
|---|---|---|---|---|---|
| 33 | 苏伊士集团/Gdf Suez | 法国 | 126076.5 | 5566.0 | 基础设施建设→能源和环境解决方案 |
| 57 | 国际商用机器公司/IBM | 美国 | 106916.0 | 15855.0 | PC 制造→信息技术和业务解决方案 |
| 157 | 诺华公司/Novartis | 瑞士 | 59375.0 | 9113.0 | 制药→医药保健解决方案 |
| 237 | 思科公司/Cisco Systems | 美国 | 43218.0 | 6490.0 | 网络设备制造→互联网解决方案 |
| 260 | 斯伦贝谢公司/Schlumberger | 美国 | 39540.0 | 4997.0 | 油田勘测→油气田综合服务和解决方案 |
| 294 | 英格拉姆麦克罗公司/Ingram Micro | 美国 | 36328.7 | 244.2 | 物流服务→技术产品和供应链解决方案 |
| 351 | 华为公司/Huawei Technologies | 中国 | 31543.4 | 1815.3 | 通信设备生产销售→电信网络解决方案 |
| 405 | 埃森哲公司/Accenture | 爱尔兰 | 27352.9 | 2277.7 | 管理咨询→客户关系/电子商务/供应链管理解决方案 |
| 414 | 安富利公司/Avnet | 美国 | 25634.4 | 669.1 | 电子元件、计算机产品及嵌入式技术分销→整体 IT 解决方案 |
| 489 | 任仕达集团/Randstad Group | 荷兰 | 22559.9 | 248.6 | 劳动力市场中介→人力资源服务解决方案 |
| 500 | 万宝盛华集团/Manpower Group | 美国 | 22006.0 | 251.6 | 劳动力市场中介→人力资源服务解决方案 |

资料来源：http：//www.fortunechina.com/fortune500/c/2012－07/09/content_106535.htm

探讨这些问题，一方面，旨在对国内外商务活动中已经出现的某种趋势进行必要的理论总结和提炼，以密切理论与现实的联系并丰富经济学、管理学及其他相关理论，具有一定的学术意义；另一方面，也旨在让提炼自实践的理论成果再回到实践中去，用于指导企业跟进当代商业模式的演变，助推我国（尤其是高端）企业更好地走出去，具有一定的实践意义。当然，前述企业转型的内涵和机理可能极其复杂，分析其中商业模式或业态的变化只是观察和分析问题的角度之一，并不排斥其他视角的研究和诠释。

## 一、综述

关于商业模式（business model，也称商务模型、盈利模型等），国内外研究一直很热［如蒂莫尔斯（Timmers）[1]、奥斯腾瓦德等（Ostenwalder et al.）[2]、罗珉等[3]、原磊[4]］，并按各自的认知给出了不同的诠释和定义。其中，蒂莫尔斯认为商业模式是指一个完整的产品、服务和信息流体系，包括每一个参与者及其作用，以及每一个参与者的潜在利益、相应的收益来源和方式[1]。本文更倾向于把商业模式通俗地表述为企业如何向市场提供产品或服务并实现收入及盈利的方法路径。它可能是由企业家、管理专家或“商模实验室”预先开发设计出来的，也可能是在商务实践中自发产生和形成后才被研究者总结发现的。对后者可用一个源于古希腊语的英文单词“archetype”（原型、基模）来更确切地加以表达，以凸显其“原生态”性。圣吉（Senge）的《第五项修炼》就曾将他从管理实践中“辨识”出来的一组思维和行为模式称为“系统基模”（system archetype）[5]。鉴于本文所讨论的特定商业模式在现实中已经存在而并非“预先设计”，只需从国内外商务实践中去“发现”和“辨识”，故也就可以称为“商业（务）基模”（business archetype）。换句话说，“商务基模”不过是商业模式的一种来源形态，也即原生态的商业模式。

关于商业模式或商务基模的具体形式，除了实践中经常用到的和一些文献（如李振勇[6]等）论及过的直供式、代理制式、联销体式、仓储式、专卖式、复合式以及 B2P 式、P2P 式、B2B 式、B2C 式、会员制式、融资性租赁式、成本转嫁式、广告收益式、5R 式、饵与钩（bait and hook）式、鼠标加水泥（clicks and mortar）

式、混合超市（hypermarkets）式等外，这里尤需提到如下形式。

### （一）客制（customization，也作定制）式

这种按客户的特殊需求来量身定制产品的商业模式虽早已有之，但却因曾供职于IBM的派因（Pine）在《大规模客制：商业竞争的新前沿》[7]一书中预见到从标准化到客制化的“大规模”转变而备受关注。此后客制化营销［如温德和兰加瓦米（Wind & Rangeawamy）[8]］、客制化服务［如诺伯格和德霍拉西亚（Norberg & Dholakia）[9]］、即时客制化（如马玉波和陈荣秋[10]）等概念频频出现于商业实践和理论研究中。

### （二）系统集成（system-integration）式

集成是分工格局下必要的整合或协同。随着系统论和信息技术的传播，商界和学界出现了集成营销［如弗朗西斯（Francis）[11]、蓝（Lan）[12]］、集成管理（如吴秋明[13]）以及广义系统集成［如戴维斯等（Davies et al.）[14]］等概念。汉森和拉什（Hansen & Rush）[15]等还将研发投入大、技术含量高、单件或小批量定制生产的大型产品或基础设施称为“复杂产品系统”（CoPS），将生产CoPS的企业称为“系统集成商”（system integrator）。

### （三）外包（outsourcing）式

外包一词可以追溯到20世纪50～60年代日本的“下请制”（subcontracting）。自美国学者普拉哈拉德和哈默尔（Prahalad & Hamel）提出著名的“核心竞争力”[16]后，外包与核心竞争力这两个概念便相辅相成，外包也被定义为“公司将原本由内部完成的活动，通过签订合同转而由外部承接者来完成，从而集中资源和技术来增强企业的核心竞争力[17]”。如今，外包已风靡全球并呈主流化、服务化、系统化和离岸化的发展趋势[18]。

然而，上述任何一个（单独）概念都只能反映IBM、华为等转

型企业现行商业模式或商务基模的某一个侧面。但实际上该基模是客制化、系统集成和外包的一个“复合体”。理论和实践呼唤能完整反映其全貌或准确表达其本质的新概念。为此，本文借鉴贝恩（Bain）的产业组织理论将具逻辑关系的“结构（structure）—行为（conduct）—绩效（performance）”组合成“SCP（分析）范式”的先例[19]，将基于“客制化（customization）—系统集成（system-integration）—外包（outsourcing）”的商业模式或商务基模合称为“CSO（高端）商务基模”（CSO Business Archetype）。

## 二、辨识

既然是现实经济生活中已经客观存在的“原生态”商务基模，本文就用“辨识”（identification）来替代通常使用的建模（modeling）、“构建”（formulation）、“设计”（design）等词汇，模型样式也借鉴《第五项修炼》中的系统基模曾采用过的系统动力学模型[5]，尝试从案例分析入手①，通过反馈路线图来加以刻画。

### （一）从作业路线辨识 CSO 商务基模

自 1993 年启动“热情拥抱”（warmly embraced）计划以来，国际商业机器公司（IBM）一方面加紧剥离其“机器”制造业务（包括 2005 年将其全球 PC 制造业务整体转让给中国联想）；另一方面频频推出各种信息技术和业务解决方案并连续在世界各国拿下从数亿美元到数十亿美元直至上百亿美元不等的外包大单。2012 年，中国华为公司因受东道国政府干预而丧失掉案值达 359 亿澳元约合 378 亿美元、2350 亿元人民币（一说 430 亿澳元约合 453 亿美元、2800 亿元人民币）的澳大利亚全国宽带网（NBN）项目。其实华

① 案例分析是系统动力管理学的基本方法之一，《第五项修炼》就涉及大量案例分析并基于对数千家企业的调研。

为此前已获签包括英国、新西兰在内的 8 个同类项目及其他大批外包大单，导致其营收连年呈两位数增长并迅速跻身全球 500 强，其“自我描述”也从通信设备制造商悄然改为“全球领先的信息与通信解决方案供应商”（见华为官网等）。分析这些案例可见：（1）此类业务是“大买卖”，一单生意竟“富堪敌国”；（2）“大买卖”具有高度不确定性，正所谓“收益与风险对等”“胜败乃兵家常事”；（3）业者面对的是单个或少数大客户，交易从 1 to N 转换成了 1 to 1 且基于一定的互知（相互了解）、互动和互信；（4）竞单作业是整个复杂过程的关键环节，方案“性价比”是各方博弈和制胜的焦点；（5）项目具有很大的时空跨度，往往囊括建设、制造和服务，涉及数十个行业上百种产品，覆盖整个城市、区域或国家，持续数月数年建设、安装、调试期乃至数年数十年运营维护期；（6）其作业路线是首先向需求方提交系统解决方案（标书）而谋取外包大单，其次将项目分解分包给二级服务商和产品制造商（或向其采购），再集成后者提供的各种模块化产品和服务，最后向客户“交钥匙”（turnkey）并提供持续的运维、升级等服务（见图 9 - 1）。显见（如图 9 - 1 中虚线框所示），融入其中的客制化、系统集成和外包三大元素构成了整个作业系统的枢纽平台，其专门化、专业化的结果便衍生出一种特殊企业——CSO 业者。

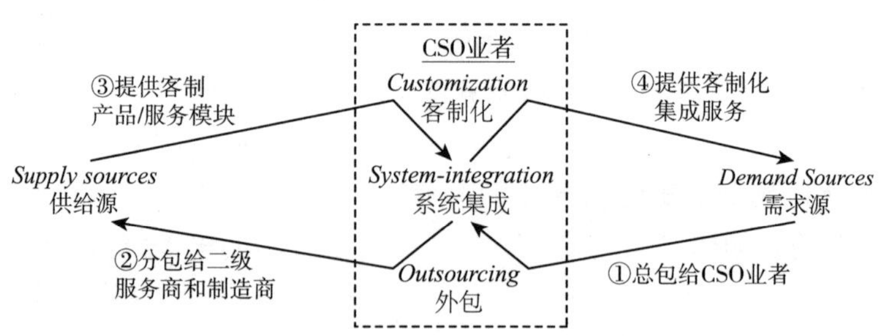


**图 9 - 1　CSO 商务基模的作业路线**

1. 客制化—C。一方面是客制化的需求，包括下游用户对集成化服务的需求及 CSO 业者对模块化产品和服务的需求；另一方面是客制化的供给，包括上游业者对模块化产品和服务的“照单”供给及 CSO 业者对集成化服务的“照单”供给。客制化的本质是个性化（适合各个客户的特点、偏好、愿望、所处环境和支付能力等）、“1 to 1”（标准化产品是“1 to N”）和兼容性（能兼容标准化、模块化的产品和服务）①。

2. 系统集成—S。客制化的技术实现手段是系统集成，其“核心”产品是“系统解决方案”（systems solution）。作为一件“虚拟总产品”（由此派生出实体产品或实际效用），首先是指专门提供 IT 服务的“狭义”系统解决方案；其次是指基于 IT 服务、“界于狭—广义之间”的系统解决方案；最后是可以涉及也可以不涉及 IT 服务的“广义”系统解决方案。值得注意的是，一方面系统解决方案呈日益普及之势，另一方面“狭义”与“广义”系统解决方案之间的界限也越来越模糊了，如今已很难有系统解决方案不涉及现代信息技术的，这又进一步增强了这一原本 IT 专业术语的使用频度与广度。系统解决方案是 CSO 业者端给客户的一盘（或一揽子）涵盖硬件、软件乃至科技、经济、政治、社会、地缘、文化、法律、人脉等几乎所有领域的“知识套餐”，是名副其实的“高知化＋高值化”的高端产品。

3. 外包—O。在整个作业系统中，将上—中—下游不同业者连接成一体的“制度”纽带就是“外包（合同）”，包括 CSO 业者与下游用户之间的总包合同，其与上游二级服务商及供货商（或制造商）之间的分包（或采购）合同，二级服务商及供货商与更上游的三级服务商及零配件供应商之间的再分包（或再采购）合同等。外包是实现分工格局下必要的集成或协同的市场化手段（另一手段是产权一体化）。

① 既然大规模客制能兼容标准化、模块化的产品和服务，客制化服务与标准化生产在一定程度上就可以并行不悖，或者说客制化服务只是“统领”，而无须替代标准化生产。

### （二）从流转路线辨识 CSO 商务基模

从投入与产出、要素与产品/服务的流转路线看（见图 9－2），CSO 商务基模包括以下三个方面。

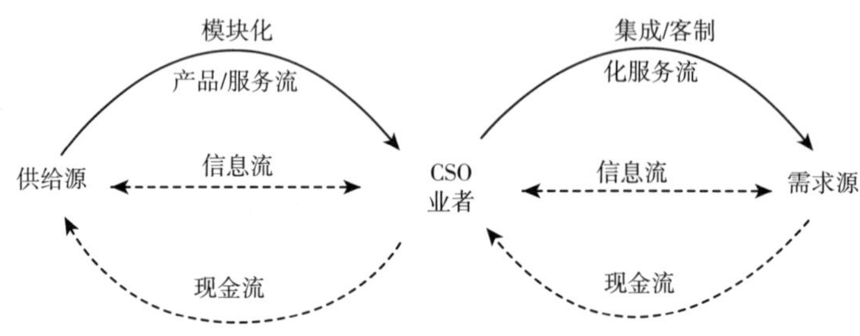


**图 9－2　CSO 商务基模的流转路线**

1. 双向的信息流。CSO 业者一方面与需求源互通供求信息；另一方面与供给源互通供求信息。其他层级上下游业者之间亦然。因客制化及与之相关的个性化、“1 to 1”、兼容性以及外包双方互知、互动和互信的需要，故便捷的双向信息流必不可少，而现代信息技术的应用与发展则为之提供了现实可能。这也给出了 CSO 模式自发形成于信息化时代并率先盛行于 IT 行业及其相关领域的缘由。若将文书看作以字符为载体的信息，则信息流中还包含至关重要的合同或订单流。

2. 上行的现金流。CSO 业者一方面从其下游客户那里获取营业收入；另一方面向其上游分散的多家分包商或供应商支付订/采购费用。其他层级上下游业者之间亦然。与传统商业模式相比，CSO 模式下的现金流转路线进一步增强了链上企业的相互依存关系并形成利益共同体，但也表明 CSO 业者一手攥着下游大客户的“钱袋”另一手牵着众多上游服务商和制造商的“鼻绳”，所处位置十分有利。这在买方市场条件下就可能导致产业链上价值分布更为不均，强化上游对下游业者的依附性和 CSO 业者的垄断性。

3. 下行的产出流。CSO 业者按合约一方面从上游供应商那里获取模块化的产品和服务；另一方面对其加以集成处理后再依约向下游用户提交总成果并提供持续的客制化服务（customized service）。其他层级上下游业者之间亦然。这种基于客制、外包和系统集成的“定向”流转增强了整条供应链的稳定性和经济性（减少了交易成本），使整个系统内各流转环节之间的产出具有了可兼容性，更使客制化服务与标准化生产并行不悖。随着信息、金融、物流技术的快速进步，CSO 模式下的信息流、现金流和物流正日益便捷化。这不仅拓展了 CSO 商务基模的行业适用面，还将其空间经济技术联系和协作面扩大到前所未有的范围，以至于其越来越呈现出远程化、离岸化、跨国化的趋势。

## （三）从因果环路辨识 CSO 商务基模

CSO 业者与下游需求源和上游供给源之间的互动形成了一个因果链系统（见图 9－3），其中包含四个环路式子系统。

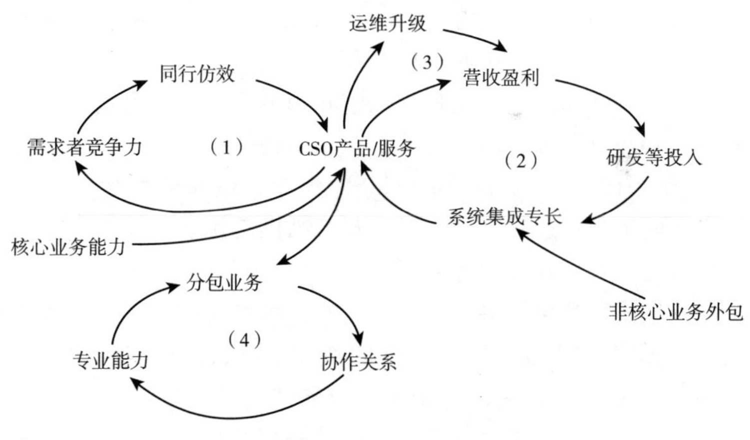


**图 9－3　CSO 商务基模的因果环路**

1. 需求增强环路。需求者在资源有限的条件下，为了聚焦核心业务和提升核心能力，寻求将非核心业务外包给外部提供商，于是形成对 CSO 产品/服务，也即系统解决方案及其客制化服务的需求；随着需求者“聚核”效果的显现及其核心竞争力的提升，众同行必争相效仿之从而引起整个市场对 CSO 产品/服务需求的增加。

2. 供给增强环路。顺应市场需求变化而及时转型的 CSO 业者，通过向市场提供 CSO 产品/服务而增加了营收和利润，就有条件来进一步增加研发等投入，更好地发展其系统集成专长进而更多地谋取外包大单，这又会吸引其他企业走上转型之路，从而导致市场上 CSO 产品/服务供给的增加。

3. 后续增强环路。由于作为“知识套餐”的客制化系统解决方案的复杂性、高端性和专业性，随着需求的变化、新知识的产生和新技术的应用，其终身运维和升级也成为 CSO 业者的一项后续性业务、稳定性营收来源和与客户建立战略联盟的内容。

4. 外围增强环路。CSO 业者谋取外包大单后需对外采购订货或将业务分包以获得部分或全部模块化产品/服务，这种战略协作关系有利于供货商和分包商聚焦于自身的核心专长，精进其业务和技术，提升其专业化生产能力和效率，反过来又有利于它从 CSO 业者那里获取更多的订单或分包业务。

可见，CSO 商务基模就是为响应和满足当今与日俱增的客制化服务（customized service）需求，基于系统集成（system-integration）优势去谋取外包（outsourcing）大单，依靠模块化产品分包和客户全面参与，通过对接、组合及控制供需源而占据有利竞争位势，从而实现大宗收益和超额利润的原生态高端商业模式，是客制化、系统集成和外包等多种商业模式的一种融合和升华。作为商业模式，其价值主张是“为客户创造和提供创新的解决方案”（IBM）[20]，使之摆脱繁杂的非核心业务“缠绕”而致力于核心能力建设；其收益模式是“集”多种传统模式（常量域 A）与创新模式（变量域 X）而“成”的个案化差异化复合模式——“A + X 模式”（华为）[21]；其运用主体 CSO 业者则是“客制化服务提供商 + 系统集成商 + 双向外包商”的复合体。这样，我们就可以从三个视角对 CSO 商务基模进行结构解析：一是从“行为过程”看包括“总包”“分包”“模块供应”“服务实现”（见图 9－1）；二是从“行为客体”看包括“信息”“资金”“产品/服务”并形成具特定流向的信息流、资金流和产品/服务流（见图 9－2）；三是从“行为主体”看包括“下游客制化服务需求者”“上游模块化产品/服务供应商”“中游 CSO 业者”，这些主体之间通过信息流、资金流和产品/服务流相互联系，被“外包”和“联盟”的制度纽带维系成一个具有一定结构特征的因果链系统（见图 9－3）。

## 三、效应

CSO 商务基模的出现和发展，缘于 20 世纪 90 年代以来越来越多的企业及其他组织为聚焦核心竞争力而急欲简化或摆脱繁杂非核心业务的需求。同时，买方市场化（供给追逐需求）和制度创新的加剧为满足这种需求提供了制度可能与支持。此外，知识（包括信息论、系统论、协同论）和技术（尤其是 IT 及其相关的系统集成技术）的进步为实现这种需求提供了物质技术手段。除了这些环境因素外，CSO 商务基模之所以能够自发产生并渐呈引领之势，从最初用于 IT 技术领域至如今扩展到越来越多的其他领域，还因为其具有以下优势或正面效应。

### （一）“聚核”效应

这里的“聚核”效应是指 CSO 商务基模促使所涉各方集中发展其核心业务、核心专长、核心能力的作用和效果。该效应源于 CSO 模式对分工及其后果——专业化的强化（见图 9－4）。一是引导下游的需求方外包其非核心业务给专业化的 CSO 业者，有利于前者腾出资源、时间和精力去集中发展其核心业务。二是推动上游分包商或制造商与 CSO 业者建立长期稳定的合作关系，专业从事模块化的硬件制造、软件开发或服务提供，在特定细分领域发展其配套专长与核心能力。三是将客制化系统集成业务本身外部化、独立化、专业化，由此衍生出一门新兴的“超级”产业，其产业主体是 CSO 业者，其核心产出是客制化服务及其系统解决方案，而后者是一种基于个性化需求并涵盖研发、设计、融资、制造（订货/采购）、物流、建设、安装、销售、财务直到运维、升级等的跨时空高端复杂产品。

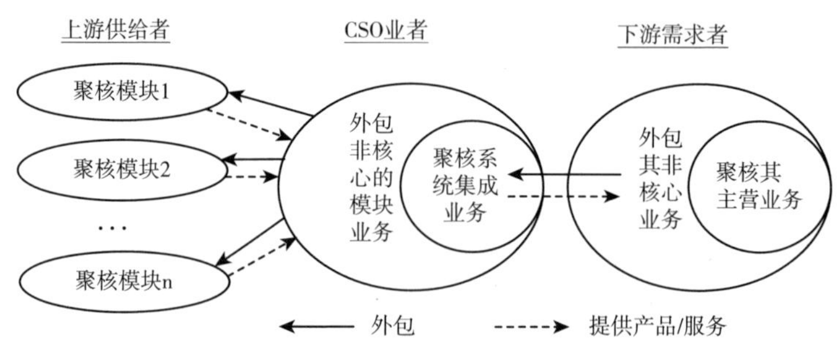


**图 9－4　CSO 商务基模的三重“聚核”效应**

### （二）集成效应

这里的集成效应是指 CSO 商务基模对分工的互补作用和效果。分工促进专业化从而提高生产效率，但同时也带来分散、无序、局限以及现代组织内部的功能切割等弊端[5]。这就需要集成和协同，以弥补分工留下的缺陷。正如系统论倡导者钱学森等所指出，处理开放复杂的巨型系统的唯一有效方法是定性与定量相结合的综合集成法，而集成就是将一些孤立的事物或元素通过某种方式集中在一起构成一个有机整体的过程[22]。CSO 商务基模的集成效应体现在供给和需求两端。一方面，CSO 业者通过集成下游客户的个性化多层次复杂需求而开发并设计出客制化产品/服务；另一方面，它又通过再集成经分包、监制、验收的各模块而完成并实现客制化产品/服务。这种集成效应增强了供应链上、下游之间的合作与协同，增加了各模块化产品/服务之间的兼容性和替代性，进而增强了整条供应链的竞争力。这似乎再次应验了那条永恒的对立统一法则：在社会分工将产业“切割”成专业化碎片的同时，（CSO 商务基模下的）系统集成又将这些碎片“缝合”成一体化的整体。

## （三）成本效应

这里的成本效应是指 CSO 商务基模促进生产和交易成本降低的作用和效果，包括如下内容。

1. 聚核和专业化相对于多角化（大而全、小而全）的成本降低效应。CSO 商务基模通过三重“聚核”后，让各自集中发展其核心业务、核心专长，进而降低主营产品/服务的成本并增强市场竞争力。

2. 非核心业务外包相对于自理或内揽（insourcing）的成本降低效应。非核心业务量随着企业规模的扩大而增加，可以自理也可以外包。如图 9－5 所示，$D$ 表示企业规模，$N$ 表示非核心业务取得成本。自理成本 $N_1$ 包括生产成本 $V_1$ 和组织成本 $V_2$。企业非核心业务生产成本与企业规模呈正相关关系，即 $V_1 = \alpha + \beta D$，$\alpha$ 和 $\beta$ 为常数。企业达到一定规模后边际组织成本增加，可表示为 $V_2 = \delta + D^{\gamma}$，$\sigma$ 和 $\gamma$ 为常数。自理成本为 $N_1 = \lambda + \beta D + D^{\gamma}$，$\lambda = \alpha + \beta$。外包成本 $N_2$ 包括交易成本 $E_1$ 和外包商生产成本 $E_2$。CSO 商务基模中，交易双方为一对一关系，一次交易即可，故认为交易成本与企业规模无关，即 $E_1 = a$，$a$ 为常数。外包商的规模经济效应使生产的边际成本递减，可表示为 $E_2 = b + \log_c^D$，$b$ 和 $c$ 为常数，且 $c > 1$。外包成本为 $N_2 = \mathrm{d} + \log_c^D$，$d = a + b$。以上表明自理与外包的成本关系：当企业规模小于 $D^*$ 时，自理成本低于外包成本；当企业规模大于 $D^*$ 时，自理成本高于外包成本，即当企业达到一定规模后，非核心业务外包相对于自理的成本较低。

3. 用集成购买/销售客制化产品/服务取代零散购买/销售标准化产品/服务，也即 1∶1 相对于 1∶$n$ 的成本降低效应。如图 9－6 所示，在传统商业模式下，需求方 $D$ 要面对 $n$ 个产品/服务供应商

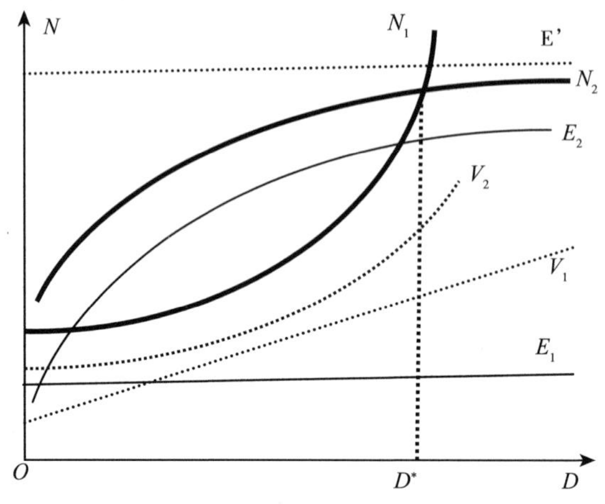


**图 9－5　CSO 商务基模成本效应**

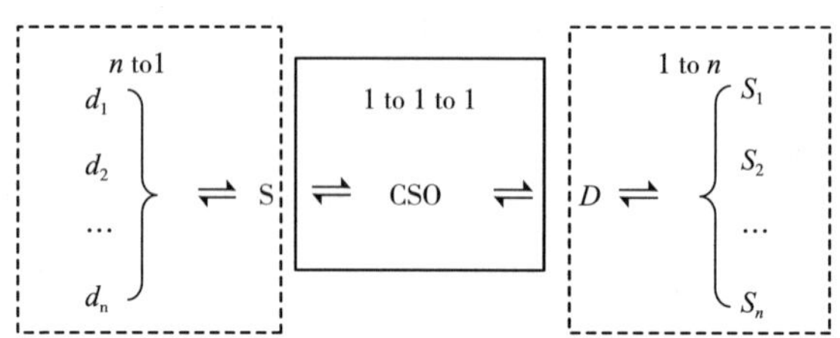


**图 9－6　从 1 to n 到 1 to 1 的“交易简化”**

（$s_1$，$s_2$，…，$s_n$），经历 $n$ 次搜寻、议价、选择、决策等并发生相应的交易成本（$sc_1$，$sc_2$，…，$sc_n$）；同样，产品/服务供应商 $S$ 也要面对 $n$ 个需求用户（$d_1$，$d_2$，…，$d_n$），经历 $n$ 次搜寻、议价、比较、决策等并发生相应的交易成本（$dc_1$，$dc_2$，…，$dc_n$）。而在 CSO 商务基模中，需求方 $D$ 和供应方 $S$ 都只需与 CSO 业者进行“1 对 1”的接触，从而只发生一次交易成本（$sc$ 或 $dc$），在一定程度上简化了交易程序并节约了交易成本［如式（9－1）、式（9－2）所示］。

$$sc < \sum_{i=1}^{n} sc_i(sc_i = sc_1, sc_2, \cdots, sc_n) \qquad (9-1)$$

$$dc < \sum_{i=1}^{n} dc_i(dc_i = dc_1, dc_2, \cdots, dc_n) \qquad (9-2)$$

## （四）高端效应

这里的高端效应是指 CSO 商务基模推动业者不断向知识和价值高阶攀升的作用和效果。“高端”包含高知识含量和高附加值之“一体两面”：高知化必然高值化，高值化必须高知化。一方面，CSO 业者致力于研发设计涵盖多学科知识、涉及多领域科技的客制化系统解决方案，以求在激烈的竞争作业中增加胜算，于是形成高度知识化发展倾向；另一方面，它不得不努力分离、放弃、外包各种相对低端的非核心业务模块，不断向增加值空间更大的产业链两端偏离和“极化”，以便最大限度地集中有限资源和能量发展其最核心的系统集成专长，于是形成高增加值化发展趋势（见图 9 –7）。从这个意义上看，CSO 商务基模只是众多商业模式里的“高端者”，CSO 业者也只是众多企业里的“佼佼者”。

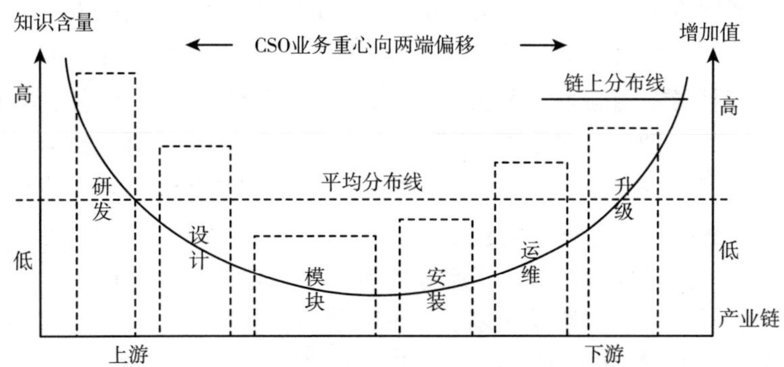


**图 9 –7　知识含量与增加值在产业链上分布**

当然，跟任何事物一样，CSO 商务基模也有劣势和局限性。比如其行业适用性就有差异，相对更适用于信息技术（IT）、流程服务（BP）、基础设施等一些可服务化或具有工程性质的领域。但这一局限也正在实践中被突破。再如 CSO 业者的过度“枢纽化”及知识、信息、客户等资源过多向其集中容易形成垄断，导致一般业者对其依附和不公平竞争。当 CSO 业者对市场拥有一定程度的控制权后，下游需求者和上游模块化供应商与其交易成本将增加（如图 9－5 中的 $E'$）。此时交易成本增加导致的集成外包成本大于自理成本，需要进行监管和控制。

## 四、应用

经“辨识”出来的 CSO 商务基模有何实用价值和应用前景呢？我们可以从下游需求者、上游供给者、中游 CSO 业者三方视角来进行评价和实证。

### （一）应用于需求方的外包选择

CSO 商务基模为下游需求方提供了以外包取代自理、用集成购买客制化服务取代零散购买标准化产品的选择。以中国国家开发银行为例，2003 年与美国惠普（HP）开始 IT 服务外包合作，基于惠普为其量身定制的系统解决方案，2006 年缔约将其 IT 硬件、软件的运营和管理整体外包给惠普，由惠普为其提供全面、长期、系列、集成 IT 服务，包括现场支持、一站式热线电话、设备管理与委托采购、客户培训、新技术咨询、外包管理、设备外包等七大服务模块。随后该行又将网络服务外包给中国电信和中国网通，将业务软件开发和系统集成外包给神州数码等。这样，该行便舍弃了自建庞大的 IT 部门、自购系列的 IT 标准化设备、自理庞杂的 IT 系统运维的传统模式，转而一次性定制长期稳定的 IT 服务套餐。运营结果显示，实行外包后该行的总体 IT 拥有成本降低了 30% 左右，但尚有进一步整合的空间和必要[23]。该行十多年来的良好业绩成长（见表9－2）与其做出外包选择、采用（事实上的）CSO 模式不无关系。如今我们可以从国内外转型企业的长串下游客户名单里找到大量像中国国家开发银行这样的 CSO 应用案例，其中有电信运营商、金融机构、高速公路网、工矿企业、科研院所、媒体、政府、军队、高校、医院、社区等。

**表 9－2　　　　　　国家开发银行各年部分指标成长情况**

| | 员工人数 | 总资产 | 净利润 |
|---|---|---|---|
| 2000 年 | 3000 人 | 8083 亿元 | 8.43 亿元 |
| 2011 年 | 7626 人 | 62523 亿元 | 456 亿元 |
| 增长倍数 | 1.5 倍 | 6.73 倍 | 53.1 倍 |

资料来源：国家开发银行 2001～2012 年年报。

### （二）应用于供应商的营销选择

CSO 商务基模也为上游供应商提供了用 1 to 1 式的系统解决方案和集成化营销取代 1 to $n$ 式传统营销的选择。在后一种模式下，供应商主要靠机会主义预期、批量生产标准化产品、大规模保持存货和频繁进行调运等方式来适应多变的市场需求，不但营销成本高而且市场风险大。在前一种模式下，供应商基于为 CSO 业者量身打造的系统解决方案，寻求与之建立 1 to 1 的长期合作关系，根据其特定需求提供模块化的产品或服务，既有利于集中发展自己的核心能力和专长，也有利于降低市场风险和营销成本。以西安普天天线有限公司为例，该公司以为大客户提供模块化产品和服务为定位，分别赢得了中国电信、中国移动、中国联通、中国网通、深圳华为、深圳中兴、上海贝尔以及美国“HARRIS STRATEX”、日本“NEC”和“FUJITSU”、瑞典“ERICSSON”、芬兰“NOKIA”、挪威“NERA”、以色列“CERAGON”和“MILLIMETRIX”、加拿大“NORTEL”、法国“SA-

GEM”等国内外厂商的配套供应大单，已成长为全球三大微波天线供应商之一，还曾荣获 2008 年度“华为杰出供应商”。目前，我们可以从国内外 CSO 业者的长串上游供应商名单里找到大量像西安普天天线公司这样的模块化产品/服务供应商（见表 9 - 3），且业绩大都比较理想和稳定。

**表 9 - 3　　华为公司部分模块化产品/服务供应商**

| 公司 | 为华为提供的模块化产品/服务 | 备注 |
| --- | --- | --- |
| 美国莱迪思半导体有限公司 | 现场可编程门阵列的设计 | 近 4 年销售收入年增长近 7% |
| 美国飞索半导体有限公司 | 闪存解决方案及无线基站、交换路由器、机顶盒 | 全球最大 NOR 闪存公司 |
| 北京握奇数据系统有限公司 | 以 SIM，OTA，DNA，HomeZone 等为基础的解决方案 | 2010 年销售额 14.5 亿元 |
| 上海贝岭股份有限公司 | 电源管理、通信产品、音频功放等系列芯片 | 2011 年销售额 3510 万元 |
| 艾柏森通讯技术（深圳）有限公司 | 综合布线服务（2011 年中国综合布线进步最快品牌） | 母公司为全球 500 强 |
| 日本 TDK（爱普科斯）公司 | 表面元件、电感器、电容器、射频模块和电阻 | 年销售额近万亿日元 |
| 美国康普（安德鲁）公司 | 电缆、封装设备、智能软件和网络设计服务 | 年销售额 10 亿美元左右 |
| 西安普天天线有限公司 | 移动天线 | 全球微波天线供应商三甲 |
| 宁波舜宇光电信息有限公司 | CCM 高像素产品 | 2011 年销售额约 25 亿元 |

资料来源：华为官网（http：//www. huawei. com/cn/）。

### （三）应用于高端企业的走出去路径选择

CSO 商务基模还为高端企业提供了用“离岸外包”取代传统走出去模式的选择，做出这种选择的高端企业也就因此成为国际商务活动中的 CSO 业者。企业走出去主要是为了利用外部市场和资源。如果说走出去的第一条道路是国际贸易，第二条道路是国际直接投资（FDI），那么第三条道路就是“离岸外包”（此外还有许可生产、对外并购等）。从在岸外包（onshore/onsite outsourcing）到近岸外包（nearshore/nearsite outsourcing），再到离岸外包（offshore/offsite outsourcing），是当代外包的发展趋势之一。而通过离岸外包谋取国外外包大单，正在成为跨国公司进入他国市场、实现全球扩张的高端模式。这从前述一个 NBN 项目就“案值”数千亿元人民币可见其分量。由此，IBM、HP、UPS、Novartis、Accenture 等外国公司实现了在中国的拓展，华为、上海电气、上海贝尔、东方电气、中兴等中国公司也实现了在外国的拓展。以华为公司为例（参见图 9－8），其对外承包工程（事实上的跨国 CSO 业务）额年均增长 66.45%，在 2012 年我国对外承包工程业务完成营业额前 50 家企业中，华为以 103.9 亿美元高居榜首，占这 50 家企业完成总额的 1/7，首位度高达 1.898（即比第二名多出近 1 倍），此外，当年还新签对外承包工程业务合同额 131.51 亿美元。离岸外包业务的迅猛发展导致华为的销售收入自 1999 年以来以平均 27.4% 的速度增长，已成功跻身世界 500 强（2012 年排名第 351）；其产品和解决方案也已应用于全球 140 多个国家，服务全球运营商 50 强中的 45 家及全球 1/3 的人口。

因受数据所限，以上应用案例主要选自 IT 行业。但实际上 CSO 元素已渗透到许多领域，正在改变着人类的营商模式和习惯。这从“系统解决方案”这一原本的 IT 行业术语被越来越广泛地运用可见一斑，如供应链系统解决方案、消费信贷系统解决方案、能源替代系统解决方案、矿区植被恢复系统解决方案、可持续生计系统解决方案、跨境河流水资源分配系统解决方案、工业园开发系统解决方案、产业转型升级系统解决方案、城中村改造系统解决方案等。正如《下一场工业革命》（*The Next Industrial Revolution*）所言，化学家和化工厂与其向农民销售农

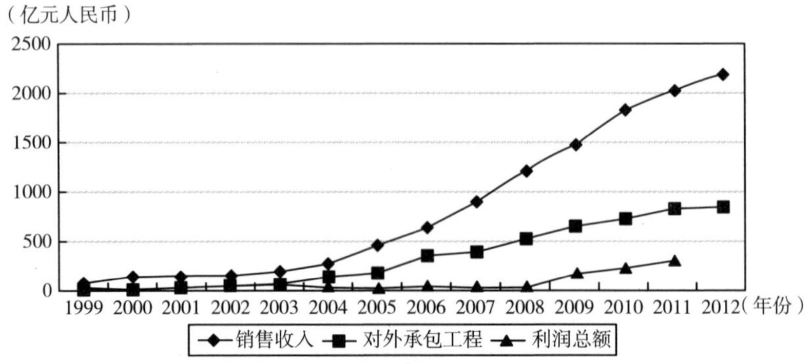


**图 9 – 8 华为部分经济指标各年度成长情况**

资料来源：高校财经数据库（http：//www. bjinfobank. com/）；对外承包工程额系按当年汇率由美元折算而来，暂缺 2012 年利润额。

药化肥造成污染，还不如直接向后者提供农作物保育系统解决方案及其服务[24]。

## 五、结论

理论是灰色的，唯生活之树常青（歌德，转引自列宁[25]）。与科学技术的日新月异一样，现实经济生活中的商业模式也在不断演化和推陈出新，需要“灰色的理论”做出及时总结和反应以期与时俱进。本研究即是源于对现实商业模式演化的跟踪、观察和感悟。由于“新模式”事实上已具雏形，且现有任何一个相关概念都不能单独反映其全貌或本质，我们尝试合成三个基本元素而称为“CSO 商务基模”。这是一种原生态的高端商业模式和当代大宗交易的主导模式，可分别从作业路线、流转路线和因果回路来加以辨识并用系统动力学模型来进行勾勒或刻画，具有聚核、集成、成本节约和高端导引效应，适合应用于下游客户、上游供应商和中间集成商的互动作业，尤其适用于高端企业从事国际商务、走出一条“通过谋取外包大单而走出去”的新路。CSO 业者的主导产品是为不同客户量身打造的系统解决方案，其核心竞争力源于广义系统集成能力及在此基础上建立起来的品牌营销能力，其发展趋势或将成为引领未来的“商界霸主”。把握这一动态和趋势可能有助于密切经济管理理论与商业实践的联系，也可能为中国企业转型升级与走出去提供新的路径选择和策略参考。

CSO 商务基模以其高端性、前沿性与成长性而呈引领未来之势。中国企业尽管在部分国家的电信乃至高铁、港口、水电等基础设施外包市场上有较好的表现，但从总体看，这方面的发展尚不尽如人意。例如，在全球每年数万亿美元的项目外包市场中，中国企业所取得的份额不过 7% 左右[26]。在全球每年数千亿（2010 年约 2310 亿）美元的 IT 服务外包市场中，中国仅获得 8.58% 的份额，而印度的这一份额是 31.99%[27]。可见，中国企业基于 CSO 模式谋取“外包大单”之路尚任重而道远。

同样任重道远的是对这一发展趋势的总结和研究。建立在主流经济学原理基础之上的各国对外贸易和投资政策早已成形，我国在应对他国传统贸易和投资壁垒方面也已形成一套相对成熟的对策，但在应对国际项目外包“歧视”尤其是政治干预上却显得乏力。这不能不说是一些中国企业在国外频遭刁难和“歧视”的原因之一，也可能是导致中国在全球外包市场上的业绩逊于印度的一个因素，显见我国亟待加强和深化这一领域的理论和对策研究。同样，限于笔者的水平和功力，也许本文对所涉现象和趋势的总结、提炼、刻画和分析都未脱肤浅，因而后续研究也任重而道远。谨盼以此抛砖引玉，得到更多同行以及企业的关注、讨论和指导。

## 参考文献

[1] P. Timmers. Business Models for Electronic Markets [J]. Elec-

tronic Markets，1998，8（2）：3 –8.

［2］A. Ostenwalder et al. Clarifying Business Models：Origins，Present and Future of the Concept［J］. Communications of AIS，2005（15）：1 –40.

［3］罗珉，曾涛，周思伟．企业商业模式创新：基于租金理论的解释［J］．中国工业经济，2005（7）：73 –81.

［4］原磊．商业模式体系重构［J］．中国工业经济，2007（6）：70 –79.

［5］P. M. Senge. The Fifth Discipline：The Art and Practice of the Learning Organization［M］. New York：Doubleday，1990.

［6］李振勇．商业模式——企业竞争的最高形态［M］．北京：新华出版社，2006.

［7］Pine Ⅱ B. J. Mass customization：the new frontier in business competition［M］. United States of America：Harvard Business School Press，1992.

［8］J. Wind & A. Rangeawamy. Customerization：The Next Revolution in Mass Customization［J］. Journal of Interactive Marketing，2001（15）：13 –32.

［9］P. A. Norberg，& R. R. Dholakia. Customization，information provision and choice：what are we willing to give up for personal service?［J］. Telematics and Informatics，2004，21（2）：143 –155.

［10］马玉波，陈秋蓉．即时顾客化定制理论框架下企业柔性研究的新思路［J］．管理评论，2004，16（4）：39 –44.

［11］J. M. Francis. Retail marketing：From distribution to integration［J］. International Journal of Research in Marketing，1997（14）：103 –124.

［12］L. P. Lan. Line Design for Consumer Durables：An Integrated Marketing and Engineering Approach［J］. Journal of Marketing Research，2011（2）：128 –140.

[13] 吴秋明．集成管理论 [M]．北京：经济科学出版社，2004.

[14] A. Davies, T. Brady & M. Hobday. Organizing For Solutions: Systems Seller vs. Systems Integrator [J]. Industrial Marketing Management, 2007, 36 (2): 183 – 193.

[15] K. L. Hansen & H. Rush. Hotspots in Complex Product Systems: Emerging Issues in Innovation Management [J]. Technovation, 1998, 18 (8/9): 555 – 561.

[16] C. K. Prahalad & G. Hamel. The Core Competence of the Corporation [J]. Harvard Business Review, 1990 (5): 1 – 15.

[17] J. B. Quinn & F. G. Hilmer. Strategic Outsourcing [J]. Sloan Management Review, 1994 (2): 43 – 55.

[18] 代明．管理新概念与新概念管理 [M]．北京：中国社会科学出版社，2004.

[19] J. S. Bain. Industrial organization [M]. New York: Wiley, 1959.

[20] 沈建缘．IBM：智慧成长 [N]．经济观察报，2012 – 05 – 26.

[21] 刘南杰．华为的商业模式 运营模式 盈利模式：IPTV 期待更多变革（N）．人民邮电报，2005 – 07 – 28.

[22] 钱学森，于景元，戴汝为．一个科学新领域——开放的复杂巨系统及其方法论 [J]．自然杂志，1990 (1): 3 – 11.

[23] 比特网．国家开发银行打造金融机构 IT 外包典范．http: //e. chinabyte. com/121/8811121. shtml, 2009.

[24] W. McDonough, & M. Braungart. The Next Industrial Revolution [J]. The Atlantic Monthly, 1998 (4): 82 – 92.

[25] 列宁．论策略书 [A]. 1917. 收入列宁专题文集 [C]. 中文版，中共中央马恩列斯著作编译局．北京：人民出版社，2009.

［26］国家商务部．对外承包工程的潜力与出路［EB/OL］．2013－02－01. http：//www.mofcom.gov.cn/article/difang/anhui/201302/20130200019723.

［27］史丹，夏杰长．中国服务业发展报告：新兴服务业发展战略研究［M］．北京：社会科学文献出版社，2012.

# 10. 知识产出货币价值的测算：关于研发统计的经济学分析①

【提要】现行知识生产或研发产业统计及评价体系存在“重投入、轻产出”倾向。这在实践上导致了一种“投入攀比”之风。原因之一是难以对各类研发或知识产出做出全口径、同尺度和析出性计量。为此，本文借鉴国外相关研究提出的研发三分法，基于经济学的投入产出比较、创新源利润和生产函数等原理，尝试构建研发或知识产出货币价值的分类测算及加总模型，并用于对样本城市的研发年产出进行试测算，以期为解决当前面临的知识产出统计难题提供一个实操方案，也希望借此推动研发活动从“投入导向”向“绩效导向”转变。

## 一、引言

“经济”就是用有限量资源生产无限量财货（goods）来满足人类不断增长需要的活动，“经济学”则是研究如何以尽可能少的资源投入获取尽可能多的财货产出的学说[1]。因此，一切经济评价和分析都离不开投入—产出比较。对知识生产或研发产业统计而言，

① 深圳市软科学项目《深圳研发产业发展研究》（暨大代明课题组，2012）的工作论文之一，部分以“知识产出货币价值的统计与应用”为题载《技术经济》2016年第4期，署名：代明、陈俊、刘佳、张桂芳。

就意味着它须满足经济评价天平两端，也即国内外通行的“投入—产出比”（input-output ratio）计算要求。

### （一）年度研发投入产出比（$R_y$）

统计数据首先需满足人们进行年度总结、评价的惯例，而最基本的年度经济总结和评价就是投入—产出（产出/投入）比较，对研发活动来说就是弄清“当年研发投入—产出比”，也即“当年研发产出值/当年研发投入值”［如式（10－1）］。其中，$GOV_y$（Gross Output Value Yearly）为当年研发产出总值；$GIV_y$（Gross Input Value Yearly）为当年研发投入总值。而“值”（Value）是指研发投入或研发产出的货币价值也即用同一货币单位来计量的“金额”（下同）。评价标准：$R_y<1$ 为负绩效；$R_y=1$ 为零（平）绩效；$R_y>1$ 为正绩效；$R_y$ 越大于 1，则绩效越高。

$$R_y = GOV_y/GIV_y \tag{10-1}$$

### （二）累计研发投入产出比（$R_a$）

年度研发投入产出比虽因符合人类核算“惯例”而不可或缺，但其评价“精度”却是相对有限的。因为研发活动本身具有连续性（碎片化）、长期性、不确定性、外部性等特点，当年的研发投入并不完全甚至极少形成当年的研发产出。这就需要观察较长时间的“累积研发—投入产出比”［如式（10－2）］。其中，$k=1, 2, \cdots, n$；$GOV_k$ 为第 $k$ 年的研发产出总值；$GIV_k$ 为第 $k$ 年的研发投入总值。评价标准同上。满足这种评价需要的就是包含 $n$ 年时间序列和至少两个截面（投入值、产出值）的面板统计数据。

$$R_a = \sum GOV_k/\sum GIV_k \tag{10-2}$$

### （三）预期研发投入产出比（$R_e$）

货币存在“时间价值”，则预期研发投入或产出会涉及货币单位的现值与期值（未来值）差异问题。为不影响可比性，就需导入会计学的“现值指数法”（present value index，PVI）或“折现现金流量法”（discounted cash flow，DCF），即将不同时间的货币期值折算成某一统一时间点的现值。进行这种评价不仅需要包含 $n$ 年时间序列和投入 - 产出截面的面板数据，还需考量资金成本的变动，即各年的银行折现率。因此，就有下式：

$$R_e = \sum \frac{GOV_k}{(1+d)^k} \Big/ \sum \frac{GIV_k}{(1+d)^k} \qquad (10-3)$$

其中，$d$ 为第 k 年的预期折现率，其他同上。

全国及其部分城市研发投入占 GDP 比重上升趋势如图 10 - 1 所示。

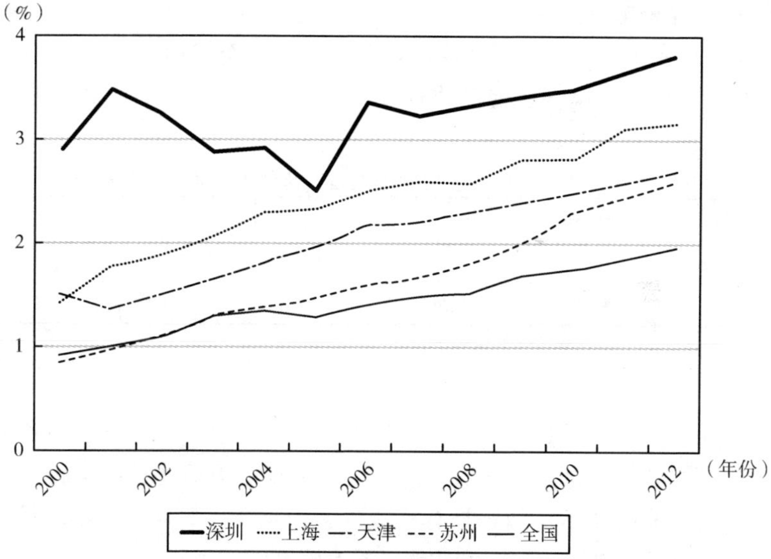


**图 10 - 1　中国及其部分城市研发投入占 GDP 比重上升趋势**

资料来源：各年《中国统计年鉴》(2000 ~ 2012 年)。

然而，现行研发统计及评价体系却脱离产出而单方面倚重或强化研发投入指标，以至如今创新能力的提升和研发产业的发展俨然成了一场增加研发投入的竞赛。这场“廉价的”攀比正在逐年拉高各项统计与规划中的“全社会 R&D 经费占 GDP 比重”（见图 10－1）、“全社会 R&D 人员全时当量”“企业 R&D 经费投入占销售收入比重（见表 10－1）”“企业 R&D 人员占员工比例”等研发投入强度指标。其中，一些“先锋”地区和企业的研发经费投入强度更是令人侧目，如北京全社会研发投入强度达 5.79%（2012 年）、5.83%（2011 年），西安更曾高达 7.28%（2007 年）、6.77%（2006 年）；深圳上市公司“中青宝”（300052）在其股市年报中公告的研发投入强度则达 71.85%（2012 年）、98.39%（2011 年）、75.62%（2010 年）。难怪业内有人戏称：“研发投入是个筐，什么都可往里装”。加上有媒体指称“上海创新疲劳投入多产出少”，“新大地、万福生科等企业‘虚增研发投入’”等①，以至连研发投入指标本身的严谨性和严肃性也受到质疑。

**表 10－1　部分深圳企业研发投入占销售收入比重**　单位：%

| 年份 | 比亚迪 | 中兴 | 迈瑞 | 华为 | 中青宝 |
|---|---|---|---|---|---|
| 2012 | 5.50 | 10.48 | — | 13.70 | 71.85 |
| 2011 | 5.67 | 9.84 | 11.30 | 11.60 | 98.39 |

资料来源：上述企业官网或股市年报。

为此，亟待反思研发统计“重投入、轻产出”的倾向，分析其成因并寻求可行的解决方案。这不但对于解决当前统计工作面临的新（也是重点难点）问题具有实践或实操意义，而且对于推动相关学科“与时俱进”，丰富其内涵，不无理论或学术意义。

---

① 参阅《上海创新疲劳投入多产出少》，经济观察报，2011 年 8 月 13 日；《新大地涉嫌伪高新：研发投入比例造假》，中国网，2012 年 4 月 13 日；《万福生科造假第二季：虚增研发投入骗高新资格》，每日经济新闻，2013 年 5 月 29 日等。

## 二、综述

“研发投入强度”泛指各类经济体投入研究与实验发展活动中的人、财、物等创新专用要素的“相对量”，其中多指“财”也即研发经费投入率。对国家、区域、城市等地域性经济体（简称“域体”）来说，研发投入强度是指全社会研发投入总量与其生产总值（GDP）之比。对企事业单位等组织性经济体而言，研发投入强度是指业者研发投入总量与其销售或营业收入总额之比。研发投入强度先是作为定量标准之一，被一些工业化国家用来定义高新技术产业。然而因为“路径依赖”（path dependence）及“避难从易”（研发产出测度远难于研发投入）的惯性，研发经费支出逐渐被广泛用于整个研发活动测度和评价，以至于“研发投入强度”成了“研发强度”的同义语。如《经济合作与发展组织“科学、技术与产业记分板”》就将“研发强度”（R&D intensity）定义为“占GDP一定比例的R&D支出”（R&D expenditure as a percentage of GDP[2]）。再如作为世界研发数据统计指导纲要的《弗拉斯卡蒂手册》（*Frascati Manual*），也只对研发投入做了详细的说明，但几乎未涉及研发产出统计的内容[3]。不过并非所有人都对这一明显“缺憾”视而不见，近年来国内外学、商、政界也不断有人做出探索，试图破解“研发产出统计”的难题。

### （一）投入替代法

投入替代法基于研发投入与产出的“线性模型”（linear model）。20世纪60～70年代国外已出现“研发投入代产出法”。此法虽简便，但缺陷显而易见，等于认定研发投入没有经济学意义上的效益或“增值效应”。这既不符合市场经济规律，更不利于激励营利性业者去开展研发活动。为此，“投入代产出法”演变为“投入系数法”，即以研发投入乘以一定的系数来估算研发产出。如国内一份研究报告就按“研发产业产出相当于全市研发投入总量3倍左右”的系数，计算出上海研发产业2009年产值规模达1500亿元左右[4]。不过，对这种“省力省事”的做法在国内外一直存有异议。如克隆普和鲁文（Klomp & Leeuwen）就指出，研发投入和研发产出之间不存在确定的正向关系，而且由于投入、生产和产出三阶段之间有一个循环路径，投入与产出也不易区分[5]。柯普兰和菲克斯勒（Copeland & Fixler）则通过建模证明了研发产出与研发投入的非线性关系[6]。而大量实际案例和实证数据更鲜有支持“等量研发投入带来等量或倍加研发产出”“研发投入强度愈高愈好”之假设。

### （二）实物计量法

“实物”计量法就是统计“使用价值”形态的授权专利件数、收录论文篇数、签订技术交易合同宗数等，作为研发或知识产出。佩克斯（Pakes）、朱平芳、宋吟秋等许多中外学者都曾把专利数、论著数等当作研发产出应用到各自的研究中。我国官方也已将这些指标纳入研发统计实务[7-9]。专利、论著、转让技术等属于研发产出是不争的事实！它们确实能从各自的角度并在某种程度上反映研发产出的规模和绩效，对其进行分类统计必不可少。但问题是：(1) 并非所有的研发产出与创新成果都会注册为专利、发表成论文、出版成著作或转让给他人，上述“可统计”的“实物”并不代表全部研发产出；(2) 注册专利、版权以及商标等只是获得了“知识产权”这一法律形式的可交易成果，相当于贴上了权威检验合格证的可售工业产品或“存货”，除部分留作自用外，能否卖出、能卖多少价钱都是未知数，而市场经济只承认“销售额”“营业收入”等实现了的价值；(3) 各项专利技术、论著因“使用价值”不同及体量、质量不等而不具可比性，如科斯（Coase）的《社会成本问题》（*The Problem of Social Cost*）、哈丁（Hardin）的《公有地悲剧》（*The Tragedy of the Commons*）、普里戈金（Prigogine）的

《结构、耗散与生命》（*Structure, Dissipation and Life*）、普拉哈拉德和哈默尔（Prahalad & Hamel）的《公司核心竞争力》（*The Core Competence of the Corporation*）等名篇，其学术价值何止“一以抵百”！而且专利（件）、论文（篇）、著作（种）、技术合同（宗）等之间也因计量单位不同而无法比较及加总[10]；（4）最重要的是这些研发产出数据与研发投入数据也因计量单位不同（件、篇、种、宗…/元）而无法进行经济比较。

### （三）“价值”计量探讨

鉴于投入替代法和实物计量法的局限性，国内外不乏学者探讨研发产出的（货币）价值或价格测算问题，如英国统计局（UK Office for National Statistics）官员艾德沃西和沃利斯（Edworthy & Wallis）的《创造价值的研发》（*Research and Development as a Value Creating Asset*）[11]，美国学者霍尔、迈瑞西和莫恁（Hall，Mairesse & Mohnen）的《研发回报测算》（*Measuring the Returns to R&D*）[12]，柯普兰和菲克斯勒的《研发产出的价格测算》（*Measuring the Price of Research and Development Output*）[6]等，但迄今并未找到公认可行的解决方案。我国的官方统计则在几年前纳入了“新产品产值”（或新产品销售收入、新产品增加值、高新技术产品产值或增加值等）作为研发产出的货币价值指标。这是朝正确方向迈出的一步。但问题仍然存在：一是新产品本身不易界定；二是忽略了研发或创新之于传统产品的效应（如成本降低、质量改善、效率提升等）；三是撇开了“非产品”或服务领域的研发或创新；四是与全社会研发投入指标在口径上并不完全对应。于是，一些地方又开始寻求弥补单一新产品产值统计的“遗漏”和“不足”。如深圳市统计局社科处完成的一份题为《关于研发产业的初步分析（2010）》的调研报告，除将规模以上工业企业新产品销售收入5204.28亿元纳入研发产出外，还列入了全市169家规模以上研发服务企业的营业收入132.32亿元、专利转让收入1.46亿元、技术进出口贸易登记合同额 15. 85 亿美元、技术交易核定额 70. 3 亿元、R&D 经费外部支出 8. 65 亿元。但又自感这些产出数据不宜简单加总，最后就仍回到了上海的投入替代（+系数）法，用深圳当年全社会研发投入 333. 8 亿元乘以系数 3，得出其研发产业年产值规模在 1000 亿元左右[13]。

21 世纪以来我国先后进行的两次 R&D 资源清查，也大致反映了以上探索努力和进程。第一次即 2000 年全国（以及各地）R&D 资源清查，完成于 2001 年 10 月及以后，所发表的统计公报仅涉及各项研发经费支出数据。第二次即 2009 年全国（以及各地）R&D 资源清查，完成于 2010 年 11 月及以后，所发表的统计公报则包括了一些研发活动和研发产出甚至产值数据（见表 10－2），显示已在有意识改变“产出缺失”问题并有所进步，但仍未从根本上摆脱困境：（1）大多指标的计量单位仍各异从而不可通约、加总和比较；（2）唯一同计量单位的“研发经费投入”与“新产品产值/销售收入”在统计口径上不对应——前者是全社会也即全口径的，后者只是物质生产部门的部分研发成果，并未涵盖传统产品以及服务业领域发生的研发绩效与创新贡献；（3）新产品产值/销售收入也不能全部归于研发产出，至少应扣除其中的原材料或中间产品消耗、厂房设备折旧以及加工制造环节劳工成本等（但也不完全等于增加值），这其实就是所有产出都可能含有并需“析出”的“融入性研发（产值）”。

**表 10－2　中国第二次 R&D 资源清查的主要指标**

| R&D 投入指标 | R&D 活动指标 | R&D 产出指标 |
|---|---|---|
| ➢ R&D 人员投入：R&D 人员、R&D 人员全时当量<br>➢ R&D 经费投入：R&D 总经费、R&D 经费与当年 GDP 之比 | ➢ R&D 机构数<br>➢ 开展 R&D 活动单位数<br>➢ 开展 R&D 项目/课题数 | ➢ 使用价值指标：论著、专利<br>➢（货币）价值指标：新产品产值/销售收入 |

资料来源：全国（及各地）第二次 R&D 资源清查统计公报。

## 三、建模

针对知识产出货币价值统计的困境及研发绩效评价体系对“投入—产出比”（input-output ratio）核算的迫切要求，本文通过观察、解析和梳理现实研发过程，尝试绘制“全社会研发‘投入—活动—产出’剖面图”（见图 10－2）。从中可见：（1）作为研发投入客体之源，研发投入主体可分三类，即以 R&D 为主业的“专门业者”、以其他为主业（或至少名义上的主业）但涉及 R&D 的“一般业者”、承担公共研发的政府机构亦即“公共业者”；（2）与此相对应，除研发活动的技术、经济类别外，从市场化的角度看研发活动包括专门研发业者所从事的“外部研发”、一般业者所从事的“内部研发”、政府或公共业者所从事的“公共研发”；（3）与此再相对应，研发产出除在“形态”上包括“结果”形态的产品与“过程”形态的服务、在“价值”上包括使用价值与交换（货币）价值①外，在“去向”上则包括“直供市场”的“纯粹性”研发成果、“自用”的“融入性”（融入产品和服务）研发成果、“共享”的“公益性”研发成果。

上述逻辑与荷兰统计官员哈恩和 R－霍斯腾（Haan & Rooijen-Horsten）在其工作论文《开放经济中的研发产出测算和知识资本形成》（*Measuring R&D Output and Knowledge Capital Formation in Open Economies*）中提出的 R&D “三分法”不谋而合[10]。该方法按研发成果“去向”划分为市场性研发（Market R&D）、自用性研发（Own-account R&D）和非市场性研发（Non-market R&D），也即外部研发、内部研发和公共研发，抑或交易性研发、融入性研发和公益性研发。这便为我们解决研发产出统计难题提供了一把钥匙，据

① 亚当·斯密认为，价值涵盖使用价值和交换价值，前者表示特定财货之效用，后者表示拥有此一财货换取另一财货的购买力[1]。

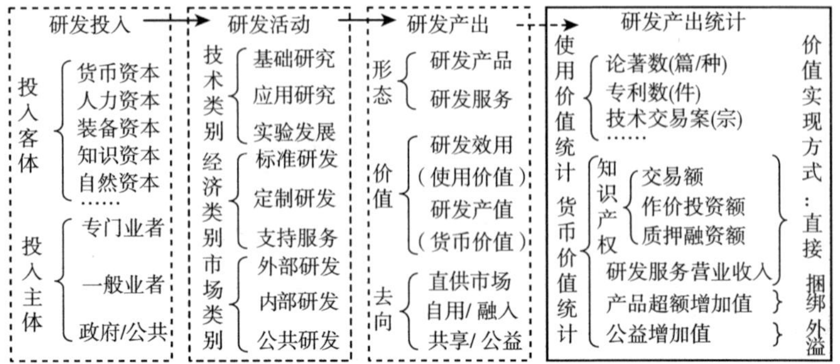


**图 10－2　全社会研发“投入—活动—产出”剖面图**

此可建立由三者加总的“研发产出（值）全口径测算模型”：

$$GOV_{R\&D} = M + O + N \tag{10-4}$$

其中，$GOV_{R\&D}$（Gross Output Value from R&D）表示研发产出总值；M 表示在市场“直接”实现的 Market R&D 产值；O 表示与产品或服务“捆绑”实现的 Own-account R&D 产值；N 表示通过“外溢”实现的 Non-market R&D 产值。为统一计量口径，最终都归结为增加值。该模型不但符合全社会研发“投入—活动—产出”逻辑，而且与前端的“全社会研发经费投入”在价值形态、计量单位和统计口径上均达成一致。

### （一）市场性研发产出（*M*）

市场性研发（Market R&D）是指直接面向市场的“对外”研发活动，其行为主体是以研发为主业的专门化研发业者或独立研发机构（含营利性的企业和非营利性的事业单位），其主要产出是“成果”性的知识产权和“过程”性的研发服务。其中，“成果”性研发产出的价值实现方式类似于一般产品销售，其收入形式目前有知识产权交易额（$m_1$，包括专利与非专利技术交易额、作为

“纯粹权属”转让或许可的版权交易额①等）、知识产权投资作价额（$m_2$）、知识产权质押融资额（$m_3$）等；“过程”性研发产出即研发服务的价值实现方式类似于其他服务消费，体现为实现或满足客户研发需求的过程，其收入形式为研发服务营业收入（$m_4$）。因而有：

$$M = \sum_{j=1}^{n} m_j \qquad (10-5)$$

其中，$j=1, 2, \cdots, n$，分别代表市场性研发产出的不同类别。之所以采用无限求和的模型，是考虑到研发产出之市场实现方式的动态性和创新频率。如知识产权交易（$m_1$）在我国随改革开放而出现，很快发展到非专利与专利技术交易、版权交易乃至课题成果采购等；知识产权投资（$m_2$）也是从小到大，从一开始仅限于外商投资企业的技术、商标等参股，逐步扩展到高新技术企业（上限30%），后来又不断修订公司法放宽限额到所有公司注册资本的70%乃至完全不设限；知识产权质押融资（$m_3$）更是从无到有，这种新兴的“或有”研发产值实现形式②已在北京、上海、广州、深圳、武汉、长沙、成都、佛山等地试行；研发服务（$m_4$）的内容也是越来越丰富，从提供核心服务到周延服务再到支持性服务等，对其作进一步分类统计的需求也在不断增加。随着技术市场的不断完善，研发产出的市场价值实现方式和收入形式将越来越多。

因 GDP 由增加值构成，而“增加值 = 产出 - 中间投入”，这就还需厘清 Market R&D 产值与增加值的关系。由于纯粹意义上的“知识产权”不含任何物耗，即使实际用于交易的研发成果可能依附于一定的物质载体（如纸张、光盘等），这部分物耗也因其所占

① （纯粹）版权≠版权性产品。前者是指出版发行某图书（或生产销售某软件、音像制品等）的“特权”；后者是指带有该“特权”从而“不可复制”的图书、软件、音像制品等“实物”。

② 鉴于“质押贷款”的“或有变现”性质，也可考虑对 $m_3$ 打折（比如按 50%）计算，这将留待另文探讨。

成本比重极小而可以忽略不计。这跟纸币作为纯粹的货币符号或虚拟价值而不计其纸张和印刷成本一样。所以大多数市场性研发所实现的销售或营业收入基本可全额算作“增加值”。然而如今出现了一种叫系统解决方案（system solution）的复杂知识产品，需集成大量模块化技术，这些通过外包或外购获得的模块化“中间（知识产品）投入”，在计算前者增加值时就应扣除。

### （二）自用性研发产出（$O$）

自用研发（Own-account R&D）是指面向自用的“对内”研发活动，其行为主体是自理或参与研发活动的非专门化研发业者，其研发成果大都“融入”本企业的产品和服务，其研发产值是与所产销的产品和服务“捆绑”实现的。这部分研发产出往往在规模上占大头而不可不计。如中国知名专利和软件生产商华为、中兴、腾讯等公司很少在市场上直接出售其纯粹知识产权，而主要是将这些研发成果转化成其产品和服务后才实现的。再如前面提到 2010 年深圳规模以上工业企业新产品销售收入达 5204. 28 亿元，“融入”其中的研发产值不会是小数目。问题是这些融入企业产品或服务的“研发产出（值）”如何从其销售或营业收入里“析出”？为此，我们尝试从熊彼特（Schumpeter）的创新理论中寻求解决方案。他将“创新”（innovation）定义为“建立一种新的生产函数”（setting-up of a new production function）或引进一种生产要素的“新组合”（a new combination），包括引入新产品、运用新工艺、开辟新市场、控制新供源、实现新组织五种情况，而且把创新看作“利润”的源泉[14]。这种“创新源利润”（innovation-sourced profit）实为“超额剩余价值”或“额外增加值”。可见，创新成果有多种而不只是“新产品”一种；只有超出一般产出水平或效率的经济活动才包含有效创新行为或实际创新贡献。据此并借鉴区位商法，这里尝试提出研发“超值”（超额增加值）测算或析出模型：

$$O = \sum_{i=1}^{n} LVA_i(LVA'_i / \overline{TVA'}_i - 1) \qquad (10-6)$$

其中，$LVA_i$ 为当地或局域 $i$（=1，2，…，n）产业增加值；$LVA'_i$ 为当地或局域 $i$ 产业增加值率；$\overline{TVA'_i}$ 为全域 $i$ 产业平均增加值率；$LVA'_i/\overline{TVA'_i}$ 为当地 $i$ 产业区位商也即其相对于全域的相对增加值率；而（$LVA'_i/\overline{TVA'_i}-1$）则为当地 $i$ 产业的超额增加值率，其大于 0 的部分为研发“超值”或创新贡献，等于或小于 0 则表明当地 $i$ 产业没有创新或研发绩效。通过对当地不同产（行）业的超额增加值求和即可得到该域体的自用研发产出总值。需指出的是，检测科技中的许多“含量测定法”都不是“直接法”“精确法”“唯一法”，如牛奶的蛋白质含量测定迄今已开发出几种间接法（包括引发三聚氰胺事件的凯氏定氮法），但探索仍未终结。同样，本文提出的研发产值“析出”法也是一种间接法、相对法且不妨碍对其他替代方法的探究。

### （三）非市场性研发产出（$N$）

非市场性研发（Non-market R&D）实为“公共研发”，是指面向全社会的非商业性研发活动，其投入主体是政府机构及相关非政府公共组织，其产出是“公共知识产品或服务”。非市场性公共研发的“价值”或“效用”最终体现为推动全社会技术进步和生产率提高。而反映全社会技术进步的通用指标是全要素生产率（total factor productivity，TFP）。这样，我们就可以通过比较全要素生产率的变化（增长率、增速）及公共研发投入比重，测度或“析出”非市场性公共研发产出的货币价值，如下式：

$$N = GDP_{t-1} \times TFP^g \times W^p \qquad (10-7)$$

其中，$N$ 为当期（年）非市场性公共研发产出；$GDP_{t-1}$ 为上期（年）当地生产总值；$TFP^g$ 为当期全要素生产率增速；$W^p$ 为当期公共研发投入占全社会研发投入比重。其与式（10-6）的最重要区别在于用纵向（时间）比较取代了横向（空间）比较，它所反映的是“进步”也即对过去的超越，而式（10－6）所反映的是“超常”也即对他人的超越。考虑到带来全社会技术进步和生产率提高的是“所有”而不只是“公共”研发投入，那么单看公共研发贡献时就需按其投入权重来计算。式（10－7）还可用 TFP 贡献率来表示，即：

$$N = \Delta GDP \times TFP^{c} \times W^{p} \qquad (10-8)$$

其中，$\Delta GDP = GDP - GDP_{t-1}$，$TFP^{c}$ 为 TFP 贡献率。

除产值（产出的货币价值）测度外，研发三分法还清楚界定：M 为完全面向市场的纯粹研发产出，O 为融入企业产品和服务的自用研发产出，N 为非市场化的公共研发产出。因此，M 代表“狭义”或窄域的研发产业，M＋O 代表“准义”或中域的研发产业，M＋O＋N 则代表“广义”或宽域的研发产业。

## 四、应用

至此，我们得到了与全社会研发投入相对应的全口径研发产出（值）测算模型［式（10－9）为式（10－4）的扩展式］，但还需对其进行应用和检验。因该模型系首次提出，故现有官方统计指标设置和数据库尚不能完全支持其应用。但这并不影响其试算：对模型中的某些必要指标可暂以样本或间接推算数据代替，达到验算效果即可。一旦该法被正式采用，设置并获得这些数据项十分简便。鉴于深圳相关统计资料可能相对丰富一点（这便于对某些数据作间接推算），加上笔者曾主持、参与《深圳研发产业发展研究》的课题调研（参见题注），下面尝试应用式（10－9）对该市全口径研发产出（值）做测算，以验证本模型的可行性与实操性。测算样本期选择 2010 年，以便与前文提到的用“投入系数法”所计算出来的该年研发产值规模作对比。

$$GOV_{R\&D} = M + O + N = \sum_{j=1}^{n} m_j + \sum_{i=1}^{n} LVA_i(LVA'_i / \overline{TVA'_i} - 1) + GDP_{t-1} \times TFP^g \times W^P \quad (10-9)$$

## （一）深圳市场性研发产出（2010 年）

——知识产权交易额（$m_1$）。据深圳市技术市场办核定，2010 年全市实现技术交易额 91.46 亿元（与前述该市统计局《关于研发产业的初步分析》中的这一数据稍有出入）。经《深圳研发产业发展研究》课题组（以下简称课题组）查验核定，当年全市实现“纯粹”版权交易额 46.15 亿元（剔除了与技术交易及版权性产品重复计算的部分）。则：$m_1 = 91.46 + 46.15 = 137.61$ 亿元。

——知识产权出资额（$m_2$）。据深圳市市场监督局（工商局）公开发布的“市场主体统计”资料，2010 年全市新注册“主体”58185 家，新增注册资本总额 858.8 亿元。课题组按它们在 18 个产业类别（A—R，其中 B 类为零）的大致分布权重，从中随机抽选出 100 家主体作样本并调阅其详细登记资料，“析出”知识产权出资平均占注册资本的 8.6%①。则：$m_2 = 858.8 \times 8.6\% = 73.86$（亿元）。

——知识产权质押融资额（$m_3$）。据课题组逐行访查并经深圳市金融办核定，2010 年辖区内银行共发放知识产权质押贷款 7 笔，合计 6.8624 亿元。

——研发服务业营业收入（$m_4$）。据深圳市统计局《关于研发产业的初步分析》，2010 年全市 169 家营业收入在 500 万元以上的研发服务企业实现营业收入总额 132.32 亿元，若再加上大约相当于前者营业收入总额 50% 的规模以下研发服务企业实现的营业收

① 与官方估计的武汉光谷企业自主知识产权入股占资本额的 20% 以上相比，8.6% 显得偏低。这可能表明知识产权出资更适用于高新技术产业，深圳高新区的这一数据可能与武汉光谷更接近一些。

入，则：$m_4 = 132.32\ (1 + 50\%) = 198.48$（亿元）。

$$M = \sum_{j=1}^{n} m_j \qquad [\text{应用式}(10-5), n=4]$$
$$= m_1 + m_2 + m_3 + m_4$$
$$= 137.61 + 73.86 + 6.86 + 198.48$$
$$= 416.81(\text{亿元})$$

如前所述，增加值 = 产值 - 中间投入。尽管“单纯知识产权”不含物耗，而且上述交易案的卷宗里也查无“中间知识产权投入”记录，但考虑到深圳有一些高端企业发生知识产权中间投入（如华为 2010 年在全球购买专利或付出专利许可费 2.2 亿美元），课题组经抽样计算并参照现行服务业增加值计算方法，暂按 10% 的知识产权综合中间投入率作扣除，则 2010 年深圳实现市场性研发增加值为：

$$M = 416.81 \times (1 - 10\%) = 375.13(\text{亿元})$$

### （二）深圳自用性研发产出（2010 年）

按我国现行产业分类法，第一级分类为第一产业、第二产业和第三产业；第二级分类包括“A、B、C、…、T”20 个类别，去掉最后的 S（公共管理）、T（国际组织），为 18 个产业门类；第三级分类按“1、2、3、…”编号共 96 个类别，去掉 S、T 所涵盖的 7 个类别为 89 个产/行业。据此，我们在应用 Own-account R&D 析出模型式（10-6）时就有三种选择：首先是按第一级分类，即 $n=3$ 进行测算，虽十分简便，但由于局域和全域三次产业各自内部结构差异很大，测算结果极不精确；其次是按第二级分类，即 $n=18$（深圳 B 类空缺，实为 17）进行测算，但因其中层次设置不对称尤其制造业（C 类）相对太大，也严重影响测算精度；最后，我们决定按第三级分类，即 $n=89$（其中深圳空缺 8 个）进行测算。

$$O = \sum_{i=1}^{n} LVA_i(LVA'_i/\overline{TVA'_i} - 1) \quad [\text{应用式}(10-6), n=89]$$
$$=1.2(0.4298/0.5933-1)+\cdots(\text{略})$$
$$=-0.33+\cdots(\text{略})$$
$$=786.39(\text{亿元})$$

计算过程涉及第三级分类的 89 个产/行业（深圳为零的也列出，以便与三级分类编号保持一致），即产/行业 $i=1$，2，…，89，超额增加值或自用研发产出（$O$）为 $O_1+O_2+O_3+\cdots+O_{89}$。$LVA_i$ 为局域（深圳）89 个产/行业的个别增加值（部分为零），$LVA'_i$ 为深圳 89 个产/行业的个别产业增加值率，$\overline{TVA'_i}$ 为全域（全国）89 个产/行业各自的平均增加值率。在 89 个相加项目中，权重差异很大：如深圳该年狭义农业增加值仅 1.2 亿元（含农、林、牧、渔的广义农业增加值为 6 亿元），计算出来的 $O_1$ 为 -0.33 亿元；但因其所占权重极小，对整个计算结果影响甚微。计算并加总 89 个产/行业的超额增加值虽极其烦琐，但结果更贴近熊彼特的“超值”和创新定义，786.39 亿元的“融入式”研发产出（值）也相对“靠谱”。

### （三）深圳非市场性研发产出（2010 年）

运用索洛残差法（Solow's Residual Method），选择柯布—道格拉斯生产函数，基于官方统计数据（为计算方便，均按统计公报公告的名义 GDP 数据及按此计算出来的名义 GDP 增长率，这与按不变价格计算出来的经济增长率会有差别），测算出深圳 2010 年 TFP 增长率（$TFP^g$）为 3.13%[15]。而按该市公开发布的国民经济与社会发展统计公报，2010 年实现 GDP9510.91 亿元，2009 年实现 GDP（$GDP_{t-1}$）8201.23 亿元，公共研发投入占全社会研发投入的比例（ $W^p$ ）为 29.91%①，代入式（10－7）有：

$$N = GDP_{t-1} \times TFP^g \times W^p \quad [应用式(10-7)]$$
$$= 8201.23 \times 3.13\% \times 29.91\%$$
$$= 76.78(亿元)$$

或将 TFP 对经济增长的贡献率（ $TFP^c = 19.60\%$ ）和当期 GDP 增量（ $\Delta GDP = GDP - GDP_{t-1} = 9510.91 - 8201.23 = 1309.68$ 亿元）代入式（10－8）有：

$$N = \Delta GDP \times TFP^c \times W^p \quad [应用式(10-8)]$$
$$= 1309.68 \times 19.60\% \times 29.91\%$$
$$= 76.78(亿元)$$

最后，加总三项得：

$$GOV_{R\&D} = M + O + N \quad [应用式(10-4)]$$
$$= 375.13 + 786.39 + 76.78$$
$$= 1238.30(亿元)$$

由以上测算结果可见，深圳 2010 年实际研发产出（增加值）规模为 1238.30 亿元：一是高于按投入系数法（研发总投入 ×3）估算出来的结果，但这并不排除其他年份等于或低于“系数法估算”的可能性；二是占同期 GDP 的比值为 13.02%，比较符合深圳创新型城市的定位；三是直接面向市场的纯粹研发产出占研发总产出的比值为 30.29%，表明深圳的专门研发业者及完全市场化的“狭义”研发产业并不居主导地位；四是融入产品或服务的自用性研发产出占整个研发产出的比值为 63.51%，表明深圳企业尤其是软件、IC、互联网等高科技企业大多走的是一条“非典型”的研发

① 据深圳 2010 年统计公报，全社会研发经费支出 333.83 亿元、地方财政一般预算之科学技术支出 99.84 亿元。这与“90% 以上研发投入来源于企业”（深圳“6 个 90% 在企业”的著名经验之一）似有出入。可能的原因：一是口径问题，深圳公共科技投入也主要用于资助企业研发；二是当期深圳公共科技投入大幅递增 59.7%，相对“超常”；三是“90%”的说法多出自口头或新闻，而本文只能基于可查核统计数据。

产业化路径[①]，它们构成了该市“准义”研发产业的主体；五是非市场性的公共研发产出占比为6.20%，虽看起来比重较低，但既显示出深圳倚重企业研发的“传统”，也表明深圳公共研发投入的“引致”（以一定量的公共研发投入引致尽可能多的民间研发投入）绩效极好，更证明公共研发在“广义”研发产业中的“种子”效应不可或缺；六是用式（10－1）检验深圳的“年度研发投入—产出比”（如下所列），显示其当期全口径研发投入产出绩效或研发产业整体经济效益较好。

$$R_y = GOV_y/GIV_y \quad [\text{应用式}(10-1)]$$
$$=1238.30\text{ 亿元}/333.83\text{ 亿元}$$
$$=3.7094(370.94\%)$$

## 五、结语

本文在反思现行研发统计“重投入、轻产出”倾向的基础上，寻求破解导致这一倾向的研发产出统计难题，尝试基于经济学原理给出可行的解决方案，由此赋予研发统计体系如下三个特性。

——双向性。这是经济（学）的本义和经济评价的要件。本解决方案通过“三分法”分别计算并汇总全社会研发产出的货币价值，基本上满足了经济学双向评价也即“投入—产出比”计算的要求。

——可比性。这是投入—产出“比较”本身的必然要求。本方案一是将比较内容（对象）统一为投入—产出两端的“价值”（非使用价值），使两者在“性质”上可比；二是将计量单位统一为两端的同一货币单位（如人民币元），使两者在“单位”上可比；三

① 研发（及物流等）业务被企业剥离出来成为独立业者，谓之研发（及物流等）产业化的“典型路径”；企业将制造等非研发业务逐一剥离出去（转为外部“代工”）而“变身”为事实上的研发业者，谓之研发产业化的“非典型路径”。后一种情况可能代表着一种新趋势，是笔者在研究的另一个课题。

是将比较口径统一为两端的“全口径”，使两者在“口径”上可比；四是将产出指标统一或转化为增加值，使之与通行的 GDP 指标可比。

——析出性。“融入性”研发产出（部分融入企业产品和服务、部分融入社会“公益”）是整个研发（产出）统计的重点和难点。本方案基于熊彼特的“创新源利润”以及柯布—道格拉斯生产函数原理，尝试构建融入性研发的“超值”（企业/行业超额增加值）和“升值”（全社会技术进步提升值）析出模型。作为一种间接测度法，它与自然科学中的许多含量测定法一样，具有相对的准确性和较大的实用性，可在更精确、更科学的方法开发出来之前“暂时”用于解决我们所面临的现实统计问题。

最后，就本方案的颁行和实施提出若干配套政策建议：一是改进相关统计指标设置，包括强化和细化知识产权交易（目前仅部分地方有登记）、注册资本（目前可从每家企业的详细注册资料里查悉，但未作为统计项目汇总）、质押（目前仅经办银行有记录）及研发服务营收等的分类与统计，使之“支持”本方案的实施并适应知识经济发展的需要；二是改革区域创新考核标准，用“研发投入绩效（研发投入产出比较）”代替“研发投入强度（研发经费投入比例）”并将其作为核心指标，以推动实现研发产业和创新活动从“投入导向”到“绩效导向”的转变；三是强化经济效率和质量评价，除强化研发投入绩效评价外，还涉及公共研发投入（引致民间研发投入）乘数、产/行业增加值率、全要素生产率等。

## 参考文献

[1] 亚当·斯密. 国民财富的性质和原因的研究 [M]. 中译本. 北京：商务印书馆，1972 (1st ed. /1776).

[2] OECD, OECD Science, Technology and Industry Scoreboard 2011: Innovation and Growth in Knowledge Economies [R]. OECD Publishing, 2011, ISBN: 978-92-64-11165-3.

[3] F. Bos, H. Hollanders, & S. J. Keuning. A Research and Development Module Supplementing the National Accounts [J]. Review of Income and Wealth, 1994, 40 (3): 273 -286.

[4] 华东师大与上海市社科院课题组，上海研发产业发展现状及建议 [R]. 科技发展研究（上海科技发展研究中心编印），2010 (15/245): 1 -8.

[5] L. Klomp & G. van Leeuwen, Linking Innovation and Firm Performance: A New Approach [J]. International Journal of the Economics of Business, 2001 (8/3): 343 -364.

[6] A. Copeland & D. Fixler, Measuring the Price of Research and Development Output [J], Review of Income & Wealth, 2012 (58/1): 166 -182.

[7] A. Pakes, On Patents, R&D and the Stock Market Rate of Return [J]. Journal of Political Economy, 1985, 2/April (V93): 390 -409.

[8] 朱平芳，徐伟明．政府的科技激励政策对大中型工业企业R&D投入及其专利产出的影响 [J]，经济研究，2003 (6): 45 -53.

[9] 宋吟秋，吕萍科．运用柯布—道格拉斯生产函数模型分析研发活动的成效 [J]. 统计研究，2013 (4/V30): 52 -56.

[10] M. de Haan & M. van Rooijen-Horsten, Measuring R&D Output and Knowledge Capital Formation in Open Economies [A]. Paper Prepared for the 28th General Conference of The International Association for Research in Income and Wealth, Cork, Ireland. Discussion Papers [C]. Statistics Netherlands, 2004, 04009: 2 -31.

[11] E. Edworthy & G. Wallis, Research and Development as a Value Creating Asset [J]. Sourceoecd Statistics Sources & Methods, 2008 (5): 319 -353.

[12] B. H. Hall, J. Mairesse & P. Mohnen, Measuring the Re-

turns to R&D [A]. NBER Working Papers [C]. 2010, 006 (79 - 80): 1033 - 1082.

[13] 深圳市统计局社科处. 关于研发产业的初步分析 [R], 统计分析（深圳市统计局编印），2011（20）：1 - 6.

[14] J. A. Schumpeter, The Theory of Economic Development [M]. Cambridge: Harvard University Press, 1934 (1st ed. in German/ 1912).

[15] 代明，刘俊杰，韩启钰，集约型城市经济"高位增长"分析：以深圳为例 [J]. 2011 经济论坛（12）：73 - 75.

# 单元Ⅲ　知识市场

知识市场是自发配置知识资源、等价交换知识成果及服务的一种机制、手段、渠道、场所或平台，有时也称“创意市场”（market for ideas，或“点子/主意/办法市场”）、“技术市场”“研发市场”“创新市场”等。就如同工业经济社会或工业生产需要有一个工业市场来支撑一样，知识经济社会或知识生产也需要有一个知识市场来支撑其存在和发展。工业市场包括工业生产要素市场和工业产品（服务）市场。同样，知识市场也包括知识生产要素市场和知识产品/权（服务）市场。结构性市场缺陷导致知识市场局部“失灵”，因而需要修复或“设计”。信息披露“两难”（阿罗信息悖论）等因素降低了知识市场交易的流畅性或顺畅度，对此可以通过网络、中介、知识产权制度等建设来加以改善。从知识供应的角度看，知识市场也呈现为一条条相互交织、竞合的知识供应链或创新链。

# 11. 知识市场理论综述①

**【提要】**不论是作为要素还是产品，知识的交易在实践中早已有之。随着知识经济的兴起，知识交易更加频繁热络。但关于知识市场的理论探索却相对滞后，且存在一定争议。本篇从知识市场兴起的背景和原因出发，在辨析其概念的同时，对知识市场的组成、运行机制、制度设计以及实证研究等进行了梳理。总结已有文献发现，保持知识市场的有效性以及合理定价等问题是当前研究的热点，知识市场的培育和完善是知识经济进一步发展的必由之路。

经济系统中要素的重要性与经济发展阶段密切相关。在农业经济时代，土地是最重要的生产要素，以至于在总结财富来源时，有“土地为财富之母，劳动为财富之父”这样的论述[1]；工业经济时代，资本是最重要的要素，古典经济学派认为，资本既是扩大劳动生产的必要条件也是增长的主要动力；在知识经济时代，内生增长理论强调技术进步是实现持续增长的关键。此时，知识或已成为经济系统中最重要的要素。在实践中，知识也已成为诸多全球顶级企业的利润来源，苏伊士集团（Gdf Suez）、诺华公司（Novartis）、思科公司（Cisco Systems）、英格拉姆麦克罗公司（Ingram Micro）、斯伦贝谢公司

① 原载《科技管理研究》2016年第8/16期，署名：代明、姜寒、陈俊。

(Schlumberger)、埃森哲公司（Accenture）等“世界 500 强”都从制造转向研发，把生产和交易知识作为核心业务。在这样的背景下，知识贸易也在飞速发展，2014 年全球知识产权出口额已达 2985.90 亿美元，OECD 官方估计其成员在 2000～2010 年间版权使用费和许可费增长率约为 10.6%，远高于同期 GDP 增长率。在近期颇受关注的《跨太平洋伙伴关系协议》（TPP）中，发达国家力求主导知识产权贸易的游戏规则，其目的在于维护发达国家在世界知识市场中赚取的巨额利润。随着经济发展和创新国家的建设，我国知识产权产出水平日益提升，现已成为全球第一专利申请国，但在知识市场交易上我国却长期“逆差”，与发达国家存在巨大差距（见图 11－1）。鉴于此，对知识市场的组成、运行机制、制度设计以及实证研究进行梳理，在知识交易趋热的今天有着重大的理论和实践意义，并有可能为增强我国知识产权“实现能力”和在新常态下寻找新的增长点提供参考。

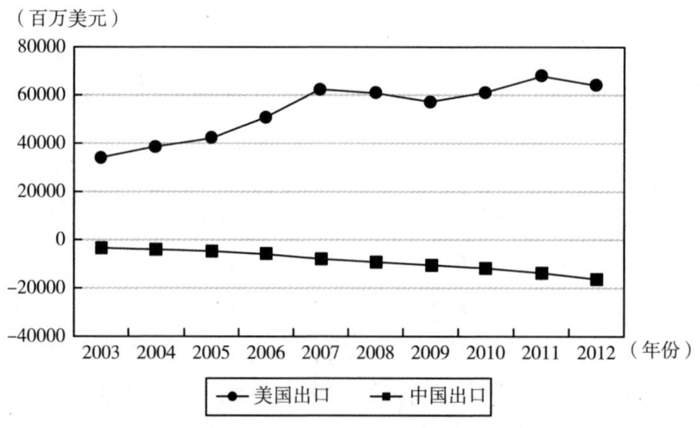


**图 11－1　中美版权使用费和许可证贸易净出口对比图**

资料来源：联合国贸易和发展会议（UNCTAD）数据库，均调整为美元 2003 年的不变价。

## 一、知识市场的兴起

### （一）知识市场兴起的背景

知识产权的概念在18世纪末就已经出现，但知识产权的普遍化和知识的市场化与20世纪末的新经济密不可分。新经济源于20世纪90年代美国经济的良好表现，在此期间，美国经济总量持续增长，并保持相对合理的通货膨胀率和失业率。《2001美国总统经济报告》指出："新经济是指由技术、商业实践和经济政策的相互良性互动，从而产生巨大的经济绩效。其具体表现为快速的经济增长和收入提高、低失业率和适度通货膨胀。"之后，这种兴起于美国、扩展于世界的新技术革命引起的经济增长方式、经济结构以及经济运行规则等的变化被称为"新经济"。新经济的"新"在于多方面的创新，知识既是创新的产物也是创新的基础，"新经济"也可以称作"知识经济"[2]。在这种格局下，知识成为生产的重要资源，也是组织和个人核心能力的重要体现[3]。在理论上，舒尔茨（Schultz）[4]、贝克尔（Becker）[5]等提出的人力资本理论强调知识水平是人力资本的重要内容。以罗默（Romer）[6]和卢卡斯（Lucas）[7]为代表的内生增长理论则认为知识带来的技术进步可以克服资本等要素的边际效应递减法则，使经济实现持续增长。制度经济学派则强调了产权、交易费用在资源配置和经济发展中的作用，为知识的产权化提供了理论基础。在实践上，知识经济的深入发展带动了知识产权市场的发展[8]。一大批以苹果、高通为代表的高科技企业以及以硅谷为代表的科技园相继崛起，知识以知识产权等形式进入市场，甚至成为企业主要的利润来源。同时，信息技术的飞速进步为知识交易提供了技术支持。在这样的背景下，各种知识交易平台大量"涌现"。

### （二）知识市场发展的原因

市场的形成和发展与分工状况、生产力发展程度、供求、制度等因素息息相关[9]。知识市场的兴起则与新经济时代有着紧密的联系，其发展主要有以下原因：第一，知识市场是新经济时代分工的产物。在新经济时代，为了提高知识生产的专业化程度，大量企业成立了专门的研发部门，部分企业甚至转型为以研发为主业的科技公司。外包和市场化提高了创新效率[10]。第二，知识市场是经济发展的产物，在知识经济时代，科学技术已经成为第一生产力，创新能力成为企业的核心竞争力，企业需要从知识市场中搜寻所需知识，这种需求造就了知识市场的发展[11]。同时，微笑曲线表明前端研发更具价值，这样，在知识市场，卖方不仅可以赚取巨额利润，还可以获得社会认同、个人愉悦、为他人欣赏等效用[12]，出于这些动机就形成了知识市场的供给方。第三，知识市场是以知识产权为代表的相关制度和以互联网为代表的相关技术发展的产物。正如诺斯（North）认为私有制是市场的起点[13]，知识产权等相关制度的发展则为知识进入市场交易提供了制度基础[14]。同时，互联网等支持技术的发展也为知识市场提供了技术条件[15]。

## 二、知识市场的界定

### （一）知识市场的概念

知识市场是配置知识资源的一种机制[16]，知识市场与技术市场、研发市场等概念有一定的重合之处，但相对来说更加广泛。纳塔里齐奥等（Natalicchio et al.）把一般性知识市场（market for ideas/knowledge market）定义为组织或个人对知识资产进行陈列、搜寻、交换的场所或渠道[17]。值得注意的是，达文波特和普鲁萨克（Davenport & Prusak）在其著作 *Working knowledge* 中提出了企业内部知识市场（internal knowledge markets）的概念，他们把企业内部知识市场定义为交易者为了现期或远期价值进行知识交换的系统[18]。本文针对的是一般性知识市场。另外一些知识市场概念则围绕其相关特征构建，例如以知识产权为交易客体的知识产权市场（intellectual property rights market/market for know-how），主要指以个人为交易主体、以网络为媒介的在线知识市场（online knowledge market）。

### （二）知识市场的运行机制

关于知识市场的运行机制存在两种观点（见表 11 -1）。一是强调知识的“私人品”属性，通过知识产权制度，赋予知识一些在传统品交易中的必要属性，如排他性等，这样就可以采用传统市场的模式去发展知识市场[19]。二是强调知识的“公共品”属性，鼓励知识所有者对知识以及信息进行分享[20]，实现参与经济（attention economy），该观点与传统市场理论的研究存在较大差异。目前来说，对一般性知识市场的研究多围绕着第一种观点。

**表 11 -1 两种知识市场机制比较**

| 观点 | 交易标的 | 主要属性 | 流通手段 | 传统市场手段是否有效 |
| --- | --- | --- | --- | --- |
| 观点一 | 知识产权 | 私人品 | 交易 | 是 |
| 观点二 | 知识 | 公共品 | 交易或分享 | 否 |

### （三）知识市场的组成

知识市场组成包括买家、卖家和中介。买家是指在知识市场中购买知识的组织或个人；卖家是指出售知识的组织或个人；中介则是两者之间联系的桥梁。值得注意的是，在知识市场中，由于知识的特殊性，中介发挥着更重要的作用，中介的发展极大地推动了知识产权市场的兴起[21]。

## 三、知识市场的制度设计

由于知识的特殊性，知识市场似乎比传统市场更加难以驾驭。20 世纪，对于知识能否通过市场手段进行配置存在一定争议。持否定意见的学者认为，知识的外溢性会使市场手段难以有效地进行资源配置[22]。而持肯定意见的学者认为，只要通过制度设计建立排他性就可以让知识市场有效运行[23]。随着知识贸易在实践中的蓬勃发展，知识市场存在的合理性已经得到了肯定，但知识市场仍存在大量的市场失灵现象，这样就需要有效的制度设计来修复，该问题是知识市场领域的研究热点。

### （一）知识市场失灵的原因

要讨论知识市场的制度设计，前提是厘清知识市场的失灵原因。不确定性是知识市场失灵的重要原因，具体体现在知识生产的不确定性和知识交易的不确定性。在知识生产过程中，能否成功和所需投入额都带有很大的不确定性。这种生产的不确定性使投资者无法事先知道投资的效果，而在生产过程中更换合作伙伴会产生高昂的费用，这就会形成受制于人的问题（hold-up problem），导致失灵[24]。同时，知识交易也存在很大的不确定性。首先，交易价值具有不确定性，买者在购买前因为不了解该知识，故无法确定知识的价值，而买者一旦了解了该知识也就缺乏购买欲望，这就是“阿罗信息悖论”[25]。在这种情况下，知识自然难以合理定价[26]。其次，交易成本、能否产权化等问题的不确定性也会影响知识市场能否有效运行[27]。信息不对称也是知识市场失灵的重要原因，这在知识市场比在传统市场更为严重，而这极有可能导致道德风险[28]。

### （二）知识市场失灵的修复手段

排他性是市场交易的重要基础，而知识产权制度是知识建立排他性的最主要手段。产权化对知识市场的运行和发展有着明显的促进作用[29]，这种手段甚至可以让文化艺术等过去难以进行交易的知识进入市场[30]。当然知识产权制度也不是完美的，由于部分知识难以产权化（例如顾问服务、想法）或产权化的成本太高，故并不是所有的知识都可以通过产权化来实现排他性。事实上，产权化后依然可能存在外溢现象，如研发外包引发的技术外溢[31]。除产权制度以外，也可以通过“固定收益+知识提成”等契约设计手段进行修复。且传统市场上“信号识别”的方法依然有效[32]，如卖方的商誉、品牌、声望等因素都可以作为信号，甚至在缺乏知识产权保护的情况下，信息披露仍然是缓解阿罗信息悖论的有效手段[33]。在交易手段上，可以采用拍卖的方式使价格更加合理[34]。建立统一的定价机制和便利的信息交流平台等信息“生态系统”也是有效的修复手段[35]。互联网技术的发展可以减少交易成本，网站可以通过保证金、罚款等手段去缓解道德风险问题[36]。在总结失灵原因的基础上，甘斯和斯特恩（Gans & Stern）[37]提出了知识市场设计理论，他们认为应该从市场厚度、市场流畅性和市场安全性三个维度建立有效的知识市场。

## 四、知识市场的实证研究

知识市场在实践上已经取得了大规模的发展，统计学界也意识到对知识市场相关数据进行统计的重要性[38]。近年来，随着知识市场关注度的上升，也出现了一些围绕知识市场展开的实证研究。知识市场的实证研究多集中在以下四个方面：第一，知识市场的规模测度。OECD 官方估计，OECD 成员国在 2000～2010 年的十年间版权使用费和许可费（royalties and license fees）增长率约为 10.6%，远高于同期的 GDP 增长率；阿瑟雷和杨（Athreye & Yang）[39]估算全球范围内 2009 年版权使用费和许可费高达 1800 亿美元。第二，买卖双方进入知识市场的影响因素。如瑟卡诺里等

(Ceccagnoli et al.)[40]从买方的角度出发，认为企业自身研发能力的强弱将会影响参与知识市场的需求程度；康西卡奥等（Conceicao et al.)[41]从卖方的角度出发，认为知识的本质属性、专用性、互补资源的分布以及学术环境会影响卖方是否在知识市场出售知识。第三，知识市场的失灵原因和修复手段。阿格拉沃尔等（Agrawal et al.)[42]实证分析了知识市场设计理论，并分析了不同组织形式和行业中失灵原因的差异。里廷索勒和恩斯特（Lichtenthaler & Ernst)[43]则针对中介平台是否可以修复失灵现象进行了研究。第四，知识市场和其他经济活动之间的关系。知识市场和创新的关系一直是这方面的热点问题。约翰森和刘（Johnson & Liu)[44]从宏观角度进行研究，发现知识市场可以促进区域创新活动，查特吉和法布里奇奥（Chatterji & Fabrizio)[45]则从微观角度进行实证，发现知识市场总体而言可以促进企业创新，但对不同类型的企业影响有所不同。此外，甘斯[46]利用调查数据进行实证研究发现，知识市场发展程度会影响创新者在独自创业和合作创业之间进行的选择。

## 五、结语

随着知识经济的深入发展，创新这一知识生产过程已成为经济学界数十年来关注的热点。知识市场作为知识分配的重要手段，也得到了一定的发展，但相对于创新研究的“大热”，知识市场研究的关注度明显偏低。目前，知识市场还有许多值得探索的问题，首先是关于各种知识市场的联系、区别以及如何形成统一的框架；其次是如何克服知识的特殊性导致的失灵现象，如何保持知识市场的有效性；再次是关于知识市场的定价，这里不仅限于如何用货币定价，还包括对非货币定价机制的研究；最后就是知识市场的作用，特别是在知识产权保护问题重要性日益上升的今天，知识产权保护、创新、知识交易三者有何联系？我国的情况又如何？这都是值得进一步研究的问题。当然这里不仅限于创新，关于知识市场对其关联性经济活动的作用也值得探索。这些问题还具有很大的发展空间，解决好这些问题对进一步发展知识市场和知识经济有着重要的意义。近年来，知识产权研究在全球特别是发达国家得到了极高的关注度，学界也在尝试对知识市场进行实证研究，但主要研究都集中于发达国家，结合发展中国家国情的研究依旧相当有限，在我国这样一个“创新大国”，这些命题无疑更具有价值。

总体而言，知识市场理论在知识经济理论体系中相对不完善，且落后于实践发展。在重要性已不容置疑的前提下，知识市场理论的完善和发展似乎是知识经济进一步发展的突破口，也有待于更多学者的关注和进一步研究。在我国，知识市场虽然得到了一定程度的发展，但与发达国家相比仍然存在不小的差距，研究知识市场的相关理论和发展知识市场的实践工作是加速新常态下经济转型、建设创新国家以及发挥我国知识产权产出优势的有效手段，并与大众创业等国家新政策息息相关。

## 参考文献

［1］ W. Petty. A treatise of taxes and contributions ［A］. 1662. Reprinted in The economic writings of Sir William Petty ［C］. Vol. 1. Cambridge University Press，1899.

［2］ 刘树成，李实. 对美国“新经济”的考察与研究 ［J］. 经济研究，2000 (8)：3－12.

［3］ K. Seltzer & T. Bentley. The Creative Age：Knowledge and skills for the new economy ［M］. Demos press，1999.

［4］ T. W. Schultz. Investment in Human Beings ［M］. University of Chicago Press，1962.

［5］ G S. Becker. Human Capital：A Theoretical and Empirical Analysis with Special Reference to Education ［M］. University of Chicago Press，1964.

［6］ P M. Romer. Increasing Returns and Long-Run Growth ［J］.

Journal of Political Economy, 1986, 94 (5): 1002 –1037.

[7] R E. Lucas. On the Mechanics of Economic Development [J]. Journal of Monetary Economics, 1988, 22 (7): 3 –42.

[8] A. Monk. The emerging market for intellectual property: drivers, restrainers, and implications [J]. Journal of Economic Geography, 2009, 9 (4): 469 –491.

[9] M. Casson & J. S. Lee. The origin and development of markets: a business history perspective [J]. Business History Review, 2011, 85 (1): 9 –37.

[10] O. Bertrand & M J. Mol. The antecedents and innovation effects of domestic and offshore R&D outsourcing: the contingent impact of cognitive distance and absorptive capacity [J]. Strategic Management Journal, 2013, 34 (6): 751 –760.

[11] R. M. Grant. Toward a knowledge-based theory of the firm [J]. Strategic management journal, 1996 (1) 7, 109 –122.

[12] J. M. Leimeister et al. Leveraging crowdsourcing: activation-supporting components for IT-based ideas competition [J]. Journal of management information systems, 2009, 26. (1): 197 –224.

[13] D. C. North. Institutions, Institutional Change, and Economic Performance [M]. Cambridge University Press, 1990.

[14] M. L. Mcgil. Copyright and Intellectual Property: The State of the Discipline [J]. Book History, 2013, 16 (1): 387 –427.

[15] E. Dyson. Release 2. 0: A Design for Living in the Digital Age [M]. New York: Broadway Books, 1997.

[16] H. Jennifer. The Rise of the Knowledge Market [N]. Forbes, Retrieved 19 April 2013.

[17] A. Natalicchio et al. A literature review on markets for ideas: Emerging characteristics and unanswered questions [J]. Technovation, 2014 (34): 65 –76.

[18] T. H. Davenport & L. Prusak. Working Knowledge：How Organizations Manage What They Know [M]. Harvard Business School Press，1998.

[19] H. A. Simon. The Many Shapes of Knowledge [J]. Revued'é conomie industrielle，1998，88 (2)：23 –39.

[20] A. Simard. Knowledge markets：more than providers and users [R]. The IPSI BgD Transactions on Advanced Research，2006，2 (2)：3 –9.

[21] A. Hagui & D. Yoffie. Intermediaries for the IP Market [R]. Harvard Business School Working Paper，2011.

[22] R. R. Nelson. The Simple Economics of Basic Research [J]. Journal of Political Economy，1959 (67)：297 –307.

[23] P. M. Romer. Endogenous Technological Change [J]. Journal of Political Economy，1990，98 (5)：74 –102.

[24] G. Pisano. The governance of innovation：Vertical integration and collaborative arrangements in the biotechnology industry [J]. Research Policy，1991 (20)：237 –249.

[25] K J. Arrow. Economic Welfare and Allocation of Resources for Inventions [A]. in R. Nelson (ed) The Rate and Direction of Inventive Activity：Economic and Social Factors [C]. Princeton，NJ：Princeton University press，1962.

[26] D. J. Teece. Towards An Economic Theory of the Multiproduct Firm [J]. Journal of Economic Behavior and Organization，1982 (3)：39 –63.

[27] A. Arora & A. Gambardella. Ideas for Rent：An Overview of Markets for Technology [J]. Industrial and Corporate Change，2010，19 (3)：775 –803.

[28] A. Arora. Contracting for tacit knowledge：The provision of technical services in technology licensing contracts [J]. Journal of

Development Economics, 1996, 50 (2): 233 – 256.

[29] J. S. Gans et al. The Impact of Uncertain Intellectual Property Rights on the Market for Ideas: Evidence from Patent Grant Delays [J]. Management Science, 2008, 54 (5): 982 – 997.

[30] A. Kennedy & G R. Laczniak. Indigenous intellectual property rights: Ethical insights for marketers [J]. Australasian Marketing Journal, 2014 (22): 307 – 313.

[31] P. Buss & C. Peukert. R&D outsourcing and intellectual property infringement [J]. Research Policy, 2015 (44): 977 – 989.

[32] 周波．知识交易的定价 [J]．经济研究，2007 (4): 80 – 89.

[33] J. J. Anton & D A. Yao. The Sale of Ideas: Strategic Disclosure, Property Rights, and Contracting [J]. Review of Economic Studies, 2002 (69): 513 – 531.

[34] S. Ba et al. Optimal Investment in Knowledge Within a Firm Using a Market Mechanism [J]. Management Science, 2001, 47 (9): 1203 – 1209.

[35] P. Towell & S. Keunen. IP Markets and Enabling Information Ecosystems [R]. The Intellectual Property Office, 2014.

[36] G. Dushnitsky & T. Klueter. Is there an eBay for ideas? Insight from online Knowledge market places [J]. European Management Review, 2011 (8): 17 – 32.

[37] J. Gans & S. Stern. Is there a market for ideas? [J]. Industrial and Corporate Change, 2010, 19 (3): 805 – 837.

[38] M. D. Haan et al. Measuring R&D output and knowledge capital formation in open economies [J]. Paper prepared for the 28th General Conference of the International Association for Research in Income and Wealth, Cork, Ireland, 2004.

[39] S. Athreye & Y. Yang. Disembodied Knowledge Flows in the

World Economy [R]. WIPO Economic Research Working Paper, 2011.

[40] M. Ceccagnoli et al. Productivity and the role of complementary assets in firms' demand for technology innovations [J]. Industrial. Corporate. Change, 2010 (19): 839 - 869.

[41] O. Conceicao et al. The commercialization decisions of research-based spin-off: targeting the market for technology [J]. Technovation, 2012 (32): 43 - 56.

[42] A. Agrawal et al. Deals Not Done: Sources of Failure in the Market for Ideas [R]. NBER Working Paper, 2013.

[43] U. Lichtenthaler & H. Ernst. Intermediary services in the markets for technology: organizational antecedents and performance consequences [J]. Organization Studies, 2008 (29): 1003 - 1035.

[44] W. Johnson & Q. Liu. Patenting and the role of technology markets in regional innovation in China: An empirical analysis [J]. Journal of High Technology Management Research, 2011 (22): 14 - 25.

[45] A. Chatterji & K. Fabrizio. Does the Market for Ideas Influence the Rate and Direction of Innovative Activity? Evidence from the Medical Device Industry [J]. Strategic Management Journal (forthcoming 2015).

[46] J. Gans et al. When does start-up innovation spur the gale of creative destruction? [R]. NBER Working Paper, 2000.

# 12. 研发市场失灵及其修复①

**【提要】** 我国研发投入强度尚跟不上自主创新和转型发展的要求。究其原因，知识或研发市场失灵值得关注。这涉及研发任务碎片化、研发周期漫长、研发产出不确定、研发成果外溢等知识生产或研发活动的结构性市场缺陷。可行的修复手段包括产业规划和引导、知识产权制度、知识市场建设、风险投资制、全员及全要素分享制、研发成果或服务的政府采购制、公共研发投入、税收激励政策等。

## 一、引言

技术创新已成为经济长期有效增长的引擎之一[1]。主流理论和政策把技术创新与进步看作有意识进行研发（R&D/research and development）投入的结果。发达国家研发投资强度（R&D/GDP）一般在2.5%～3.0%，2011年美国为2.90%，日本为3.26%，新兴工业化国家韩国高达3.74%。我国研发投入强度近年处于上升趋势，但迄今仍仅1.84%，不足韩国的1/2，与前者差距明显。究其原因，研发市场失灵值得关注。市场失灵研究由来已久，但知识或

---

① 原以“企业科技创新市场失灵的形成逻辑与有效治理”为题载《中国科技论坛》2014年2月，署名：代明、刘佳、张杭。

研发市场不同于一般市场，其失灵的表现更多、程度更大且原因有异，更需要特殊的修复措施和治理手段。为此，专题探讨研发市场失灵及其修复问题是不无裨益的。

R&D 是指在科学技术领域为增加知识以及运用这些知识去创造新的应用而进行的系统性、创造性活动，包括基础研究、应用研究和试验发展（OECD）[2]。国外关于研发市场失灵的现有文献认为，从小到原子大至高度集中的寡占市场结构，研发的投资水平都显得过低。对一个市场经济系统而言，研发成果有限的独占性、金融市场失灵、知识产品带来的外部性收益等都是造成创新不足从而无法达到社会效益最大化的原因[3,4]。在对研发市场失灵的原因进行分析时，主要基于微观经济学关于市场失灵的三个特征：（1）R&D产品的公共性，如斯蒂格利茨和韦斯（Stiglitz & Weiss）认为知识可被看作纯公共物品，如果由私人提供，就必须有一定形式的保护，使其不能轻易被公开使用[5]；（2）R&D 活动的外部性，以正外部性为主，表现为“溢出效应”；（3）R&D 过程的不确定性和风险[3]。国内在创新方面的研究起步相对较晚，对创新中产生的市场失灵问题有所涉及[6-8]，但多为对前述观点的诠释、应用和借鉴，从总体上看，对 R&D 市场失灵研究的系统化、深度及新度还不够，尤其对我国研发投入滞后于发达国家的成因讨论不足。此外，我国关于研发市场失灵的修复措施、治理手段及相关政策设计也还有待完善，故本文尝试做一探讨。

## 二、研发市场失灵

市场失灵与市场成功是相对而言的。《新帕尔格雷夫经济学大词典》（*The New Palgrave：A Dictionary of Economics*）将市场成功解释为“聚集理想化的竞争市场使资源均衡配置达到帕累托最优的能力”。反之，则是市场失灵，即市场在资源配置方面的低效率。据此，可将研发市场失灵理解为全社会创新要素或研发资源对企业等创新主体及其研发活动的投入不足，导致研发资金（及其他研发资源）投入量低于市场最优资源配置需要的状态。与一般市场失灵相比，研发市场失灵程度较高且成因特殊，形成知识生产或研发活动的 FLUS 结构性市场缺陷（见图 12－1）。

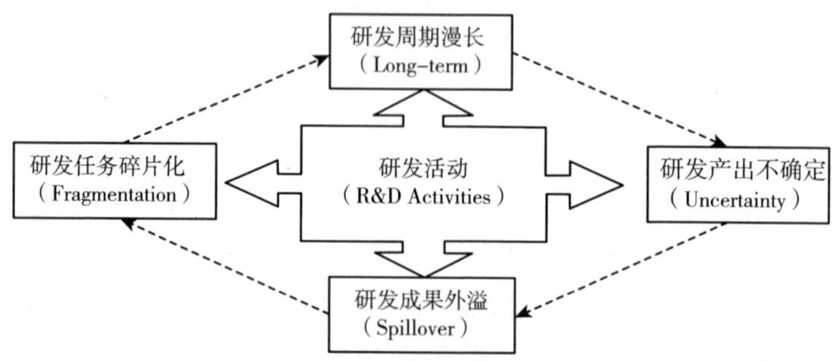


**图 12－1　知识生产或研发活动的 FLUS 结构性市场缺陷**

### （一）研发任务碎片化导致负外部性

研发碎片化（fragmentation）是指一项完整的研发任务往往被细密的分工切割得“支离破碎”；反过来说，只有串联起诸多的研发环节、整（缝）合大量的研发成果碎片，才能形成一件独立的研发产品。伴随着全球化趋势，研发的“碎片化”程度也不断加剧。单个产品的开发往往需要在不同国家（地区）、通过不同领域人才合作、综合不同技术知识才能完成。这在当代 CoPS（high cost, complex product and systems）的研发生产中体现得尤为明显[9]，如飞机制造就涉及总体设计及数万项零部件、原材料、燃料助剂等的研发，成千上万家机构或厂商的参与，跨越数十上百个国家的要素和产品流动（通）等。研发任务的“碎片化”及其带来的研发局部化、交织化、间接化、连续化、协同化等特点，导致研发市场呈现出庞杂、分散、无序、浪费、“各自为政、各行其是”等负外部性及配套、协调、整合、风险成本增大等负外部效应。

### （二）研发周期漫长超过回报预期

相对于直接使用成熟技术，新技术的开发周期较为漫长，往往超过业者的回报预期及业界（年度）核算惯例。图 12－2 是根据研发活动特点与企业行为偏好之间的关系构建的一般模型：在不稳定阶段（Ⅰ象限），即产品生命周期的早期，厂商为满足潜在的用户需要进行产品创新，新样品的创新程度高，但设计概念尚未定型、产品功能有待完善、市场潜力尚待验证；与此相应，制造工艺也常是粗糙、昂贵和不可靠的，产品市场有待开发。这一阶段创新企业的 R&D 支出较高，却不大可能产生很高的经济效益。在转换阶段（Ⅱ象限），经过不稳定阶段的不断“尝试、纠错”，主导设计逐渐成形并降低了市场不确定性，产品创新率急剧下降，产品基本稳定，大规模生产成为可能，创新重点从产品创新转移到工艺创新。在稳定阶段（Ⅲ象限），企业主要享受大规模生产效率提高带来的规模经济。一旦进入稳定阶段，企业就会呈现出越来越大的刚性，产业内部会产生一种强烈抵制重大创新的力量。技术、财务、人力资源管理等各部门都可能对往往伴有“折腾”“震荡”的新变化设置障碍，从而导致固有的技术路径依赖和锁定。这不仅影响企业的研发动力，技术锁定带来的“低端”还可能通过价格转移到消费者，从而影响社会福利。这又势必推动企业加速进入周期低谷（Ⅳ象限），使之面临要么守旧沉沦要么通过高风险研发寻求再创新崛起的生死存亡抉择。

对企业来说，研发活动是一种投资行为，因此，研发投入也具有资本追逐利润的性质。从预算到使用，研发费用都必须服从于企业追逐利润的总体目标，即是否有足够的市场容量和利润空间来保证起初的研发投入回收和盈利。目前，企业对投资项目预决算均采用较高的贴现率，意味着企业投资必须在几年内实现回收和盈利，这在多数研发投资项目上是做不到的。许多 CFO 倾向于关注短期收益与股票价格，企业股东也多属风险规避型，通常关注当年回

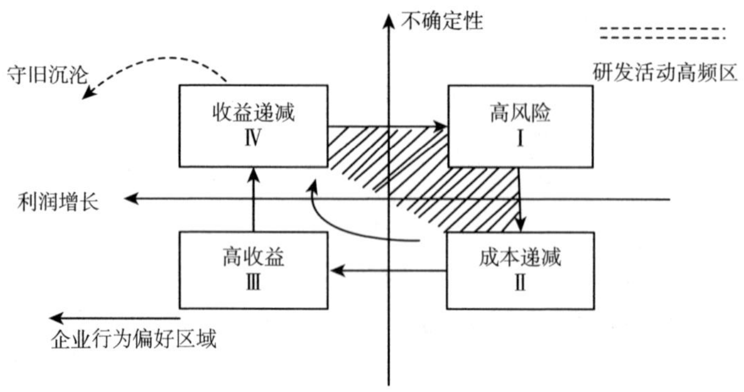


**图 12－2　基于研发周期的研发活动特点与企业行为**

报和短期内的财务报表，加上投资于创新企业的风险投资机构希望在 4 ~7 年内退出，这都使不具有短期回报预期的研发投入受到抑制[10]，尤其阻滞严重倚赖日常收益生存的中小企业进行创新“冒险”。

### （三）研发产出不确定增加投资风险

风险是概率已知的不确定状态，不确定性是确实不知道未来事件概率的状态。企业对研发进行投资根据的是未来收益的现值，即对这种收益的可获性的概率分布有充分的了解。当这种信息无法获得时，不确定性就产生了：一是技术不确定，即不知创新是否、何时会实现；二是市场不确定，即同一项创新常会在不同业者之间“撞车”，不知谁会率先推向（抢占）市场或拿到专利权。研发产出不确定会加大投入风险，企业不如运用或购买成熟技术合算。当商业前景不明朗时，公司更愿意等待市场条件充分后再进行投资，这种“观望”抉择时常取代立即投资，导致市场上研发投资不足。此外，研发活动对风险资本需求强度最大的阶段为种子期。然而对风险投资主体而言，这一阶段产生的是实验室成果、专利和样品而非产品，虽然所需资金量少，成功后获利空间大，但投资成功率最低。加之发明者和投资者之间信息不对称[11]，也极易导致投资于此阶段的风险资本较少，如表 12 -1 所示。

**表 12 -1　　　中国 2010 ~2011 年投资阶段分析**

| 阶段 | 种子期 | 成长期 | 扩张期 | 成熟期 | Pre-IPO | PIPE | 合计 |
|---|---|---|---|---|---|---|---|
| 数量（个） | 156 | 226 | 164 | 113 | 51 | 30 | 740 |
| | 142 | 626 | 390 | 141 | 61 | 125 | 1485 |
| 比例（%） | 21.08 | 30.54 | 22.16 | 15.27 | 6.89 | 4.05 | 100 |
| | 9.56 | 42.15 | 26.26 | 9.49 | 4.11 | 8.42 | 100 |
| 金额（亿元） | 70.20 | 106.19 | 192.80 | 111.62 | 108.06 | 122.90 | 711.78 |
| | 68.28 | 353.54 | 468.30 | 670.96 | 53.31 | 585.24 | 2199.63 |
| 比例（%） | 9.86 | 14.92 | 27.09 | 15.68 | 15.18 | 17.27 | 100 |
| | 3.10 | 16.07 | 21.29 | 30.50 | 2.42 | 26.61 | 100 |

资料来源：据《中国风险投资年鉴（2011—2012）》数据整理，其中每列各指标对应的上栏为 2010 年数据，下栏为 2011 年数据；2011 年有效样本数为 661 家，2010 年为 362 家。

### （四）研发成果外溢降低研发动机

研发溢出效应指 R&D 成果的非自愿扩散促进其他企业和区域的技术水平和生产力水平提高。R&D 溢出是由研发本身所具有的公共产品属性和外部性所决定的。这种“利益溢出”引发“搭便车”行为和“等待博弈”等负外部性，使“受溢”企业不愿投资进行 R&D 活动，而总是等待其他企业创新后免费享用。对“溢出”企业而言，若自身研发投资收益率（研发产出/研发投入）相当于甚至低于“受溢”企业，其投资 R&D 的动力就会减弱，全社会就达不到研发所需的最佳投资规模。此外，“受溢”也是一个吸收、消化、借鉴和再创新的过程，同样需要配套研发投入。然而，目前我国在这方面的投入力度很弱，如 2011 年我国引进技术和消化吸收费用的比例为 1：0.45，而韩国、日本的这一比例分别达到

1∶5 ~ 1∶8，这不仅拉低了我国研发投入的增长，还严重影响我国企业承接技术溢出的实效。

## 三、研发市场失灵修复

研发市场失灵是政府对 R&D 活动干预的根本原因。针对知识生产或研发活动的 FLUS 结构性市场缺陷，可采行的修复手段主要如下。

### （一）产业规划和引导

针对研发任务碎片化及其他研发市场失灵表现，为降低其负外部效应，必要的修复手段之一是从宏观角度加强产业规划的研究制定和实施引导。其中可能涉及战略性新兴产业的选择、创新链和研发产业集群的打造、研发公共服务平台的建设、产学研及区（城、国）际合作的推进、行业规范及各类产业政策的制定等。从美国硅谷，印度班加罗尔，中国台湾新竹、武汉光谷、深圳等地形成的 IT（PC、IC、软件、光纤）等高新产业集群看，因地制宜地规划、培育、打造及引导相关研发资源形成特定的产业集群或产业集聚区，不失为整（缝）合庞杂研发碎片并降低其外部成本的有效手段。

### （二）知识产权制度

知识产权制度对知识生产或研发活动的各种结构性市场缺陷均有修复作用：一是对研发的各种中间性、碎片化成果加以固化，为解决其流转、整合及价值实现提供了前提；二是将漫长的研发周期阶段化，使之更容易度量、链接、比较、核算和交易；三是缩短和收窄研发预期，使研发产出不确定性相对降低或变得相对可以预期；四是明确研发成果的无形（非物理）边界并赋予其法律权属，使其非自愿外溢得到抑制并可通过交易实现知识价值。随着知识产权制度的建设和完善，研发成果得到有效保护并可交易变现，必将对研发投入和自主创新产生极大的激励。

### （三）知识市场建设

研发市场失灵，一部分属于市场固有缺陷，需要运用非市场手段来互补；另一部分是由市场不完善造成的，需要通过研发市场本身的建设和完善来疏浚疏通。例如，我国如今已跃升为全球知识产权产出大国，但知识产权出口额仅为8.867亿美元（2013年），占服务总出口比例仅0.4262%；而美国同年该项出口额为1291.78亿美元，占比18.792%。差距之大令人瞠目。这除了反映出我国知识产权产出“量大质低”的问题外，也在一定程度上折射出我国知识产权市场不完善及其导致的知识产权交易不流畅问题。为此，亟待培育、建设和完善知识交易或研发市场：一是培育市场需求，如鼓励和引导一般企事业单位尽量外购或外包通用性、标准化研发服务；二是培育市场供给，包括鼓励创办各类研发企业或非企业组织、引导有条件的企业分离（立）其内部研发部门为独立研发子公司（院、所）等；三是反向培育，即支持品牌制造企业“反向”拆分其制造部门后转而采取“制造外包”（代工）或“贴牌生产”（OEM），自身则专理“研发+品牌维护”；四是加速科技中介市场和知识交易平台建设；五是提升知识交易的网络化水平等。

### （四）风险投资制

针对研发周期漫长、研发产出不确定及其导致的研发投入“畏险”和不足问题，风险投资制度不失为一种可行的修复或治理手段。一是作为权益投资具有“无限期”性质，比贷款、债券等“有限期”融资更适合研发活动的长周期特点；二是分解（平摊）了研发产出高度不确定性下的高风险，使研发投资风险对各类尤其是大众投资人来说变得可以承受；三是将投资项目选择交给专业化的创投公司及其专业团队去打理，避开或降低了一般投资人与实际研发业者之间的信息不对称难题；四是与之相配套的创业板股票市场为投资人设置了方便的退出和变现通道，使之可以规避对漫长研发周期及其不确定前景的等待和忧虑。风险投资制对知识市场失灵的修复效应在美国硅谷、中国深圳等地得到了很好的验证。

### （五）全员及全要素分享制

企业不仅面临自身研发周期漫长、波动及前景不确定问题，还要面对经济大环境前景不确定和周期性波动的威胁。美国经济学家威茨曼（Weitzman）曾在20世纪80年代的“滞胀”时期提出“分享经济制”（share economy[12]，不同于当今协同消费意义上的分享经济）来应对后一种波动：建立全员利益和命运共同体，让员工在繁荣时分享到“利多”、在衰退时分担“利空”，这样，公司一旦遭遇不景气就可以免除固定工资带来的成本压力。从一些中外企业实行员工持股（华为甚至以此替代上市）、股票期权等的效果看，这一机制尤其适合周期漫长、产出不确定的研发活动或知识生产。进而还可以探索发展全要素分享制：让参与研发活动的资金、人才、土地（物业）、设备、知识产权等各种生产要素全部资本化（只设定低水平甚至零固定报酬），均按比例分享（净）收益和分担亏损。

### （六）研发成果或服务的政府采购制

投资人或企业主要依据对未来市场需求的预判或预测做出研发投资决策，而未来往往充满变数，且变数随着时长而递增，这就加剧了周期漫长的研发活动的产出不确定性和投资风险。对此，实行研发成果或服务的政府采购制是一种有效减少变数并降低风险的手段：它让部分未来需求得以“固化”或得到保障，也就是由政府代表公众来与研发业者和投资人共同分担研发高风险。这种模式曾被广泛运用于美国的基础设施、国防、航空、太空、能源乃至重要民生等科技研发领域，是其区别于西欧“国有化”或“国家资本主义”的一大特征和“亮点”，或可谓之“美式国家干预”或“美式国家资本主义”。

### （七）公共研发投入

针对民间对碎片化、长周期、不确定、高风险研发投资的“畏险”情绪，具有更强风险承受力的公共财政可以适当参与以发挥“壮胆”、补缺或引导效应。一般来说，战略性越显、基础性越强、规模越大、周期越长、风险越高的研发项目，公共财政的参与度应愈高甚至可以主导。但对一般研发活动，政府投资更宜发挥创新“点化”、引导和示范效应，否则就会“越位”以至于产生对民间研发投资的替代甚至“挤出”效应。若用 $K_{R\&D}$ 表示创新引导效应，$\Delta G_{R\&D}$ 表示一定时期政府研发投入增量，$\Delta P_{R\&D}$ 表示该时期私人或民间研发投入增量，则公共研发投入的创新引导效应可记作于式。其中，K 为常数，其越大表明公共研发投资的创新引导效应越好[13]。

$$K_{R\&D} = \Delta P_{R\&D}/\Delta G_{R\&D}$$

### （八）税收激励政策

税收政策是政府调控市场的常规经济手段。针对种种研发市场失灵问题，各国一般采用应税额扣减研发投入、固定资产加速折旧、设备购置减免税、新创研发企业前期减免所得税（先免再减半）、高新园区实行差别税制等税惠激励政策，一直以来都收到了较好的研发和创新激励效果。

## 四、结语

本文专题分析和梳理了知识或研发市场失灵及其修复问题。事实上，制约我国研发投入增长的原因不止于此，另一个重要制约因素就是研发市场体系本身不完善、不成熟。因此，我国的知识或研发市场治理需并用“看得见”（政府干预）和“看不见”（市场功效）的两只手。此外，与研发投入对应的产出端以及与之相关的研发绩效（研发产出/研发投入）测度也是理论和实践上的一个盲区或难点。即使我国的研发投入水平提高了（这相对比较容易做到），但倘若研发产出或研发投入绩效未相应跟上甚至“无考”，那也是无用功甚至会造成资源浪费。对后一方面笔者将另题探讨。

## 参考文献

[1] P. Aghion & P. Howitt. The economics of growth [M]. MIT Press, 2009.

[2] OECD. Oslo Manual: Guidelines for Collecting and Interpreting Innovation, 3rd Edition [M]. Organization for Economic Cooperation and Development, 2005.

[3] K. J. Arrow. The Economic Implications of Learning by doing [J]. The Review of Economic Studies, 1962, 29: 155-173.

[4] P. Romer. Endogenous Technological Change [J]. Journal of Political Economy, 1990, 98: 71-102.

[5] J. Stiglitz & A. Weiss. Credit Rationing in Markets with Imperfect Information [J]. American Economic Review, 1981 (17): 393-410.

[6] 郑绪涛，柳剑平. 促进 R&D 活动的税收和补贴政策工具的有效搭配 [J]. 产业经济研究，2008 (1): 27-32.

[7] 孙晓华，田晓芳. 产业创新模式、市场失灵与公共政策设计 [J]. 软科学，2008 (8): 81-84.

[8] 刘新同，肖立范. 共性技术研发中的市场失灵与政府作用 [J]. 河南师范大学学报：哲学社会科学版，2012 (2): 116-118.

[9] T. Brady, A. Davies & P. Nightingale. Dealing with uncertainty in complex projects: revisiting Klein and Meckling [J]. International Journal of Managing Projects in Business, 2012, 5: 718-720

［10］吕炜. 论风险投资机制的技术创新原理［J］. 经济研究，2002（2）：48－51.

［11］武巧珍. 风险投资支持高新技术产业自主创新的路径分析［J］. 管理世界，2009（7）：173－175.

［12］M. L. Weitzman. The Share Economy：Conquering Stagflation［M］. Harvard University Press，Cambridge，MA，1984.

［13］代明. 发展战略管理研究［M］. 北京：经济日报出版社，2014.

# 13. 网络化对知识产权出口的影响：基于阿罗信息悖论的分析[①]

**【提要】** 我国知识产权产销之间存在巨大反差。其中网络化对知识产权出口的影响值得关注。“阿罗信息悖论”揭示了知识市场上信息披露存在的两难困境。据此建模分析发现，网络化具有增加匹配概率、降低交易成本和改善信息不对称的正向效应与增大侵权可能的负向效应，知识产权保护则通过抑制后者发挥门槛效应。采用知识产权出口国别（地区）数据进行实证分析表明，出口国（地区）网络化程度的提高显著促进知识产权出口，且在知识产权保护强度较高的出口国网络化的作用更佳。随着知识产权保护的加强，网络化可以更好地改善阿罗信息悖论情境下的信息不对称问题。因此，提升网络化并与提升知识产权保护水平相结合不失为促进我国知识产权出口的重要对策。

## 一、引言

2015 年，国家发改委对高通开出了 60.88 亿元人民币的罚单，该数额创造了中国反垄断调查历史之最。但对这一事件认真审视后，人们发现高通运营利润的 58% 来自授权营收，近五年这部分收

---

① 原载《财贸经济》2016 年第 11 期，署名：代明、姜寒、陈霄。

入之和高达 300 亿美元以上。前述高额罚单相对于其利润依旧有些“微不足道”。知识产权出口具有耗费少、利润大、一旦生产出来易低成本复制等特点，且可以通过许可证形式实现“多次买卖”。基于以上优点，知识产权贸易规模日益扩大，2014 年全球知识产权出口额已达 2985.90 亿美元。OECD 官方估计其成员国 2000 ~ 2010 年版权使用费和许可费年均增长率约为 10.6%，远高于同期 GDP 增长率。知识产权贸易已成为政府和企业的关注焦点。欧盟 2011 年就把构建统一知识产权市场以带动就业和经济增长作为战略目标。在近年颇受关注的《跨太平洋伙伴关系协议》谈判中，知识产权规则再次成为焦点，发达国家力求主导该规则以确保本国知识产权出口并赚取巨额利润。在企业层面，苏伊士集团、诺华公司、思科公司、埃森哲公司等“世界 500 强”都从制造转向研发，用知识赚取利润似乎更受世界一流企业的青睐。在发达国家利用知识产权出口赚取巨大利润的同时，我国作为出口大国却长期在知识产权出口上处于弱势地位，出口额的绝对值和比例都较低。2013 年，中国知识产权出口额为 8.867 亿美元，占服务业总出口比例仅为 0.4262%；而美国的该出口额高达 1291.78 亿美元，占比为 18.792%，差距不言而喻。事实上，我国在 2012 年已成为世界第一大发明专利申请国。这种“跛脚”不由让人怀疑除知识产权产出能力外，是不是还有其他因素影响知识产权出口？网络化是信息革命的主要内容，在 20 世纪末，就有学者指出网络化可以推动知识产权交易[1]，目前，Tynax、Yet2 等网络平台已成为知识产权交易的重要媒介。但在网络时代由于信息泛化，仿制更加容易，故知识产权保护越发引人关注。改革开放以来，我国网络化水平得到了极大发展，但在世界上仍相对落后。近期的“互联网 +”战略进一步强调了互联网与其他产业的融合。由此人们不免关切：网络化对知识产权出口究竟有何影响？知识产权保护又在网络化的作用中扮演了什么角色？这些问题对解释和改善我国知识产权“贸易”滞后于“生产”的矛盾具有现实意义，且对丰富国际贸易及知识经济理论也具有学术意义。

## 二、文献综述

本文主要研究网络化与知识产权出口的关系，从已有文献来看，相关研究主要分为两类：第一，针对知识产权市场失灵与修复的研究，特别是涉及不确定性及其修复手段的阿罗信息悖论问题，其内容与网络化息息相关；第二，直接就网络化、网络知识产权交易平台在知识交易中的作用展开的研究。

在第一类研究中，不确定性及其修复手段是一个重要问题[2]。20 世纪 60 年代，阿罗（Arrow）提出知识交易市场存在以下现象：买方在购买前因为不了解该知识而无法确定知识的价值，而买方一旦了解该知识，就可能进行仿制，也就缺乏购买欲望[3]。此时，知识产权保护成为影响知识交易的关键因素。此后，众多学者在研究知识市场时，表达了对这种两难困境的关注，并称其为“阿罗信息悖论（Arrow Information Paradox）”[4]。就此问题，经济学家对其修复手段展开了研究，信号显示机制被认为是一种有力武器。安东和姚（Anton & Yao）通过数理分析指出，即使缺乏知识产权保护，一定程度的信息披露仍是缓解阿罗信息悖论问题的有效手段[5]。林、耿和温斯顿（Lin, Geng & Whinston）则把知识交易分为四种状态，其中卖方信息占优是最常见的情况，在这种情况下信号显示机制可以降低知识质量风险[6]。但在缓解不确定性的同时，信号机制可能带来仿制，该侵权行为有时会让卖方损失惨重[7]。知识产权保护力度则会极大程度影响这种损失发生的可能性[8]。实际上，卖方是在综合考虑“得失”的基础上，决定是否披露和具体的信息披露量。在梳理知识市场失灵原因的基础上，甘斯和斯特恩（Gans & Stern）提出了知识市场设计理论，主张从市场厚度、市场阻塞程度和市场安全性三个维度设计知识市场[9]。他们在肯定网络化作用的同时，也表示在这种环境下阿罗信息悖论问题越发值得关注。阿格拉沃尔、科克伯恩和张（Agrawal，Cockburn & Zhang）利用企业调查数据首次从以上三个维度实证研究了知识交易的影响因素，结果符合预期，为该理论提供了微观例证[10]。通过以上知识产权交易的相关研究，我们可以总结出：阿罗信息悖论是造成市场阻塞的重要原因，知识产权保护程度则是影响其修复手段效益的主要因素。当然，正如知识市场设计理论所阐述的那样，除阿罗信息悖论外，待售知识产权数量、交易成本等因素都会影响知识产权交易[11]，而这些因素也极可能被网络化所影响。例如阿米特和佐特（Amit & Zott）就曾指出网络作为信息时代最主要的信息传播媒介，具有降低交易费用的功能[12]。

第二类研究直接围绕网络化与知识产权交易展开。主要观点如下：第一，网络是知识产权交易的基础设施。20 世纪末，巴克斯（Bakos）指出网络知识市场是知识资本进行展示、搜索和交易的重要场所[13]。戴维兹和斯图尔特（Davids & Stewart）提出信息基础设施是知识市场运行的物理条件[14]。托维尔和凯能（Towell & Keunen）认为打造网络平台等信息“生态系统”是当前推动知识产权交易的有效手段[15]。第二，网络化具有改善信息不对称等方面的作用。杜西尼茨基和克鲁特（Dushnitsky & Klueter）利用知识交易相关网站的调查数据分析发现，在网络环境中信息披露的广泛使用，显著缓解了信息不对称问题，同时，网络平台具有增加买卖双方匹配概率和降低交易成本的作用[16]。哈圭和约菲（Hagui & Yoffie）通过理论梳理和案例分析指出，在线交易是知识产权交易的重要形式，网络交易平台为买家提供了大量信息，而用户规模是影响其发展的关键因素[17]。第三，在网络时代，知识产权保护面临挑战。前两类研究主要是肯定网络化的正面作用，但事实上负面作用同样值得关注。约翰森和沃尔沃斯（Johnson & Walworth）认为在网络时代获取知识产权相关信息更加便易，因此，各国必须通过技术、法律等方面的措施加强知识产权保护[18]。曹（Cao）指出在我国由于知识产权保护制度不完善，网络可能成为知识产权侵权的媒介[19]。从这些研究来看，网络化的作用包括正负两方面，知识产权保护则是决定负向效应大小的关键。

除以上研究之外，我国知识产权出口不足的现象也得到了一些学者的关注。李浩认为我国高新技术知识产权产出不足与知识产权保护水平偏低是该现象的重要原因[20]。代中强通过计算 TC 指数指出我国知识产权贸易竞争力较弱[21]。顾晓燕与史新和采用我国省级面板数据分析了我国知识产权出口的影响因素[22]。综合已有文献发现，国内研究尚未涉及网络化在知识产权出口中的作用。在国外，虽已出现一些针对网络化、阿罗信息悖论和知识交易的研究，但多采用定性分析论述三者的关联，鲜有涉及阿罗信息悖论且从国际贸易层面展开实证研究的文献。为此，本文以阿罗信息悖论为主要理论基础，构建数理模型分析网络化在知识产权出口中的作用；并利用知识产权出口数据进行实证研究，从国际贸易层面检验该作用以及知识产权保护的门槛效应。

## 三、数理分析

本部分将通过数理方法分析阿罗信息悖论情境下网络化对知识产权出口的影响，并结合现有研究，把网络增加买卖双方匹配的概率、降低交易费用的作用纳入分析框架。

### （一）模型设定

在两国贸易中，知识以知识产权形式存在。由于知识的稀缺性，出口方处于垄断地位，进口方充分竞争。交易过程如下：出口方设定价格，进口方选择是否成交。知识分为两种类型：一种为高质量；另一种为低质量，高、低质量的数量是给定的，每个出口方只拥有一项知识产权。知识是一种必备生产要素，进口方买入高质量知识进行生产获得收益 $\pi_h$ ，买入低质量知识获得收益 $\pi_l$ ，显然 $\pi_h > \pi_l$ 。市场存在“阿罗信息悖论”现象，也就是说，知识属于哪种质量只有出口方知道，进口方并不清楚。出口方对进口方的信息是完备的，但进口方对出口方的信息是不完备的。出口方可以发射信号进行信息披露，发射强度为 $m_s$ 的信号所需成本为 $C_{mi}$ ，下标 $i = h,l$ ，分别代表高、低质量，低质量出口方的信号成本较高，即 $C_{ml} > C_{mh}$ 。信号成本是信号强度的增函数，且随信号强度边际递增。进口方不了解出口方的信号成本，假设其是风险厌恶者，当出口方不发射信号时，进口方预期该知识是低质量的。出口方成交条件为 $E(U_i) \geqslant U_{0i}$，$U_{0i}$ 为外生给定的不出售该知识的货币化效用，$E(U_i)$ 如下式所示：

$$E(U_{\mathrm{i}}) = \begin{cases} T - C_{mi}(m_s) - C_{tcs}(n) - \psi_{fi}(m_s,n,\eta) & \text{发射信号} \\ T - C_{tcs}(n) & \text{不发射信号} \end{cases} \tag{13-1}$$

其中，$T$ 为成交价格。$\psi_{fi}$ 为知识产权侵权风险补偿，其值受知识产权保护程度影响。已有相关研究大多关注进口国，但在网络时代，出口方在网络上发布的信号很可能被本国其他企业获知，出口国知识产权保护程度也会影响出口方。$\psi_{fi}$ 同时受进、出口国知识产权保护程度影响，本文重点讨论出口国特质，假设进口国相关参数外生给定，侵权风险补偿是出口国知识产权保护程度 $\eta$ 的减函数。同时，仿制可能随信号强度和出口国网络化程度递增。故 $\psi_{fi}$ 是信号强度 $m_s$ 的增函数，且边际递增。同时，$\psi_{fi}$ 是出口国网络化程度 $n$ 的增函数，即 $\partial\psi_{fi}(m_s,n,\eta)/\partial n > 0$ ，知识产权保护程度 $\eta$ 会影响 $\partial\psi_{fi}(m_s,n,\eta)/\partial n$ 的取值。$C_{tcs}$ 为出口方交易成本，它是出口方网络化程度 n 的减函数，即 $\partial C_{tcs}(n)/\partial n < 0$ 。进口方成交条件为期望净利润 $E(\pi_b) \geqslant 0$ 。进口方通过收到的信号判断知识质量，收到的信号由信号强度 $m_s$ 和出口方网络化程度 $n$ 以及一些外生变量决定。

综上，进口方的期望净利润如下式所示：

$$E(\pi_b)=\begin{cases}\theta(m_s,n)\pi_h+[1-\theta(m_s,n)]\pi_l- \\ \quad C_{tcb}(n)-C_o-T & \text{发射信号} \\ \pi_l-C_{tcb}(n)-C_o-T & \text{不发射信号}\end{cases}$$

(13 -2)

其中，$\theta(m_s,n)$ 代表进口方判断知识是高质量的概率，满足 $\partial\theta(m_s,n)/\partial m_s>0$，$\partial^2\theta(m_s,n)/\partial^2 m_s<0$，$\partial\theta(m_s,n)/\partial n>0$。$C_{tcb}(n)$ 代表进口方交易成本，同样有 $\partial C_{tcb}(n)/\partial n<0$，$C_0$ 代表外生给定的其他生产成本。

由于信息不完备，故知识市场存在买卖双方无法匹配的现象，设买卖双方的匹配概率为 $p_1$，出口国网络化程度越高越容易匹配，即 $\partial p_1/\partial n>0$。单个知识产权出口额 $y$ 受到匹配概率 $p_1$、匹配后成交概率 $p_2$、成交价格 $T$ 的影响，显然 $y$ 是三者的增函数。

### （二）模型解析

先从买卖双方匹配的情况开始分析，出口方设定价格如下式所示：

$$T=\begin{cases}r\begin{Bmatrix}\theta(m_s,n)\pi_h+[1-\theta(m_s,n)]\pi_l \\ -C_{tcb}(n)-C_o\end{Bmatrix} & \text{发射信号} \\ \mathrm{r}[\pi_l-C_{tcb}(n)-C_o] & \text{不发射信号}\end{cases}$$

(13 -3)

其中，$r$ 代表出口方的议价能力，影响两者的利润分配，$0\leqslant r\leqslant 1$，此时进口方成交条件显然成立。出口方根据目标函数式（13 -4）设定信号强度，式（13 -4）如下：

$$E(U_i)=\begin{cases} r\{\theta(m_s,n)\pi_h+[1-\theta(m_s,n)]\pi_l-C_{tcb}(n)-C_o\}- \\ \quad C_{mi}(m_s)-\psi_{fi}(m_s,n,\eta)-C_{tcs}(n) & \text{发射信号} \\ r[\pi_l-C_{tcb}(n)-C_o]-C_{tcs}(n) & \text{不发射信号} \end{cases} \tag{13-4}$$

由式（13－4）可以得出高、低质量出口方发射信号的条件分别为式（13－5）、式（13－6）：

$$r(\pi_h-\pi_l)\theta(m_s,n)-C_{mh}(m_s)-\psi_{fh}(m_s,n,\eta)\geqslant 0 \tag{13-5}$$

$$r(\pi_h-\pi_l)\theta(m_s,n)-C_{ml}(m_s)-\psi_{fl}(m_s,n,\eta)\geqslant 0 \tag{13-6}$$

市场会通过保证金等制度抑制低质量出口方发射“伪造”信号，假设信号成本和风险补偿符合式（13－7）：

$$C_{ml}(m_s)+\psi_{fl}(m_s,n,\eta)\geqslant C_{mh}(m_s)+\psi_{fh}(m_s,n,\eta) \tag{13-7}$$

此时可能出现三种情况：情况一，信号成本或风险补偿较大，式（13－5）和式（13－6）都不满足，高、低质量的出口方都不发射信号，网络化只通过增加匹配概率和降低交易成本使出口额上升。情况二，满足式（13－5），但不满足式（13－6），只有高质量出口方发射信号。情况三，同时满足式（13－5）、式（13－6），高、低质量的出口方都发射信号。① 接下来重点分析情况二，情况三可以采用类似方法得出相近的结论。

在情况二下，将 $m_s$ 视为中间变量，设 $m_s=m^*$ 时出口方期望效用取最大值②，由包络定理，将式（13－4）对 $n$ 求导可得：

① 由于进口方不清楚出口方信号成本，因此，无法区分情况二、情况三，并不能根据是否发射信号判断知识质量。

② 下文中变量有 * 上标表示该变量在满足 $m_s=m^*$ 时的取值。

$$\frac{\partial E(U_{\rm i})}{\partial n}=\begin{cases} r(\pi_h-\pi_l)\dfrac{\partial\theta(m^*,n)}{\partial n}-r\dfrac{\partial C_{tcb}(n)}{\partial n}- \\ \quad\dfrac{\partial C_{tcs}(n)}{\partial n}-\dfrac{\partial\psi_{fh}(m^*,n,\eta)}{\partial n} & \text{发射信号} \\ -r\dfrac{\partial C_{tcb}(n)}{\partial n}-\dfrac{\partial C_{tcs}(n)}{\partial n} & \text{不发射信号}\end{cases}$$

(13－8)

首先，分析不发射信号的出口方，式（13－8）第二行的两项都为正，也就是说，网络化通过降低交易成本增加出口方的期望效用。其次，分析发射信号的出口方，由前文可知 $\partial\theta(m_s,n)/\partial n>0$，$\partial C_{tcb}(m_s,n)/\partial n<0$，$\partial C_{tcs}(m_s,n)/\partial n<0$ 对 $m_s$ 的一切取值成立，则式（13－8）第一行前三项为正，第一项为改善信息不对称，进而缓解不确定性的正向影响，第二、三项为减少交易成本的正向影响；由上文可知 $\partial\psi_{fh}(m_s,n,\eta)/\partial {\rm n}>0$，则第四项为负，这一项为网络化带来侵权补偿上升的负向影响，故 $\partial E(U_h^*)/\partial n$ 由以上正、负向作用的“合力”决定。负向影响受到知识产权保护程度 $\eta$ 的影响，当 $\eta$ 取值不同时，负向效应不同。

在出口方按照式（13－3）设定价格时，必满足进口方成交条件，因此，$E(U_i)\geqslant U_{0i}$ 的概率即为匹配后成交的概率 $p_2$，由于 $U_{0i}$ 是外生给定的，所以 $p_2$ 是 ${\rm E}(U_i)$ 的增函数。此外，对式（13－3）求 $n$ 的导数，不难得出无论是否发射信号，成交价格都随网络化程度递增，即 $\partial T/\partial n>0$。

根据上文分析，可得单个知识产权出口额 $y$ 对出口国网络化程度 $n$ 的导数如式（13－9）：

$$\frac{\partial y}{\partial n}=\frac{\partial y}{\partial p_1}\frac{\partial p_1}{\partial n}+\frac{\partial y}{\partial p_2}\frac{\partial p_2}{\partial n}+\frac{\partial y}{\partial T}\frac{\partial T}{\partial n}=\frac{\partial y}{\partial p_1}\frac{\partial p_1}{\partial n}+$$
$$\frac{\partial y}{\partial p_2}\frac{\partial p_2}{\partial {\rm E}(U_i)}\frac{\partial {\rm E}(U_i)}{\partial n}+\frac{\partial y}{\partial T_{\rm i}}\frac{\partial T_i}{\partial n}=$$

$$\begin{cases} \dfrac{\partial y}{\partial p_1}\dfrac{\partial p_1}{\partial n} + \dfrac{\partial y}{\partial p_2}\dfrac{\partial p_2}{\partial E(U_h^*)}\left[\begin{array}{l} \mathrm{r}(\pi_h - \pi_l)\dfrac{\partial \theta(m^*, n)}{\partial n} - \\ r\dfrac{\partial C_{tcb}(n)}{\partial n} - \dfrac{\partial C_{tcs}(n)}{\partial n} - \\ \dfrac{\partial \psi_{fh}(m^*, n, \eta)}{\partial n} \end{array}\right] + \dfrac{\partial y}{\partial T_h^*}\dfrac{\partial T_h^*}{\partial n} & \text{发射信号} \\ \dfrac{\partial y}{\partial p_1}\dfrac{\partial p_1}{\partial n} + \dfrac{\partial y}{\partial p_2}\dfrac{\partial p_2}{\partial E(U_1)}\left[\begin{array}{l} -r\dfrac{\partial C_{tcb}(n)}{\partial n} - \\ \dfrac{\partial C_{tcs}(n)}{\partial n} \end{array}\right] + \dfrac{\partial y}{\partial T_l}\dfrac{\partial T_l}{\partial n} & \text{不发射信号} \end{cases} \tag{13-9}$$

对不发射信号的出口方，网络化程度不影响买者对知识质量的判断，式（13 –9）大括号内第二行中三项都为正，故其出口额随网络化程度上升而递增。网络化只通过匹配概率和交易成本影响出口，此时只有正向效应，且不存在门槛效应。对发射信号的高质量出口方，式（13 –9）大括号内第一行中第一、三项为正，第二项则由式（13 –8）第一行的正负号决定。当式（13 –8）第一行为正时，匹配概率、匹配后成交概率、成交价格都随网络化程度上升而递增，发射信号出口方的出口额上升。由于是否发射信号的出口方的出口额都上升，故总出口额上升。当式（13 –8）第一行为负时，网络化程度上升对发射信号出口方的影响无法判断，上升、不变和下降都可能出现。因此，对总出口额的影响也不能确定。此外，由式（13 –8）可知在发射信号时，知识产权保护程度 $\eta$ 通过影响 $\partial\psi_{fh}(m^*, n, \eta)/\partial n$ 作用于 $\partial \mathrm{E}(U_h^*)/\partial n$，对发射信号的出口方产生门槛效应，进一步对总出口额产生影响。

通过以上分析得到结论：网络化的影响由增加匹配概率、降低交易成本和改善信息不对称的正向效应和增加侵权可能的负向效应综合决定。在信号“收益”小于“成本”时，出口方不发射信号。

此时，网络化只通过前两种正向效应影响知识产权出口，不存在门槛效应。当信号“收益”大于“成本”时，出口方会发射信号，此时，网络具有缓解不确定性和增加知识产权侵权可能的效应。如果网络化的正向作用较大，网络化程度的提升必定会促进知识产权出口；如果网络化的负向作用较大，网络化程度上升会减少知识产权出口。当知识产权保护程度较高时，负向效应受到了抑制，网络化的发展会促进厂商出口；反之，若知识产权保护程度较低，网络化带来的负面作用较大，则抑制了出口。发射信号时，知识产权保护程度对网络化的作用产生门槛效应。值得注意的是，以上分析从微观层面展开，当从国家这一宏观层面考量网络化的作用时，由于异质性厂商数量较多，知识产权的类型也远不止两种，故所有出口商都不满足发射信号条件的情况几乎不可能发生。只要有出口商发射信号，理论上上文四种效应就会同时存在，知识产权保护也存在门槛效应。

## 四、计量模型与数据说明

### （一）模型设定和变量说明

在实践中，实际情况比上文模型更加复杂，模型假设可能无法完全成立，本文再采用现实数据对网络化和知识产权出口的关系进行实证检验。设定本文回归模型如下：

$$\ln ex_{it} = \beta_0 + \beta_1 \text{Internet}_{it} + \phi\, control\text{variable}_{it} + u_i + \xi_{it} \tag{13-10}$$

对式（13－10）进行回归以判断网络化对知识产权出口的影响。此外，由数理分析可知，知识产权保护程度具有门槛效应。采用汉森（Hansen）提出的门槛回归方法[23]来检验这种效应，其中，知识产权保护程度为门槛变量，网络化程度为受门槛变量影响的变量。

本文变量说明如下。

$\ln ex_{it}$ 为因变量，代表知识产权出口额，本文采用《国际收支和国际投资头寸手册》（BPM6）中知识产权使用相关费用（charges for the use of intellectual property）的出口数据衡量。

网络化程度 internet 为核心自变量。借鉴基斯齐和波赫尤拉（Kiiski & Pohjola）的研究[24]，本文采用每百人中网民数量（网络渗透率）作为网络化发展程度的代理变量。虽然网络渗透率只是网络化发展程度的一个方面，但一般可以较好地体现一国网络化发展程度，大多数情况下，较高的网民比例意味着较好的信息流动机制、较多的平台用户和较发达的网络化平台，从而带来更大程度的正向效应。在考虑负向效应时，网络渗透率的上升也会明显增大仿制威胁。

控制变量说明如下。

（1）外商投资和反向外商投资。在已有研究中，外商直接投资被认为具有技术寻求倾向，两者存在正向关系[25]。而反向外商投资和知识产权出口存在替代关系，企业会根据多方面因素在两者之间进行选择[26]。本文采用外商直接投资存量 $\ln fdis$、对外直接投资存量 $\ln ofdis$ 对这两者进行控制。

（2）知识产权产出。知识产权包括专利等多种形式，但鉴于专利是实证研究中衡量创新产出的主要变量和知识产权出口的主要客体，故采用有效发明专利存量 lnpats 控制知识产权产出，越高的发明专利存量意味着出口国（地区）可能拥有更多的知识产权以供出口，同时，发明专利存量可以在一定程度上反映知识产权质量。

（3）知识产权保护程度。由前文分析可知出口国（地区）知识产权保护程度 $\eta$ 可以影响网络化的负向作用。在已有实证研究中，帕克（Park）构建的 GP 指数是常用的知识产权指数[27]，但其主要考虑知识产权立法情况，未考虑执法情况。参考余长林的做法[28]，本文采用世界经济论坛（The World Economic Forum，WEF）

发布的知识产权保护指数衡量知识产权保护程度，该指数来源于WEF的调查问卷，反映了被调查者对特定国家知识产权保护情况的实际感受。

(4) 出口国（地区）要素禀赋，由要素禀赋理论可知，一国（地区）的要素禀赋会影响它在国际贸易中的分工，本文采用GDP中的自然资源贡献率*NR*进行控制。

### (二) 数据来源与数据处理

知识产权出口额、外商直接投资存量、对外直接投资存量来自联合国贸发会议（UNCTAD）数据库，单位为百万美元，每百人中网民数量、自然资源贡献率来自世界银行世界发展指数（WDI）数据库，有效发明专利存量来自世界知识产权组织（WIPO）数据库，知识产权保护指数来自世界经济论坛（WEF）。由于BPM6的统计数据从2005年开始，故本文的数据跨度设定为2005~2013年，所有以美元计价的变量均调整为2005年的不变价格。对知识产权出口额、外商投资存量、对外投资存量、发明专利存量进行了对数化处理。通过以上数据库的相关数据匹配生成了平衡面板，采用平衡面板的原因在于若采用非平衡面板，则其中缺失样本多为规模较小的经济体，与我国缺乏可比性，最后得到44个国家（或地区）2005~2013年的396个样本。[①] 通过观察相关数据生成的散点图（图13-1）发现，网络化和知识产权出口存在着较明显的正向关系，接下来通过计量模型进行实证检验。

① 本文44个国家（地区）分别为澳大利亚、孟加拉国、玻利维亚、巴西、加拿大、中国、哥伦比亚、克罗地亚、捷克、丹麦、爱沙尼亚、格鲁吉亚、德国、危地马拉、中国香港、匈牙利、印度、牙买加、日本、肯尼亚、韩国、卢森堡、拉脱维亚、马其顿、马达加斯加、马来西亚、毛里求斯、墨西哥、摩纳哥、挪威、新西兰、巴基斯坦、秘鲁、菲律宾、波兰、葡萄牙、罗马尼亚、俄罗斯、新加坡、南非、瑞士、乌克兰、英国、美国。2013年，以上44个国家（地区）知识产权出口额合计约占全世界知识产权出口额的80%，具有较强的代表性。

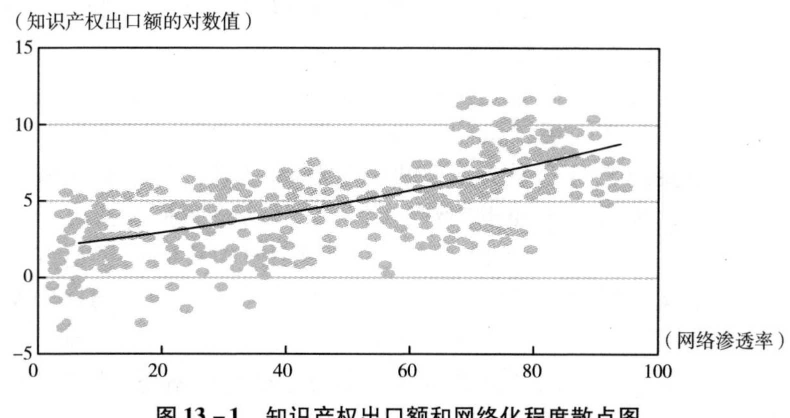


**图 13－1　知识产权出口额和网络化程度散点图**

## 五、实证结果分析

### （一）网络化发展程度与知识产权出口

在回归之前，首先对变量进行单位根检验，结果显示各变量均平稳。为了选取合适的估计方法，进行了组内自相关 Wald 检验[29]、组间异方差 Wald 检验[30]和组间同期相关检验[31]，结果表明同时存在组内自相关、组间异方差和组间同期相关。这种情况下，一般采用改进的固定效应模型（SCC 模型）或广义最小二乘法（FGLS）。两者相比而言，广义最小二乘法的有效性依赖于大 T[32]，本文数据的时间跨度为 9 年，并不是很大，且截面数远大于时期数，此时 SCC 模型更加有效，因此，后文主要分析该模型得到的结果。同时，通过 Hausman 检验对固定效应和随机效应进行选择，在不加入年份虚拟变量时选择固定效应。在加入年份虚拟变量后该检验显示选择随机效应，考虑到 FGLS 的估计结果与其相近，又可以一定程度克服以上问题，故给出了 FGLS 的估计结果。由于知识产权出口的影响因素较多且部分难以量化，难免会遗漏变量，模型可能存在内生性，故采用戴维森—麦金农检验法进行内生性检验，结果显示网络化程度是内生变量。针对内生性，本文首先使用面板工具变量法进行了回归。在面板工具变量法中，选取网络化程度的滞后一阶作为自身的工具变量。在解决内生性的同时，为了刻画模型的动态性，采用动态面板方法进行回归。动态面板方法分为系统 GMM 和差分 GMM 两种，相比而言系统 GMM 利用了更多的信息，本文采用系统 GMM。表 13－1 列出了以上方法的回归结果，后两种方法均采用稳健标准误。从表 13－1 可知，面板工具变量法通过了识别性检验和弱工具变量检验；系统 GMM 估计也通过了 Sargan 检验和 AR（2）检验，因变量滞后一阶项的估计系数值也位于 OLS 和 FE 估计之间，故以上方法适用。从实证结果来看，无论是否考虑内生性，核心变量 Internet 的系数均为正且大多显著①，说明网络化程度提高会激励知识产权出口，对应于数理分析中增加匹配概率、降低交易成本和改善信息不对称的正向效应大于增大侵权可能的负向效应的情境。在采用 SCC 模型时，其系数为 0.00545（未加入年份虚拟变量），说明当平均每百人中网民增加一人时，知识产权出口额增加 0.55%。控制变量上，知识产权保护指数并不显著，这可能是因为在知识产权出口中更多考虑的是进口国的知识产权保护程度，而非出口国。FDI 存量的系数均为正且显著，说明外商投资是技术外溢的有效手段；而 OFDI 大多为负，说明 OFDI 和知识产权交易存在替代关系；专利存量的系数为正且显著性较好，说明知识产权产出能力是知识产权出口的基础。要素禀赋的系数为负，说明自然资源不丰富的国家通过知识产权谋利的倾向较强。总体而言控制变量表现良好，符合理论预期。

① 在使用系统 GMM 时，核心变量虽不显著，但系数为正且 P 值较小为 0.128。

**表 13-1　网络化发展程度与知识产权出口回归的估计结果**

| 项目 | FE/SCC | FE/SCC | FGLS | FE/IV | SYS-GMM |
|---|---|---|---|---|---|
| *Internet* | 0.00545 *<br>(1.913) | 0.00542<br>(1.397) | 0.0205 *<br>(1.655) | 0.0126 **<br>(2.111) | 0.00255<br>(1.523) |
| L. ln*ex* | | | | | 0.861 ***<br>(20.33) |
| $\eta$ | 0.0827 *<br>(1.720) | 0.0874<br>(1.650) | -0.0506<br>(-0.162) | 0.00150<br>(0.0101) | 0.0195<br>(0.396) |
| ln*fdis* | 0.590 ***<br>(3.277) | 0.671 ***<br>(3.839) | 0.583 ***<br>(2.830) | 0.916 ***<br>(4.914) | 0.127 **<br>(2.053) |
| ln*ofdis* | -0.00802<br>(-0.170) | 0.0317<br>(0.709) | -0.0743<br>(-0.575) | -0.114<br>(-0.946) | -0.0252<br>(-0.622) |
| ln*pats* | 0.198 **<br>(2.441) | 0.194 **<br>(2.176) | 0.327 ***<br>(6.007) | 0.0367<br>(0.503) | 0.0582 *<br>(1.732) |
| *NR* | -0.0119<br>(-1.296) | -0.0170 **<br>(-2.257) | -0.0304<br>(-1.468) | -0.00455<br>(-0.264) | -0.00242<br>(-0.501) |
| *year* | N | Y | Y | N | Y |
| 常数项 | -3.873 ***<br>(-3.798) | -4.959 ***<br>(-4.754) | -4.070 **<br>(-2.189) | | -0.989 **<br>(-2.044) |
| Hausman 检验 | 11.04<br>(p=0.0872) | 6.45<br>(p=0.9538) | | 18.69<br>(p=0.0047) | |
| 识别性检验 | | | | 85.399<br>(p=0.0000) | |
| 弱工具变量检验 | | | | 1020.391 | |
| AR（2） | | | | | 1.75<br>(p=0.080) |
| Sargan | | | | | 233.81<br>(p=0.847) |

注：***、**、*分别表示在1%、5%、10%的程度下显著，( ) 内的值为 t 或 z 值，下同。在第一列，序列相关检验的 F 值为 21.057（p=0.0000），异方差检验的 chi（2）值为39924.84（p=0.0000），同期相关的检验值为 3.469（1%的临界值为 0.5811），第二列以上三个检验得到的结论相同。戴维森－麦金农检验的 F 值为 4.069036（p=0.0446），弱工具变量给出的是 Cragg-Donald 的瓦尔德 F 值，10%的临界值为 16.38。面板工具变量法使用的命令为 xtivreg2，在含年份虚拟变量的回归中，年份虚拟变量的联合 F 检验在5%的程度下不能拒绝原假设，因此，报告未加入年份虚拟变量的结果。系统 GMM 的命令为 xtabond2，采用的是一步法。

### （二）门槛效应检验

数理分析指出，在发射信号时，本国知识产权保护程度对网络化在知识产权出口中的作用存在门槛效应。运用门槛回归检验这种效应，在分别进行 300 次抽样和 500 次抽样之后，发现结果稳定，500 次抽样的结果如表 13－2 所示。从门槛数来看，双重门槛通过了显著性检验，故主要分析双重门槛的结果。从双重门槛的回归结果来看，网络化的系数始终为正且显著，在三个区间内分别为 0.0111、0.0213、0.0284，随知识产权保护指数增大而递增。这意味着网络化的作用与知识产权保护相关，验证了数理分析结尾部分的猜想。根据已有研究和数理分析，本文认为产生这种门槛效应的原因在于网络化不仅通过匹配概率、交易费用影响知识产权出口，且通过影响信号机制的效果作用于阿罗信息悖论现象。从以上分析可知，高知识产权保护可以抑制侵权风险，从而让信号机制更好地发挥作用。随着知识产权保护加强，网络化带来的侵权补偿变小，国内其他厂商即便掌握了相关信息，也受相应法律法规限制而不能进行仿制，此时网络化效果更佳。2005～2013 年我国的知识产权保护指数最大值为 4.02367，最小值为 3.24148，大多数年份处于中间区间，这说明我国知识产权保护程度还有很大的发展空间。据此，笔者认为我国网络化在知识产权出口中的作用并未完全发挥。随着知识产权保护程度的提高，网络化可更好地刺激知识产权出口。

**表 13－2　　门槛效应检验**

| 模型 | 单一门槛 | 双重门槛 |
|---|---|---|
| 门槛值 | 2.800<br>（3.314） | 3.600，5.900**<br>（12.911） |
| $\eta$ | 0.505***<br>（4.81） | 0.247*<br>（1.92） |

续表

| 模型 | 单一门槛 | 双重门槛 |
|---|---|---|
| ln*fdis* | 0. 449 ***<br>(3. 39) | 0. 461 ***<br>(3. 53) |
| ln*ofdis* | -0. 168 **<br>( -2. 28) | -0. 143 *<br>( -1. 96) |
| ln*pats* | 0. 552 ***<br>(16. 80) | 0. 541 ***<br>(16. 19) |
| *NR* | 0. 0122<br>(1. 12) | 0. 00637<br>(0. 61) |
| *Internet* ( $\eta$ ≤2. 800) | 0. 00302<br>(0. 36) | |
| *Internet* ( $\eta$ >2. 800) | 0. 0163 ***<br>(3. 40) | |
| *Internet* ( $\eta$ ≤3. 600) | | 0. 0111 **<br>(2. 16) |
| *Internet* (3. 600 < $\eta$ ≤5. 900) | | 0. 0213 ***<br>(4. 28) |
| *Internet* ( $\eta$ >5. 900) | | 0. 0284 ***<br>(4. 78) |
| *year* | Y | Y |
| 常数项 | -5. 705 ***<br>( -6. 74) | -5. 063 ***<br>( -5. 90) |

注：门槛值（）内为 F 值。

## （三）稳健性检验

本文采用改变数据结构、替换核心变量和改变估计方法三种途径对网络化发展程度和知识产权出口的关系进行稳健性检验。使用同样的方法对未处理的非平衡面板进行回归，核心变量的结果未发生明显变化。在采用每百万人拥有的安全网络服务器数作为衡量网络化发展程度的变量时，重复以上回归，结果仍未发生明显改变。通过散点图发现，样本中存在离群点，离群点对 OLS 回归的影响较大，而分位数回归可以减小这种影响，再采用肯克尔（Koenker）提出的面板分位数方法[33]进行回归，网络化的系数依然显著为正。通过以上稳健性检验，可知实证结果稳定，网络化程度和知识产权出口存在正向关系。

## 六、结论与启示

本文从我国知识产权出口不足的现象出发，以阿罗信息悖论为主要理论基础，建立数理模型探讨了网络化对知识产权出口的影响。数理模型显示，在出口方不发射信号时，网络化可通过增加匹配概率、降低交易成本对知识产权出口产生正向影响；在发射信号时，除以上影响渠道外，还具有改善信息不对称的正向影响和增加知识产权侵权可能的负向影响，且此时知识产权保护具有门槛效应。在此基础上，采用知识产权出口数据进行了实证研究，回归结果显示网络化程度与知识产权出口显著正相关。并进一步通过门槛回归检验了不同知识产权保护程度下网络化的作用，结果显示网络化的作用随知识产权保护程度提高而增大，这极有可能是因为网络化通过信号机制缓解了阿罗信息悖论中的信息不对称问题。在我国，受限于知识产权保护程度低，网络化未完全发挥作用。本文的实证结果较好地支持了数理分析，据此得出两点主要结论：一是提高网络化水平有利于知识产权出口；二是高知识产权保护能让网络化更好地发挥作用，以缓解阿罗信息悖论问题。

根据本文结论可以得到两点启示，并提出相应的政策建议。

第一，充分认识知识产权贸易的重要性。我国在专利申请量上已做到“名列前茅”，但知识产权出口额明显偏小，所需信息基础设施落后可以一定程度上解释这个现象。提高网络化程度、强化优化知识产权交易平台是提升我国知识产权“实现能力”的重要途径。具体来说，发展网络化可以从两个方面入手：一方面，建设信息基础设施，提高网络渗透率，提升信息化水平。2013 年，我国每百人中网民数为 45.8 人，而美国为 84.2 人，可见我国网络渗透率较低且有很大发展空间。随着网络化的发展，出口企业的信号可以更好地发挥作用，以促进知识产权出口。另一方面，建设和发展网络知识产权交易平台。近年来我国涌现了许多网络知识产权交易平台，例如 2013 年的汇桔网以及 2015 年的七号网、知汛网等。但由于经营时间短、制度建设不健全，这些网络平台尚有待进一步发展。当然以上两方面可以互相促进，更高的网络渗透率可以提高交易平台的利润空间以刺激其发展；同时，优质的交易平台又会吸引更多买家在网上搜索所需的知识产权，进而提高信息化水平。互联网与知识产权交易结合也可以作为现今热门议题“互联网 +”可能的发展方向，并与其相关政策进行良好的互动。

第二，知识产权制度已成为国际贸易的重要制度基础。近年来，我国对知识产权保护的重视程度日益提高，也取得了一定的发展，但不可否认在世界范围内，特别是与发达国家相比，仍明显落后。提高知识产权保护力度不仅能让我国获得更多的贸易机会，还能让网络化更好地推动我国知识产权出口，将网络化发展与知识产权保护结合是我国企业走出阿罗信息悖论困境的有效手段。具体的政策建议包括以下方面：一是健全我国知识产权保护法，加大我国知识产权法执法力度，并及时对知识产权保护法进行修订，以适应网络化发展。二是加强网络媒介上的知识产权保护宣传，目前，很多网民对网络资源缺乏产权意识，认为网络资源是免费的，以致网络知识产权侵权时有发生。三是完善与网络知识产权交易平台相关的法律法规，明确平台及参与者在知识产权保护上的主要义务和责任，发挥交易平台的监管作用。

最后回到我国知识产权产销“跛脚”这一问题。笔者认为仅聚焦于知识产权质量及其影响因素以解释该现象是不全面的，知识产权的交易机制也值得探索。本文从这个角度进行了研究，研究结论表明，网络化和知识产权保护程度偏低是造成该现象的重要原因。从知识市场发育不足这一角度进行思考，有助于全面认识我国知识产权产销的巨大反差。

## 参考文献

[1] E. Dyson. Release 2.0：A Design for Living in the Digital Age [M]. New York：Broadway Books，1997.

[2] A. Arora，& A. Gambardella. Ideas for Rent：An Overview of Markets for Technology [J]. Industrial and Corporate Change，Vol. 19，No. 3，2010，pp. 775 –803.

[3] K. Arrow. Economic Welfare and the Allocation of Resources for Invention [A]. The Rate and Direction of Inventive Activity：Economic and Social Factors [C]. Princeton，New Jersey：Princeton University Press，1962.

[4] A. Natalicchio，A. M. Petruzzelli & A. C. Garavelli. A Literature Review on Markets for Ideas：Emerging Characteristics and Unanswered Questions [J]. Technovation，Vol. 34，No. 2，2014，pp. 65 –76.

[5] J. J. Anton & D. A. Yao. The Sale of Ideas：Strategic Disclosure，Property Rights，and Contracting [J]. Review of Economic Studies，Vol. 69，No. 3，2002，pp. 513 –531.

[6] L. Lin，X. Geng & A. B. Whinston. A Sender-receiver Framework for Knowledge Transfer [J]. Mis Quarterly，Vol. 29，No. 2，2005，pp. 197 –219.

[7] D. J. Teece. Profiting from Technological Innovation：Implications for Integration，Collaboration，Licensing and Public Policy [J]. Research Policy，Vol. 15，No. 6，1986，pp. 285 –305.

[8] J. Gans & S. Stern. The Product Market and the Market for "Ideas"：Commercialization Strategies for Technology Entrepreneurs

[J]. Research Policy, Vol. 32, No. 2, 2003, pp. 333 – 350.

[9] J. Gans & S. Stern. Is There a Market for Ideas? [J]. Industrial and Corporate Change, Vol. 19, No. 3, 2010, pp. 805 – 837.

[10] A. Agrawal, I. Cockburn & L. Zhang. Deals Not Done: Sources of Failure in the Market for Ideas [J]. Strategic Management Journal, Vol. 36, No. 7, 2015, pp. 976 – 986.

[11] R. E. Caves, H. Crookell & J. P. Killing. The Imperfect Market for Technology Licenses [J]. Oxford Bulletin of Economics and Statistics, Vol. 45, No. 3, 1983, pp. 249 – 267.

[12] R. Amit & C. Zott. Value Creation in E-business [J]. Strategic Management Journal, Vol. 22, 2001, pp. 493 – 520.

[13] Y. Bakos. The Emerging Role of Electronic Marketplaces on the Internet [J]. Communications of the ACM, Vol. 41, No. 8, 1998, pp. 35 – 42.

[14] K. Davids & L. Stewart. Knowledge Infrastructure and Knowledge Economy [M]. Leiden Brill, 2008.

[15] P. Towell & S. Keunen. IP Markets and Enabling Information Ecosystems [R]. Published by U. K. Intellectual Property Office, available from its official website at www. ipo. gov. uk/2014.

[16] G. Dushnitsky & T. Klueter. Is There An E-Bay for Ideas? Insight from Online Knowledge Marketplaces [J]. European Management Review, Vol. 8, No. 1, 2011, pp. 17 – 32.

[17] A. Hagui & D. Yoffie. Intermediaries for the IP Market [A]. Harvard Business School Working Paper, 2011.

[18] C. Johnson & D. J. Walworth. Protecting US intellectual property rights and the challenges of digital piracy [R]. United States International Trade Commission, Office of Industries, 2003.

[19] Q. Cao. Insight into Weak Enforcement of Intellectual Property Rights in China [J]. Technology in Society, Vol. 38, 2014, pp.

40 -47.

[20] 李浩. 我国知识产权贸易存在的问题与对策 [J]. 国际贸易问题, 2005 (11): 118 -122.

[21] 代中强. 我国知识产权贸易竞争力分析及发展对策 [J]. 国际贸易问题, 2007 (8): 73 -77.

[22] 顾晓燕, 史新和. 中国知识产权出口贸易影响因素的实证研究 [J]. 经济问题, 2014 (11): 98 -101.

[23] B. E. Hansen. Threshold Effects in Non-dynamic Panels Estimation: Testing and Inference [J]. Journal of Econometrics, Vol. 93, No. 3, 1999, pp. 345 -368.

[24] S. Kiiski & M. Pohjola. Cross-country Diffusion of the Internet [J]. Information Economics and Policy, Vol. 14, No. 2, 2002, pp. 297 -310.

[25] U. B. Sinha. Strategic Licensing, Exports, FDI, and Host Country Welfare [A]. Oxford Economic Papers, 014, 2009.

[26] K. Saggi. Foreign Direct Investment, Licensing and Incentives for Innovation [J]. Review of International Economics, Vol. 7, No. 4, 1999, pp. 699 -714.

[27] W. G. Park. International Patent Protection: 1960 - 2005 [J]. Research Policy, Vol. 37, No. 4, 2008, pp. 761 -766.

[28] 余长林. 知识产权保护如何影响了中国的出口边际 [J]. 国际贸易问题, 2015 (9): 43 -54.

[29] J. M. Wooldridge. Econometric Analysis of Cross Section and Panel Data [M]. Cambridge, Massachusetts: The MIT Press, 2002.

[30] W. Greene. Econometric Analysis [M]. Upper Saddle River, New Jersey: Prentice-Hall, 2000.

[31] E. W. Frees. Longitudinal and Panel Data: Analysis and Applications in the Social Sciences [M]. Cambridge: Cambridge University Press, 2004.

[32] N. L. Beck & J. N. Katz. What to Do (and Not to Do) with Time-series Cross-section Data [J]. American Political Science Review, Vol. 89, No. 3, 1995, pp. 634 – 647.

[33] R. Koenker. Quantile Regression for Longitudinal Data [J]. Journal of Multivariate Analysis, Vol. 91, No. 1, 2004, pp. 74 – 89.

# 14. 解构创新链：基于知识供应视角①

**【提要】**以创新为前沿或焦点的全球竞争正在演化为整条创新链之间的博弈。然而迄今国内外对创新链的研究还处于初始阶段。为此，本文基于知识供应视角对创新链及其内涵、结构与成因进行解析，表明创新是一个连续、互动、系统的过程，自主创新不等于"孤立创新"，优化企业内部、企业之间、行业之间及区域之间的创新竞合关系尤其是创新合作至关重要，合力打造创新链是提升整体乃至自身竞争力的关键。

当今全球竞争的前沿是（自主）创新能力，而创新能力的焦点是创新链博弈。换句话说，随着市场竞争的基本态势从过去单个企业之间的竞争演化为整条供应链之间的较量，单个企业之间的创新能力也演化成整条创新链之间的博弈。因此，研究创新链及其内涵、结构与成因不无理论与实践意义。

## 一、内涵

创新实际上是一个连续、互动、系统的过程。创新体系、创新生态、创新集群、创新圈、创新链等概念都是从不同角度对这一客

---

① 原以"创新链解构研究"为题载《科技进步与对策》2009 年第 3 期，署名：代明、梁意敏、戴毅。

观过程的表达或描述。关于创新链，国内学者林淼等人从技术与产业的关系出发，把科技成果产业化的全过程定义为技术创新链[1]。蔡翔把创新链与知识供应链统一起来，认为创新链是围绕某一个创新的核心主体，以满足市场需求为导向，通过知识创新活动将相关的创新参与者连接起来，以实现知识经济化与创新系统优化的功能结构[2]。杨志勇侧重企业外部关系，认为创新链是技术创新过程中，企业之间及企业与其他组织之间形成的有利于技术创新的链式流程[3]。基于这些论述，结合国内外创新实践可得到如下内涵。

### （一）创新链由若干功能节点构成

在创新活动中，直接或间接发挥功能作用的上下游企业、政府、高校、科研院所（所谓“产官学研”）及孵化器、实验基地、公共研发平台、法律会计专利等中介机构、风险投资等金融服务、能源物流后勤等保障系统……都可以称作创新节点。各节点之间通过交互作用最终实现一项或一系列创新并获得相应成果。节点之间存在一定的互补性。资源论指出，任何主体不可能在所有资源类型中都拥有绝对优势，即使同类资源在不同的主体那里也表现出很强的异质性。知识论也认为，知识具有空间互补性和时间互补性。当知识的互补性非常重要时，存在规模收益递增，这时如果有更多的可以获得的信息，那么某一部分知识的有用性就会增加[4]。这种互补性使得节点之间存在明确的分工关系。各节点通过分工获得不同类型或片段的知识，同时，分工的结果也导致节点之间的依赖程度日益提高。

### （二）创新链各节点之间存在协作关系

这种协作关系是以创新为纽带形成的。因为各节点上的不同主体拥有共同的目标——实现知识的经济化与创新系统的优化，故从全局出发进行分工协作并保证资源的自由流动，才能缩短创新时间和成本。根据资源配置理论，独立的经济组织之间通过同类资源共享或异类资源互补会形成共生体。这种共生体的形成及其导致的经济组织内部或外部、直接或间接资源配置效益的改进，称为共生经济。共生经济既可以带来组织效益的增加，又可以带来社会福利的增长[5]。但是，有些主体担心技术外泄，对创新合作有所保留，阻碍部分资源的自由流动，不利于创新链整体效益的提高。

节点之间存在协作关系的原因还在于：知识具有不完备性，即我们所应用的关于环境的知识不是以一种集中且整合的形式存在，而是由不同的个人分散持有的。对经济行为主体而言，存在着某种完全无法意识到的东西，必须构建有利于主体学习和交流的制度安排，以发现和获得知识。创新过程通常涉及的不是单纯一种科技知识，而是跨学科、跨领域的多种科技知识，这导致同一条创新链联结许多相互关联的不同产业和企业，涉及各个领域，要求链条节点上的各主体积极沟通。也就是说，创新链不可能是孤立和简单线性的、序列式的，而是一个相互依赖、相互影响的交互过程，各节点及其主体之间协作的良好与否直接决定创新链的衔接与整体运作。

### （三）创新链上需要至少一个核心主体

所谓核心主体，是指这样一个创新行为人：根据自身条件和市场需求，自主确立创新的方向和目标，自主选择创新的方式和方法，自主监控技术创新的进程和进度，同时，借助科技合作来“杠杆”他人资源并使外部优势“为我所用”，实现创新系统的优化和科技资源利用绩效的最大化。其显著特点：一是自主性，即基于其“链上”核心地位和影响自主选择创新方向；二是市场敏感性，即根据市场需要来确定其创新行为，客户需求及其满意度是最终评判标准；三是全局统筹能力，即以创新系统的优化为目标，引领系列创新活动并主导部分创新环节的外包。一般来说，拥有核心竞争力、自主知识产权和自有品牌的“龙头”企业属于创新链的核心主体。核心主体是创新链的组织者、领导者和控制者，倘若失去了核心，创新链就失去了方向，难以达到系统优化。

### （四）创新链依赖一定的物质技术基础并受到外部环境的影响

创新链倚赖的物质技术基础就是各类创新资源，包括相关人力、财力、物力、科技、信息等资源。创新资源的数量、质量、结构、配置及其利用机制，都直接影响创新链的运行效率。在市场需求和创新激励政策的引导下，创新链各节点尤其是核心主体更容易产生创新冲动。法律、体制、政策、教育、文化、社会等软环境及基础设施等硬环境都会影响各节点的协作关系及创新链的运行效率。这就引出了“创新支持系统”（supporting system for innovation，SSI）的概念：如果作为产业承担者的企业是创新的（直接）主体，那么一切与之相关或为其服务的非产业部门就构成这一“中心工作”的多层级外部支持系统，包括硬（件）支持系统与软（件）支持系统、技术支持系统与制度支持系统、横向支持系统与纵向支持系统、外部支持系统与内部支持系统、物理支持系统与虚拟支持系统、宏—中—微观支持系统等[6]。

综上所述，创新链（innovation chain）即从创新源头开始，经过多级环节、运用多种要素、涉及多个部门、跨越多重时空，直到取得最终成果并实现其价值创造的全过程。它围绕一个或一个以上的核心主体运行，以创新为纽带，把具有互补性的各个节点连接起来，通过分工协作和互联互动，合力实现知识的经济化与创新系统的优化。在创新链的视野里，任何创新主体都不是孤立封闭的，任何创新活动都存在上下游的联系，任何创新成果都是多节点、多主体协同的产物，个体创新力在越来越大的程度上倚赖于整个链条的创新力。实质上，创新链就是建立在分工协作基础之上的一种“求新”生态图谱，如同生物界的“求存”生态图谱——生物链一样。

## 二、结构

因涉及多部门、多行业、多产品、多功能、多环节、多层级、多地区，加上多链条相互交织（所谓“你中有我，我中有你”）、纵横交错，故创新链结构极其复杂。包括：部门之间的链际关系，如产—官—学—研……；要素之间的链际关系，如人才—资金—装备—技术—信息……；行业之间的链际关系，如 IC - PC - SW - IT—服务……；产品之间的链际关系，如原材料—零部件—总成—整机……；阶段之间的链际关系，如创意—创新—创业—创牌……；功能之间的链际关系，如基础研究—应用研究—技术开发……；环节之间的链际关系，如研发—设计—试制—生产—营销—服务……；流程之间的链际关系，如战略流程—业务流程—支援流程……；地域之间（空间）的链际关系，涉及国际、区际、城际等，如西雅图（微软总部）—硅谷（微软国内研发重地）—班加罗尔（微软海外研发基地之一）……其中尤需关注如下内容。

### （一）产业视角下的创新链

在同一产业内，企业、大学、科研机构和政府等主体之间相互协作，发挥各自优势，形成产官学研相结合的创新链。如图 14 - 1 所示，企业根据市场需求和政府导向，向高校提出人力资源和知识创新要求，从科研机构获取研究开发成果或专利技术，向科技中介搜寻技术信息或寻求中介服务，从金融投资部门获得资金支持，在此基础上参与产品开发、设计、营销等一个或多个创新环节，最终形成市场适用的创新[7]。美国硅谷就是这类创新链的典范：政府采取引、买、诱等手段，吸引国内外人才，形成创新资源供给；企业与斯坦福大学以研究机构为基础组建产学研联合体，技术和人才优势为创新奠定基础；孵化器等中介机构介入，加快成果产业化。在跨产业合作中，创新链实际上是一条以市场发展潜力大、科技含量高、产业关联度强的一系列主导产业以及优势企业为核心，以创新为纽带，以上游产业为基础，向下游产业延伸的产业链。如图 14 - 2 所示，创新链由中心节点、分枝节点、末梢终端节点等组成。中心节点 $A_0$ 是创新链的源头，为链上的其他产业提供技术和资源基础。分枝节点（$A_1$，$A_2$，…，$A_n$）是以中心节点为基础而延伸出来的一些具有并列关系的节点，一般表现为技术、知识在各个产业的应用和深化。末梢终端节点则是在不同领域内产业的再次分工。譬如，纳米材料产业链可以触发形成创新链：中心节点 $A_0$ 为纳米材料研发企业；分枝节点有新型建材及涂料业 $A_1$、电子信息产业 $A_2$、生态环保产业 $A_3$ 等需要采用纳米技术进行创新的多个产业；末梢节点分别为建材业、化工业、纺织业、电子元器件及插件、纳米信息通信器件、纳米微型电机系统、纳米微传感器、纳米级研墨设备等[8]。

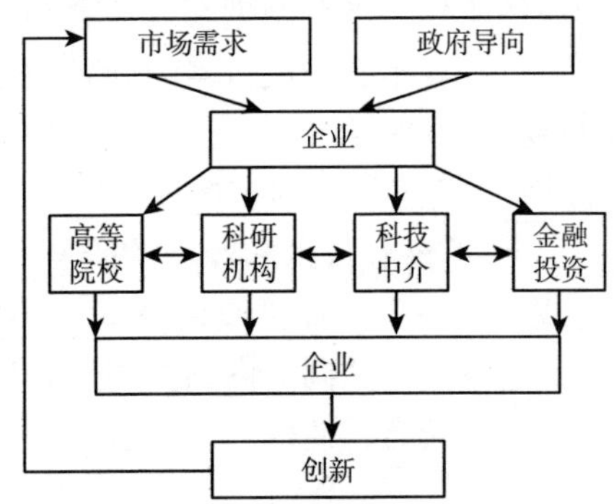


**图 14－1　同一产业视角下的创新链结构**

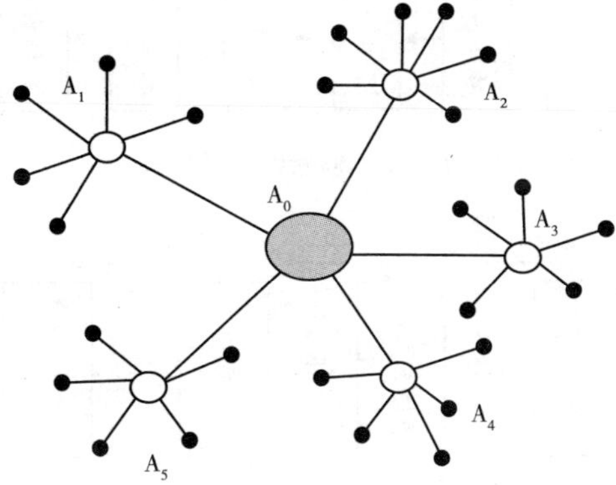


**图 14－2　产业合作中创新链主体关系**

### （二）功能视角下的创新链

创新过程一般要经过基础研究、应用研究、技术开发、产品设计、试制改进、营销策划等多个步骤，所形成的结构即创新价值链（图 14－3）。在这个过程中，创新本身相当于供应链中的商品，"上家"（上游主体）是"下家"（下游主体）的创新供应者。下家既是创新需求方，又会对创新作出反馈，让上家根据反馈不断改进，形成再创新。如图 14－4 所示，单向箭头表示创新的流向；双向箭头表示各参与主体不仅寻求自身创新，还会相互反馈，使创新链以最短的时间、最低的成本，把最适当的创新产品提供给需要的客户。例如，20 世纪 70～80 年代，迅猛发展的信息科学预示了"第三次浪潮"的到来，信息科学的扩散加上政府政策的鼓励把大批相关技术开发商引向 IT 核心技术和产品的研发，掌握了 IT 核心技术的技术开发商或"龙头"企业再通过协作，包括代工体系把创新知识传递给生产制造商，生产制造商则把创新知识物化成新产品并交由营销服务商推向消费者，使得创新价值链越来越多地出现在跨企业的合作中。

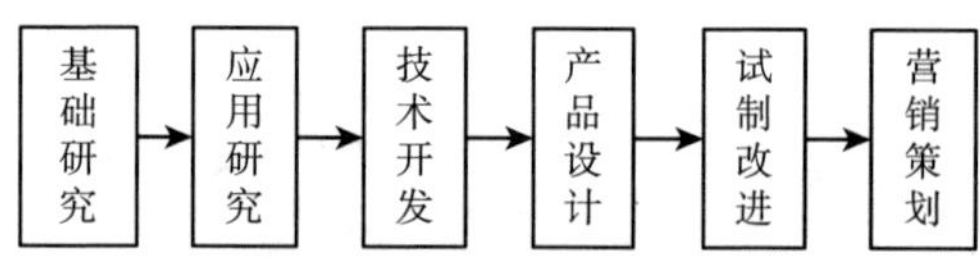


**图 14－3　创新价值链结构**

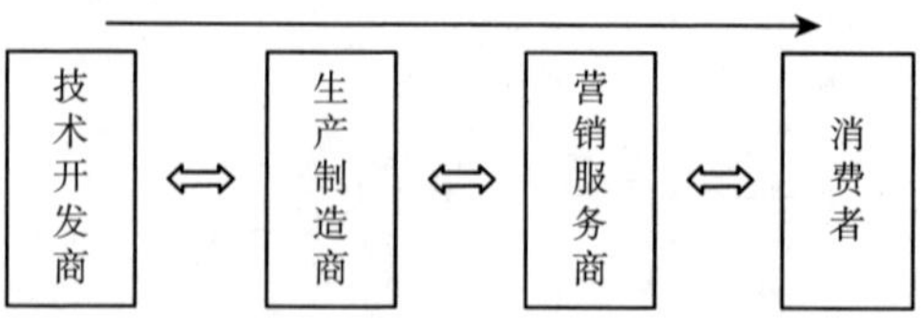


**图 14－4　创新供应链结构**

### （三）空间视角下的创新链

一是企业内部各创新环节之间的空间联系，如微软研发基地从西雅图到硅谷，再到都柏林、班加罗尔、北京……；二是企业与企业之间的空间联系，如从英特尔在美国硅谷的IC设计，到台积电、台联电等在中国台湾新竹的IC代工，再到宏碁、联想等在两岸各地的PC制造……；三是企业内外复合型空间联系，如图14－5所呈现的某产品创新链的空间结构；四是区域与区域之间的空间联系，尤其是区域创新能力所呈现出来的梯度分布格局：一方面，区域创新能力呈“内高外低”之“正态分布”趋势（参见图14－6，核心区创新能力最高，近核区次之，边缘区最低）；另一方面，创新成果渐次由内向外辐射、扩散或转移。因拥有核心竞争力、自主知识产权和自有品牌的“龙头”企业是创新链的核心主体，故这类核心主体聚集的发达地区（或国家、城市）也就成了空间上的创新核心区。创新核心区是创新链的“主域”，因其居于产业结构和产业链的“高端”而引领经济发展并“稳享”高附加值。于是争夺“创新核心区”的地位也就成了当今区域（城际、区际、国际）竞争的焦点。

## 三、成因

这里的“成因”指创新链形成和发展的原因或动因。分析创新链的成因将有助于回答为什么需要创新链、如何培植创新链等问题。

### （一）基于知识分类理论的创新链形成动因

有学者按获取和传递知识的难易程度，将知识分为显性知识（explicit knowledge）与隐性知识（tacit knowledge）。显性知识是能够以一种系统的方法来表达的、正式而规范的知识，通常以语言、

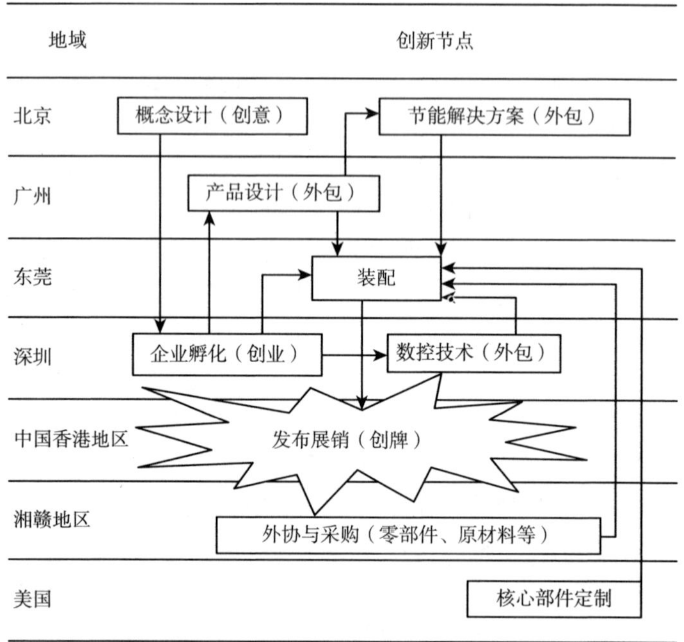


**图 14－5　某产品创新链空间结构**

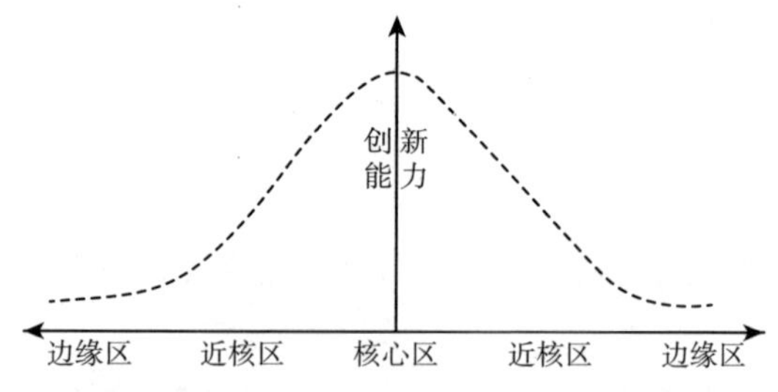


**图 14－6　区域创新能力之“正态”梯度分布**

文字、图像、程序等结构化的形式存储，如制定共同的产品标准、技术规则等，只需要沟通即可转移。隐性知识则是指高度个体化的、难以编码或沟通的、难以与他人共享的知识，通常以个人经验、印象、感悟、团队的默契、技术诀窍、组织文化、风俗等形式存在，只能通过应用和实践才能外显并获得。创新需要的不只是显性知识，更多的是隐性知识。创新链上的各种创新主体正是为了获得尽可能多的隐性知识而聚集在一起并紧密合作的。知识具有一定的非竞争性和非排他性，并由此产生溢出效应。溢出效应是通过技术的非自愿扩散，促进当地技术和生产力水平的提高，是外部性的一种表现。研究表明，在电脑和软件行业，一旦发生雇员流动，就会产生溢出效应。这里的流动包括人员在不同区域、不同行业、不同岗位上的流动。比如，珠三角企业家通过对中国香港、台湾等地区华人企业家的近距离观察和学习，大大节省了积累管理和技术知识的成本。在创新链上，不同行业、企业背景的人员共同工作、集体学习，将有助于获得溢出效应从而提高创新能力和创新效率。

### （二）基于交易费用理论的创新链形成动因

交易费用理论的代表科斯（Coase）认为，交易费用至少包括两项内容：一是运用价格机制的成本，即在交易中发现相对价格的成本，包括获取和处理市场信息的费用；二是为完成市场交易而进行谈判和监督履约的费用，其中包括讨价还价、订立合约、执行合约并付诸法律规范而必须支付的有关费用[9]。威廉姆森指出，交易费用理论有两个假定前提——有限理性和机会主义。有限理性是指在经济活动中交易主体的感知和认识能力是有限的，人们在收集和加工处理大量相关市场信息方面的能力受自身局限。事实上，市场环境复杂多变，存在不确定性和信息不完全，人们的理性往往是有限的。机会主义指的是用各种投机取巧的办法，向交易对方提供歪曲的信息来实现自我利益的行为倾向[10]。正是由于人们的有限理性，某些交易者可以利用信息的不对称环境或利用某种有利的讨价还价地位欺诈对方。现实中就存在不少技术先进的国家打着“最新技术”旗号，向落后国家出售将被淘汰的技术、机器以牟取利益的情况。为了减少机会主义，行为主体必须参与创新。不过，在快速变化的技术与市场环境中，市场搜寻成本、谈判成本、监督合同执行成本等十分高昂，独立创新面临成本上升和高风险的压力。这就决定了创新主体之间必须互相沟通、信任、协作，并建立创新链。合作双方共享资源，共建和谐的共生环境，形成共同的正式或非正式的行为规范和惯例，可以限制机会主义倾向，降低主体之间因不完全契约所带来的交易成本。

### （三）基于竞争力理论的创新链形成动因

波特（Porter）竞争力理论认为，影响企业竞争的主要因素包括行业内现有竞争者、潜在竞争者威胁、供应商讨价还价能力、客户讨价还价能力、替代品威胁五种力量。以此形成三种企业战略：成本领先、差异化和集中化[11]。创新链的核心主体是具有核心技术和知名品牌的企业，它从三个方面提高自身的竞争优势：在产业视角下，来自合作规模经济的低成本；在功能视角下，企业内部、跨企业分工与协作的深化，提高了新产品的差异化能力；在空间视角下，接近市场获得需求信息。在高科技行业，随着技术和产品寿命周期的不断缩短、市场竞争日趋激烈，速度成为成功的关键。为此，企业必须参与创新链，借助合作的资源共享效应，尽可能将研究开发、生产和服务的周期压缩到最短，以比竞争对手快半拍的优势在激烈的市场竞争中立于不败之地。企业参与创新链还可节约在资源方面的新投入，降低转换成本，从而降低企业的进入和退出壁垒，提高战略调整的灵活性。且企业之间的创新合作，能够提高企业对市场需求的反应能力，加快技术推广应用的速度。

### （四）基于创新理论的创新链形成动因

熊彼特（Schumpeter）将“创新”定义为新生产函数的建立、企业家对生产要素的新组合及联结技术与产业的一种企业经济行为，包括引入新产品、采用新生产方法、开辟新市场、获得新的原材料或半成品供应来源、实现新的工业组织形式等，并用以解释

(超额）利润的来源、经济发展的动力和经济周波的原因[12]。此后，创新理论被广泛接受、不断“演绎”并日益丰富，包括一些国内外学者注意到创新实际上是一个连续、互动、系统的过程，于是，开始研究创新体系、创新生态、创新集群、创新圈、创新链等概念并用以描述企业内部、企业之间、行业之间及区域之间创新活动的连续性与竞合关系，开启了创新研究的一个不可或缺的重要领域。这说明创新并不排斥科技合作，自主创新不等于“孤立创新”。恰恰相反，由于科技飞速发展，单靠自己的研发资源和能量已经不能满足需求，各个地区及其企业必须在自主把握技术发展方向和进程的同时，通过链际合作来利用周围地区的创新资源和优势，将不同的技术和知识集成起来，最终形成能够满足市场需求的新产品。

## 四、结语

创新链即建立在社会分工与协作基础之上的“创新生态图谱”，是对企业内部、企业之间、行业之间及区域之间创新活动的连续性与竞合关系的一种恰当描述。在当今供应链乃至创新链之间的竞争日显重要的形势下，相关主体之间合力打造创新链、提升整体创新力和竞争力至关重要。创新链结构极其复杂，只有从多重视角进行分析才能加以厘清，而当前尤需重视创新链空间结构的探索与优化。作为创新链的节点或参与者，要学会利用创新链协作来获取尽可能多的隐性知识，降低创新的信息成本与交易成本，寻求成本领先、差异化和集中化，处理好自主创新与科技合作的关系。

## 参考文献

［1］林淼等．技术链、产业链和技术创新链：理论分析和政策含义［J］．科学学研究，2001（19/4）：28－31，36.

［2］蔡翔．创新、创新族群、创新链及其启示［J］．研究与发展管理，2002（12）：35－39.

［3］杨志勇．基于创新链模型的创新链管理研究［J］．商场现代化，2006（11）：183－184.

［4］汪丁丁．知识沿时间和空间的互补性以及相关的经济学［J］．经济研究，1997（6）：70－78

［5］丁巨涛．我国企业技术创新主体构建的探讨［J］．企业研究，2002（9）：63－64.

［6］代明．着力打造城市创新支持系统［J］．特区经济，2007（2）：12－13.

［7］宝胜．论技术创新主体间的“互动聚合式”合作模式［J］．科学学与科学技术管理，2005（8）：62－63.

［8］王兴元等．高新技术产业链结构类型、功能及其培育策略［J］．科学学与科学技术管理，2005（3）：88－91.

［9］R. H. Coase. The problem of social cost［J］. Journal of Law and Economics，1960（3）：1－44.

［10］王洪涛．威廉姆森交易费用理论述评［J］．经济经纬 2004（4）：11－14.

［11］M. E. Porter. Competitive strategy［M］. New York：Free Press，1980.

［12］J. A. Schumpeter. The theory of economic development［M］. MA：Harvard University Press，1912.

# 单元Ⅳ　知识创业

知识创业就是创新驱动的创业，是知识主导或倚重知识要素的创业，是财务成本为（趋）零的创业。反过来说，知识创业不是复制“既有”（而是创造“前无”）的创业，不是资本雇佣劳动（而是知识雇佣资本）的创业，不是基于“投资”（而是基于“投知”而后“筹资”）的创业。在同等创业强度下，区域之间之所以呈现出或小或大的创业绩效差异，主要原因就在于创业环境和创业高度的不同。提升区域“双创”质量和绩效既需改善当地创业环境（其中主要的是制度环境），更需从资本创业迈向知识创业，进而从知识溢出性创业迈向知识集成性创业、再而迈向更高端的知识原发（创）性创业。

# 15. 知识创业研究述评①

**【提要】** 创新创业的理论与实践在全球呈交织发展之势，其中的知识创业尤其受到关注。与农业时代倚重土地要素、工业时代倚重资本要素不同，知识创业是知识经济时代倚重知识要素的一种新兴创业行为。国内外学者从概念、内涵、特点、影响等方面对此进行了初步探索。总结、梳理并借鉴这些研究成果，对深化优化知识创业研究和创新创业实践是大有裨益的。

## 一、引言

风靡全球的创业活动备受学术界（管理学、经济学、教育学、心理学、社会学等）的关注。学者们纷纷将其融入学科研究中，试图从自身学科视角和特点做出现象分析、概念界定及理论构建。据研究统计，“1994～2014 年，发表在 *Academy of Management of Journal* 等世界权威管理学杂志的创业研究文献多达 6000 多篇”[1]。而通过中国知网（CNKI）查询关键词“创业”发现，同时期收录于中国社会科学引文索引（CSSCI）期刊的文章已超过 8000 篇。可见，“创业”已成为国内外学者研究的热点问题之一。

---

① 原以“知识创业：创业新发展领域述评”为题载《科技进步与对策》2017 年第 4 期，署名：代明、陈景信、宋慧。

近年来，随着知识经济浪潮席卷全球，创业活动呈现出新的特点。适时总结国内外创业研究成果，聚焦创业前沿研究，有助于创业研究者把握新动向并预测未来研究趋势。目前，世界范围的知识型企业方兴未艾，如高通、微软、英特尔、苹果以及国内的华为、中兴（中国两大专利生产商）、腾讯、比亚迪等。这些企业的创办及其业务新拓展，得益于创新科技知识在行业竞争中的绝对优势地位，当今创业已经深深打上“知识”的烙印。通过分析国际创业热点和趋势还发现，移民创业、海归创业、学术型创业、创业教育等已成为创业研究的前沿问题[1]。因此，在知识经济时代提出并研究“知识创业”，是时代的要求和必然。

## 二、概念的梳理与界定

20 世纪 30 年代以后，约瑟夫·熊彼特、亚瑟·科尔等曾在哈佛商学院成立研究小组，从企业发展历程角度探析创业，但直到“二战”结束还没有真正意义上的创业研究。20 世纪 60～70 年代是创业研究的早期，主要侧重创业活动重要性的论证。20 世纪 80 年代创业研究开始常态化，并于 90 年代初因互联网的普及而得到加速发展[2]。谢恩（Shane）指出，创业作为一个学术研究领域正处于“黄金时期”的开端[3]，并与文卡塔拉曼（Venkataraman）明确建议创业研究应当采用非均衡和信息不对称的框架[4]。随着方法论和理论研究的日趋严谨，创业研究很有可能达到与主流社会科学和商业研究相提并论的学术水平[2]。

### （一）知识

关于知识的定义，从不同的角度有不同的表述。从人类文化和文明视角，《辞海》将知识解释为“人类在对世界的认知和改造世界的过程中获得的结晶和积累的经验”。从经济视角，经济合作与发展组织（OECD）提出，知识作为蕴含在人（又称人力资本）和技术中的重要成分，向来是经济发展的核心。马歇尔（Marshall）将知识描述为经济进步的发动机[5]。胡汉辉、沈群红则从资本的角度理解知识的内涵，即知识是资本的重要构成[6]。从知识产权制度视角看，现代知识与传统知识不同，它是一种“正规的创新”；知识可分为多个知识单元，每个知识单元的研发成本和经济效益均可量化，知识产权正是基于知识的这种技术特征进行设计，以保护每个知识单元应有的经济效益[7]。从教育视角看，知识创业教育（IEE）是创业教育的子概念，美国把基于专业知识的创业教育统称为知识创业教育，以区别于普通意义上的创业教育。这里所指代的知识即专业技能知识。显然，关于“知识”内涵的理解，学者们往往会根据学科特点和研究领域的需要做出相应的阐释。本文认为知识创业的“知识”，是与土地、劳动力、资本等同样不可或缺的生产要素，是一种融科学、技术（能）、经验、信息等于一体的无形资本（产）。

### （二）创业与知识创业

国外学者普遍采用“entrepreneurship”一词来表示创业，对于其内涵的阐释各有侧重，尚未就其定义达成共识。从本质看，创业与创新有着天然的关系。熊彼特（Schumpeter）认为创业是做一件在企业常规经营中一般不需要做的事情，特别强调企业家的创新功能对创业的作用[8]。德鲁克则认为，创立“既没有创造出新的令人满意的服务，也没有创造出新的顾客需求”的企业（或组织）并不是创业[9]。国内学者林强等认为创业是企业管理中高风险的创新活动，并提出创业研究理论基础应由创业理论、风险理论和企业管理理论构成[10]。辜胜阻等综合国内外研究论述，将创业的内涵界定为：通过创新实现各种资源的新组合、开创新业务、创建新组织，通过捕捉机会并承担风险进而创造价值[11]。

知识创业是对上述传统创业的延伸和发展，是创业实践顺应新经济发展趋势的必然产物。传统创业主要依赖土地、资本、劳动力等要素，而知识创业更依赖知识要素。圣吉斯（Senges）指出，知识创业不同于传统的资本创业，它注重识别或把握机会以及提高知识的创造与产出，而不是最大限度地增加货币利润；其核心是知识的生产，描述的是识别并应用知识和其他发明的能力将会给知识生产（科研和教学）带来更高的绩效[12]。麦克唐纳（Mcdonald）则基于组织学习与创新视角提出知识创业的五大维度，即环境意识、勤于思考、新项目支持、风险容忍度和沟通[13]。在此基础上，居索（Jusoh）等融入了自己对组织条件和知识创业的见解，构建了知识创业模型（见图 15 - 1），并指出知识创业具有提高组织创造力和间接提高组织绩效的作用[14]。另外，从企业家创业视角出发，李德彼特和奥克利（Leadbeater & Oakley）认为，企业家是以知识工作为基础开创事业的[15]。作为一名知识型企业家必须具备充足的知识资本来实现价值和财富的创造[16]。国内学者林钧敬认为，创业是个人与社会相结合的一种新形式，知识创业是将知识和资金直接融合形成的一种生产力，并产生一种新的企业[17]。从“创造价值的过程”出发，刘丽君提出知识创业具有“领导创新”的核心含义[18]。刘沁玲较为系统地阐述了知识创业的概念——以知识创新、生产为主要特征，依靠知识、技术开创新事业，实现其潜在价值的过程，它是融创办知识企业（或开展新业务）、知识创新、知识生产、知识资本化等于一体的创业活动过程[19]。综上所述，知识创业具有知识主导、风险认同和倚重人力资本三大特点，其创业主体（企业家、学者、知识型企业等）能够识别市场机会和承担风险，并善于利用知识要素的价值功能开创新事业或拓展新业务，是一种新型创业模式。

## 三、知识创业的研究领域

通过上述分析不难发现，虽然目前国内外学术界对知识创业的概念尚未达成共识，但均认为它与传统创业有着本质的区别。从组

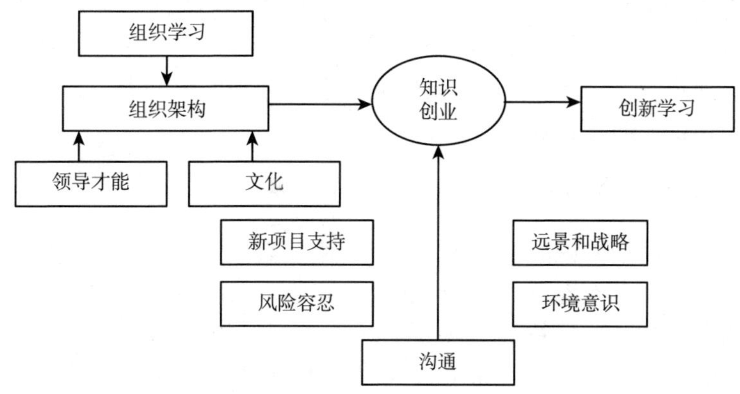


**图 15－1 知识创业模型[14]**

织知识溢出视角来看，知识创业研究一般可分为企业知识溢出创业和高校知识溢出创业（即学术创业、高校衍生企业等）研究；从创业主体看，主要集中于创业教育与创客运动研究。

## （一）企业知识溢出创业

夏廷杰等（Schartinger et al.）指出，新知识是创业机会的重要源头，新企业的生成往往会围绕知识源头产生集聚效应[20]。奥哲奇和凯尔巴克（Audretsch & Keilbach）特别关注随着新知识产生而出现的创业机会，并形成"知识溢出创业理论"。该理论的关键命题是"具有丰富知识的环境或地区会带来更多的创业机会，因此，表现出较高的创业率；相反，缺乏知识的环境或地区则产生较少的创业机会，创业率往往较低"。通过实证发现，高技术行业和信息通信技术行业具有较高的创业率，从而证实了这一命题[21]。在地理空间上，知识溢出具有边界性，创业则具有特定的区域属性。不同区域的创业存在差异，新企业的生成与其所在地理空间具有相关性[22]。国内学者林苞利用中国 30 个省级区域数据实证分析了知识溢出与创业的关系，支持了"知识溢出创业"理论[23]。李华晶等认为创业是知识溢出驱动的结果[24]。丁明磊等指出，知识创业本质是一种源于知识溢出效应的“机会型”创业[25]。所以，从知识溢出视角看，“企业知识溢出创业”既是知识创业的重要内容，也是知识创业的重要表现形式之一。

### （二）学术创业

关于高校知识溢出创业的研究，主要聚集于学术创业领域。当前学术创业尚无统一定义，根据侧重点不同可分为两个方面。一是以创业为主导。赖特等（Wright et al.）认为，学术创业是知识商业化的开发过程，包括源于大学的技术与知识的衍生[26]。谢恩则认为学术创业是为开发产生于学术机构的一套智力资本而创建新企业的过程[27]。二是以学术（或学者）为主导。路易斯等（Louis et al.）给出的定义为：科学家研发产品并将其推向市场，从而增加个体或机构的利润、影响力和声誉的过程[28]。克洛夫斯顿（Klofsten）认为学术创业是传统基础教学、科研任务之外的所有商业化活动[29]。国内学者李华晶等对学术创业的解释是，大学学者（包括教授、研究员、博士生等）设立商业企业使自身研究成果商业化的过程，即学术研究者和学术组织所参与的商业上的创业活动[30]。正由于定义侧重点的差异，使得学术创业研究的范围更具广泛性，它既可以从宏观层面探讨学术创业与传统创业的关系，又可以从微观层面分析学者个体创业行为。比如，莱瑟特拉（Lacetera）建立决策模型分析学者创业的回报和成本问题[31]；黄攸立等分析学者在创业过程中角色认同的演变模式[32]。但总体来看，学术创业的理论框架体系有待充实完善，国内外文献还缺少成熟的理论脉络梳理，实证分析结果也出现分歧。比如，一些学者认为学者创业容易成功，而另一些学者则持截然相反的观点[30]。因此，学术创业的理论探索和实证研究还存在较大的发展空间。

### （三）创业教育

创业教育始于20世纪90年代末，这或许是金融危机和大学扩招背景下引导知识分子就业的重要途径之一。创业教育向知识劳动力传授创业的知识和技能，为其就业提供了一条创新的道路。所以，知识创业是解决“知识失业”[33]的有效途径之一。亨利（Henley）认为，缺乏创业知识和能力，没有准备好接受创业挑战是阻碍学生最终实现他们创业梦想的主要因素[34]。王艳茹认为，创新型经济的发展，需要普及各类创业教育，培养学员的企业家精神[35]。目前，高等教育为适应经济社会的发展需求，已将创业教育作为其不可或缺的组成部分。学术上不少学者围绕“创业教育”进行了积极探索，涌现了一批富有理论和实践意义的成果，如《我国高校创业教育十年：演进、问题与体系建设》[36]《论高校创业教育与专业教育的融合》[37]等。归根结底，创业教育和培训最重要的是提高劳动者创业能力，要把能力提高作为评判创业教育培训的核心指标[38]。综上所述，从创业教育与知识创业关系来看，创业教育是知识创业的奠基石，为创业领域培养出知识（包括专业技术、企业家精神等）应用型人才，知识创业则是创业教育的方向和目的。

### （四）创客运动

知识创业的强烈反响体现为科技创业、创客运动等新行为和新思潮。“创客”一词源于英文“maker”，最早植根于欧美广泛普及的“自己动手做”（do it yourself）的文化。2012 年底，美国《连线》杂志主编安德森（Anderson）推出的新书《创客：新工业革命》[39]，让“创客”一词举世皆知，引来科研机构、企业与投资界的广泛关注。*Make* 杂志和 Maker Faire 大会的创办人多尔提（Dougherty）认为，致力于借助网络资源、3D 打印等新型生产工具自己制造出创意性产品的群体，即创客[40]。徐思彦等认为，国外学术界关于“创客”的研究处于起步阶段，主要有三类：一是基于历史文化视角分析影响创客运动的因素；二是关于“创客”与 DIY（do it yourself）运动的概念性框架研究；三是关于“创客空间”的田野研究[41]。国内学术界在“创客”领域的研究则更为稀缺。

“创客”一词融入了创新、创业乃至“大众创业、万众创新”等相关含义，反映了一种强大的社会需求和时代潮流。现有国际创客中心仍首推美国硅谷及其所在的圣荷西、湾区等，其他影响程度不一的国际创客中心也正在一些国家崛起。近年来中国大地创客“群起”，各地也争相推动发展创客事业，目前，已初步形成北京、上海、深圳三大引领城市（暂时领先）以及广州、杭州、南京、武汉、重庆、成都、苏州等大批竞争城市的格局。

## 四、知识创业的影响

事实证明，知识创业形式的多样化和内容的充实化，势必使其影响力辐射到经济、管理、教育等关键领域。

### （一）对经济增长的影响

知识和企业家精神是知识创业的核心生产要素。知识创业对经济增长的影响主要通过这两种要素的经济效益体现出来。从知识溢出效益看，纯粹增加知识（人力资本、教育等）的投入，并不能带来经济的持续增长。瑞典和许多欧洲国家在科研方面的投入处于世界领先地位。然而，20 世纪 90 年代到 21 世纪，它们的经济增长率一直停滞不前[42]。所以，知识并不等于知本，它需要通过外溢和商业化才能实现其经济价值，而创业则是知识溢出和商业化的一个重要渠道。林苞研究发现，R&D 活动与创业活动存在正向联系，这一结果既验证了“知识（溢出）创业”的真实性，也反映出知识创业是推动经济增长的一种重要机制[23]。从创业精神看，企业家精神是生产力的第四要素[43]。富有创新精神的企业家会努力发现、创造和捕捉市场机会，他们的这些创新创业行为是推动现代经济增长的根本动力[44]。所以，知识和企业家精神是知识创业的灵魂。这两种新的生产要素从根本上影响着创业企业的发展条件和空间，从而对创新创业型经济的形成和成长带来不可忽视的影响。

### （二）对产业演化的影响

知识创业活动引领产业演化潮流。美国硅谷是国外知识创业活动最活跃的地方，中国的创业（尤其是知识创业）活动远远滞后于美国，因此，中美新兴产业发展进程存在较大差距（参见表 15 - 1）。根据亨顿（D. Henton）的观点，第二次世界大战以来，至少四次技术浪潮影响美国硅谷的发展[45]。这意味着活跃的知识创业活动有赖于技术浪潮的推进，知识创业的现实反响莫过于新兴产业（创新性知识型企业）的创立。我国在知识创业实践中直接吸收和利用国外的先进科技成果，20 世纪 80 年代后期紧追美国步伐，大力发展 IT、互联网、电子商务等高新技术产业。此外，随着知识（高科技等）创业的兴旺发达，企业孵化器（incubator）集群特征日益突出，科技企业孵化器已成为一种新兴的产业[46]；科技金融业也日益繁荣，风险投资（venture capital）作为一种新兴的投资工具和融资模式迅速崛起。

**表 15 - 1　知识创业视角下的中美新兴产业发展对比[46]**

| 国家 | 20 世纪 50 年代 | 20 世纪 60 ~ 70 年代 | 20 世纪 70 年代至 80 年代中期 | 20 世纪 80 年代后期至 90 年代 | 21 世纪以来 |
|---|---|---|---|---|---|
| 美国 | 惠普（HP）等电子类企业蓬勃发展 | 肖克利（Shockley）、仙童（Fairchild Semiconductor）、英特尔（Intel）等半导体公司成为硅谷代表性企业 | 个人电脑诞生；微软、甲骨文等企业的崛起 | 网景、雅虎、亚马逊等互联网行业高速发展 | 博客、搜索、互联网电话等新商业模式推广 |
| 中国 | 创业没有生存空间 | | 几乎没有知识创业，主要是开创实业（如乡镇企业） | 党政干部、知识分子下海经商创业；涌现新浪、网易、搜狐、易趣等知名企业 | 携程网、空中网、腾讯、阿里巴巴等网络或电子商务公司 |

## （三）对创新、就业的影响

熊彼特曾指出，创业是实现创新的过程，创业家的功能在于实现要素的创新组合[8]。现今许多发达国家，尤其是西欧国家把扶持创业作为促进经济增长和解决（或缓解）就业的重要手段。知识创业作为创业的新兴形态必然会对创新、就业产生不可忽视的影响。根据企业家效应假说，创业一般由过去的经济成就和企业家所推动，能够起到促进就业和降低失业的作用[47]。与此相反，难民效应假说则认为，在高失业率压力下，创业者如同劳动力市场排挤出来的“难民”，他们大多数拥有较少的人力资本，不具备开创和经营企业所需的企业家才能，难以提出具有较高创新性的创业项目，所以，这种创业行为难以对就业产生促进作用，甚至有可能对就业产生抑制作用[48]。对比两种效应，显然企业家效应属于知识创业的范畴，并具有知识创业的核心内涵，从某种意义上讲，企业家效应很好地阐释了知识创业对创新、就业的影响。国外学者关于“企业家效应”的态度不一，既有支持的[47,49]，也有否定即支持难民效应的[50]。也有学者研究认为，具体是哪一种效应需视情况而定[51]。国内学者董志强等在研究中使用双方程向量自回归模型来识别企业家效应和难民效应[52]，显示我国（广东省）创业存在降低失业的企业家效应，这一结果与苏里克等（Thurik et al.）对OECD国家的研究结果[47]类似。综上，知识创业对创新、就业的影响主要体现在对“企业家效应和难民效应”的考察上，前者表明知识创业对创新、就业具有显著正向影响，后者则表明影响不显著或仍属传统创业。

## （四）对高等教育的影响

富勒（Fuller）认为高校是一个内涵型的创业机构。他描绘出一个通过教育和科研不断创造人力资本和知识资本的过程，并把投资和促进商业、政府与社会事业发展视为高校的第三使命[53]。从某种程度上讲，这一观点既蕴含了知识创业的内涵，也反映出知识（溢出）创业渴求高等教育变革和发展的强烈愿望。

1. 对高等教育理念的影响。知识创业教育推动了创业型大学的建设，有助于促进高等教育实现知识资本化目标。创业型大学理念可追溯到伯顿·克拉克（Burton R. Clark）对大学转型的研究[54]。1994～1996年，克拉克10次访问欧洲，通过研究英国、荷兰、瑞典、芬兰的五所大学创业经验，总结出大学实现创业转型的五个基本要素：（1）一个强有力的驾驭核心；（2）一个拓宽的发展外围；（3）一个多元化的资助基地；（4）一个激活的学术心脏地带；（5）一个整合的创业文化。克拉克因而被赞誉为“创业型大学之父”。英国沃里克大学走出一条特殊的创新之路，形成了有特色的创业型大学发展战略和经验，继之许多欧洲大学形成了高校创业热潮，并于1997年成立欧洲创新型大学联盟（ECIU）网络[55]。国内知识创业驱动的教育创新也取得新突破，“当前我国高校创业教育的兴起适应了创新型国家建设和高等教育自身发展的需要”[36]，创业教育业已成为继学术教育、职业教育的“第三本护照”[37]。

2. 对学术研究的影响。知识溢出创业、学术创业的研究主要从微观层面（公司、创业者等）研究知识创业，而创业教育与应用型人才培养关系的研究更侧重从宏观层面（教育体系、社会发展等）研究知识创业。所以，关于“知识创业”的提法和探索能够很好地融合创业学宏观和微观的研究内容，对“创业学理论”的创新构建打开了一扇新的“机会窗口”。知识创业与传统创业不同，以学术创业（academic entrepreneurship）来说，经济领域的创业无法代替学术创业，如果两者的创业活动相同，那么就不会有如此多的学术型组织进入创业活动中[31]。学术创业能够通过衍生企业和技术许可将科学知识转化成创业资源[56]，进而促进经济社会的发展。可见，知识创业的诸多成果为创新和发展创业学研究做出了重大贡献。

3. 对高校功能的影响。中国是知识经济时代追赶型国家，知识创业在市场经济的活跃程度和发展深度，都会影响我国从“科技大国”向“科技强国”的转变。知识创业是知识资本化的过程，即知识的创造和传播被应用于创新和生产，并进而成为现代经济增长的原动力[57]。大学的第三大使命是“知识商业化”过程，即运营知识，它是人才培养、科研两大功能的新发展[58]。国内一流大学在20多年的发展进程中，陆续涌现出北大方正、清华同方等知名校办企业，成为高新技术产业发展的先锋力量（见图15－2）。因此，高校衍生企业（或校办企业）的产生和发展势必促进知识资本化，有利于中国早日跨越“中等收入陷阱”。

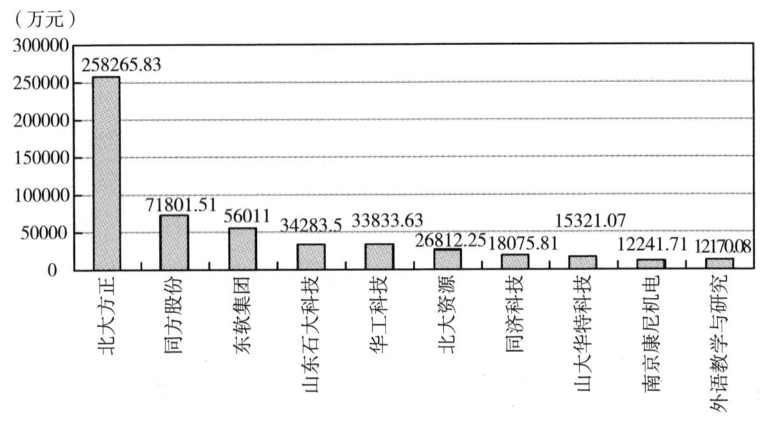


**图15－2 2010年度全国高校科技企业按利润总额排名**

资料来源：教育部科技发展中心（http：//www. cutech. edu. cn/cn/kjcy/xbcytj/2012/05/1331845780119177. htm）。

## （五）对政策法规的影响

知识创业的兴起促进了适应知识产业发展和新经济形态需求的政策法规的制定。在创业实践过程中，创立企业所需的资源往往是创业者个人能力无法达到的[59]，为减少创业活动的金融约束，许多国家相继采取不同措施[60]。比如，20 世纪 50 年代，美国为促进技术创新创业活动，提出了一些促进风险投资发展的优惠政策。日本借鉴美国创举的同时，结合本国特点，制定政府干预性的创业政策。德国则形成多项法律与人才培训、技术创新、税收信贷等政策措施配套协调的体系[61]。在中国，为支持和保障知识创业的蓬勃发展相继出台了多项政策法规。比如，在特许经营创业方面，与之相关的政策法规包括《商业特许经营管理办法》（2004）、《商业特许经营管理条例》（2007）、《中华人民共和国专利法》（2008 修正）、《中华人民共和国商标法》（2013 修正）等。此外，随着《关于大力推进大众创业万众创新若干政策措施的意见》的出台，不少部委、地方政府也相继出台如《大学生创业补助政策》《关于进一步促进创业带动就业的意见》等政策法规。

## 五、结语

国内外的创业史证实，创业发展具有其演变的规律。在科技浪潮、知识资本化的推动下，现今创业已经进入了知识创业时代。“知识创业”概念的提出，使经济学、管理学、教育学、心理学等学科对创业的认识和理解焕然一新，为创业研究提供了新的课题。然而，当前国内外学术界对知识创业的研究尚未形成体系，正如圣吉斯[12]所言，许多学者都已经涉及有关知识创业的话题，但只有少数文献明确使用“知识型企业家”等具体术语来表达。因此，对知识创业的现有成果进行梳理和总结大有裨益。如今，我国已从“追随模仿”步入自主创新的时代，知识创业的理念为“双创”发展指明了方向并表达出对保障性政策法规和制度的强烈诉求。

本文从知识创新与应用的角度对创业进行了研究，从概念、内涵、特点、影响等方面对知识创业的发展情况进行了述评，具有一定的实践意义和理论价值。知识的创新、生产、资本化仅仅是开始，如何利用知识并将其转化为适合市场和消费者需求的产品或服务，还有一段路要走，这也是未来知识创业研究的一个方向。

## 参考文献

[1] 朱晋伟，胡万梅．国际创业研究的热点和趋势——基于SSCI的文献计量和知识图谱分析 [J]. 技术经济，2015，34 (5)：36 – 40.

[2] 陈震红，董俊武．国外创业研究的历程、动态与新趋势 [J]. 外国经济与管理，2004，26 (2)：7 – 11.

[3] S. A. Shane. Where is entrepreneurship research heading [R]. Key Note Talk on Conference on Technological Entrepreneurship in the Emerging Regions of the New Millennium, Singapore, 2001.

[4] S. Shane & S. Venkataraman. The promise of entrepreneurship as a field of research [J]. Academy of Management Review, 2000, 25 (1): 218 – 228.

[5] A. Marshall. Principles of Economics [M]. London: Macmillan, 1890.

[6] 胡汉辉，沈群红．西方知识资本理论及其应用 [J]. 经济学动态，1998 (7)：40 – 45.

[7] 严永和．论传统知识的知识产权保护 [M]. 北京：法律出版社，2005.

[8] J. A. Schumpeter. The theory of economic development [M]. Harvard University Press, 1934 (G: 1912).

[9] 彼得·F. 德鲁克．创新与创业精神 [M]. 张炜，译．上海：上海人民出版社，2002.

[10] 林强等．创业理论及其架构分析 [J]. 经济研究，2001 (9)：85 – 96.

[11] 辜胜阻等．完善中国创业政策体系的对策研究 [J]. 中国人口科学，2008 (1)：10 – 18.

[12] M. Senges. Knowledge entrepreneurship in universities: Prac-

tice and strategy in the case of Internet based innovation appropriation [M]. Tdx, 2007.

[13] R. E. Mcdonald. Knowledge entrepreneurship: Linking organizational learning and innovation [M]. Proquest Information and Learning Company, 2002.

[14] R. Jusoh et al.. The factors influencing knowledge entrepreneurship in Malaysian manufacturing companies [J]. Journal of US-China Public Administration, 2010, 7 (4): 86 – 95.

[15] C. Leadbeater & K. Oakley. Surfing the long wave: Knowledge entrepreneurship in Britain [M]. Demos, 2001.

[16] S. Skrzeszewski. The knowledge entrepreneur [M]. Scarecrow Press, 2006.

[17] 林钧敬. 知识创业：大学生创业指南 [M]. 北京：高等教育出版社，2001.

[18] 刘丽君. 知识创业教育导论——理工科研究生创新创业型人才的有效培养模式研究 [M]. 北京：北京理工大学出版社，2010.

[19] 刘沁玲. 知识创业的价值与特征 [J]. 企业经济，2007 (5): 28 – 31.

[20] D. Schartinger et al.. Interactive relations between universities and firms: empirical evidence from Austria [J]. Journal of Technology Transfer, 2001, 26 (3): 255 – 268.

[21] D. Audretsch & M. Keilbach. The Theory of Knowledge Spillover Entrepreneurship [J]. Journal of Management Studies, 2007, 44: 1242 – 1254.

[22] D. W. Carlton. The location and employment choices of new firms: an econometric model with discrete and continuous endogenous variables [J]. Review of Economics and Statistics, 1983, 65 (3): 440 – 449.

［23］林苞．知识溢出与创业——基于中国地区数据的研究［J］．科学学与科学技术管理，2013（9）：142－148.

［24］李华晶等．知识嵌入下新企业生成的动因与障碍——从知识溢出、知识过滤到学术创业［J］．技术经济，2015（7）：57－61.

［25］丁明磊，刘秉镰．基于创新型集群与知识创业的区域创新系统研究［J］．科技进步与对策，2010（1）：49－51.

［26］M. Wright et al.. Mid-range universities' in Europe linkages with industry：Knowledge types and the role of intermediaries［J］. Research Policy，2008，37（8）：1205－1233.

［27］S. Shane. Academic entrepreneurship：university spinoffs and wealth creation［M］. Cheltenham Northampton：Edvard Elgar，2004.

［28］K. S. Louis & M. A. Stoto. Entrepreneurs in academe：An exploration of behaviors among life scientists［J］. Administrative Science Quarterly，1989，（34）：110－131.

［29］M. Klofsten & D. Jones-Evans. Comparing Academic Entrepreneurship in Europe The Case of Sweden and Ireland［J］. Small Business Economics，2000，14（4）：299－309.

［30］李华晶，邢晓东．学术创业：国外研究现状与分析［J］．中国科技论坛，2008（12）：124－128.

［31］N. Lacetera. Academic entrepreneurship［J］. Managerial and Decision Economics，2009，30（7）：443－464.

［32］黄攸立等．学术创业背景下学者角色认同演变模式研究［J］．管理学报，2013，10（3）：438－443.

［33］赖德胜，田永坡．对中国“知识失业”成因的一个解释［J］．经济研究，2005（11）：111－119.

［34］A. Henley. Entrepreneurial aspiration and transition into self-employment：evidence from British longitudinal data［J］. Entrepreneurship and Region Development，2007，19（3）：253－280.

［35］王艳茹．创业教育、企业家精神与创新型经济发展［J］．产经评论，2011（5）：49－54.

［36］李伟铭等．我国高校创业教育十年：演进、问题与体系建设［J］．教育研究，2013（6）：42－51.

［37］黄兆信，王志强．论高校创业教育与专业教育的融合［J］．教育研究，2013（12）：59－67.

［38］赖德胜，李长安．创业带动就业的效应分析及政策选择［J］．经济学动态，2009（2）：83－87.

［39］C. Anderson. Makers：The New industrial revolution［M］. Crown Business，2012.

［40］D. Dougherty. We are makers［DB/OL］. TED Talk，http：//www. ted. com/speakers/dale_dougherty，2011.

［41］徐思彦、李正风．公众参与创新的社会网络：创客运动与创客空间［J］．科学学研究，2014，32（12）：1789－1796.

［42］姚毓春．创业型经济与就业问题研究［M］．北京：经济科学出版社，2014.

［43］王宇新．企业家精神也是生产力［N］．中国经济时报，2006－11－10（1）.

［44］Z. J. Acs et al.．Entrepreneurship growth and public policy［M］. UK：Cambridge University Press，2009.

［45］李钟文等．硅谷优势——创新与创业精神的栖息地［M］．北京：人民出版社，2002.

［46］林嵩．创业学：原理与实践［M］．北京：清华大学出版社，2015：4－15.

［47］A. R. Thurik et al.．Does self-employment reduce unemployment?［J］. Journal of Business Venturing，2008，23（6）：673－686.

［48］N. M. Fiess et al.．Maloney. Informal self-employment and macroeconomic fluctuations［J］. Journal of Development Economics，2010，91（2）：211－226.

［49］ M. Fritsch. How does new business formation affect regional development?［J］. Small Business Economics，2008，30（1）：1－14.

［50］ A. R. Thurik. Entrepreneurship and unemployment in the UK［J］. Scottish Journal of Political Economy，2003，50（3）：264－290.

［51］ A. Golpe & A. von Stel. Self-employment and unemployment in Spanish regions in the period 1979－2001，in measuring entrepreneurship：building a statistical system［M］. New York：Springer US，2008.

［52］ 董志强等．创业与失业：难民效应与企业家效应的实证检验［J］．经济评论，2012（2）：80－96.

［53］ S. Fuller. What makes universities unique? Updating the ideal for an entrepreneurial Age［J］. Higher Education Management and Policy，2006，19（3）：27－50.

［54］ 伯顿·克拉克．建立创业型大学：组织上转型的途径［M］．北京：人民教育出版社，2003.

［55］ 曾国屏等．知识资本全球化与科技创新［M］．北京：清华大学出版社，2013.

［56］ 李华晶，王刚．基于知识溢出视角的学术创业问题探究［J］．研究与发展管理，2010（2）：52－59.

［57］ 亨利·埃茨科维茨（周春彦译）．三螺旋：大学、产业、政府三元一体的创业战略［M］．北京：东方出版社，2005.

［58］ 夏清华．学术创业：中国研究型大学“第三使命”的认知与实现机制［M］．武汉：武汉大学出版社，2013.

［59］ M. V. Geldern et al.. Success，risk factors in the pre-startup phase［J］. Small Business Economics，2005，24（4）：365－380.

［60］ P. D. Reynolds et al.. The Global Entrepreneurship Monitor（GEM）［R］. 2000 Executive Report，2000.

［61］ 王延荣，宋冬凌．创业型经济发展的政策研究［M］．北京：科学出版社，2014.

# 16. 从资本创业迈向知识创业①

【提要】（广义或词义上的）创业实践自古有之，创业研究也由来已久。但知识经济时代的创业有其特质和“高度”。它不同于工业经济时代倚重资本的创业，而是倚重“这个”时代的关键生产要素——知识的创业。要从根本上提升我国“双创”活动的质量、改善其绩效并使之迈上新台阶，尚有待于实现从资本创业到知识创业的转变。

## 一、创业悖论假说

“悖论”（paradox）源于希腊语“para + dokein”，原意是“反思”或“多想一想”，转义为“自相矛盾的命题”，即有悖于人们直觉、常识和经验的反论。如经济学大师凯恩斯曾提出“节约悖论”（paradox of thrift）：按常理“储蓄增加会转化为投资而引起国民收入正向变动”，与此相悖的是“储蓄增加会减少消费而引起国民收入反向变动”[1]。类似的还有主要见于西方经济学文献的“增长极限”（零增长理论）、“创新过度”（尤指金融创新过度）、“资源诅咒”（资源富足对经济发展产生负效应）、“研发悖论”（R&D投入增加带来反效果）等。悖论思维鼓励人们逆向思考、质疑常

---

① 原载《中国社会科学报》2017 年 3 月 29 日，署名：代明、陈景信、陈俊。

理、挑战思维定式，从而避免人云亦云、片面化和“想当然”。

“创业”（entrepreneurship/to start up business）对经济和社会发展的正面效应显而易见：促进经济增长、增加就业、推动技术进步等。那么，创业活动是否会在某种情况下产生负面效应，形成所谓的悖论呢？这实在是一个有趣且具现实意义的“假说”，亟待讨论、实证和破解（解悖）。

在创业对经济增长的影响问题上，除了占绝对主流的正效应论述外，近年来也有学者发出不同的声音。如布兰奇弗劳尔（D. G. Blanchflower）、约瑟（A. Jose）等的实证分析表明，一些国家和地区尤其是发展中经济体的创业活动对经济增长的影响并不显著甚至产生了负效应[2,3]。《全球创业观察中国报告（2015/2016）》援引20国集团创业调查数据显示，创业数量和质量负相关，一些创业活动频密、创业投入大、新创业者数量激增的国家，其产品和市场创新能力相对较差。国内对创业悖论的研究尚属鲜见。究竟这种情景在我国“存在”“准存在”“时段性存在”“局域性存在”抑或“不存在”？都有待通过深入的调研以及大量的数据搜集和分析去验证。

## 二、资本创业之困

国内外已经有学者开始对创业悖论的成因进行探讨。除了上文提到的某些国家只关注创业数量而轻忽质量这一原因外，约瑟等认为还存在一个与经济发展相适应的均衡创业率，实时创业率偏离时就会自行调节，任何对均衡创业率的背离都会使经济增长受到“惩罚”[3]。这实际上讲的是“创业过热”问题。米兰马（H. Mehluma）、科因（C. J. Coyne）等认为，如果大多数创业资源被配置到非生产性领域尤其是供大于求的过剩行业，那么创业活动就会阻碍经济发展，甚至使国家陷入“创业经济陷阱”[4,5]。索特等（F. Sautet et al.）把创业划分为局部创业和系统创业，并基于社会合作理论、网络理论和企业理论认为，经济发展主要依赖于系统创业，而低收入或发展中国家由于受到有限的创业机会和合作网络、较低的市场化程度等条件的约束，使创业者更倾向于选择局部创业，从而难以发挥系统创业在经济发展中的促进作用[6]。

实际上，创业悖论的种种成因都可以归结到传统资本创业模式的局限性上。创业数量与质量的反差体现了“创业即投资”（而非“创业即创新”），从而形成当代创业行为简单化的惯性。创业资源被大量配置到非生产领域尤其是虚拟经济领域，则反映了创业者规避高成本、复杂性技术创新的“投机性选择”和“虚拟偏好”（总以为金融和虚拟领域的创新创业来得更单纯、更容易、更确定、更快捷、更“来钱”），以致我国当前的“双创”活动呈现脱实向虚的趋势。尤其创业实践中仍盛行资本一元权益函数法则，诱导创业者们争相涉足“金融创新”和“圈钱游戏”，甚至不乏业者先通过定酬式集资（实为高息揽存）或包装上市向公众圈钱，再用巨资去并购现成实体企业的“成功”资本创业案例。

## 三、知识创业之光

摆脱传统资本创业之困有待于迈上知识创业的新台阶。今天，我们已经不难看到依稀闪烁的知识创业之光。当“硅谷之父”诺伊斯等人辞职创办英特尔时，他们怀揣的不是巨额资本而是集成电路解决方案，但很快就筹到了所需的资本（250 万美元）、场地、员工等创业要素。比尔·盖茨和艾伦创建微软时因资本短缺只能租用阿尔伯克基一家旅馆的房间，但他们设计的程序语言一步步征服了整个世界。乔布斯等人创办苹果公司时尚未脱尽稚嫩和贫困，为开发 Apple II 筹款一事甚至吓退了发起人之一的韦恩，后来吸纳马库拉注资 9.2 万美元并向银行贷款 25 万美元才渡过难关，他们凭着智慧和执着最终成就了一个高科技商业帝国。任正非等人创办华为公司时手头只有东拼西借的 8000（一说 21000）元人民币，从廉价租来的一套公寓里艰难起步，但却凭借“知本”而非资本（到今天仍坚持不上市圈钱）一步步成长为中国首屈一指的民营跨国公司和全球500强……那么何谓知识创业呢?

——知识创业的本质特征。从本质特征看，知识创业是创新驱动的创业。尽管古典经济学家坎蒂隆早在18世纪就提出“创业者”概念，并认识到经济体系内存在着创业功能。但此后150多年创业研究并没有因新古典主义经济学的兴起而走向繁荣，相反创业受到经济学者的回避或忽视，被视为“困扰经济学模型的幽灵”。直到1912年熊彼特（J. Schumpeter）出版《经济发展理论》一书才使创业研究出现转机。他从创新视角较为系统地论述了创业者的职能和作用，认为创业者是创新者、经济变革和发展的推动者，其任务是从事“创造性破坏”，包括创造新产品、新生产方式、新市场、新材料及其来源和新组织形式[7]。虽然熊彼特对“创业”的理解具有划时代意义，但这种被赋予新意的创业活动兴起仅仅是近几十年来的事情。一方面，美国硅谷的崛起成就了一批将知识创新成果转化为商业产品的创业者；另一方面，具有创新内涵的知识创业型经济得到学术界的认可。著名管理学家德鲁克（P. Drucker）认为：“创立既没有创造出新的令人满意的服务，也没有创造出新的顾客需求的企业（或组织）并不是创业。”[8]这实际上已经把新兴的知识创业与传统的资本创业区别开来。

——知识创业的要素倚重。从要素作用看，知识创业是知识主导的创业。创业与生产活动一样需要运用资本、土地、人力、知识等生产要素。各要素因其在经济社会各发展阶段的重要性和稀缺程度不同而形成不同的权益函数。农业（耕）经济时代最重要、最稀缺的生产要素是土地，故形成土地一元权益函数制度，即谁拥有土地谁就是生产和分配的主人并占有全部剩余产品。工业经济时代最重要、最稀缺的生产要素是资本（货币、机器、厂房、原材料等），于是便形成谁投资谁主导、资本雇佣劳动、等量资本获取等量权益的资本一元权益函数制度。知识经济时代最重要、最稀缺的要素逐渐演化为知识，也就不可避免地催生出知识主导、知识雇用资本及其他要素的知识一元权益函数制度。与生产活动比起来，创业活动中的知识一元权益函数特质往往体现得更为显著。

——知识创业的成本曲线。从创业成本看，知识创业是成本为（趋于）零的创业。工业时代的资本创业遵循的是“创业即投资”法则，创业者就是出资人，所承担的是全额成本支出。美国畅销书作家里夫金（J. Rifkin）在2014年推出的《零边际成本社会》（*The Zero Marginal Cost Society*）中描绘了一种边际成本极低甚至为零的生产和消费方式[9]。其实“零成本”这一概念更适于诠释知识创业：与传统资本创业的“出资人”不同，纯粹的知识创业者作为单纯“出知人”无须出具任何“有形”或“账面”资财，就像前述诺伊斯等人基于集成电路解决方案创办英特尔，很快便筹到了所需资本、场地、人力等创业要素一样，这从世俗财产意义上看，就是“无本生意”或零成本创业——尽管其获得知识花费了不菲的积淀成本。即便将这些积淀成本纳入成本核算，也跟花钱购买知识产权出知（资）创业一样，其在再生产或连续创业中扩大或重复使用的边际成本曲线是走低并趋向于零的。

资本创业和知识创业虽是分别适用于工业经济时代和知识经济时代的不同创业模式，但在两个时代交叉的“后工业时代”也呈现出两种创业模式的交织性。如我国当前的创业活动既未完全跳出传统资本创业的局限，也呈现出一定的知识创业特质——但多系低端的知识溢出性创业（而知识溢出过度也会产生负效应）。从这个意义上看，中国的大众创业不仅要寻求实现从创业数量到创业质量、从资本创业到知识创业的提升和转变，还要推动实现从低端的知识溢出性创业到中端的知识集成性创业再到高端的知识原发（创）性创业的提升和转变。

## 参考文献

［1］ J. M. Keynes. The General Theory of Employment, Interest and Money [M]. Macmillan Cambridge University Press, 1936.

[2] D. G. Blanchflower. Self-employment in OECD Countries [J]. Labor Economics, 2000, 7 (5): 471 –505.

[3] A. Jose & B. Martinez. Equilibrium Entrepreneurship Rate, Economic Development and Growth: Evidence from Spanish Regions [J]. Entrepreneurship & Regional Development, 17 (2): 145 –161.

[4] H. Mehluma, K. Moeneb & R. Torvikc. Predator or prey?: Parasitic enterprises in economic development [J]. European Economic Review, 2003, 47 (2): 275 –294.

[5] C. J. Coyne & P. T. Leeson. The plight of underdeveloped countries [J]. Cato Journal, 2004, 24 (3): 235 –49.

[6] F. Sautet. Local and systemic entrepreneurship: Solving the puzzle of entrepreneurship and economic development [J]. Entrepreneurship Theory and Practice, 2013, 37 (2): 387 –402.

[7] J. A. Schumpeter. The theory of economic development [M]. MA: Harvard University Press, 1934 (G: 1912).

[8] 彼得·F. 德鲁克. 创新与创业精神 [M]. 张炜, 译. 上海: 上海人民出版社, 2002.

[9] J. Rifkin. The Zero Marginal Cost Society [M]. Palgrave Macmillan, 2014.

# 17. 创业强度、经济增长与充分就业：基于区域视角与PVAR模型的实证①

【提要】在全国创业活动高涨的今天，检视其增长和就业效应是不无裨益的。利用我国地区面板数据和PVAR模型实证研究发现：在一定时期或区域内，创业强度提高的经济增长和充分就业效应并不显著或为负。这主要是由传统创业比重过大及其限于的红海搏杀、低端竞争及边际效益递减所致。因此，全面提升创业质量和绩效还有待于将创业活动引向边际效益递增性的蓝海战略和知识创业。

## 一、引言

经济学对创业的开拓性研究始于20世纪70年代。美国著名管理学家德鲁克（Drucker）1985年提出创业型经济（entrepreneurial economy）的概念，并强调美国正从管理型经济（managed economy）转向创业型经济[1]。奥哲奇和瑟里克（Audretsch & Thurik）认为，OECD国家也正发生由管理型经济向创业型经济的转变，并对两者进行了比较[2,3]。近年来，随着“双创”热潮的兴起，我国

① 原以“创业：活跃度、效益与悖论——基于PVAR模型的创业活动经济效应的实证”为题载《华东经济管理》2017年第10期，署名：陈景信、代明、郑闽。

也步入了创业型经济。然而作为一项公共发展战略，大众创业必有其政策目标，其中不能不包括经济增长和充分就业这两大基本经济社会目标。为此，对我国创业活动的增长和就业效应进行检验评价是不无裨益的。

## 二、研究假设与理论构建

首先围绕创业与就业变化、经济增长之间的动态关系进行简要分析（见图 17 – 1）。经测算发现：（1）我国自雇率（私营企业和个体从业人员占总就业人员比重）由 2001 年的 10.27% 上升到 2015 年的 36.25%，自雇率的净变化量①呈持续缓增态势。一般地讲，随着创业活动的蓬勃发展，创业对缓解就业压力会起到至关重要的作用。然而，从就业人员环比增长率来看，2001 ~ 2015 年期间该曲线一直处于 0 ~ 1% 区间，即基本与横轴平行，故而就业的变化是不显著的。这可能是我国适龄劳动力近乎充分就业的表现，也可能是由就业渠道不畅造成的。如果是前者自然皆大欢喜，但如果是后者，则需考虑如何有效推动创业来增加就业，或者检视一些行业是否存在过度创业而导致创业成功率低下、资源浪费和失业人员增加的现象。（2）从创业与经济增长之间的变化关系看，2007 年以前，人均 GDP 环比增长率（GDP 统一按照 2000 年价格计算以消除通货膨胀因素的影响）与自雇率的净变化量基本保持相同的增长趋势，其后人均 GDP 环比增长率却背离增长轨道出现走低现象。换言之，自雇率变化量的持续攀升反映了我国创业强度和就业水平的不断提高，而人均 GDP 环比增长率的变化转折则反映了经济增长速度趋于减缓。由此可见，如果单纯以为创业只会对经济增长、就业起到正面作用，那么就无法解释上述创业与就业、经济增长不同步甚至

① 国内外大多数实证研究都使用自雇率或自雇率的净变化量作为创业变量的衡量指标，文中的自雇率或自雇率的净变化量的测算借鉴了张祥俊、董志强、布兰奇福劳尔（Blanchflower）等学者的计算方法，详见参考文献。

相悖的现象。这就需要对创业结构的演变及其对就业、经济增长影响的内在机理进行经济学分析。

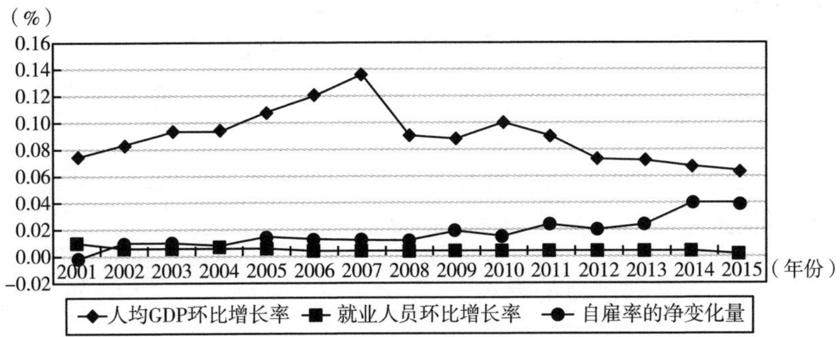


**图 17-1　2001~2015 年创业与就业、经济增长的动态变化关系**

资料来源：《中国统计年鉴》(2002~2016 年)。

## (一) 创业对经济增长的影响

国内外学者倾向于认为，创业对经济增长具有正向影响，但也有不一致的观点。霍尔兹依金和高（Holtz-Eakin & Kao）以美国各州为研究对象，用人均州内生产总值作为经济增长的衡量指标，利用向量自回归的方法验证了新创企业的增长可以带来人均州内生产总值的增长[4]。阿克斯和塞尔伯（Acs & Szerb）利用 18 个国家的面板数据进行实证分析，验证了各国的创业活动能够促进自身的经济增长[5]。阿克斯等还使用 17 个 OECD 国家 1981~2002 年的面板数据进行实证分析，验证了创业对经济增长有着十分显著的正向作用[6]。国内学者张建英、王琨等利用中国地区数据研究发现创业对经济增长具有显著的正效应[7,8]。可见，创业在现代经济中扮演着一个至关重要的角色[9]。不同于以上结论，布兰奇福劳尔使用 23 个 OECD 国家 1966~1996 年的面板数据验证自我雇佣率变化与经济增长率之间的关系，结果表明前者对后者有显著的负影响，即创业率的增加会给经济增长率带来负效应[10]。国内学者齐玮娜和张耀辉基于中国30个省区市2003~2011年的面板数据验证了不同区域、不同创业类型对经济增长的影响，发现从国家层面来看，私营企业创业对经济发展影响不显著，个体户式的生存型创业影响显著为负[11]。综上可见，创业是影响经济增长的重要因素之一，创业对经济增长的影响情况直接决定了创业经济效益的好坏，因此，提出假设1。

H1：创业驱动的经济增长效应是衡量创业经济效益好坏的重要标准之一。

### （二）创业对就业的影响

创业对就业的影响究竟如何？学术界往往从创业对失业所起的作用来解释，而观点却存在分歧。企业家效应假说认为，创业是由过去的经济成就和有才干的创业者所推动，会促进随后的就业而降低失业[12]。阿根等（Aghion et al.）、费弗尔等（Pfeiffer et al.）认为，新创企业进入市场，会促进市场供给竞争，带来更高产出水平的同时增加就业[13,14]。国内学者赖德胜和李长安认为，我国实施以创业带动就业的发展战略是全球金融危机背景下解决就业问题的必然选择，改革开放30年经历的三次创业高潮都是在经济从低谷走向繁荣的起始阶段和失业率高的时期出现的[15]。董志强等利用广东省21个地区1991~2007年面板数据进行实证分析，支持了创业可降低失业的企业家效应假说，即用经验证据证实了“创业带动就业”的合理性[16]。但也有研究指出，创业带动就业或减少失业的产生是有条件的。创业率并非越高越好，过高的创业水平对经济发展是不利的[17]。这表明，创业对就业具有直接的影响，创业对就业的影响程度直接关系到创业经济效益的好坏，由此提出假设2。

H2：创业带动的就业效应是衡量创业经济效益好坏的重要标准之一。

## （三）创业活动的战略选择

1. 传统创业的“红海”战略选择。以波特竞争理论为基础的“红海”战略假定产业结构是既定的，产业界限与竞争规则已经固化，企业被迫为有限的市场展开你死我活的血腥竞争，是典型的零和博弈[18]。传统创业是创业者及其团队通过整合土地、资本、劳动力等要素并将其投入传统产业，在现有市场从事生产经营活动的过程（见图17－2）。因此，传统创业只是对已存商业模式的简单复制，所处的市场日趋饱和，其着眼于竞争激烈的有限市场份额，故只有将新旧竞争对手压制或击败才有立足之地。所以，传统创业走的是典型的“红海”战略路径。

2. 知识创业的蓝海战略选择。金和莫博涅（Kim & Mauborgne）认为，与红海战略恰恰相反，蓝海战略是以创新理论为基础，价值创新是该战略的基石，市场界限及产业结构并不是固定不变的，而是可以通过重塑产业边界和打破现有实践规则来重新建造的，从而开辟没有竞争对手的市场空间，是一种全新的发展模式[19]。知识创业是对上述传统创业的延伸和发展，是创业实践顺应新经济发展趋势的必然产物。其中，知识是与土地、劳动力、资本等同样不可或缺的生产要素，是一种融科学、技术（能）、文化、信息等于一体的无形资本。知识创业高度依赖于知识要素——知识在创业投入要素中起到引领和决定性的作用（见图17－2），其开创的是新兴产业市场，创业过程始终致力于价值创新。由此可见，知识创业秉承的是蓝海战略的思想和路径，实现兼具差异化和成本优势的可持续发展。

## （四）创业活动经济效应的内在动态机制

从上述分析可见，研究创业活动的经济效应不能仅仅停留在两者数理关系变化的一般性描述上，还需深入分析创业活动内部结构

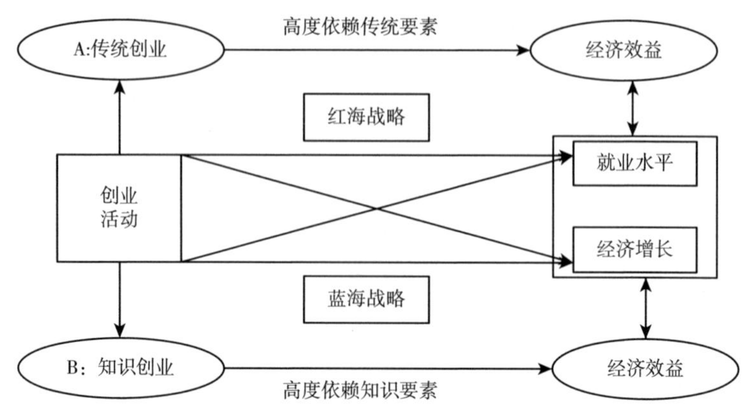


**图 17 –2　传统创业与知识创业的战略思维路径**

变化对经济发展产生影响的作用机制。在依据红海、蓝海战略区分两种创业类型的同时，我们再导入边际效益递减和边际效益递增两大规律并提出假设 3 和假设 4。

H3：传统创业经济效益适用边际效益递减规律。

H4：知识创业经济效益适用边际效益递增规律。

在上述理论分析和假设的基础上，本文尝试演绎区域创业活动经济效应的内在动态机制（见图 17 –3）。图 17 –3（a）中，横轴表示时间，$0-t_0$ 表示传统创业时代，$t_0-t_2$ 表示融合创业时代（即传统创业和知识创业兼容发展阶段），$t_2$ 之后表示知识创业时代。$TR$ 表示区域内部的创业经济效益函数，满足以下形式：$TR(K,I)=TR_1(K)+TR_2(I)$，其中，$K$ 表示土地、厂房、资本、劳动力等有形生产要素，$I$ 表示专业知识、创新精神、技术、网络等无形生产要素。$TR_1(K)$ 表示传统创业经济效益函数，满足边际效益递减，即 $\frac{\partial TR_1(K)}{\partial K}<0$；$TR_2(I)$ 表示知识创业经济效益函数，满足边际效益递增，即 $\frac{\partial TR_2(I)}{\partial I}>0$。所以，区域创业经济效益的增大还是减小取决于传统创业边际经济效益的递减量（$dmr_k = \frac{\partial TR_1(K)}{\partial K}dk$）与知识创业边际经济效益的递增量（$dmr_i = \frac{\partial TR_2(I)}{\partial I}dI$）的比较，即区域创业经济效益增加量（或减少量）的函数满足以下形式：$dTR(K,I) = \frac{\partial TR_1(K)}{\partial K}dk + \frac{\partial TR_2(I)}{\partial I}dI$。图17－3（b）中，曲线 F 和曲线 E 分别表示，在某一时期内，传统创业边际经济效益和知识创业边际经济效益的变化状况。具体来说，曲线 F 与横轴相交时，创业活动的整体经济效益达到最大（图 17－3（a）的 $a$ 点处）。曲线 $E$ 中的 $e$ 点之前的变化对应于 $t_0-t_1$时期，由于知识创业边际经济效益方兴未艾，所以无法抑制传统创业造成的负经济效益，此时，TR 曲线从 $a$ 点到 $b$ 点出现经济效益持续递减的现象。在 $t_1-t_2$ 时期，知识创业已经显露头角，其创造的正效益基本能够与传统创业的消极效益相抗衡，因此，$TR$ 曲线 $b-c$ 段趋向平和。$t_2$ 之后，知识创业边际经济效益以更快的速度继续增大，已经能够完全制止传统创业给创业经济效益带来的负面影响。当然，一旦知识创业开创的新兴产业日臻成熟并超过某种程度时，其边际经济效益也很可能会出现递减。

综合上述假设（H1～H4）条件下的分析发现，在边际效益递减规律作用下，传统创业对区域经济增长和就业（创业经济效益的代理变量）的影响终会出现负边际效益。所以，在特定时期内，即使知识创业对区域经济增长和就业的影响遵循边际效益递增规律，但其产生的正边际效益却只能抵消或不能抵消这种负边际效益，那么，创业活动必然会对经济增长和就业产生不显著甚至消极的影响。即在某一时期（图 17－3（a）中 $t_0-t_1$或 $t_1-t_2$），区域的创业强度提高了，而经济增长和就业只能维持甚至低于原有水平，这种现象或可谓之“创业悖论”。

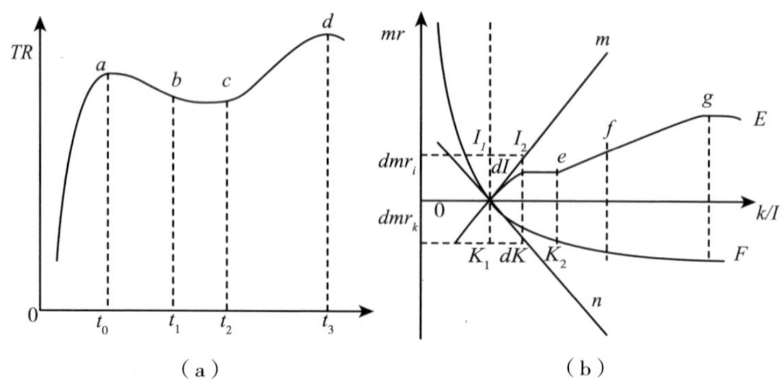


**图 17－3　创业活动对经济影响的动态机制**

## 三、实证研究

从理论上探讨创业活动经济效应的内在形成机制并提出“创业悖论”命题后，本部分采用 PVAR 模型对我国创业活动经济效应进行实证分析。

### （一）计量模型设定

一般地，国内外学者考察两变量关系时，通常是基于某一国家或地区的时间序列数据运用 VAR 模型进行分析，而面板向量自回归（PVAR）模型具有面板数据模型和动态滞后模型的双重特质。显然，使用该模型会比传统时间序列 VAR 模型得到更多可靠的信息。因此，本文使用 PVAR 模型研究“区域创业活动经济效应”问题。主要有三个步骤：利用面板矩（GMM）方法估计相关系数；运用脉冲响应函数进行分析；通过方差分解考察各影响因素的大小。建立如下形式的 PVAR 模型：

$$y_{i,t} = \alpha_0 + \sum_{j=1}^{k} \alpha_j y_{i,\ t-j} + \alpha_i + \beta_t + \mu_{i,t} \tag{17-1}$$

其中，$\alpha_0$ 代表常数项，$i$ 代表各地区（省、自治区、直辖市），$t$ 代表年份，$y_{i,t}$ 代表 PVAR 模型中的内生变量，$\alpha_j$ 代表体现变量滞后效应的矩阵，$j$ 代表滞后期数。$\alpha_i$ 代表引入的个体效应，反映地区之间的异质性，$\beta_t$ 代表时间效应，用于解释变量的时间趋势特征。$\mu_{i,t}$ 代表随机扰动项。引入如下内生变量：知识发展指数（dev），用于反映区域对知识的重视程度及知识的发展水平；创业强度（ent），用于反映区域创业能力的强弱程度；就业水平（egr），用于反映区域的就业状况；经济增速（ggr），用于反映区域经济增长情况。

### （二）变量、指标与数据说明

根据研究的需要和数据的可获得性，这里选取 2002 ~ 2015 年中国 31 个省、自治区、直辖市为样本，数据来源为《中国统计年鉴》《中国科技统计年鉴》《中国劳动工资统计年鉴》、各地区《统计年鉴》。在表 17 - 1 中，创业强度（ent）选取各地区私营企业和个体从业人员（Eps）占总就业人员（Tem）的比重即自雇率来衡量；就业水平（epr）选取各地区的从业人员环比增长率（$Gr_e$）；经济增速（ggr）用人均 GDP 的环比增长率（$Gr_g$）来衡量；基于区域的知识发展水平取决于知识发展能力的观点，即以世界银行报告中“知识发展包括知识获取能力、知识吸收能力和知识交流能力的发展”[20]这一理念为指导，通过构建知识发展指数来衡量区域知识发展水平。构建过程中选取 R&D 经费内部支出（R&D）、大学及以上学历从业人员比例（Edu）和邮电业务总量（Inf）分别作为上述三种能力的代理变量，同时，赋予所选指标相同权重，并采用极差正规化法对指标进行无量纲化处理。具体测算过程如下。

**表 17－1　变量、指标与数据来源**

| 变量 | 具体指标 | 符号 | 数据来源 |
|---|---|---|---|
| 知识发展指数（dev） | R&D 经费内部支出 | R&D | 中国科技统计年鉴 |
| | 大学及以上学历从业人员比例 | Edu | 中国劳动工资统计年鉴 |
| | 邮电业务总量 | Inf | 中国统计年鉴 |
| 创业强度（ent） | 私营企业和个体从业人员 | Eps | 中国统计年鉴 |
| | 总就业人员 | Tem | 各地区统计年鉴 |
| 就业水平（egr） | 从业人员环比增长率 | $Gr_e$ | 各地区统计年鉴 |
| 经济增速（ggr） | GDP 环比增长率 | $Gr_g$ | 各地区统计年鉴 |

1. 极差正规化，计算公式如下：

$$y_{ij} = \frac{x_{ij} - \min(x_j)}{\max(x_j) - \min(x_j)}(i = 1,2,\cdots,n;j = 1,2,\cdots,m) \tag{17-2}$$

其中，$x_{ij}$表示第 $i$ 个地区的 $j$ 指标的实际值，$\max(x_j)$ 表示 $j$ 指标的最大值，$\min(x_j)$ 表示 $j$ 指标的最小值，$y_{ij}$表示第 $i$ 个地区的 $j$ 指标的标准化值。

2. 知识发展指数，计算公式如下：

$$dev = \frac{1}{3}\sum(R\&D + Edu + Inf) \tag{17-3}$$

## （三）单位根与协整检验

为了避免伪回归现象和增强结果的稳健性，在此有必要对数据稳定性进行单位根检验。这里同时采用 LLC 检验和 IPS 检验，前者假定面板是同质的，后者则假定面板是异质的[21]。从表 17－2 可知，LLC 检验中，除了水平值 *ent* 外，其他变量的水平值均在 1% 的水平下通过了检验，即水平值 *ent* 不能拒绝“存在单位根”的原假设，而对其进行一阶差分后再进行单位根检验，结果在 1% 水平下显著拒绝原假设。同理，IPS 检验中，只有水平值 *egr* 在 1% 水平下通过了检验，其他变量的水平值均没有通过检验，而对变量进行一阶差分后再进行单位根检验，结果在 1% 和 10% 水平下都拒绝原假设。

**表 17-2　变量单位根检验**

| 变量 | LLC 检验 | | IPS 检验 | |
|---|---|---|---|---|
| | t-value | p 值 | t-bar | p 值 |
| *ggr* | -13.846*** | 0.0000 | -2.182 | 0.470 |
| *egr* | -18.505*** | 0.0000 | -2.795*** | 0.000 |
| *dev* | -13.996*** | 0.0006 | -2.133 | 0.581 |
| *ent* | -8.647 | 0.4295 | -1.481 | 1.000 |
| Δ*ggr* | -28.770*** | 0.0000 | -3.899*** | 0.000 |
| Δ*egr* | -25.521*** | 0.0000 | -3.666*** | 0.000 |
| Δ*dev* | -18.293*** | 0.0000 | -2.778*** | 0.000 |
| Δ*ent* | -15.103*** | 0.0001 | -2.453* | 0.055 |

注：***、**、*分别表示在 1%、5%、10% 的置信水平下显著。

上述 IPS 检验表明，序列 *ggr* 和 *ent* 都为一阶单整，鉴于这两个变量是研究的重点，故对其进行协整关系检验。本文采用韦斯特兰德、配森等（Westerlund，Persyn et al.）提出的协整检验方法验证 ggr 和 ent 是否存在协整关系[22,23]。根据其检验标准，考虑面板异质性条件下使用组统计量（即 *Gt* 和 *Ga*）来作出判断，同样地，考虑面板同质性条件下使用面板统计量（即 *Pt* 和 *Pa*），原假设均为“不存在协整关系”。表 17-3 结果显示，*Gt* 和 *Ga* 均在 1% 显著性水平下拒绝原假设，说明 *ggr* 和 *ent* 之间至少存在一组协整关系；*Pt* 和 *Pa* 也是在 1% 显著性水平下拒绝原假设，说明 *ggr* 和 *ent* 之间整体上存在长期稳定的协整关系。

表 17－3 ***ggr* 与 *ent* 的协整关系检验**

| 检验标准 | 统计量 | Z 值 | P 值 |
| --- | --- | --- | --- |
| *Gt* | －8.153 *** | －40.191 | 0.000 |
| *Ga* | －17.347 *** | －4.561 | 0.000 |
| *Pt* | －24.972 *** | －15.385 | 0.000 |
| *Pa* | －18.204 *** | －8.622 | 0.000 |

注：***、**、* 分别表示在 1%、5%、10% 的显著性水平下拒绝“不存在协整关系”的原假设。

## （四）实证分析及结果

1. Granger 因果分析。通过上述分析可知，变量属于平稳变量或两个非平稳变量时存在协整关系。在此，考虑到后续研究和明确变量因果流向的需要，进一步对变量之间的关系进行 Granger 因果检验。从表 17－4 可以看出，*dev* 与 *ggr*、*ent* 与 *ggr* 及 *ent* 与 *dev* 这三组变量互为 Granger 因果关系；而考察 *dev* 与 *egr* 这组变量时发现，*egr* 是 *dev* 的 Granger 原因，反之不成立。由此可知，在某一区域中控制其他变量的情况下，过去知识发展水平的高低有助于解释当期经济的变动；反之，过去的经济状况也会对当前知识发展水平的高低具有解释作用。同样地，过去的创业强度对于当期经济状况具有解释作用，而过去的经济状况也能解释当前创业强度的变化；滞后的创业强度对于当期知识发展水平的高低起到解释作用，而滞后的知识发展水平对于当前创业强度的变化同样具有解释作用。同理，过去的就业状况能解释当期知识发展水平的变动，但过去的知识发展水平不一定会对当前就业水平产生影响。以上只是两两变量 Granger 因果关系的分析，现实生活中知识发展水平、创业强度、就业水平与经济增长之间的关系更为复杂。因此，在后续研究中将通过 PVAR 模型、脉冲响应函数等计量方法对变量关系作进一步实证分析。

表 17－4　　变量间的 Granger 因果关系检验结果

| 因变量－自变量 | 卡方统计量 | P 值 | 检验结果 |
|---|---|---|---|
| *ggr-egr* | 5.3504 | 0.148 | egr 不是 ggr 的 Granger 原因 |
| *egr-ggr* | 3.8437 | 0.279 | ggr 不是 egr 的 Granger 原因 |
| *ggr-dev* | 15.611 | 0.001*** | dev 是 ggr 的 Granger 原因 |
| *dev-ggr* | 99.313 | 0.000*** | ggr 是 dev 的 Granger 原因 |
| *ggr-ent* | 12.528 | 0.006*** | ent 是 ggr 的 Granger 原因 |
| *ent-ggr* | 22.636 | 0.000*** | ggr 是 ent 的 Granger 原因 |
| *egr-dev* | 3.7768 | 0.287 | dev 不是 egr 的 Granger 原因 |
| *dev-egr* | 23.975 | 0.000*** | egr 是 dev 的 Granger 原因 |
| *egr-ent* | 2.5148 | 0.473 | ent 不是 egr 的 Granger 原因 |
| *ent-egr* | 2.4149 | 0.491 | egr 不是 ent 的 Granger 原因 |
| *dev-ent* | 7.5771 | 0.056* | ent 是 dev 的 Granger 原因 |
| *ent-dev* | 21.853 | 0.000*** | dev 是 ent 的 Granger 原因 |

注：***、**、* 分别表示在 1%、5%、10% 的置信水平下显著。

2. 估计结果与分析。进行模型估计前，首先要选择合适的滞后阶数。根据 AIC、BIC、HQIC 三大阶数判断准则，结合表 17－5 中相应数值，选择滞后 2 阶和滞后 3 阶相对合适。下面就滞后 2 阶模型和滞后 3 阶模型呈现的 GMM 估计结果进行对比分析。模型估计过程中，为了消除时间效应和个体效应给矩系数估计的影响，故使用截面均值差分来消除时间效应，同时，使用向前均值差分方法，即“Helmert 转换”，消除模型的个体效应，保证了滞后变量与转化后的变量正交，因而可以将滞后变量作为工具变量，并利用 GMM 方法进行参数估计。此处主要运用 Stata13.0 软件，并使用 PVAR2 程序①进行数据处理。

① PVAR2 程序是由中山大学连玉君教授对世界银行伊娜萨·洛夫（Lnessa Love）博士的 PVAR 程序改进而成，谨此致谢。

表 17 -5　　**PVAR 模型 GMM 估计结果**

| 模型 | 模型 1：滞后 2 阶模型 | | | | 模型 2：滞后 3 阶模型 | | | |
|---|---|---|---|---|---|---|---|---|
| 变量 | *h_dev* | *h_ent* | *h_egr* | *h_ggr* | *h_dev* | *h_ent* | *h_egr* | *h_ggr* |
| *L. h_dev* | 0.958 ***<br>( -12.12) | 0.123 ***<br>( -5.53) | 0.235 *<br>( -1.78) | 0.130 ***<br>( -3.16) | 1.095 ***<br>( -9.71) | 0.125 ***<br>( -4.47) | 0.071<br>( -0.99) | -0.142 **<br>( -2.15) |
| *L2. h_dev* | 0.148 **<br>( -2.04) | 0.003<br>( -0.12) | -0.08<br>( -0.51) | -0.228 ***<br>( -5.62) | 0.161 *<br>( -1.82) | -0.004<br>( -0.18) | 0.017<br>( -0.19) | -0.034<br>( -0.68) |
| *L3. h_dev* | | | | | -0.032<br>( -0.42) | 0.013<br>-0.62 | -0.092<br>( -0.59) | -0.118 ***<br>( -2.64) |
| *L. h_ent* | -0.816<br>( -1.30) | 0.565 **<br>( -2.36) | -0.256<br>( -0.25) | 0.378<br>( -1.19) | -1.401<br>( -1.35) | 0.629 **<br>( -2.02) | 0.474<br>( -0.28) | 1.157 **<br>( -2.36) |
| *L2. h_ent* | 0.025<br>( -0.10) | -0.029<br>( -0.28) | -0.205<br>( -0.40) | -0.173<br>( -1.14) | -0.412<br>( -1.16) | -0.085<br>( -0.97) | 0.493<br>( -1.06) | -0.417 **<br>( -2.17) |
| *L3. h_ent* | | | | | 0.655 *<br>( -1.83) | 0.006<br>-0.07 | -0.759<br>( -0.99) | 0.057<br>( -0.31) |
| *L. h_egr* | -0.052 ***<br>( -4.69) | -0.005<br>( -1.09) | -0.235<br>( -0.88) | 0.023 ***<br>( -2.86) | -0.057 ***<br>( -3.47) | -0.006<br>( -1.22) | -0.237<br>( -0.86) | 0.029 **<br>( -1.98) |
| *L2. h_egr* | 0.007<br>-1.16 | -0.003<br>( -1.24) | -0.049<br>( -0.85) | 0.009 ***<br>( -2.65) | 0.008<br>( -0.73) | -0.004<br>( -1.16) | -0.06<br>( -0.88) | 0.013<br>( -1.55) |
| *L3. h_egr* | | | | | -0.019<br>( -1.48) | -0.003<br>( -1.15) | -0.014<br>( -0.74) | 0.010<br>-1.54 |
| *L. h_ggr* | -0.489 ***<br>( -3.75) | 0.093 **<br>( -2.44) | -0.005<br>( -0.05) | 0.431 ***<br>( -5.60) | -0.485 ***<br>( -3.45) | 0.109 ***<br>( -3.42) | -0.118<br>( -0.72) | 0.163 *<br>( -1.76) |
| *L2. h_ggr* | 0.832 ***<br>( -9.87) | 0.099 ***<br>( -3.71) | 0.257<br>( -1.20) | 0.112 *<br>( -1.78) | 1.002 ***<br>( -7.75) | 0.122 ***<br>( -3.82) | 0.136<br>( -1.24) | -0.175 **<br>( -2.08) |
| *L3. h_ggr* | | | | | -0.064<br>( -0.64) | 0.012<br>( -0.52) | 0.204 *<br>( -1.69) | 0.370 ***<br>( -5.76) |

| | | | |
|---|---|---|---|
| *lag* | 1 | 2 | 3 |
| *N* | 372 | 341 | 310 |
| *AIC* | -8.831 | -10.045 | -9.720 |
| *BIC* | -7.356 | -8.292 | -7.647 |
| *HQIC* | -8.245 | -9.346 | -8.891 |

注：括号中为 t 统计量，***、**、* 分别表示在 1%、5%、10% 的显著性水平下显著。

由表 17 -5 可见，本文建立的 PVAR 模型估计结果能够对经济变量之间的动态关系给予初步刻画，从中发现：(1) 两个模型中滞后1期的 *dev* 对 *ent* 的影响均在1%的水平下显著，说明知识发展对于创业强度具有高度正向作用；模型1中滞后1期的 *dev* 对 *egr* 在10%水平下显著，而模型2中 *dev* 对 *egr* 并不存在显著关系；模型1中滞后1、2期的 *dev* 对 *ggr* 的影响均在1%的水平下完全显著，且模型2中滞后1、3期的 *dev* 对 *ggr* 的影响分别在5%和10%的水平下显著，然而，影响系数有正有负则说明了知识发展对经济增长的影响作用并不明确，从而也强调了知识只有应用到经济领域，才能体现其价值。(2) 除了滞后1期的 *ent* 对其自身在5%水平下存在显著为正的影响外，两个模型中的 *ent* 对其自身、*egr* 的影响均不显著，因而从创业的就业效应视角验证了"创业悖论"存在的可能性；模型2中滞后3期的 *ent* 对 *dev* 的影响在10%水平下显著，说明创业有利于实现知识的溢出和商业化，但效果的显现相对较长；滞后1、2期的 *ent* 对 *ggr* 的影响在模型1和模型2呈现截然相反的结果，这说明 *ent* 对 *ggr* 的直接影响呈现出波动性，且影响系数反映出 *ent* 对 *ggr* 也存在显著负效应，因而从创业的经济增长效应视角也证实了"创业悖论"存在的可能性。(3) 模型1、2中 *egr* 对其自身、*ent* 的影响并不显著，而滞后1期的 *egr* 对 *dev*、*ggr* 具有较为显著的作用，但模型2中滞后2、3期的 *egr* 对 *ggr* 的影响并不显著。(4) *ggr* 对 *egr* 并不具有十分显著的作用，相反，*ggr* 对其自身、*dev*、*ent* 则具有较为显著的影响，并且这种影响基本表现为正。

3. 脉冲响应分析。脉冲响应函数是用来衡量随机扰动项的一个标准差的冲击对其他变量当前和未来取值的影响轨迹，能比较直观地刻画出变量之间的动态交互作用和效应，并从动态反应中判断变量间的时滞关系[24]。本文通过进行 Monte Carlo 模拟1000次生成95%置信区间的脉冲响应函数图（图17－4），其中，横轴代表冲击反应的响应期数（设定滞后期为6），纵轴表示内生变量对冲击的响应程度。由于脉冲响应与方差分解的结果都在一定程度上依赖于变量排序，所以，在此依据研究需要和 Granger 因果检验初步判断变量出现的先后顺序，进而运用“外生性越强的变量在前，内生性越强的变量在后”的原则确定变量的最终顺序[25]。本文在脉冲响应和方差分解部分将变量次序确定为：*dev*，*ent*，*egr*，*ggr*，其基本理念是知识的发展有利于创业结构的优化调整，从而有助于发挥创业对就业、经济增长的推动作用。

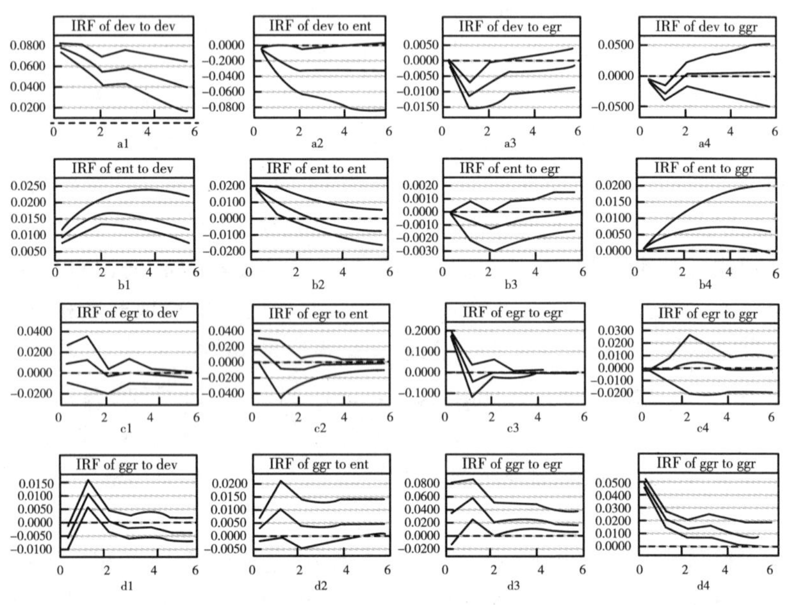


**图 17 -4　二阶滞后变量的脉冲响应函数**

从图 17 -4 可以看出：（1）如图 17 -4 - b1 所示，给 *dev* 一个标准差的冲击，*ent* 会产生较为强烈的正响应，并在第 2 期末响应值达到最大，随后影响程度有所减弱，但到达第 6 期时 *dev* 对 *ent* 仍然存在正影响，这说明我国的知识发展对创业活动会产生持续而长期的正效应。另外，从 *egr* 和 *ggr* 的响应函数曲线来看（见图 17 -4 - c1 和图 17 -4 - d1），其变化趋势基本一致，在第 1 期达到最大值，然后直线下滑，并分别在第 2 期和第 3 期到达 0 值，此后起伏不大，但由于 *egr* 响应函数的参照线（y = 0 的水平虚线）从开始就几乎被置信区间所包含，故在统计意义上其函数值跟 0 是没有显著差别的。同样地，*ggr* 的响应函数曲线在第 2 期以后就不显著了。换言之，从统计意义上来看，*dev* 对 *egr* 不存在显著影响，而对 *ggr* 的影响在短期内先增后减，长期来看也不具有显著影响。（2）给 *ent* 一个标准差的冲击后，*dev*、*egr*、*ggr* 的响应函数参照线基本落在置信区间里面，因而说明一定时期内，创业强度的冲击对未来的知识发展、就业水平和经济增长均不具有显著影响（见图 17 – 4 – a2、图 17 – 4 – c2 和图 17 – 4 – d2）。（3）如图 17 – 4 – a3 所示，给 *egr* 一个标准差的冲击，会对当前 *dev* 产生负影响并在第 1 期末响应值达到最大，冲击会在随后的第 2 ~ 6 期逐渐减少，可见，就业状况会对知识发展产生一定的负影响，但其影响程度不具有持续效应。此外，*egr* 对 *ent* 的影响统计上并不显著，而 *ggr* 在第 1 期末其响应值达到最大，之后出现回落并在第 2 期末到达响应值的最低点，然后经过短暂回升后逐渐接近于 0。所以，我国的就业受到外来冲击后，会对经济增长带来正向或负向的影响。（4）如图17 – 4 – b4，给 *ggr* 一个标准差的冲击，*ent* 对 *ggr* 的响应最初值为 0，随后产生正向响应，一直持续到第 5 期，其后趋于 0 甚至为负值；图 17 – 4 – c4 中，*egr* 对 *ggr* 的响应在统计上并不显著，而在图 17 – 4 – a4 中 *dev* 最初会发生一定强度的负效应，并在第 1 期末响应值达到最大，到达第 2 期响应值几乎为 0，随后的影响并不显著。可见，我国的经济增长并未能很好地发挥其促进知识发展的作用。

总体来看，我国知识发展的冲击会对创业强度产生长期正向的影响，而创业强度的冲击却对知识发展、就业水平和经济增长并不具有鲜明的影响。反过来，经济增长的冲击对创业强度具有较为长期的正效应，而对就业水平、知识发展则不具有显著影响。由此推断，我国的知识驱动型创业正在发挥着重要的积极作用，而传统创业发展得相对过度，势必引起其边际效益负增长，进而导致创业活动的整体经济效益停滞或减小。换言之，当前我国的创业正处于新兴知识创业与颓势传统创业相互对峙的“创业悖论”阶段。

4. 方差分解。为了更准确地考察 *dev*、*ent*、*egr*、*ggr* 之间的相互影响程度，本文通过方差分解，得到不同面板 VAR 方程的冲击反应对内生变量波动的贡献度，表 17 –6 给出了第 1 个预测期、第 10 个预测期和第 20 个预测期的方差分解结果。

**表 17 –6　　方差分解结果**

| 变量 | *s* | *dev* | *ent* | *egr* | *ggr* |
|---|---|---|---|---|---|
| *dev* | 1 | 1.000 | 0.000 | 0.000 | 0.000 |
| *ent* | 1 | 0.188 | 0.812 | 0.000 | 0.000 |
| *egr* | 1 | 0.003 | 0.006 | 0.990 | 0.000 |
| *ggr* | 1 | 0.021 | 0.000 | 0.004 | 0.974 |
| *dev* | 10 | 0.774 | 0.194 | 0.006 | 0.026 |
| *ent* | 10 | 0.603 | 0.283 | 0.001 | 0.026 |
| *egr* | 10 | 0.009 | 0.012 | 0.978 | 0.002 |
| *ggr* | 10 | 0.085 | 0.035 | 0.014 | 0.866 |
| *dev* | 20 | 0.758 | 0.211 | 0.006 | 0.025 |
| *ent* | 20 | 0.593 | 0.292 | 0.001 | 0.114 |
| *egr* | 20 | 0.009 | 0.012 | 0.977 | 0.002 |
| *ggr* | 20 | 0.107 | 0.049 | 0.013 | 0.831 |

从表 17 –6 可看出，选取 10 个预测期与选取 20 个预测期进行方差分析的结果是基本一致的，说明在第 10 个预测期之后系统已基本稳定，对结果没有影响。其中，最初期的 *dev* 只受到自身的影响，但第 10 与第 20 个预测期的结果表明，*dev* 也会受到 *ent* 和 *ggr* 的影响，但它们对 *dev* 的方差贡献率相对较小，分别为 21.1% 和 2.5%，*egr* 的贡献度则更小；*ent* 主要受到自身和 *dev* 的影响，*ggr* 对其方差贡献较小，而 *dev* 对 *ent* 的波动解释程度达到 59.3%，说

明创业强度依赖于稳定的知识发展环境，其受到知识发展冲击的影响程度相当高；*egr* 主要受到自身的影响，自身方差贡献率高达 97.7%，所以，外来冲击对就业的影响十分微弱；*ggr* 也是主要受到自身的影响，*dev*、*ent*、*egr* 对其的方差贡献率仅为 10.7%、4.9% 和 1.3%，从而反映出知识发展、创业强度及就业水平对 GDP 环比增长率波动的解释力并不明显，我国的经济增长主要依赖于稳定的经济市场环境和经济增长自身的惯性作用。

## 四、结论

本文围绕创业强度对经济增长和就业变动影响进行的理论与实证分析表明：(1) 作为一项公共发展战略，创业活动应以促进区域经济增长和充分就业为基本政策目标（之一），并需接受这种增长和就业效应的实证检验；(2) 大众创业从整体上促进了经济增长和就业，但在一些区域和时段内其增长和就业效应较低甚至为负，即呈现时空不平衡和局域“创业悖论”；(3) 这主要是由传统创业比重过大及其受限于红海搏杀、低端竞争及边际效益递减所致，全面提升创业质量和绩效还有待于将创业活动引向边际效益递增性的蓝海战略和知识创业；(4) 倚重知识要素和创新驱动的知识创业具有持续的活力，它正在成为引领创业型经济健康发展、促进经济持续增长和充分就业的新引擎。

## 参考文献

[1] 彼得 · F. 德鲁克. 创新与创业精神 [M]. 张炜，译. 上海：上海人民出版社，2002.

[2] D. B. Audretsch & A. R. Thruik. Capitalism and Democracy in the 21st Century, from the Managed to the Entrepreneurial Economy [J]. Journal of Evolutionary Economics, 2000 (10): 17 -34.

[3] D. B. Audretsch & A. R. Thruik. What's New about the New

Economy? Sources of Growth in the Managed and Entrepreneurial Economies [J]. Industrial and Corporate Change, 2001, 10 (1): 267 - 315.

[4] D. Holtz-Eakin & C. Kao. Entrepreneurship and Economic Growth: The Proof Is in the Productivity [R]. Syracuse University Center for Policy Research, Working Paper, 2003.

[5] Z. J. Acs & L. Szerb. The Global Entrepreneurship and Development Index (GEDI) [C]. Summer Conference, 2010: 16 - 18.

[6] Z. J. Acs et al. The Missing Link: Knowledge Diffusion and Entrepreneurship in Endogenous Growth [J]. Small Business Economics, 2010, 34 (2): 105 - 125.

[7] 张建英. 创业活动与经济增长内在关系研究 [J]. 经济问题, 2012 (7): 42 - 45.

[8] 王琨, 闫伟. 创业对经济增长的影响 [J]. 经济与管理研究, 2016, 37 (6): 12 - 19.

[9] E. M. Lazear. Entrepreneurship [J]. Journal of Labor Economics, 2005, 23 (4): 649 - 680.

[10] D. G. Blanchflower. Self-employment in OECD countries [J]. Labor Economics, 2000, 7 (5): 471 - 505.

[11] 齐玮娜, 张耀辉. 创业、知识溢出与区域经济增长差异——基于中国30个省市区面板数据的实证分析 [J]. 经济与管理研究, 2014 (9): 23 - 31.

[12] A. R. Thurik et al.. Does Self-employment Reduce Unemployment? [J]. Journal of Business Venturing, 2008, 23 (6): 673 - 686.

[13] P. Aghion et al.. Entry and Productivity Growth: Evidence from Mico-level Panel Date [J]. Journal of the European Economic Association, 2004, 2 (3): 265 - 276.

[14] F. Pfeiffer & F. Reize. Business Start-ups by the Unemployed—An Econometric Analysis Based on Firm Data [J]. Labour

Economics，2000，7（5）：629－663.

［15］赖德胜，李长安．创业带动就业的效应分析及政策选择［J］．经济学动态，2009（2）：83－87.

［16］董志强等．创业与失业：难民效应与企业家效应的实证检验［J］．经济评论，2012（2）：80－87.

［17］M. A. Carree. Does Unemployment Affect the Number of Establishment? A Regional Analysis for U S States［J］. Regional Studies，2002，36（4）：389－398.

［18］王建军，吴海民．“蓝海战略”的经济学解释［J］．中国工业经济，2007（5）：88－95.

［19］W. C. Kim & R. Mauborgne. Blue Ocean Strategy［J］. Harvard Business Review，2004，82（10）：816－825.

［20］Bank World. World Development Report 1998/99：Knowledge for Development［R］. Oxford Publication，1999.

［21］李雪松．高级经济计量学［M］．北京：中国社会科学出版社，2008.

［22］J. Westerlund. Testing for Error Correction in Panel Data［J］. Oxford Bulletin of Economics and Statistics，2007，69：709－748.

［23］D. Persyn & J. Westerlund. Error Correction Based Cointegration Tests for Panel Data［J］. Stata Journal，2008，8（2）：232－241.

［24］陈守东，王淼．我国银行体系的稳健性研究——基于面板 VAR 的实证分析［J］．数量经济技术经济研究，2011（10）：64－77.

［25］I. Love & L. Zicchino. Financial Development and Dynamic Investment Behavior：Evidence from Panel VAR［J］. The Quarterly Review of Economics and Finance，2006，46（2）：190－210.

# 单元Ⅴ　知识城市

知识（型）城市是知识经济时代的核心要素和产品——知识要素和知识产品（服务）的地域集散中心。其别称为“创新型城市”，即创新（资源和产品/服务）的空间集散中心。有时为强调其科技创新面也称“科技城市”“技术枢纽城市”，为突出其文化创新面又称“创意城市”，相近的概念还有“智慧城市”“数字城市”“学习型城市”等。自20世纪后期新经济崛起以来，北美、欧洲、亚太直至中国都先后兴起知识城市或创新型城市创建的热潮，涌现出了一批值得关注的样本或标杆。相关理论研究也热络起来，涉及知识城市或创新型城市的内涵、类型、特征、结构、动力机制、评价体系、创建方略、经验总结等，但总体来看，研究深度、系统性和量化程度都还不够。为此，本团队在这方面做了一点粗浅的探索，尝试将建模和实证等定量分析方法引入这个领域的研究。除了两篇综述性成果（篇18、篇19）外，接下来的篇20、篇21、篇22即是分别围绕知识城市的核心功能、创新型城市与创新型企业的潜在依存关系、创新型城市的文化特质进行的一点尝试性探索。

# 18. 知识城市：理论透视与样本分析[①]

**【提要】**知识（型）城市的出现和崛起是知识经济时代的特征之一。本文在概述知识城市之缘起、内涵、特征、构成等相关理论的基础上，以墨尔本为样本，分析其基于知识的城市发展战略，总结其建设知识城市的经验，以期探寻知识城市的发展轨迹、形成机理并为我国创建知识城市提供借鉴。

“知识（型）城市”或“基于知识的城市”（knowledge city/knowledge-based city）是21世纪城市竞争的前沿和制高点。如今，国外相关研究与实践日趋活跃，但国内对这一概念涉及还不久也不够深，对其与耳熟能详的创新型城市的关系还比较模糊，更无公认标杆和成熟经验。为此，就这一议题进行理论透视与样本分析是必要的。

## 一、知识城市理论透视

### （一）知识城市的缘起

以信息化、数字化、网络化为主要特征的知识经济催生了“知识（型）城市”。瑞瑟尔（Ryser）、奈特（Knight）等西方学者早

① 原载《广东工业大学学报》2008年第4期，署名：代明、周飞媚。

在20世纪90年代初就意识到，驱使城市发展的要素正在发生改变，即从资本、劳动力、资源禀赋等资源型要素逐步转向人才、制度、文化、创新等知识要素；由于愈来愈依赖知识，故城市经济发展的规律正在改变，知识性生产活动将主导城市的发展轨迹[1,2]。此后，如何以知识驱动城市的发展问题开始受到国际组织、各级政府和科研机构的广泛关注。1998年世界银行、2000年欧洲委员会、2001年联合国和OECD等制定的战略规划方案都不约而同地阐述了知识对于经济社会发展的重要性，强调了知识管理与城市发展的紧密联系[3-6]。由此，知识城市建设开始在一些发达国家起步，出现了伦敦、曼彻斯特、巴塞罗那、都柏林、墨尔本等探索者或“先驱”，如今更受到全球越来越多城市的追随和关注。

### （二）知识城市的内涵

国外关于“知识城市”的相近提法很多，如创造性城市（creative city，也叫作创意城市）、创新型城市（innovating city）、科学城市（science city）、数字城市（digital city）等。至于其内涵，工作基金会（Work Foundation）研究认为，知识和文化汇集于城市地域内，高素质人才、产品和服务创新实现理论与实践的完美结合，便成就了“知识城市”这一新的城市实体[7]。知识管理运动（KM Movement）之父艾德文森（Edvinsson）教授指出，“知识城市”是指以促进知识的流动与成长为目标的城市[7]。这一观点与斯密勒（Smilor）提出的“知识集聚”、阿尔波尼丝（Albonies）的“知识作用圈”、加西亚（Garcia）的“知识创新区”有异曲同工之妙[7]。知识集聚的扩散与溢出效应在很大程度上决定了城市产业集聚和空间布局。戴维斯（Davis）将“知识城市”视为地理空间的经济活动单元，包括“知识走廊”“知识港”“知识带”，集中于知识创新[7]。弗罗瑞达（Florida）认为知识城市不仅强调信息、知识的重要性，还注重社会文化、资源环境、高质量的基础设施、多元文化的容忍度和包容性、自由度、高效透明的政府以及人力资本之间的相互作用[8]。易吉坎勒等（Yigitcanlar et al.）在《打造知识城市：墨尔本基于知识的城市发展经验》一文中这样定义：知识城市是综合性城市，它在物质环境和体制制度方面都既能发挥城市科技园的职能，又是市民宜居之所[9]。

### （三）知识城市的特征

通过对伦敦创建知识城市的观察和研究，英国著名知识管理专家海因斯（Haines）教授认为强大的知识开发和运用能力是知识城市的本质特征，为此应不遗余力地：（1）提高从有形资产向无形资产转变的能力，无形资产的不易复制性和难以传播性使其更具竞争力；（2）既要提高获取知识本身的能力，又要提高开发和运用知识的能力，因为“授之以鱼不如授之以渔”，提高知识的自主开发和运用能力才是综合能力提高的体现；（3）实现从模仿创新到自主创新的突破，而自主创新是城市发展从资源、资本驱动到技术、知识驱动阶段的必然选择，如此才能提高城市的软实力；（4）实现由技术创新向知识生产的基础能力创新的转变等[10]。由 Entovation Group/Alliance 发起的在西班牙巴塞罗那召开的全球“E100 圆桌论坛”（E100 Roundtable Forum，2004－09）发表了“知识城市宣言”（Knowledge City Manifesto），其中提出了知识城市的 11 项具体标准，包括：城市的可达性；尖端技术；创新性；齐全的文化基础设施与服务；高质量的教育体制；世界级的经济机遇等[11]。霍尔等（Hall et al.）将都柏林大都市圈特点总结如下：（1）与先进生产服务业密切相关，是全球知识的门户；（2）电子通信日益增长且对城市知识经济的发展至关重要；（3）城市环境质量和生活品质对于吸引国际化高级技术人才及先进服务业的决策者起核心作用；（4）通过大型基础设施投资等非市场过程来促进交通、教育、住房和规划等；（5）国家层面的政策及规定对于公司意义重大，市场规则和服务塑造了商业机遇和战略并影响城市的聚集[12]。

### （四）知识城市的构成层次

根据知识城市的内涵和特征，温登等（Winden et al.）学者结合欧洲城市在知识经济时代的发展历程，研究和剖析了知识城市的构成层次与发展支点。这涉及基础知识部门、产业结构、城市居民生活质量与城市宜居度、城市多样性与文化融合、交通便捷、社会公平、城市规模等；而其发展的支撑点为先进的科学技术和通信设施、城市创新文化、高素质人才、人力资本和产业集聚[13]，可用图 18 -1 表达。

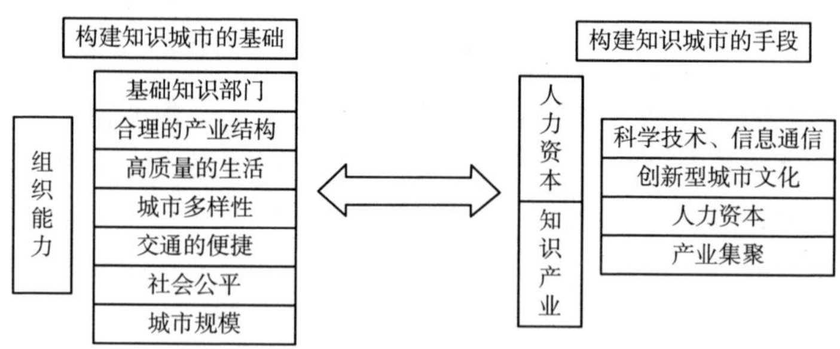


**图 18 -1　知识城市内涵与形成机制示意**

## 二、知识城市样本分析

本文选取 2002 年启动知识城市战略的墨尔本作样本分析。该市位于澳洲大陆东南海滨，濒临飞利浦湾亚拉河口，是澳大利亚第二大城市、维多利亚州的首府。墨尔本以浓厚的文化气息、绿化、时装、美食、娱乐及体育活动著称，如今已发展成为澳大利亚经济、文化、金融中心，城市人口接近 360 万人，人口与经济总量仅次于悉尼。墨尔本建设知识城市的成就得到了世界公认：1990 ~ 2006 年先后十次被总部设于华盛顿的国际人口行动组织（Population Action International）评选为“世界上最适合人类居住的城市”；

2007 年被世界资本研究所（World Capital Institute）授予“最佳知识城市”的美誉。作为后起之秀，它正以崭新的面貌跻身于世界名城之列，也为其他城市赶超世界级大城市、树立独特的城市形象、打造城市核心竞争力开辟了新的路径并提供了良好的经验。

### （一）知识型政府的推动力不可忽视

维多利亚州政府先后实施“21 世纪的维多利亚”“世界级的维多利亚”等一系列政府工程，包括墨尔本市在内的各级政府都着力建设知识型经济与学习型社会所需要的网络化、虚拟化设施；并通过成立 ICT 同业协会、构建公共服务平台、投资社区和商务网络等实现数字化网络信息的共享。2001～2006 年墨尔本城市网络利用率从 41% 提高到了 67%，其中 70% 的地区实现了宽带连接。同时，联邦政府资助建设了联邦文化广场、墨尔本博物馆、国家图书馆、墨尔本影院等文化基础设施，营造出良好的营商环境，以吸引来自世界各地的企业投资和优秀人才，形成创新资源的集聚“高地”。可见，墨尔本迅速发展并跻身于亚太乃至世界先进城市之列，得益于州、市之“知识型政府”对“知识型城市”宏伟蓝图的绘制，并不失时机地把握住世界知识经济的时代潮流，结合城市现实条件，竭力从科技、文化、制度、人才等各个方面营造环境，聚集知识资源和创新能量，朝着既定的目标奋力前行。

### （二）科学技术与信息通信是构建知识城市的基础

在知识经济兴起的时代，科学技术和信息通信是经济增长不可或缺的关键要素。墨尔本利用自身条件，积极发展进出口贸易、零售、物流、旅游、娱乐等服务业。其四通八达的城市铁路、公路交通网、新建的机场、优越的天然港口、覆盖全市的宽带网络等，为知识的产生、制造、传播、创新、应用等提供了前所未有的便利条件，有效地实现了公共资源与信息的共享，促进了知识在全社会的扩散和传播。先进的信息技术与发达的传媒也给广大市民提供了更加平等地接受教育、参加各项培训、享受优质服务的机会，无形之中提高了全社会的人力资本含量。以 2007 年网络计划为例，具体措施包括[9]：

——技能培训：逾 5 万人接受了网络基础知识的培训。

——地方计划：赞助 39 个地方委员会参与此计划，以实现地方区域发展。

——学校资源共享：146 所高校 24 小时提供网络服务。

——区域联系：六大网络基地提供免费服务。

——在线图书馆：公共图书馆提供网络平台。

### （三）城市文化为构建知识城市提供环境支持

联合国教科文组织 1998 年出版的《世界文化报告：文化、创新性与市场》、澳大利亚维多利亚州政府 2002 年拟订的城市方略、西班牙巴塞罗那市 2003 年制定的城市规划、爱尔兰都柏林市 2004 年推出的商业商会等，一系列举措集中体现了文化对促进城市发展的重要性。多样性文化能营造良好的社会氛围，是保持社会活力和张力的重要因素。著名人才学家弗罗瑞达指出，张扬个性、充满活力的文化有利于人才的集聚。高素质人才是知识城市的核心资源，培养、吸引、留住高素质人才营造了学习型社会氛围，激发了创新思维，创造了新的产业[14]。

墨尔本从城市物质文化、市民行为文化、制度文化、精神文化各个层次入手，构筑强大的城市文化体系，使整个城市弥漫着创新的空气，涌动着创新的思潮。作为澳大利亚国家文化中心，文化活力与创新历来是墨尔本城市发展的重要动力。特别是其闻名遐迩的音乐、艺术、建筑风光使之成为国内外旅游胜地。其中文化、体育是吸引旅游的重要资源：除墨尔本联邦运动会、澳大利亚公开网球锦标赛外，墨尔本杯足球赛也于 2006 年开始举办；澳大利亚芭蕾舞、墨尔本交响乐、维多利亚国家画展中心、澳大利亚歌舞剧等也在此汇集。值得一提的还有墨尔本海纳百川的城市精神，与其多样性、多元化以及移民城市的特色相匹配。墨尔本居民来自世界140多个国家和民族，据2007年统计，其城市居民42%来自海外，大大高于全澳移民所占28%的比重[15]。

### （四）人力资本是构建知识城市的关键

创意人才独特的办事方式、终生学习的态度和创新能力，促进了区域和国家经济的高效运行。弗罗瑞达认为吸引投资和人才才是决定知识城市经济竞争力与社会竞争力的关键[8]。跨国公司的选址在很大程度上取决于稀缺的人力资本，因为企业、人才集聚的知识溢出效应有利于提高社会劳动生产率。人力资本的发展被视为从传统城市向知识驱动型城市过渡的重要手段。

大学作为知识储备库而被誉为创新之源。墨尔本高校云集，如澳洲莫纳什大学、墨尔本皇家理工大学、墨尔本大学等8所高校云集的海外学生占整个澳大利亚留学生的1/3。学校通过与3M、BMW、Bosch、Ford、IBM、NEC、Philips、Toshiba、Toyota等世界知名企业联合办学，培养和发展复合型人才，提高了全社会的人力资本水平。自20世纪80年代起，墨尔本高科技就业人才开始大幅增加，占据了其劳动力市场的半壁江山。2006年统计数据显示，知识型人才已上升到44.9%，其中金融服务型人才最多，公共卫生医疗其次。2002～2006年总就业人数从322158人增加到376434人；截至2006年，金融业就业人员达到了53810人。有百年发展历史的电影制作业，以其创新性成为墨尔本的支柱性产业。2006年，创意产业就业人数为25324人，占总就业人数的7%左右[15]。知识型就业人才的高比重证明了墨尔本强大的知识创新和运用能力。

### （五）产学研集聚是构建知识城市的有效途径

图18－2显示了墨尔本的产学研集聚状况，呈现出以城市为依托，以大学、企业和研发机构为主体，以园区为重要载体的知识城

市的经济格局。其中的园区备受关注，是墨尔本推动官产学研互动的重要平台，如莫纳什科学园区、拉筹伯产业园区、阿尔佛雷德医药园区、南墨 IT 园区等。产业集聚所具备的规模经济性、知识积累性、持续学习能力及社会网络联系是城市可持续发展的关键。文化集聚能创造多样化的宽松环境，促进创新型企业集聚，形成和完善上下游产业链，刺激城市产业集群式创新，最大限度地激发城市创新活力，成为吸引知识型人才和投资的城市名片。产学研集聚和互动在墨尔本知识城市发展过程中发挥了重要作用。

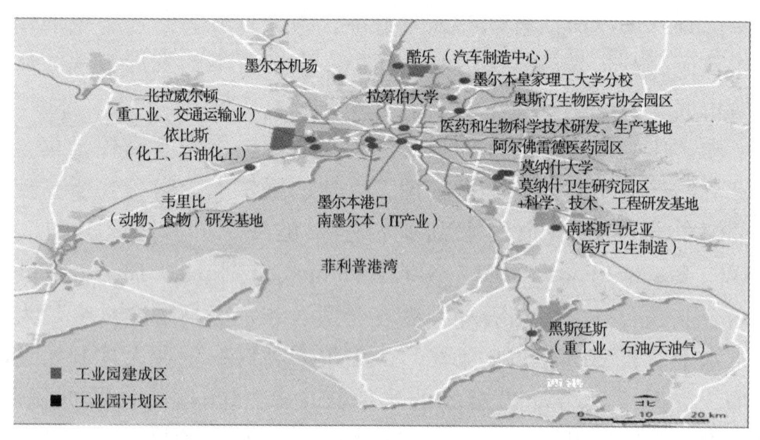


**图 18－2　墨尔本重要产学研基地分布[9]**

从以上样本分析可见，墨尔本城市发展取得的较大成功，是在知识型政府的战略主导、知识基础设施建设的强力支撑、创新型城市文化的频繁影响、人力资源或资本的有效驱动、产学研的高度聚集与密切互动下的结果，由此构筑起了知识城市发展的“五力模型”（见图 18－3）。

## 三、结论与建议

根据我国建设创新型国家、发展知识经济的总体战略，创建中

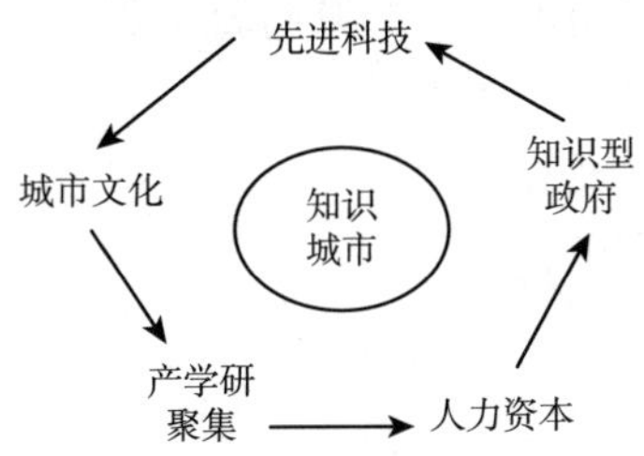


**图 18－3 墨尔本知识城市发展的五力模型**

国特色知识城市日显必要。立足于我国城市发展的现实条件，选择一批城市（见表 18－1）率先开展知识城市建设试点应属可行。为此，本文基于对知识城市的理论透视和样本分析，建议借鉴运用好“五力模型”（见图 18－3）。

**表 18－1 我国部分城市样本数据（2006 年）**

| 城市 | 文化产业增加额（万元） | 专利申请数（件） | 实际利用外资额（万美元） | 国际互联网用户数（万户） | 每万人在校大学生数（人） |
|---|---|---|---|---|---|
| 北京 | 1196571 | 22572 | 455191 | 3952919 | 491 |
| 上海 | 3979425 | 32741 | 710689 | 9570000 | 359 |
| 广州 | 5868328 | 11016 | 292339 | 2210000 | 935 |
| 深圳 | 6687650 | 20940 | 326900 | 2328500 | 260 |

资料来源：根据各市统计年鉴数据整理而得，专利申请为 2005 年数据。

### （一）增强产业园的文化根植性

经济地理学认为，本地网络与文化根植性是现代产业园的两大突出特征。墨尔本城市产业园的分布（见图 18－2）以科研型大学为依托、以高新技术企业为主体、以地方文化为土壤、以地方法律法规为保障、以建设知识型墨尔本为共同目标，形成了一种企业文化根植性与城市发展相互作用的机制（见图 18－4）。曾长期研究犹他州高科技区形成原因的詹姆斯（James）发现，该区成功的重要原因之一就是深受历史悠久的摩门教文化的影响，与硅谷成功离不开独特的硅谷文化十分类似[16]。这也可能是曾与硅谷齐名的波士顿128公路地带日渐衰落背后的深层原因。因此，培育和增强产业园的文化根植性不可轻忽。

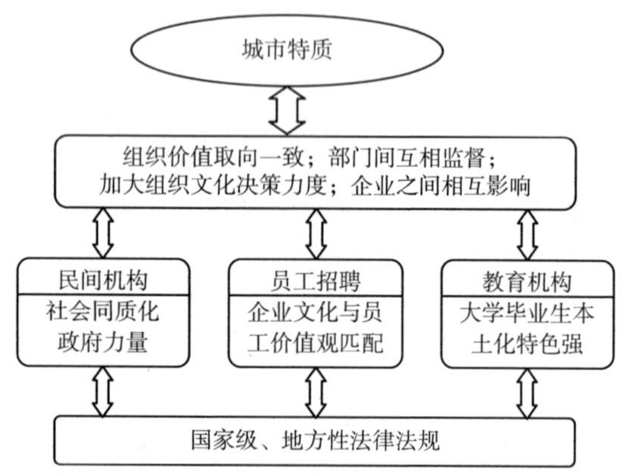


**图18-4　企业文化根植性与城市发展作用机制**

### （二）完善研究型大学的中介服务功能

"知识经济"显然是大学与公司相互作用的产物。大学不但是重要的教育中心，而且是重要的研究机构。墨尔本各大学在为社会源源不断地提供知识创新成果、高新技术人才以及创业家的同时，还扮演着重要的科技中介服务机构的角色，推动着高新技术的开发与应用，实现高新科技的商业化、市场化和规模化。此外，通过科研项目的联合开发，吸引大型跨国公司进入，借助于技术和知识的溢出效应，提高城市的整体水平。从墨尔本的经验看，我国高校在科技中介服务方面还有很大发挥空间。

### （三）争取各级政府的政策和资金支持

墨尔本的知识城市建设得到了澳大利亚联邦政府强有力的舆论

和政策支持，也在交通和文化基础设施建设、大学发展、科研项目等方面得到了其一定的资金支持。维多利亚州政府则直接指导和参与了墨尔本的知识城市规划和建设。鉴于知识城市建设在我国还是一件新事物，由国家选点试行，中央、所在省都赋予试点一定的优惠政策和扶持措施是必要的。

### （四）强化知识集散与技术外溢效应

跨国公司不但为城市创造了大量的就业机会，增加了居民的工资收入，提高了城市生活质量；而且所培养的熟练员工也为新企业提供了丰富的人力资源，以至与知识密集的科研机构、大学、科技园、科技街等共同形成了城市知识源。因此，要充分发挥它们的高端引领和辐射功能（见图 18－5），促进劳动力的合理流动，发挥企业的范围经济，形成学习型企业，进而打造学习型城市；鼓励中小企业实施模仿创新，为中小企业提供创业风险投资咨询，减少创新风险，降低创新成本；解除知识扩散可能存在的“路径锁定”，防止形成“知识洼地”的窘态。

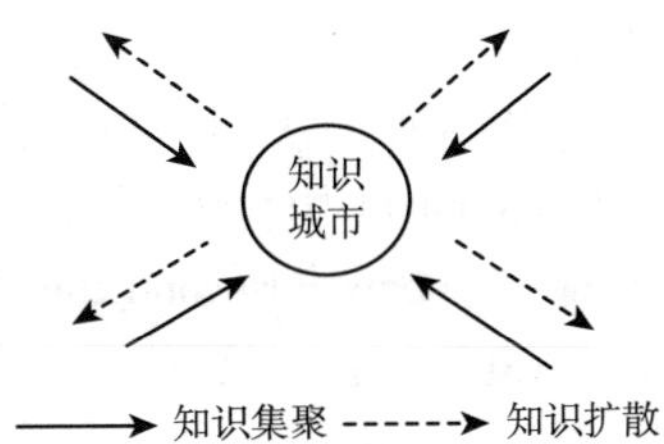


**图 18－5　知识城市的知识集聚与扩散功能**

### （五）准确定位，建构城市愿景

城市愿景是大多数居民对于城市未来发展的期望。墨尔本的城市愿景为其知识城市建设提供了导航，但愿景的编织要建立在现实可能的基础之上。墨尔本云集的大学、众多的知识型人才、独特的城市个性、知识密集的产业、完善的基础设施等都为其发展提供了良好的发展平台。准确的城市定位有利于加强经济发展的累积因果循环效应，推动城市经济在原有路径上螺旋式上升。因此，我国以知识城市定位的城市当局也要为本市居民编织一个令人向往的城市愿景，让个人与组织机构共同致力于这一愿景的实现。

## 参考文献

［1］ J. Ryser. The Future of European Capitals：Knowledge based development ［M］. Germany，Goethe，1994.

［2］ R. Knight. Knowledge-based development：policy and planning implications for cities ［J］. Urban Studies 1995，32 （2）：225 – 260.

［3］ World Bank. World Development Report：Knowledge for Development ［R］. New York，1998.

［4］ European Commission. Innovation Policy in a Knowledge-based Economy ［M］. Office for Official Publications of the European Communities，Brussels，2000.

［5］ United Nations. Making New Technologies Work for Human Development：Human Development Report ［M］. New York，2001.

［6］ OECD. The New Economy：Beyond the Hype. Final Report on the OECD Growth Project ［R］. Paris，2001.

［7］ T. Yigitcanlar & K. Velibeyoglu S. Baum （eds. ）. IGI Global ［M］. Hershey，PA，2006.

［8］ R. Florida. The Flight of the Creative Class：The New Global Competition for Talent ［M］. London：Harper Collins，2005.

［9］ T. Yigitcanlar & K. O'Connor，C. Westerman. The making of knowledge cities：Melbourne's knowledge-based urban development experience ［J］. Cities，2008 （25）：63 – 72.

［10］ M. Haines. London as Knowledge City. Summary of meeting at

CILIP headquarters on 5 Nov. 2004 [OL]. http://www.cilip.org.uk/

[11] Council of the Strategic Plan of the Cultural Sector, Barcelona. Culture—the Motor of the Knowledge City: Strategic Plan of the Cultural Sector of Barcelona [R]. Barcelona City, 2004.

[12] P. Hall & P. Kathy (eds). The polycentric metropolis: Learning from mega-city regions in Europe [M]. London: Earthscan Publications, 2006.

[13] V. Winden et al.. European cities in the knowledge economy [J]. Urban Studies, 2007, 44 (3): 525 –549.

[14] R. Florida. The Rise of the Creative Class and How It's Transforming Work, Leisure, Community and Everyday Life [M]. New York: Basic Books, . 2002.

[15] Australian Bureau of Statistics 1996, 2001 and 2006 Census Statistics [OL]. <www.censusdata.abs.gov.au> [accessed 6 October 2007].

[16] Al. James. Everyday effects, practices and causal mechanisms of "cultural embeddedness": Learning from Utah's high tech regional economy [J]. Geoforum, 2007 (38): 393 –413.

# 19. 创新型城市建设与研究综述[①]

**【提要】**作为知识城市的别称或“同类”，创新型城市的建设与研究越来越受到关注。基于理论与实践的需要，本文追溯了创新型城市的缘起，概述了国内外创建创新型城市的现状、做法与经验，综述了相关理论研究的进展、成果及趋势，以期为我国创新型城市探索提供参考和借鉴。

随着全球化趋势的加快和知识经济的发展，创新能力越来越成为增强国家和地区竞争力的决定因素。现代城市形态也因此出现了转型，尤其是一批城市相继提出构建创新型城市的目标，并着手推动相关战略的制定与实施。创新型城市探索促进了区域经济理论和城市科学的发展，也推动了城市、区域和国家创新体系的建立与完善。创新型城市作为一件新生事物，其国内外实践与研究的现状、进展及趋势引起了人们日益广泛的关注。在目前我国提出增强自主创新能力、建设创新型国家的背景下，回顾总结创新型城市的建设实践与理论研究，对于把握创新城市发展规律和加速创新城市建设具有重要意义。

---

① 原载《城市问题》2009 年第 1 期，署名：代明、王颖贤、陈欣宏。

## 一、从创新到创新型城市

创新（innovation）这一概念最早见于美籍奥地利经济学家熊彼特（Schumpeter）1912年出版的《经济发展理论》一书中，把创新界定为“执行新的组合”（implementation of a new combination）或“建立新的生产函数”（setting up of a new production function），即企业把一种关于生产要素和生产条件的新组合引入生产体系[1]。此后，创新理论逐渐被广泛接受并不断“演绎”。20世纪70年代以来，人们逐渐认识到创新实际上是一个系统的过程。系统中各要素之间非但不是线性关系，反而存在着互动作用。考虑到创新过程的复杂性和各要素之间的互动性，人们开始从系统、综合及空间视角来认识和研究创新问题。于是“创新链”“创新圈”“创新带”“创新走廊”“创新集群”“创新体系”“国家、区域、城市创新理论”等应运而生。

随着创新理论与实践的日益系统化，创新主体也由微观逐渐扩展至中观、宏观，尤其城市在创新体系中的地位和作用得到凸显。城市是人类社会及其科技、经济和文化发展到一定阶段的产物，在不同历史时期具有不同的经济功能。在农业社会，城市是农产品及手工业品的集市和交易中心，是人们实现互通有无的重要渠道和场所。在工业社会，城市是工业制造中心，聚集着大量的工厂车间、机器设备、成品半成品、原材料燃料、运输吞吐设施、劳动力、工业垃圾与排放物等。近20年尤其是进入21世纪以来，城市经济功能呈现出由传统产业转向高新产业、由制造转向研发、由生产转向服务并迈向创新中心的趋势，城市尤其是中心城市正日益成为信息、技术、品牌、知识、人才等创新资源的载体和聚集地。由此，城市功能与创新的关系开始受到人们的关注[2]。在“核心竞争力”（the core competence[3]）的概念引入城市研究后，将“创新”定位为城市的核心功能或核心竞争力的主张得到越来越广泛的认同。

从国内看，落实科学发展观、实施自主创新战略、寻求发展方式转变、建立和谐社会等是激活创新型城市研究与建设的直接原因。从国际来看，创新型城市探索的兴起离不开下列背景：一是随着以信息技术为标志的第三次科技革命与知识经济的来临，经济发展从过去的资源、资本驱动逐步转向知识、创新驱动；二是随着区域经济一体化的推进，城市尤其是中心城市的空间极化与扩散效应进一步聚焦到技术等知识要素的集散；三是随着全球化的发展，城市在国际竞争格局、创新体系及产业链中的地位与作用日益得到提升；四是受人本化思潮与可持续发展观的影响，城市核心理念中越来越多地纳入了科学人文、节能减排、生态环保、社会和谐等元素[4]。

## 二、创新型城市建设实践

创新型城市是支撑创新型国家的基本单元。目前，许多国家都希望通过个别重要城市的优先发展来带动所在区域的经济发展和社会进步，进而推动整个国家在未来全球竞争中占据领先地位。然而，创新型城市建设并没有公认的起始时间点，只能说其产生和发展与信息技术革命及“新经济”的崛起大致同步。

### （一）北美

从曾经引领信息技术与“新经济”的角度看，我们可以把美国西海岸硅谷的形成看成创新型城市建设的“发端”“雏形”和“模板”。尽管硅谷不是一座独立的城市而是一个“城市带”，但作为全球独一无二的科技、理念、管理、制度、品牌、产品、产业、金融等的创新及创意创业中心，它呈现出了今天人们所构想的创新型城市的诸多本质特征。曾入选全美十大高科技城市的明尼阿波利斯、亚特兰大、华盛顿特区、波士顿、圣迭戈、芝加哥、哥伦布、罗利、西雅图、休斯敦以及加拿大的温哥华、卡加利、滑铁卢、多伦多、渥太华、蒙特利尔等也都初具创新型城市的“风范”。此外，还有一些城市通过侧重发展高端服务业来打造创新型城市，如纽约为了顺应科技革命形势下知识经济发展的规律，积极建立适应知识经济要求的教育体制，大力发展金融、保险、管理咨询等对人力资本及知识资本要求极高的生产服务业，通过知识来提高产业附加值，不断提升城市的创新力。

### （二）欧洲

法国的巴黎、里昂、格勒诺布尔、萨瓦，德国的慕尼黑、法兰克福、斯图加特、汉诺威、亚琛，爱尔兰的都柏林、科克、高威，英国的伦敦、约克，意大利的米兰、都灵，荷兰的阿姆斯特丹、艾丁霍芬，瑞典的希斯达，比利时的布鲁塞尔，芬兰的赫尔辛基等都曾提出创建创新型城市、高科技城市、技术枢纽城市、创意城市或知识城市。如伦敦，一方面借助创意产业实现了城市的产业结构优化和升级；另一方面特别关注企业创新在创新型城市构建中所发挥的作用。赫尔辛基 2005 年提出把该地区打造成建立在艺术和科学基础之上的世界水平的创新中心，为此当局提出了四大主要策略：提高科技研究和专门知识的国际化水平、增强专门知识技术的聚集、改革与创新公共服务以及积极支持创新活动。

### （三）亚洲

在最近评选出的全球十大高科技生活城市中，有东京、首尔、新加坡、中国香港、特拉维夫 5 座亚洲城市上榜。在全球最著名的科学城中，更有日本的筑波、韩国的大田、印度的班加罗尔名列其中。筑波科学城是日本 20 世纪 60 年代后建立起来的综合性高科技产业开发区，聚集了 1.5 万名科研人员和千余家企业，是亚洲最大的综合性高科技产业区。大田以其大德科学城创建亚洲新硅谷，形成了专业化科研基地，同时，又是科研与成果转化融为一体、科研与产业密切结合的高科技企业孵化基地，成功推动了相关产业和相关区域的经济发展。印度政府对班加罗尔的 IT 业发展给予了充分的政策扶持，城市南郊的电子城从 20 世纪 80 年代开始兴建，逐渐发展成为全球第五大信息科技中心，班加罗尔也由此成为“印度的硅谷”，奠定了印度软件大国的地位。此外，新加坡政府于 2002 年提出《创意产业发展策略》，开发文化艺术活动的经济潜力，协助企业将设计视为一种工具来规划商业策略，定位新加坡为全球媒体城市，通过发展创意产业建设创新型城市，目前，新加坡已经成为亚洲创意枢纽，极大提升了城市创新能力。

### （四）中国

在国内较早确立建设创新型城市战略的是深圳。随后合肥、北京、天津、上海、南京等五个国家主要科技中心城市也纷纷提出建设创新型城市的目标，并很快进入准备和实施阶段。从基础条件上看，这六个中心城市各具特色，但也具有共同的特征：地理位置优越，拥有发达的经济基础、丰富的智力资源、区域创新体系相对完善。从发展目标来看，六个城市都提出了以创新型城市为中长期发展目标，但其定位各有侧重。深圳更加强调这一战略的主导性和“国家级”“率先”两个概念，并十分突出企业的自主创新主体地位及人才、产业、知识产权与支持系统的作用；北京则更加强调知识创新和原始创新，注重本身在全球创新网络中的地位；天津立足本地实际，更加强调基于产业发展的技术创新的重要性；上海凭借自身得天独厚的基础条件，提出在知识竞争力方面进入世界级大都市的行列；南京将软件、生物医药、新材料、新型光电、文化五个新兴产业作为突破口，以科技对产业的引领显示创新型城市建设的特色；合肥则主要围绕国家级高校和高新技术产业化基地，以建设国际著名科学城为创新型城市的发展目标。从任务上看，根据各地具体情况不同，六个城市均提出整合现有资源、培育创新能力的核心任务。从主要政策走向上看，六个城市都提出了吸引人才、营造环境、扶持企业、集聚资源、开展合作等政策主张。除了上述六个城市，后来又有武汉、西安、沈阳、广州、温州、宁波、青岛、杭州、无锡等城市提出了建立创新型城市的目标与措施。

## 三、创新型城市理论研究

国外关于创新型城市的理论研究开始于20世纪90年代，产生了若干代表这一领域当今水平的学者与成果，并呈现出侧重系统化研究的趋势。国内的相关研究起步于21世纪初并在国家确立自主创新战略以后趋热，引来了越来越多的关注，也形成了一些零散的研究成果，呈现出偏重决策支持研究的特点与倾向。创新型城市探索也受到有关国际组织的关注，如世界银行2003年发表的《创新的亚洲：增长的前景》对此就有所涉及，并在2005年发表了一份关于“东亚创新型城市新加坡”的专门研究报告[5]。国内外关于创新型城市的理论研究主要包括创新型城市的内涵、类型、特征、动力机制、评价体系及创建途径等。

### （一）创新型城市的内涵

创新型城市是指基于新的城市发展观，具有良好的创新环境与创新文化，并以此支撑创新主体充分利用现有的创新资源实现高绩效创新的复杂创新系统。该定义包含以下五层含义：（1）创新型城市是对城市认识范式的革新，对城市实力、竞争力和发展潜力等指标需要做出全新的诠释和评价；（2）创新型城市是建立在其创新环境与创新文化基础上的，是各类创新要求集聚的特定城市；（3）创新成为城市发展的主要推动力，自主创新成为城市总体战略，贯穿到全市的科技、经济、社会发展的各方面，增强自主创新能力成为产业结构调整、转变经济增长方式的中心环节；（4）城市通过创新不断提升产业层次，在某些关键技术、核心领域、战略产业上具有领先优势和国际竞争力，创新的意识、创新的精神、创新的力量贯穿于城市建设的各个方面；（5）建设创新型城市的核心是提高自主创新能力，着力点是推进科技进步和产业提升[6]。也有学者认为，创新型城市就是以科技进步为动力、以自主创新为主导、以创新文化为基础的城市形态[7]，一般由区域科技中心城市发展演变形成，是知识经济和城市经济融合的一种城市演变形态[8]。

### （二）创新型城市的类型

探索中的创新型城市也曾被称为创造性城市、创意城市、学习型城市、技术枢纽城市、知识城市、高科技城市等。它们都包含上述内涵的“要件”或“要义”，采取不同的表达形式只是反映了出现的先后顺序及创新活动所侧重的产业性质、功能环节、战略取向与决策者偏好等。也有西方学者把创新型城市大致分为两类：（1）文化创新型城市或创意城市，其创新活动偏重于文化艺术产业，尤其注重培育各种创意产业；（2）科技创新型城市，通过在工业、制造业方面的创新投入，促进产业的不断创新、发展，带动经济增长。前者是“版权”产业带动经济增长，后者是“专利”产业带动经济增长。但无论是版权型还是专利型，都显示出创新型城市是涵盖规划创新、文化创新、科技创新、产业创新、组织创新、制度创新及管理创新等全方位创新的一种城市治理模式，通过创新带来经济的增长和品质的提高[9]。

### （三）创新型城市的特征

从构成要素上看，创新型城市必须具备创新主体（企业、大学、研究机构等）、创新资源（基础设施、信息网络、资金、技术等）及创新制度（市场、激励、竞争、评价和监督等）；从发展驱动上看，创新型城市是以知识（包含科技）、人力资本为核心要素并通过创新驱动的一种城市发展模式，这里的“创新”包含知识创新、技术创新、制度创新和文化创新等综合创新要素[7]；从功能标志上看，创新型城市是研发资源的高密度聚集区和区域性科技研发中心、产业链的“高端”节点集聚地和区域性新兴产业中心、品牌资源密集区和大批创新型企业的营销窗口或营销创新舞台、公司总部聚集地和区域性企业运营中心[10]。还有西方学者对一些“类”（同类不同名的）创新型城市的特征进行描述，例如，学习型城市将创新和学习作为发展的核心，通过全民学习、终身学习、创新应用和新兴技术来支撑经济发展；知识城市就是在知识经济发展进程中，从战略上有目的地鼓励知识培育、技术创新、科学研究和提升创造力的城市；高科技城市将高科技产业作为支柱产业，通过科技合作发展城市经济，将高科技与城市发展紧密结合起来[11-13]。

### （四）创新型城市的动力机制

作为英国研究城市创新的知名机构 COMEDIA 的创始人，兰德瑞（Landry）在他的代表作《创造性城市》（*The Creative City*，也作“创意城市”）一书中，提出了构成创造性城市动力机制的七要素：富有创意的人、意志与领导力、人的多样性与智慧获取、开放的组织文化、对本地身份的强烈的正面认同感、城市空间与设施和上网机会[14]。伦敦大学规划学教授霍尔（P. Hall）是当今世界权威的城市论者，他在其专著《城市文明》（*Cities in Civilization*）一书中阐述了城市和“新事物”之间的动力关系；发现那些有创新特质的城市往往“处于经济和社会的变迁之中，大量的新事物不断涌入、融合并形成一种新的社会”[15]。牛津大学西米（Simmie）主编的《创新的城市》（*Innovative Cities*）一书，选取了斯图加特、米兰、阿姆斯特丹、巴黎和伦敦五个典型的欧洲城市，主要从经济地理的角度对创新与集聚经济的互动关系进行了实证研究[16]。俄罗斯学者塔赫马克西普（Tahtmaxep）在其《城市创新角色的研究》一文中提出城市居民具有形成创新角色的潜力，进而运用城市社会经济发展构想的观点揭示了“创新潜力—技术结构—城市居民生活方式”链条中各环节的联动关系，提出了以创新角色为依据的城市分类法，讨论了城市创新发展的生态空间[17]。

### （五）创新型城市的评价体系

国外学者提出的城市创新能力评价指标体系，可主要分为硬件指标和软件指标。硬件指标是激发城市创新能力的前提。城市中硬件设施的数量、质量、多样性和可获得性对支持创新十分重要。创新型城市的软件指标表现在城市历史、城市危机感、城市的内在创新能力、城市的组织能力、市民的价值体系或生活方式以及市民对城市的归属感等方面。国内学者杜辉选取 6 个基本指标组成创新型城市的评价体系：区域技术对外依存度、技术进步对经济增长的贡献率、发明专利占全社会专利申请量的比重、高新技术产业产值占工业总产值的比重、研发投入经费占 GDP 的比重以及企业研发投入占销售收入的比重[7]。冯霞提出创新型城市的评价指标体系至少要包括思想观念创新、科学技术创新、体制机制创新、发展环境创新、文化氛围创新五大类[18]。卢小珠等用三个指标来衡量城市创新能力：人才资源（人才素质和人才总量）、物质基础（研发投入和教育投入）和创新成果（科研成果和技术进步）[19]。

### （六）创新型城市的创建途径

世界银行在关于“东亚创新型城市新加坡”的研究报告中提出了一系列成为创新型城市的先决条件，例如，拥有优良的交通电信基础和功能完善的城市中心区；拥有充足的经营、文化、媒体、体育及学术活动的场所设施；拥有受教育程度较高的劳动力队伍；政府治理有效，服务高效；拥有高质量的居住选择；社会多元，能接纳各种观点的碰撞、各种文化的融合及各种体验的交汇等[5]。在具备了这些先决条件的基础上，还需要加强创新型城市建设的战略规划，突出企业的创新主体地位，形成有利于创新型人才脱颖而出的体制、机制和社会环境，建立城市多层次的自主创新支持系统和公共服务平台，提升科技在城市管理与建设中的应用水平以及在经济增长方式转变与经济结构调整中的引领地位，使创新型服务业成为提升城市功能和辐射能力的主要驱动力等[20]。

## 四、结语

从创建实践看，创新型城市在世界范围内尚处于探索之中。创新型城市是一个复杂的巨系统，它包含着众多因素的创新与互动。由于各国各城市的经济基础不同，历史文化各异，故也需要根据自身实际，探索不同的创新型城市发展模式与建设道路。从理论研究看，国内外对创新型城市的研究兴起较晚也较快，但迄今尚处在起步阶段，尤其缺乏定量分析和理论模型，尚属理论上的一个前沿领域，留下了较大的创新空间等待着学者们去探索。尤其是国内相关研究还不够深入、系统、成熟，建构具有中国特色的创新型城市理论体系尚任重而道远。

## 参考文献

[1] J. A. Schumpeter. The Theory of Economic Development [M]. Cambridge Mass: Harvard University Press, 1934 (Original in German, 1912).

[2] O. Crevoisier. Innovation and the City [A]. in Making Connection: Technological Learning and Regional Economic Change [C]. Ashgate, Aldershot, 1998: 61 -77.

[3] C. K. Prahalad & G. Hamel. The Core Competence of the Corporation [J]. Harvard Business Review, May-June, 1990, 68 (3): 79 -91.

[4] R. Hambleton. Innovation in renovation [J]. Planning Week. 1995, 3 (45): 18 -19.

[5] Wong Poh Kam et al. Singapore as an innovative city in East

Asia：An explorative study of the perspectives of innovative Industries [A]. World Bank Policy Research Working Paper 3568，April 2005.

[6] 魏江等．杭州市创新型城市建设对策研究 [J]. 杭州科技，2007（3）：33－36.

[7] 杜辉．创新型城市的内涵与特征 [J]. 大连干部学刊，2006（2）：10－12.

[8] 杨冬梅等．创新型城市：概念模型与发展模式 [J]. 科学学与科学技术管理，2006（8）：97－101.

[9] 韩瑾．国内外创新型城市建设述评及其启示 [J]. 浙江经济，2007（11）：50－52.

[10] 代明．自主创新型城市的四大功能标志 [J]. 特区经济，2005（12）：12－13.

[11] J. Simmie & W. F. Lever. Introduction：The Knowledge-based City [J]. Urban Studies，2002（5－6）V. 39：855－857.

[12] G-J. Hospers.，Creative Cities：Breeding Places in the Knowledge Economy [J]. Knowledge，Technology，& Policy，Fall 2003（3）V. 16：143－162.

[13] F. P. Maryann & A. B. David. Innovation in cities：science-based diversity specialization and localized competition [J]. European Economic Review，1999（43）：409－42. 9

[14] C. Landry. The Creative City：A Toolkit for Urban Innovators [M]. Earthscan Publications Ltd.，2000.

[15] P. Hall. Cities in Civilization [M]. New York：Pantheon Books，1998.

[16] J. Simmie. Innovative Cities [M]. Spon Press，London/New York，2001

[17] 北京交通大学课题组．创新型城市的评价指标体系研究 [R]. http：//www. bjpopss. gov. cn/xxgl/xmk/. 2008.

[18] 冯霞．发挥统计职能建立创新型城市建设评价指标体系

[J]. 太原科技，2006（3）：6－7.

[19] 卢小珠等. 创新型城市评价指标体系及标准研究 [J]. 经济与社会发展，2007（10）：51－60.

[20] 戚湧. 创新型城市建设对策研究 [J]. 科学学与科学技术管理，2006（11）：12－15.

# 20. 知识集散效应下的城市形态[①]

**【提要】** 城市形态转换的主要表征是其核心功能——集散效应的演变。当代中心或高端城市的核心功能正由商品集散、工业集散、资本集散等转向“知识集散”。这便催生出“知识城市”形态。知识集散是一个知识之“集聚、创新与扩散”的循环累积过程。这可通过 AID 模型加以刻画并运用样本城市数据予以实证。

## 一、引言

城市是空间经济网络体系的“点”或“节点”。它在其中的主体或核心功能是“集散”，即要素和产品（服务）的聚集和扩散。与经济社会发展阶段相联系，城市核心功能经历了从农业经济时代的农产品集散到工业经济时代工业品集散再到后工业时代的服务集散等的发展变化，其间大城市更经历了从商品集散中心、到工业集散中心、再到资本集散中心等的演变过程。那么当今中心或高端城市的核心功能是什么呢？如果仍是“集散”，那么其集散内容或对象有何不同呢？这种新的集散效应可否并如何测度呢？其影响下又呈现出何种城市形态呢？厘清这些问题，不但对丰富发展中的城市

① 原以“基于 AID 模型的知识城市发展之路”为题载《科技管理研究》2018 年第 11/21 期，署名：代明、郑闽、王颖贤。

和知识经济理论体系具有学术意义；而且对优化和强化当下城市尤其是中心城市的功能定位，改善不同城市之间的分工、协作和互动关系，减少城市发展中的战略失据、政策错位、盲动效应与同质（构）化，具有重要的实践意义。

## 二、综述

国外对知识城市的研究较早见于20世纪90年代。当时赖瑟尔（Ryser）、奈特（Knight）等学者发现，驱动城市发展的要素正在发生改变，即从资本、劳动力、资源禀赋等资源型要素逐步转向人才、制度、文化、创新等知识型要素；由于越来越依赖知识，城市经济发展的规律也正在改变，知识性生产活动将主导城市的发展轨迹[1,2]。2002年，*SGS Economics and the Eureka Project* 报告正式提出了“知识城市”（knowledge city）这一概念，同时还提出了一些创建知识城市的先决条件和成功因素[3]。2004年，西班牙巴塞罗那“E100圆桌会议”发布《知识城市宣言》，确立了衡量知识城市的十一项具体标准和指标体系[4]。温登等（Winden et al.）提出的知识城市框架则界定了知识城市的七个基本构成要素[5]。国内学者对知识城市的关注初见于20世纪与21世纪之交。钱伟等提出了知识城市的猜想[6]。吴建中意识到知识城市在城市发展中的重要性，提出了知识城市建设的核心[7]。代明、李杭蔚与王志章分析了澳大利亚、德国和韩国的知识城市发展战略，介绍了它们建设知识城市的经验[8-10]。陈柳钦较为全面地概述了知识城市的缘起、基本内涵、衡量标准和主要特征，推动了知识城市的理论构建与发展[11]。近年来，国内外关于知识城市及其相近概念（创新型城市、智慧城市、数字城市、技术枢纽城市等）的研究更是不断延伸和深入，但对其主体功能、关键特征或核心能力的把握仍欠清晰精准，或需从集散效应入手找到解决之道。

早在一个多世纪前，韦伯（Weber）在《工业区位论》一书中就提出了有关集聚的概念[12]。熊彼特（Schumpeter）将韦伯提出的工业集聚表象归纳上升到创新的集聚[13]。奥哲曲（Audretsch）在研究后认为，知识是否能够得到更有效的培育与传播主要取决于区位的远近，因此，新知识经济活动更倾向于集聚在相同的地理区位[14]。频奇等（Pinch et al.）指出知识的集聚是来自知识的黏滞性与流动性这一对矛盾的平衡[15]。相比较于知识集聚，国内外理论界更热衷于研究知识扩散。知识扩散就是创新成果被共享、效仿与传播的过程，是集群中比较普遍的一种经济现象。罗杰斯（Rogers）认为扩散是在一定时间内，创新知识通过某种渠道，在社会系统组织成员中进行传播的过程[16]。柯恩和勒文索尔（Cohen & Levinthal）认为区域知识的扩散能力取决于知识水平、经济能力、科研能力、社会环境等多方面区域因素的影响[17]。王世辅认为知识扩散过程由知识源、知识接受方以及知识扩散路径三个要素构成[18]。郎杰斌和袁安府指出知识扩散随着信息化以及网络经济的发展，逐渐以社会化、公共化、市场化及产业化为主要原则在组织之间完成[19]。如今许多研究空间经济网络体系的成果也涉及集散问题，为把握高端或知识城市的核心功能提供了启示，由此，本文尝试分析知识集散效应下呈现出的城市新形态。

## 三、建模

知识城市模型需刻画出知识之“集聚、创新与扩散”的动态特征，同时，要为知识城市的集散效应提供评价依据。本文据此构建AID（agglomerating-innovating-diffusing）模型：知识型人才和信息、创新创业资本及创新型业者（企业、院所等）的集聚为创新提供氛围与平（舞）台进而实现或提升知识创新；知识创新的成果（如专利、新产品、“回波”[20]人才和信息、异地或对外直接投资等）通过市场或非市场的渠道传递扩散出去进而促进了知识扩散；而知识扩散实现了经济收益与知识价值，知识扩散伴随着价值反向流动的过程又为知识集聚进一步创造了条件，再次促成知识集聚与扩散。三者处于相互促进的互动递进状态（参见图 20－1）。

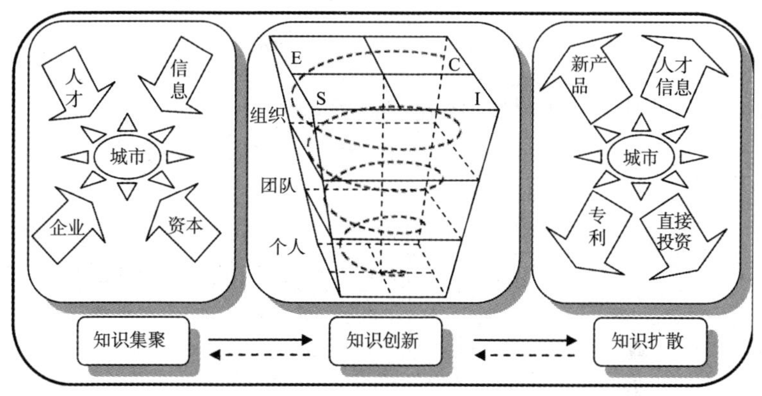


**图 20－1　知识城市 AID 过程**

注：图中的 SECI 表示持续互动并呈螺旋式上升的知识创新过程，参阅 I. Nonaka & H. Takeuchi. The Knowledge-Creating Company [M]. Oxford University Press, 1995.

对基于知识溢出和产业聚集互动的累积性创新增长过程[21]进行修改，可以获得 AID 过程模型。设存在 A 与 B 两个经济区域，域内创新主体在完全竞争的条件下通过技术创新获得专利，技术人员则作为知识的载体。根据内生增长理论，创新过程前期的知识资本积累具有非竞争性与非排他性的公共品属性[22]，且与劳动生产率存在正相关的关系。任取区域 A 或区域 B 为研究对象并记为 r，$r \in \{A,B\}$。将两个地区的技术人员数量标准化为 1，($\lambda_A + \lambda_B = 1$)，并设 r 区域的技术人员份额比重为 $\lambda_r$。r 区域内的每个技术人员的生产能力为 $\mu \cdot A_r$，其中 $A_r$ 为 r 区域的知识资本存量，$\mu(0 \leqslant \mu \leqslant 1)$ 是技术人员的创新生产率，是关于技术人员量的函数，因此有 $\mu = g(\lambda_r)$。则 r 区域单位时间内的专利存量为：

$$\dot{I}_r = \mu \cdot A_r \cdot \lambda_r (0 \leqslant \mu \leqslant 1) \qquad (20-1)$$

设技术人员空间分布量为 x，其所拥有的个人知识量为 h(x)，则区域知识资本量可表示为：

$$A_r = [\int_0^{\lambda_r} h(x)^{\beta} dx + \eta \int_0^{1-\lambda_r} h(x)^{\beta} dx]^{1/\beta} (0 < \beta < 1) \quad (20-2)$$

其中，β 为技术人员在创造知识的过程中知识的互补性，$\eta(0 \leqslant \eta \leqslant 1)$ 为任意两区域间知识溢出强度，是关于知识扩散 D 的增函数，因而有 $\eta = p(D)$。

再设技术人员的个人知识量随所在区域专利数量的增长而增长，则技术人员个人知识存量 $h(x)$ 与其所在区域的专利数量 I 间关系为：

$$h(x) = \alpha \cdot I_r (0 < \alpha < 1) \quad (20-3)$$

其中，α 为知识吸收率。将式（20－3）代入式（20－2）得：

$$A_r = \alpha \cdot I_r \cdot [\lambda_r + \eta \cdot (1 - \lambda_r)]^{1/\beta} (0 < \beta < 1) \quad (20-4)$$

令 $f(\lambda_r) = [\lambda_r + \eta \cdot (1 - \lambda_r)]^{1/\beta} (0 < \beta < 1)$ 得：

$$A_r = \alpha \cdot I_r \cdot f(\lambda_r) \quad (20-5)$$

其中，$f(*)$ 是关于 $\lambda_r$ 的严格凸的增函数，且有 $f(0)=0$，$f(1)=1$。

式（20－5）表明，区域中的知识资本存量只取决于技术人员的空间分布。将式（20－5）代入式（20－1）中可得到 r 区域单位时间内的专利存量为：

$$\dot{I}_r = \mu \cdot \alpha \cdot I_r \cdot f(\lambda_r) \cdot \lambda_r \quad (20-6)$$

式（20－6）即描述了既定区域的创新强度水平。令 $F(\lambda_r) = \mu \cdot \lambda_r \cdot f(\lambda_r) = g(\lambda_r) \cdot \lambda_r \cdot f(\lambda_r)$，则 r 区域创新性产出变化率（或单位时间内专利数量变化）可以记为：

$$\frac{dI_r}{dt} = \dot{I}_r = \alpha \cdot F(\lambda_r) \cdot I_r \quad (20-7)$$

任取 $\lambda_r \in [0,1]$ 解式（20－7）得到 $r$ 区域于 $t$ 时期的专利数量为：

$$I_r = I_0 \cdot e^{\alpha \cdot F(\lambda_r) \cdot t} \tag{20-8}$$

其中，$I_0$ 为 $r$ 区域初始专利数量。

创新主体受益于知识溢出，其基本表现是创新主体劳动生产率 $\mu$ 的提高并受益于本区域知识积累的直接生产厂商。根据柯布—道格拉斯生产函数，可得到本地区创新性新产品的产出为：

$$Y_r = \tau \cdot L_r \gamma \cdot A_r^{1-\gamma} \tag{20-9}$$

其中，$L_r$ 为 $r$ 区域创新部门的劳动力数量，$\tau(0 \leqslant \tau \leqslant 1)$ 为新产品生产率，$\gamma(0 < \gamma < 1)$ 为劳动力产出的弹性。

知识资本的流出主要是以新产品的形式或专利合同等方式流向另一区域，设新产品扩散率 $\varepsilon(0 \leqslant \varepsilon \leqslant 1)$，技术交易率为 $\sigma(0 \leqslant \sigma \leqslant 1)$，则创新性知识资本流出量为：

$$D_r = \varepsilon \cdot Y_r + \sigma \cdot I_r = \varepsilon \cdot \tau \cdot L_r^{\gamma} \cdot A_r^{1-\gamma} + \sigma \cdot I_r \tag{20-10}$$

将式（20－5）代入式（20－10）中则得到关于 $I$ 的创新性知识资本流出量式子：

$$D_r = \varepsilon \cdot \tau \cdot L_r^{\gamma} \cdot [\alpha \cdot I_r \cdot f(\lambda_r)]^{1-\gamma} + \sigma \cdot I_r \tag{20-11}$$

将式（20－8）代入式（20－5）中则得到关于 $D$ 的知识资本存量 $A$ 式子：

$$A_r = \alpha \cdot I_0 \cdot e^{\alpha \cdot F(\lambda_r) \cdot t} \cdot [\lambda_r + p(D_r) \cdot (1 - \lambda_r)]^{1/\beta} \tag{20-12}$$

将式（20－7）代入式（20－1）中并解式子则得到关于 $A$ 的创新性产品数量 $I$ 的式（20－13）：

$$I_r = g(\lambda_r) \cdot A_r \cdot \lambda_r \cdot t + \ln I_0 \tag{20-13}$$

由此得到 $AID$ 模型：

$$\begin{cases} A = \alpha \cdot I_0 \cdot e^{\alpha \cdot F(\lambda) \cdot t} \cdot [\lambda + p(D) \cdot (1 - \lambda)]^{1/\beta} \\ I = g(\lambda) \cdot A \cdot \lambda \cdot t + \ln I_0 \\ D = \varepsilon \cdot \tau \cdot L^{\gamma} \cdot [\alpha \cdot I \cdot f(\lambda)]^{1-\gamma} + \sigma \cdot I \end{cases} \tag{20-14}$$

*AID* 模型不但表示“知识集聚（*A*）衍生知识创新（*I*），知识创新（*I*）推动知识扩散（*D*），知识扩散（*D*）又进一步反过来促进知识集聚（*A*）……”的正向循环往复的关系，而且还表明知识集散效应是包括知识的集聚程度、创新绩效与扩散强度的函数，记作：

$$E = \mathrm{f}(A, I, D\cdots)\left(\frac{\partial A}{\partial D} > 0, \frac{\partial I}{\partial A} > 0, \frac{\partial D}{\partial I} > 0\right) \tag{20-15}$$

可见，知识的集聚（*A*）、创新（*I*）与扩散（*D*）呈现为一个循环累积的过程（如图 20－2 所示）：集聚促进创新，创新引发扩散，扩散进一步推动集聚……知识城市主要担当这一过程中集聚点、创新枢纽与扩散源的角色，持续发挥着知识集散的功能和效应。

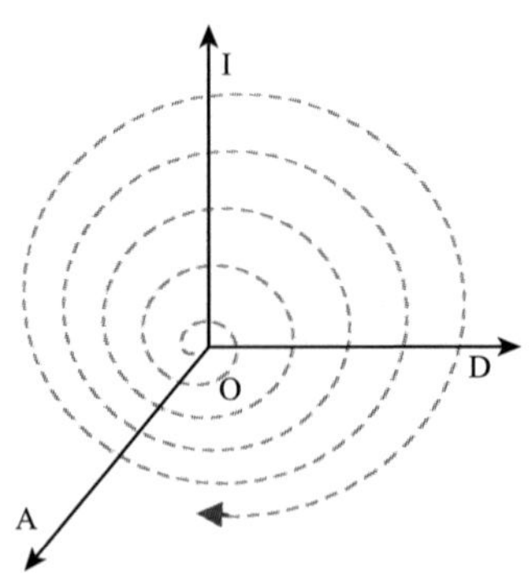


**图 20－2　AID 正向互动关系**

## 四、实证

本文将知识城市的核心功能界定为知识集散。据此可构建知识城市知识集散效应的评价指标体系，即在前面建立的*AID*模型的基础上，围绕知识的集聚、创新和扩散，兼顾城市的知识经济发展程度、区域创新水平、城市竞争力、可持续发展能力和城市现代化水平等方面的相关指标来构建评价体系。

### （一）数据与样本城市的选取

本文选择2014年为评价年份，受限于可获得的统计资料，指标数据主要参考中国城市竞争力研究会桂强芳的《中国城市竞争力年鉴（2015）》[23]，并以此书中的城市综合竞争力为依据从排名前50的城市中选取其中较有代表性的28个城市（见表20－2）作为样本城市。这些城市散布在我国中部、东部、西部与港澳台地区，选用样本具有典型性。

### （二）评价指标体系的构建

前面提出了知识集散效应的评价模型：$E=f(A、I、D)$，其中$E$表示知识集散效应，$A$（知识集聚）、$I$（知识创新）、$D$（知识扩散）则为影响知识集散效应的三个核心要素，即$E$是$A$、$I$、$D$的函数。为此，本书尝试从这三个方面分别选取经济、社会与科技领域中具有代表性的指标，构建知识城市的知识集散效应评价指标体系（详见表20－1）。

其中，城市知识集聚程度（$A$）受到该城市的基础设施、城市环境、商务环境与人才本体的影响[24]，而城市基础设施与商务环境是企业选址的主要参考，尤其城市环境对高级人才有很大的吸引力，当企业与人才资本向本地区流入时，知识也随之向这座城市集聚；城市知识创新水平（$I$）主要受城市的科技竞争力影响[25]，而科技竞争力可以通过科技投入、科技创新和科技转化能力三方面来表现；城市知识扩散强度（$D$）通过该城市的商贸竞争力与产业竞争力来表现[26,27]，商贸竞争力也即城市对外（国、外地）经贸的能力，产业竞争力则是指产业的贡献、效率与国际化程度，这些指标都会影响到专利合同与创新产品的向外扩散能力。

### (三) 指标权重的确定

计算权重即评价出各个指标的重要程度，现较常用的方法有主观赋权法、客观赋权法与组合赋权法。主观赋权法是充分利用专家的知识和经验来进行评价。客观赋权法则是充分利用指标决策矩阵提供的信息进行评价。两种方法各有优势也存在不足，因此，更合理的做法是将主观赋权法与客观赋权法进行综合，形成组合赋权法。本文采用层次分析法（*AHP*）和熵值法进行组合赋权（具体计算步骤参见参考文献[28]），最终组合权数见表 20 - 1。

**表 20 - 1　　知识集散效应评价指标体系及权重**

| 目标 | 组合权数 | 一级指标 | 组合权数 | 二级指标 | 组合权数 | 三级指标 |
|---|---|---|---|---|---|---|
| 城市知识集散效应 E | 0. 26 | 城市知识集聚程度 A | 0. 17 | 城市基础设施竞争力 $A_1$ | 0. 14 | 基础设施投资指数 A11 |
| | | | | | 0. 16 | 交通设施指数 A12 |
| | | | | | 0. 27 | 对外交通设施指数 A13 |
| | | | | | 0. 23 | 信息化设施指数 A14 |
| | | | | | 0. 20 | 文化设施指数 A15 |
| | | | 0. 10 | 城市环境竞争力 $A_2$ | 0. 32 | 区位指数 A21 |
| | | | | | 0. 18 | 环境资源指数 A22 |
| | | | | | 0. 12 | 环境质量指数 A23 |
| | | | | | 0. 38 | 社会管理指数 A24 |
| | | | 0. 44 | 城市商务环境竞争力 $A_3$ | 0. 62 | 城市国际吸引指数 A31 |
| | | | | | 0. 38 | 金融资本可获得指数 A32 |
| | | | 0. 29 | 城市人才竞争力 $A_4$ | 0. 15 | 人才资本吸引指数 A41 |
| | | | | | 0. 17 | 人才资本教育设施指数 A42 |
| | | | | | 0. 39 | 科技人力资本指数 A43 |
| | | | | | 0. 29 | 科研机构指数 A44 |

续表

<table>
<tr><th>目标</th><th>组合权数</th><th>一级指标</th><th>组合权数</th><th>二级指标</th><th>组合权数</th><th>三级指标</th></tr>
<tr><td rowspan="7">城市知识集散效应E</td><td rowspan="3">0.50</td><td rowspan="3">城市知识创新水平I</td><td rowspan="3">1</td><td rowspan="3">城市科技竞争力 $I_1$</td><td>0.34</td><td>科技投入指数 I11</td></tr>
<tr><td>0.34</td><td>科技创新指数 I12</td></tr>
<tr><td>0.32</td><td>科研成果转化指数 I13</td></tr>
<tr><td rowspan="4">0.24</td><td rowspan="4">城市知识扩散强度D</td><td>0.42</td><td>城市商贸竞争力 $D_1$</td><td>1</td><td>外贸指数 D11</td></tr>
<tr><td rowspan="3">0.58</td><td rowspan="3">城市产业竞争力 $D_2$</td><td>0.26</td><td>产业贡献指数 D21</td></tr>
<tr><td>0.21</td><td>产业效率指数 D22</td></tr>
<tr><td>0.53</td><td>产业国际化指数 D23</td></tr>
</table>

### （四）评价结果分析

根据上述指标权重表，对所选国内 28 个样本城市进行评价、比较与加权计算，对城市创新的水平和阶段进行评价，对其主要优势与不足作出比较，最后对城市的知识集聚程度（A）、知识创新能力（I）与知识扩散强度（D）进行加权计算并得出知识集散效应（E）的评价得分与排名，为知识城市的建设发展提供定量评价依据，以期对城市创新发展的方向提供决策支持。具体评价得分情况见表 20－2。

知识集散效应（E）综合反映了城市在知识资源的集聚、知识的生产创新以及知识成果的扩散这三个方面的效果，反映了城市及区域经济发展受知识或创新驱动的趋势。作为中国最为发达的城市，上海、北京、香港与深圳在知识集聚（A）、知识创新（I）与知识扩散（D）三个方面表现都十分优秀，各项指标显示其有效发挥了知识集散效应，其经济和社会发展也因此而被不断地注入了活力。

表 20－2　创新型城市核心竞争力得分及排名

| 城市 | A | | I | | D | | E | |
|---|---|---|---|---|---|---|---|---|
| | 得分 | 排名 | 得分 | 排名 | 得分 | 排名 | 得分 | 排名 |
| 上海 | 0.713 | 2 | 1.000 | 1 | 0.555 | 3 | 0.819 | 1 |
| 北京 | 0.706 | 3 | 0.779 | 2 | 0.430 | 6 | 0.676 | 2 |
| 香港 | 0.764 | 1 | 0.651 | 3 | 0.631 | 2 | 0.676 | 3 |
| 深圳 | 0.525 | 5 | 0.441 | 4 | 0.527 | 4 | 0.483 | 4 |
| 天津 | 0.434 | 6 | 0.436 | 5 | 0.508 | 5 | 0.453 | 5 |
| 苏州 | 0.382 | 13 | 0.379 | 8 | 0.651 | 1 | 0.445 | 6 |
| 广州 | 0.530 | 4 | 0.389 | 7 | 0.413 | 7 | 0.431 | 7 |
| 南京 | 0.409 | 8 | 0.346 | 9 | 0.338 | 11 | 0.361 | 8 |
| 台北 | 0.363 | 15 | 0.411 | 6 | 0.239 | 23 | 0.357 | 9 |
| 杭州 | 0.406 | 9 | 0.346 | 10 | 0.305 | 14 | 0.352 | 10 |
| 大连 | 0.364 | 14 | 0.310 | 11 | 0.341 | 10 | 0.331 | 11 |
| 重庆 | 0.415 | 7 | 0.302 | 13 | 0.286 | 18 | 0.328 | 12 |
| 武汉 | 0.402 | 10 | 0.300 | 15 | 0.273 | 19 | 0.320 | 13 |
| 宁波 | 0.308 | 24 | 0.310 | 12 | 0.348 | 9 | 0.319 | 14 |
| 青岛 | 0.328 | 19 | 0.290 | 16 | 0.354 | 8 | 0.316 | 15 |
| 沈阳 | 0.343 | 18 | 0.302 | 14 | 0.298 | 15 | 0.312 | 16 |
| 厦门 | 0.317 | 20 | 0.282 | 17 | 0.310 | 13 | 0.298 | 17 |
| 成都 | 0.384 | 12 | 0.243 | 22 | 0.314 | 12 | 0.297 | 18 |
| 澳门 | 0.393 | 11 | 0.260 | 20 | 0.244 | 22 | 0.291 | 19 |
| 济南 | 0.343 | 17 | 0.272 | 19 | 0.206 | 26 | 0.274 | 20 |
| 合肥 | 0.297 | 26 | 0.276 | 18 | 0.245 | 21 | 0.274 | 21 |
| 郑州 | 0.312 | 22 | 0.240 | 25 | 0.292 | 16 | 0.271 | 22 |
| 福州 | 0.292 | 27 | 0.235 | 26 | 0.291 | 17 | 0.263 | 23 |
| 西安 | 0.361 | 16 | 0.226 | 27 | 0.208 | 25 | 0.257 | 24 |
| 长沙 | 0.311 | 23 | 0.240 | 24 | 0.226 | 24 | 0.255 | 25 |
| 哈尔滨 | 0.313 | 21 | 0.255 | 21 | 0.186 | 28 | 0.253 | 26 |
| 长春 | 0.291 | 28 | 0.222 | 28 | 0.264 | 20 | 0.250 | 27 |
| 昆明 | 0.300 | 25 | 0.241 | 23 | 0.193 | 27 | 0.245 | 28 |

从港澳台地区来看，香港地区的表现最为突出，作为国际金融、信息与贸易中心和全球知名的自由港，其在建设高科技城市与推进科技创新方面具有优势，香港的知识集聚程度、知识创新能力、知识扩散强度及其知识集散效应都排到了前三。台北地区表现也不俗，进入前十名，但其知识集聚程度与知识扩散强度较差，这两项才排到了第 15 与 23 名，可能是由于台北主要建设已基本完成，其各类基础设施及环境改善的投入力度降低，同时也与岛内高科技产业竞争力下降并向岛外转移有关。澳门地区整体表现较差，知识集散排名 19，知识创新能力与知识扩散强度也都排到 20 名之后，这可能与其地域狭小，产业结构过于单一，缺乏与科技竞争力密切相关的企业和研发人员有关。

从东部地区看，上海、北京、深圳、天津、广州、苏州、南京、杭州属于知识集散效应强的城市。一线城市中，上海、北京与深圳占据了前五名，而广州则稍弱排到了第七名。天津、苏州、南京与杭州的排名进入前十，这与依托沿海开放先发优势和智力密集优势设立的各类产业园区有很大关联。大连、宁波、青岛、沈阳的排名呈中上水平，位列第 11 ~ 16 名，这些城市的知识集聚程度较为薄弱成为其相对弱势。厦门、济南与福州的知识集散排名则靠后，位列第 17 ~ 23 名；其中有的知识集聚程度偏低，有的创新能力不足，而有的知识扩散强度甚至排到了许多中西部城市之后。

从中部地区看，各城市的知识集散效应排名主要分布在 20 名之后。武汉作为中部竞争力最强的城市排第 13 名，其知识集聚程度表现优异成为其相对竞争优势。合肥、郑州、长沙在知识集散中平均排名位于第 21 ~ 25 名，其中郑州的知识扩散强度较其他中部城市强。而作为东北老工业基地城市的哈尔滨与长春，其传统产业比重大、核心竞争力不突出，知识集散排到了第 26 名与第 27 名，但哈尔滨的知识集聚程度与知识创新能力排在其他中部城市之前，长春的知识扩散强度也表现较优。

从西部地区看，各城市的知识集散平均排名均较靠后。重庆、成都作为国家较为重视的西部城市分别排到了第 12 名与第 18 名。重庆在知识扩散强度方面较弱排在第 18 位，成都的知识创新能力表现较差排到第 22 名。西安的知识集散排名较靠后排到第 24 名，但其知识集聚程度较高，排名甚至超过了许多排在前面的中部城市。昆明的知识集散排名则排到了最后，其知识集聚程度、知识创新能力与知识扩散强度都显滞后。

### （五）AID 评分值的 Pearson 相关系数

城市的 E 评分值与 AID 评分值的 Pearson 相关系数如表 20 – 3 所示。城市的知识集散效应 E 评分值与知识集聚程度（A）、知识创新能力（I）、知识扩散强度（D）的 Pearson 相关系数都大于 0.8，说明它们之间存在极强的正相关性。知识集聚程度（A）与知识创新能力（I）的相关系数也大于 0.8，表明 A 与 I 存在极强正相关性，说明它们有相互促进功效。知识创新能力（I）与知识扩散强度（D）的相关系数为 0.679，因大于 0.6 而显示有强正相关性，说明它们之间也存在着相互促进。知识扩散强度（D）与知识集聚程度（A）之间的相关系数为 0.705，也大于 0.6 存在强正相关性，它们之间也相互促进。这进一步显示知识集聚（A）、知识创新（I）与知识扩散（D）的相互促进作用及知识城市之知识集散效应不断提升的机理。

**表 20 – 3　　知识城市 AID 相关系数表**

| | E | A | I | D |
|---|---|---|---|---|
| E | 1.000 | 0.943 ** | 0.977 ** | 0.802 ** |
| A | 0.943 ** | 1.0000 | 0.897 ** | 0.705 ** |
| I | 0.977 ** | 0.897 ** | 1.0000 | 0.679 ** |
| D | 0.802 ** | 0.705 ** | 0.679 ** | 1.0000 |

注：** 在 0.01 水平（双侧）上显著相关。

## 五、结语

本文主要探讨知识集散效应下的城市形态并尝试提出“知识集散是知识城市核心功能”的假设，通过构建“知识集散效应的三维赋值模型”并用以对我国东中西部和港澳台地区样本城市进行实证分析表明：

——知识城市的核心功能是知识集散效应。这是知识城市区有别于一般城市或区域的功能标志。知识城市的战略重心与建设抓手是增强知识集散效应，包括大力提升城市的知识型要素聚集程度、提高知识生产创新绩效和增强知识成果扩散强度。

——知识集聚促进知识创新，知识创新衍化知识扩散，知识扩散进一步推动知识集聚。知识型要素集聚提供知识创新网络平台并促进知识创新，知识创新成果通过市场或非市场渠道向外传递辐射并促进知识扩散，而知识扩散既实现知识价值又为知识集聚创造条件以再次促进知识集聚。

——知识集散效应的强弱，按东、西、中部地区依次递减。东部地区依托北京、上海、深圳与广州这些大型研发中心与沿海城市，其知识集散效应最强。得益于近年来国家战略和政策的倾斜及西部大开发的成效尤其是基础设施的改善，西部地区城市的知识集聚程度有显著提升。中部城市的知识集聚程度、知识创新能力及知识扩散强度相对较弱，导致其知识集散效应排名靠后。

——港澳台地区城市的知识集散效应仍具一定优势，但总体呈相对滞后趋势。从集散面向看，不论是知识资源集聚，还是知识成果扩散，客观上都以内地或大陆为首选或重心。因此，它们需加强与内地或大陆的合作，密切交流与往来，加快相互之间的要素与产品（服务）流动，以获得更加显著的知识集散效应。

# 参考文献

［1］ J. Ryser. The Future of European Capitals：Knowledge based development ［M］. Germany，1994.

［2］ R. Knight. Knowledge-based development：policy and planning implications for cities ［J］. Urban Studies 1995，32 （2）：225 - 260.

［3］ SGS Economics and the Eureka Project：Towards a Knowledge City Strategy ［R］. Technical Report，Melbourne City Council，2002.

［4］ Knowledge City Manifesto，http：//www. entovation. com/mailing/june1504. htm

［5］ V. Winden et al. European cities in the knowledge economy ［J］. Urban Studies，2007，44 （3）：525 - 549.

［6］ 钱伟．新世纪知识城市猜想 ［J］．城市规划，2000 （24）：41.

［7］ 吴建中．通向知识城市之路 ［J］．图书馆论坛，2003 （6）：45 - 46.

［8］ 代明，周飞媚．知识型城市：理论透视与样本分析 ［J］．广东工业大学学报：社会科学版，2008 （4）：42 - 46.

［9］ 李杭蔚，刘强．论如何构建知识型城市——以慕尼黑为例 ［J］．经济论坛，2010 （9）：112 - 114.

［10］ 王志章．基于城市转型的韩国知识城市研究 ［J］．城市观察，2010 （3）：74 - 85.

［11］ 陈柳钦．“知识城市” 的理论构建与发展 ［J］．知识观察，2010 （1）：48 - 58.

［12］ A. Weber. Theory of the Location of Industries ［M］. Chicago：The University of Chicago Press，1929 （in German，1909）.

［13］ J. A. Schumpeter. The theory of economic development ［M］. Cambridge，MA：Harvard University Press，1934 （in German，1912）.

［14］ D. B. Audretsch. Agglomeration and the location of innovative activity ［J］. Oxford Review of Economic Policy，1998，14（2）：18－29.

［15］ S. Pinch et al.. "From 'Industrial Districts' to 'Knowledge Clusters'：A Model of Knowledge Dissemination and Competitive Advantage in Industrial Agglomerations，" Journal of Economic Geography，2003，3（4）：373－388

［16］ E. M. Rogers. Diffusion of Innovations ［M］. New York：Free Press，1983

［17］ W. Cohen. & D. Levinthal. Absorptive capacity：A new perspective on learning and innovation ［J］. Administrative Science Quarterly，1990，35：128～152.

［18］ 王世辅．开放条件下的知识扩散与经济增长［D］．成都：西南财经大学，2000：21－22.

［19］ 郎杰斌，袁安府．论知识扩散的生命周期的知识管理［J］．情报杂志，2004，6（7）：28－29.

［20］ G. Myrdal. Economic Theory and Under-developed Regions ［M］. London：Duckworth，1957.

［21］ 施宏伟，王梓蓉．基于产业聚集的知识溢出及累积性创新增长过程研究［J］．软科学，2010，11：15－19.

［22］ 张雄林，和金生．论知识集聚的外部性［J］．中国管理信息化，2008，13：91－94.

［23］ 桂强芳．中国城市竞争力年鉴 2015［M］．中国城市竞争力年鉴出版社，2015.

［24］ 樊燕萍，牛冲槐、曹锐．科技型人才聚集中的知识扩散研究［J］．中国科技论坛，2013（5）：44－50.

［25］ 张钢，王宇峰．知识集聚与区域创新——一个对我国 30 个地区的实证研究［J］．科学学研究，2010（3）：449－458.

［26］ 张慧．集群龙头企业的知识扩散与集群竞争力的提升

[J]. 企业技术开发，2012，17：3 -4 +17.

[27] 谢运，钟丽琼．知识扩散对外贸竞争优势的影响分析 [J]. 商场现代化，2012，33：52 -53.

[28] 肖家祥，黎志成．基于组合赋权法的产业集群竞争力评价 [J]. 统计与决策，2005（4）：45 -47.

# 21. 创新型城市与创新型企业发展的潜因素路径影响：基于结构模型路径图法的深圳实证研究[①]

**【提要】** 创新型城市与创新型企业的发展是适配互动的过程：前者有其适合于后者的特殊创新支持系统和硬软服务环境，后者则具有适合该系统和环境的独特“自创”（创业创新创牌）能力。针对这些潜在匹配因素之间的相互关系，本文根据理论和实际提出关联假设，运用结构模型路径图法，以深圳为样本进行实证检验分析。结果表明：创新型企业发展依赖主体“自创”，对创新型城市发展有较大路径影响，同时，创新型城市系统对创新型企业各个阶段的成长路径也给予不同功能的支持和影响。

## 一、引言

国内外发展经验显示，创新型城市往往与创新型企业相伴而生。如作为全球创新型城市（带、群）典范的美国硅谷，就拥有Intel、Apple、Cisco、BEA、Facebook、Google、NYSEA、Yahoo、HP、Adobe、Symantec、AMD、nVIDIA、Oracle、eBay等大批全球标杆级的创新型企业。走在中国创新型城市建设前列的深圳也拥有

---

① 原载《科学学与科学技术管理》2011年第1期，署名：代明、张晓鹏。

华为、腾讯、中兴、比亚迪、华大、大疆、大族、迈瑞等一批本土创新型企业。那么，创新型城市与创新型企业之间是否存在着一种适配、共生、互动的关系呢？两者之间又是怎样相互影响着对方的发展路径？对此，理论和实践都要求给出解答。

## 二、理论综述

### （一）创新型城市研究

20 世纪末，英国伦敦大学规划学教授霍尔（Hall）在其论著《城市文明：文化、科技和城市秩序》中阐述了城市与创新之间的关系，相信创造力和创新力会在特定地点短暂集中地爆发式出现[1]，美国硅谷的迅猛发展证明了这一点。玛丽安和戴维（Maryann & David）也在《城市创新》一文中指出，随着科学技术的加速进步和其在生产中的广泛应用，城市正面临着建立在知识基础之上的新竞争；要适应这种竞争所提出的挑战，就必须变革传统的城市发展模式，以新的观念、新的方式为城市经济发展寻找新的经济增长点[2]。而率先提出类似创新型城市概念的则是英国创新型城市研究权威机构 COMEDI 的创始人兰德瑞（Landry），这见于他在 2000 年出版的《创意城市：城市创新攻略》（*The Creative City*：*A Toolkit for Urban Innovators*）一书中[3]。

进入 21 世纪以来，我国确立了自主创新战略。政商学界意识到创新对提升城市竞争力不可或缺的作用，在所有有关城市发展（如城市圈、城市群、城市竞争力、城市现代化、城市可持续发展等）的理论和政策中，无不融入创新的内涵和要素。创新型城市也作为城市发展的理念、战略或定位被确立下来，类似提法还包括学习型城市、智慧型城市、创意城市、数字城市、科技城市、技术枢纽城市、国际技术创新中心城市等。这些提法虽各有特色，但其根本还是以创新作为城市发展的基础或理念。杜辉认为，创新型城市是指以科技进步为动力、以自主创新为主导、以创新文化为基础的城市形态[4]。代明等对创新型城市的构成要素及功能特质进行了归纳[5]。杨冬梅等按照不同的方式划分了创新型城市的发展模式与实现路径[6]。本文认为，创新型城市是新经济条件下，以创新为核心能力和主要驱动力的一种城市发展模式，完善的城市创新系统和知识集散效应是其主要特征，是不断积聚和配置创新资源、持续扩散和溢出创新成果的复杂巨系统。

### （二）创新型企业研究

20 世纪 60 ~ 90 年代，全球企业发展经历了效率型企业、质量型企业、灵活型企业等主流模式，现正向创新型企业转变。高效、高质、灵活仍是创新型企业的基础，但其最典型的特征是：在所涉领域对技术、制度、管理持续不断寻求新突破，实现企业动态创新。国内外对“创新型企业”目前还没有统一的定义和认定标准。关于创新型企业研究，以美国学者蒂斯（Teece）为代表的动态能力学派受熊彼特和钱德勒的影响，对显性与隐性知识在企业创新过程中的转化规律以及组织因素对于创新活动的影响等进行深入研究，构建了知识创新型企业的分析框架[7]。此外，以英国的蒂德等（Tidd et al.）为代表的技术创新学派，通过大量实证研究提出了一系列产业和企业技术演化的规律性观点，对企业吸收能力、组织对于创新的响应、组织如何应对破坏式创新等进行了深入研究[8]。国内学者从不同角度对创新型企业的概念、特征等做出了许多有意义的解释，如创新型企业是以不断创新为主导思想，以新产品研发、原产品功能改进或工艺设备不断改善为主导策略的企业。但目前仍待更深入地研究，在实证上尤显不足。美国《商业周刊》与波士顿咨询集团曾对西方创新型企业进行调查，有 1000 多名企业高级主管参加。前 25 强中，有的是技术创新型企业，如英特尔、苹果、IBM；有的是经营模式创新型企业，如沃尔玛、星巴克；有的是多种创新混合型企业。目前，我们所理解的创新型企业主要是指技术创新型企业。但是，随着工业和商业的复杂化，涌现出一批依靠商业模式创新与管理创新脱颖而出的企业。必胜客就是采用新型商业模式的典型范例，当所有的比萨饼都是在餐馆里出售和消费时，必胜客就已经开始提供家庭送餐服务了。因此，我们对于创新型企业的定义应该也将此类企业纳入其中。创新型企业不仅包括技术创新型企业、文化创意型企业，还应包括对服务、管理和商业模式进行创新的企业，并以其作为实证研究的样本。

### （三）结构方程与路径分析研究

结构方程模型是反映显变量和隐变量关系的一组方程，其目的是通过显变量的测量推断隐变量，并对假设模型的正确性进行检验。结构方程模型是模型验证技术，利用结构方程模型分析的过程实际上是对假定模型的验证过程。20 世纪 60 年代以来，研究变量间关系主要是通过验证性因子分析建立的。之前进行的因子分析对拟合模型的假设千篇一律，其约束条件与许多实际问题并不适合。乔雷思科和索博姆（Joreskog & Sorbom）在探索型因子分析中，研究参数的极大似然估计时，发现了检验某些特定假设矩阵的可能性，针对因子分析的不足，导入假说验证机能，即验证型因子分析[9]。研究者可以根据已有的专业知识、经验，决定公因子之间的相关关系以及公因子对观测变量的影响等。结构方程模型通常是借助路径分析图将初始模型描述出来。路径分析图起先用于遗传学中变量间因果关系的分析。现代路径分析经由生物遗传学家、心理测验学家、计量经济学家以及社会学家的推进，引入隐变量（Latent Variable，又称 Unmeasured Variable，不可观测变量），并允许变量间具有测量误差，且以极大似然估计代替了最小二乘法，成为路径系数主流的估计方法。它与结构方程模型相结合，允许在自变量和因变量均包含测量误差的情况下，同时处理多个因变量，得出路径系数即结构方程模型系数。

创新型城市是城市发展的一种路径，创新型城市依靠其创新单元——创新型企业的自组织过程，由非组织到组织过程演化，由组织程度低级别向高级别演化，在相同层次上由简单向复杂过程演化[10]。本文所分析路径的影响反映了创新型企业与创新型城市发展间的潜在关系，把规律性和条件性的内在因素，通过构造结构方程模型和路径图，以较直观的方式反映出其内在相互间的作用与因果关系。

### （四）假设检验法

假设检验法（hypothesis testing）是统计学中根据一定假设条件由样本推断总体的一种方法。应用于社会科学的研究时，我们需要根据以往的文献整理已有成果，对研究问题或研究目的进行归纳，并提出科学假设，然后利用样本信息来检验原假设的合理性，即判断样本信息与原假设是否有显著差异，从而决定是接受抑或否定原假设[11]。在提出假设时，一般可以采用两种方式：一是选择性假设，即提出原假设和备择假设，前者为正待检验的假设，后者为可供选择的假设；二是采取关联性多重假设，从所研究问题的内部挖掘其本质性关系，对于多个假设只检验并判断取舍，而不设备择假设。

本文根据创新型城市和创新型企业影响其发展路径的潜在因素间相互关系及问题特点进行分析，宜提出关联性多重待检验假设。创新型城市与其企业间关系，创新型企业自身的特质及其与创新型城市发展特性的适应性，创新型城市实现可持续创新发展所依赖的主体和根源，这些都是尚待探讨的问题。在下述的假设中将进一步具体解析这些待检验的问题，并用样本城市深圳进行实证。

## 三、提出假设与构建结构方程模型

### （一）假设的提出

1. 创新型城市倚重创新型企业发展。早在 1912 年，熊彼特

(Schumpeter）在《经济发展理论》一书中就提出了“创新”的概念[12]。世界银行2005年10月发表的关于东亚创新型城市（以新加坡为例）的研究报告特别提出了未来产业结构调整提高的方向是创新经济[13]。该研究主要包括三大产业部门：高技术制造业，尤其是信息和通信技术以及生命科学技术支撑的先进制造业；知识密集型服务业；创意内容产业。这些产业所涵盖的均应属于创新型企业。创新型企业适应市场需要，进行研发投入，直接掌控着技术创新的话语权和选择权。创新型企业是新经济条件下企业的一种变革方向，在其本身内部资源不断活化利用的同时，实现产业集聚、创新集聚，创新型企业整体资源更快速有效配置和流动，得到成本更低、价值更高的产品和服务，整体效益显著，带动区域或城市突破经济周期的约束并持续高速发展。建立创新型城市，必须确定企业的主体地位，并以企业的创新活力作为城市发展的动力之源，构建创新城市尤其需倚重创新型企业。

2. 创新型企业发展依赖自主创业创新创牌。众多创新型企业的创立和发展是一个自组织过程。创新型企业系统从初创到形成的各种结构，内部要素合作，自适应、自复制、自演化、自行创生、自主地从无序走向有序，这一过程中企业内部不断创新突破，是企业适应市场需求的自主活动，并促成企业成长发展。创新型企业依靠技术、制度、管理、文化等任何一方面的创新，使其在某方面能够领先于其他同行企业，具有行业带动性、较高的盈利能力和管理水平，甚至拥有良好的企业文化以及自主品牌。创新型企业的创立依靠创新，而创牌源自创新持续、动态、系统性的过程，属于更为高级的发展阶段，区别于初始创业创新状态。创牌是持续创新、创新集聚的必然趋势。企业依赖品牌概念和形象定位，创牌能使企业维持在更高层次的持续稳定发展，众多创新品牌企业集聚是形成创新型城市的一条路径。现今，企业规模不论是大中小型，发展阶段不论处于创业期还是成长期，表现形式不论是民营化、市场化还是高端化，创新型企业都具有更为广泛的内涵和外延。越来越大比重的创新型企业以其高技术、高效益，迅速成为行业领军代表。众多创新型企业自主创业创新创牌，从小到大，走出了一条“自创型路径”。

3. 自主创业创新创牌适生于创新型城市系统。创新型城市系统的研究需要建立在区域创新系统研究的基础上。随着区域、国家创新系统理论在学术上的进展，微观层次的研究更为学者所关注。创新型城市系统是区域创新系统具体于区域单位的应用。与国家、区域创新体系相比，城市创新系统更具有地域色彩，呈现出制度安排的特色，是更为独特、与城市资源紧密相关联、推进创新的组织网络。创新型城市系统包含“自创型”企业创生的必要条件：行业环境主要包含产学研、上下游供应链、企业研发交流合作环境等，服务环境主要包括基础设施、制度环境、科研和社会历史文化环境等。企业“自创”对城市区域进行选择判断，且在创业创新创牌的不同阶段，倚重有差异的内外创新要素。创新型企业“自创”依赖不断优化的城市创新支持系统，“自组织”生存演化于创新型城市系统之中。

4. 实证假设。创新型城市构建创新基础服务环境与创新行业环境，创新型企业创业创新创牌倚重有差异的创新要素，创新型城市与创新型企业发展具有以下潜在关系。

H1：创业创新对创新型企业有路径影响。

H2：创牌对创新型企业有路径影响。

H3：创新行业环境发展对创新型城市有路径影响。

H4：创新服务环境发展对创新型城市有路径影响。

H5：创新型企业发展对创新型城市发展有路径影响。

H6：创业创新与创新服务环境关系紧密，与创新行业环境关系较疏离。

H7：创牌与创新行业环境关系紧密，与创新服务环境关系较疏离。

### （二）构建结构方程模型

根据上述假设，可设计实证指标，对指标与潜变量之间的关系，通常写成如下测量方程：

$$y = \Lambda_y \eta + \varepsilon \tag{21-1}$$

$$x = \Lambda_x \xi + \delta \tag{21-2}$$

上述两个测量方程表示隐变量与显变量之间的关系，即由显变量来定义隐变量。式（21－1）内生隐变量 $\eta$ 连接到内生标识即显变量 y。式（21－2）将外生隐变量 $\zeta$ 连接到外生标识显变量 x。矩阵 $\Lambda_x$ 和 $\Lambda_y$ 分别代表 x 对 $\xi$ 和 y 对 $\eta$ 的反映其关系强弱程度的系数矩阵，可以理解为相关系数。

对于潜变量之间的关系，可写成如下结构方程：

$$\eta_i = B\eta_j + \Gamma\xi + \zeta \tag{21-3}$$

方程反映了隐变量之间的关系。内生隐变量与外生隐变量之间通过 B 和 $\Gamma$ 系数矩阵以及误差向量 $\zeta$ 联系起来。B 代表内生隐变量之间的相互影响，$\Gamma$ 代表外生隐变量对内生隐变量的影响，$\zeta$ 代表结构方程的误差项。方程中 $\eta_i$ 与 $\eta_j$ 仅代表两个不同的隐变量。

路径图提供了假设模型中隐变量与显变量、隐变量与隐变量之间（包括内生隐变量与显变量、外生隐变量与显变量之间）可能存在的关系，通过路径系数可反映具体相关程度。由假设设计出的初步结构路径见图 21－1。

## 四、相关假设的检验

对于创新型城市和创新型企业，不同学者依据其内涵、特征等构建了有差异的衡量体系。研究两者之间的影响关系，有的提出运用系统动力学模型、三螺旋模型等进行论述。但评价指标尚无统一标准，且模型运用也极少可以通过实证来验证。借鉴以往学者对创

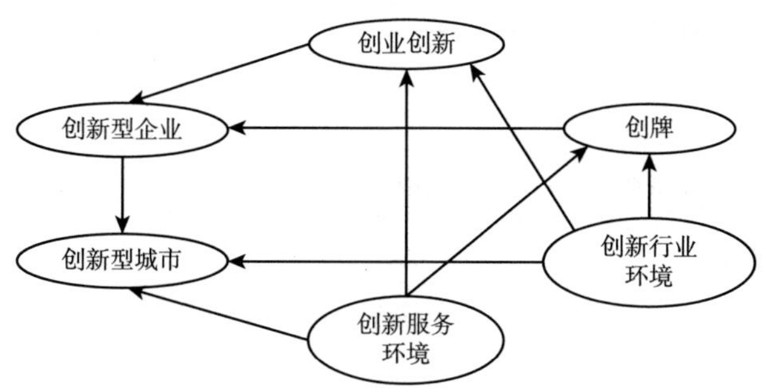


**图 21－1　初步结构路径**

新型城市与创新型企业的衡量体系和理论研究，以及上述假设和实践经验，设计观测指标变量作为模型中的显变量，并构造变量指标对应关系，见表 21－1。由表 21－1 可知，创新型企业、创业创新创牌、创新型城市、创新行业环境与创新服务环境均为潜变量。且创新行业和服务环境为外生隐变量，其他均为内生隐变量。

**表 21－1　　　　指标变量对应影响分析表**

| 潜变量/隐变量 | 影响变量（显变量，隐变量包括内生与外生隐变量） | | 观测变量标识 |
|---|---|---|---|
| 创新型企业（$\eta_1$） | 显变量 | 企业规模（以产值水平衡量） | $y_1$ |
| | | 纳税水平 | $y_2$ |
| | 隐变量 | 创业创新 | $\eta_3$ |
| | | 创牌 | $\eta_4$ |
| 创新型城市（$\eta_2$） | 显变量 | 国家市区宏观环境评分 | $y_3$ |
| | | 交通运输、通信和物流等公共设施评分 | $y_4$ |
| | | 公共服务环境（如教育、医疗等）评分 | $y_5$ |
| | 隐变量 | 创新服务环境 | $\xi_1$ |
| | | 创新行业环境 | $\xi_2$ |
| | | 创新型企业 | $\eta_1$ |

续表

| 潜变量/隐变量 | 影响变量（显变量，隐变量包括内生与外生隐变量） | | 观测变量标识 |
| --- | --- | --- | --- |
| 创业创新（$\eta_3$） | 显变量 | 创业资金自筹比重 | $y_6$ |
| | | 技术自给水平自评 | $y_7$ |
| | | 研发人员数 | $y_8$ |
| | 隐变量 | 创新服务环境 | $\xi_1$ |
| | | 创新行业环境 | $\xi_2$ |
| 创牌（$\eta_4$） | 显变量 | 研发投入占销售总额水平 | $y_9$ |
| | | 企业申请专利数 | $y_{10}$ |
| | | 产品研发周期水平评估 | $y_{11}$ |
| | | 研发人员数 | $y_8$ |
| | 隐变量 | 创新服务环境 | $\xi_1$ |
| | | 创新行业环境 | $\xi_2$ |
| 创新服务环境（$\xi_1$） | 显变量 | 政府服务支持（如信息、中介、咨询、经营指导）评价 | $X_1$ |
| | | 银行信贷政策评价 | $X_2$ |
| | | 科研机构支持度评价 | $X_3$ |
| 创新行业环境（$\xi_2$） | 显变量 | 同行交流环境评价 | $X_4$ |
| | | 上下游合作程度评价 | $X_5$ |
| | | 企业创新文化环境评价 | $X_6$ |

以创新型城市深圳为研究对象，以创新型企业为样本进行实证。发放400份问卷进行测量评分，有效回收问卷379份，占比94.75%。据表21－1所示指标变量，代入结构模型式（21－3）构建结构方程，运用Amos进行模型检验，并绘制路径图。路径系数即反映了变量间的具体相关程度。模型拟合检验指数表如表21－2所示，潜因素路径图如图21－2所示。

**表 21-2　　模型拟合检验指数**

| 拟合指数 | 卡方值（自由度） | P | CFI | NFI | IFI | RMSEA | AIC | BCC | EVCI |
|---|---|---|---|---|---|---|---|---|---|
| 结果 | 167.911(95) | 0.00 | 0.918 | 0.901 | 0.923 | 0.043 | 246.279 | 251.222 | 0.909 |

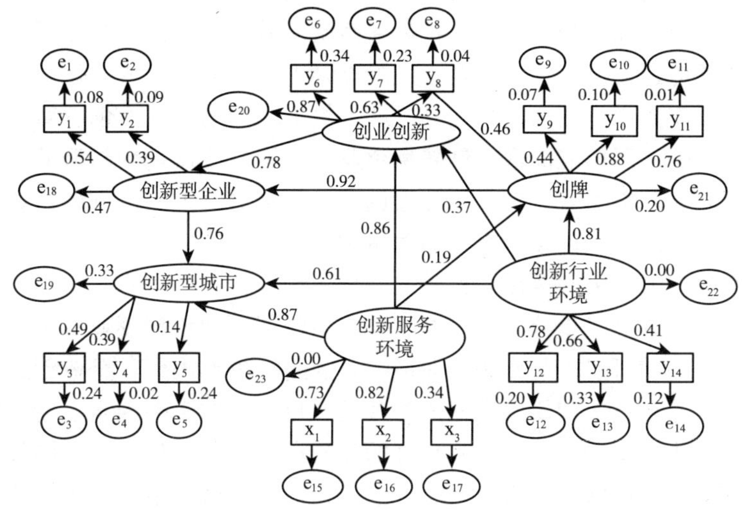


**图 21-2　潜因素路径**

表21-2 显示，卡方值在 0.005 水平上为显著。CFI，NFI，IFI，EVCI 指数均大于 0.9。RMSEA 小于 0.05。各拟合指数显示模型拟合较好。由图 21-2 可知路径系数是否接受假设。

H1：创业创新对创新型企业有路径影响——路径系数为 0.78

H2：创牌对创新型企业有路径影响——路径系数为 0.92

H3：创新行业环境发展对创新型城市有路径影响——路径系数为 0.61

H4：创新服务环境发展对创新型城市有路径影响——路径系数为 0.87

H5：创新型企业发展对创新型城市发展有路径影响——路径

系数为 0. 76

H6：创业创新与创新服务环境关系紧密——路径系数为 0. 86

与创新行业环境关系较疏离——路径系数为 0. 37

H7：创牌与创新行业环境关系紧密——路径系数为 0. 81

与创新服务环境关系较疏离——路径系数为 0. 19

由模型和路径系数可见：创新型城市需要进行创新行业环境和服务环境建设，为创新型企业发展提供更好的创新环境。创新型企业发展需要创业创新创牌为其发展提供不竭的动力，而创牌对创新型企业的发展影响深远。创新型企业起初创业更倚重创新型城市的创新服务环境因素，在成长壮大创牌过程中更倚重城市创新行业环境因素。同时，创新型企业的发展对创新型城市的建设有重要的路径影响。上述关联假设均检验成立。

对结果进一步分析，创新型企业初创期更加依赖创业资金，而此时技术和研发不是作为企业最主要的路径影响因素。企业创牌过程中，专利技术和研发周期成为其发展最重要的影响因素。创新型城市需要稳定的宏观环境和良好的公共设施和服务环境，但同等条件下，交通设施、教育、医疗等已不是创新型城市中企业着重考虑的因素。创新型城市的信息技术环境、创新中介、产学研合作与公共研发平台、资本与技术市场、产业及人才政策等创新服务，是吸引企业落户的重要因素。而行业环境则对企业未来成长起到重要作用，同行业内、上下游交流合作是企业发展的主要路径影响因素，企业创新文化建设仍是深圳多数创新型企业较为薄弱和容易被忽视的环节。

深圳企业创新活动活跃，创新型企业走出了一条自主创业创新创牌的“自创型”路径。多年来，随着自主创新能力的不断提高和高新技术产业的快速发展，深圳出现了一批创新能力强、具有国际竞争力的行业龙头企业。通信领域的华为、中兴等不但成为国际知名企业，还成为全国“专利大户”。软件领域的金蝶、金证、怡化、亚都、联友等；生物工程领域的科兴、海王、赛百诺、海普瑞等；新材料领域的比亚迪、长园、中金高能等；医疗器械领域的安科、迈瑞、金科威等，这些企业在国内乃至国际市场上都具有了相当强的竞争力。如华为公司在第三代移动通信（3G）上，已跻身全球移动通信企业第一阵营。在深圳，小企业创业，依靠创新获得专利，进而创牌、做大做强，已经成为一种企业发展路径。深圳作为中国首个国家创新型城市试点，其创新系统功能已较为健全，能够为创新型企业提供良好的创业创新环境，深圳企业的变革与发展同样促进了城市的变革与发展。

## 五、结语

创新型城市是世界城市发展的主方向。创新型企业更加适应当今知识经济和可持续发展的趋势。创新型城市依靠创新型企业创业创新创牌进行“自创”，突破城市发展瓶颈，创新型企业在不断进行自组织过程中更适合在创新型城市环境和创新空间中生存。总之，创新型城市倚重创新型企业发展，依赖主体“自创”，同时，创新型企业适生于创新型城市系统。这在一定程度上解释了美国硅谷、中国深圳等创新型城市（带）与创新型企业相伴而生、相依而行、相映生辉的缘由和必然性，不仅激励企业加强自主创新创业创牌之“自创”能力建设并选择更适合于自身创新发展的环境，还启示政府要努力打造创新支持系统和服务环境去吸纳创新型企业并促进其发展。

## 参考文献

[1] P. Hall. Cities in Civilization：Culture，Technology，and Urban Order [M]. London：Weidenfeld & Nicolson；New York：Pantheon Books，1998.

[2] F. P. Maryann & A. B. David. Innovation in cities：science-based diversity specialization and localized competition [J]. European

Economic Review, 1999, 43 (2): 409 -429.

[3] C. Landry. The Creative City: A Toolkit for Urban Innovators [M]. Earthscan Publications Ltd. , 2000.

[4] 杜辉. 创新型城市的内涵与特征 [J]. 大连干部学刊, 2006 (2): 10 -12.

[5] 代明. 自主创新型城市的四大功能标志 [J]. 特区经济, 2005 (12): 12 -13.

[6] 杨冬梅等. 创新型城市: 概念模型与发展模式 [J]. 科学学与科学技术管理, 2006 (8): 97 -101.

[7] D. Teece. Dynamic Capabilities and Strategic Management [J]. Strategic Management Journal, 1997: 87 -89.

[8] 玖·迪德 (Joe Tidd) 等. 创新管理 [M]. 北京: 清华大学出版社, 2004.

[9] K. G. Joreskog & D. Sorbom. Recent Developments in Structural Equation Modeling [J]. Journal of Marketing Research, 1982, 19 (4): 404 -417.

[10] 郑晓东. 创意城市的路径选择 [D]. 上海: 上海社会科学院, 2008.

[11] 李洁明. 统计学原理 [M]. 上海: 复旦大学出版社, 2007.

[12] J. A. Schumpeter. The theory of economic development [M]. Cambridge, MA: Harvard University Press, 1934 (in German: 1912).

[13] Wong Poh Kam et al. Singapore as an innovative city in East Asia: An explorative study of the perspectives of innovative Industries [R]. World Bank Policy Research Working Paper 3568, April 2005.

# 22. 创新型城市文化特质的经济学分析[①]

**【提要】** 创新型城市文化特质的结构分析与定量评价是理论和实践中亟待解决的难题，也是经济学的使命。为此本篇尝试提出“城市文化特质的三维赋值模型”（OLI 模型）及其量化测评方法（三元合成法），并选取北京、上海、深圳作为样本城市进行实证分析，以期为优化相关决策，尤其为避免创新型城市建设的“趋同化”提供参考。

“创新型城市”（innovating city）作为当今地缘竞争的制高点和国家、区域创新体系的关键节点，必有其区别于一般城市的科技、经济、文化等“特质”——尤其是颇具识别功能的“文化特质”。否则任何城市都可自称“创新型城市”而使这一概念失去意义，甚或让当前“炙热”的创新型城市建设重蹈“千城一面”的覆辙。那么何谓创新型城市的文化特质呢？其经济学内涵是什么呢？如何对其提炼、宣示、培植、测度和评价呢？这正是本文要探讨的问题。对创新型城市的文化特质进行经济学分析，一是试图进一步丰富创新型城市的内涵并把经济分析方法引入地缘文化研究，可能具有一定的理论意义；二是尝试进一步厘清创新型城市的创建路径并为测评其文化特质提供一套科学实用的方法，可能具有一定的实践（操）意义；三是寻求建立对“软性”文化的计量分析模型并尝试

① 原载《城市问题》2009 年第 12 期，署名：代明、周飞媚、梁意敏。

进行实证研究，也可能会受到目前可利用、可采集数据的限制而具有相当的难度。

## 一、理论回顾

### （一）创新型城市研究

创新型城市是指基于新的城市发展观，具有良好的创新环境与创新文化，并以此支撑创新主体充分利用现有的创新资源实现高绩效创新的复杂创新系统[1]。探索中的创新型城市也被称为创造性城市、创意城市、学习型城市、技术枢纽城市、知识城市、科学城市、高科技城市等。国外关于创新型城市的理论研究始于 20 世纪 90 年代，呈现出侧重系统化研究的趋势。国内的相关研究起步于 21 世纪初，并在 2005 年中央确立自主创新战略以后形成高潮，呈现出偏重决策支持研究的特点与倾向。同时，创新型城市研究也受到世界银行等国际组织的关注。国内外相关研究涵盖了创新型城市的类型、内涵、特征、动力机制、创建途径、评价体系等方面的内容，研究范围较广，内容日益充实，成果比较丰富；但由于起步仅十几年时间，从总体上看其研究方法和体系尚不够成熟、完善，尤其缺乏理论模型和定量分析[2,3]。

### （二）创新型城市的文化研究

日本、“亚洲四小龙”在经济上的先后腾飞曾引发全球对“亚洲价值观”“东亚模式”“东方哲学”、传统儒家文化等的浓厚兴趣和深层次思考。“硅谷模式”的成功更激起了人们对创新创业文化研究的热潮。美国学者萨克森宁（Saxenian）对硅谷与波士顿 128 公路地带这两个世界著名高科技产业中心兴衰的文化进行比较，开启了创新型城市文化研究的先河[4]。我国著名经济学家吴敬琏在评价萨克森宁的相关理论时认为，拥有相似技术的硅谷与 128 公路地带却有着截然不同的命运，根本原因在于制度环境和文化背景的巨大差异。真正造就硅谷、支撑硅谷、繁荣硅谷的正是其宽松而浓厚的创业文化。由此，他得出结论：决定一个国家、一个城市乃至一个企业高新技术发展状况的最主要因素，不是物质资本的数量，而是与人力资本潜力发展相关的经济组织结构和文化传统等社会因素[5]。英国知名城市创新研究机构 COMEDIA 的创始人兰德瑞（Landry），在论及创意城市动力机制构成时强调了人的多样性和开放的组织文化对于城市未来发展的决定性作用[6]。俄罗斯学者塔赫马克西普（Tahtmaxep）在《城市创新角色的研究》一文中揭示了“创新潜力—技术结构—城市居民生活方式”链条中各环节的相互关系，介绍了城市创新进步的形成机制。他得出的结论是：城市居民的精神潜力，包括消费技术、地区组织潜力和创新潜力是城市发展的源泉，是城市创新发展的生态空间[7]。但在整个文化即使是地缘文化研究领域，创新型城市文化研究也还处于初始阶段，尚待系统和深化。

### （三）创新型城市文化的特质研究

詹姆斯（James）发现美国犹他州高科技区成功的重要原因之一是深受历史悠久的摩门教文化的影响，与硅谷成功离不开独特的硅谷文化十分类似。这也可能是曾与硅谷齐名的波士顿 128 公路地带日渐衰落背后的深层原因。因此，培育和增强城市的“文化根基”（或“文化根植性”，cultural embeddedness）不可轻视[8]。面对我国有增无减的“城市特色危机”，国内学者也开始把关注的目光投向创新型城市及其差异性文化。徐小军在其《城市个性的缺失与追求》一文中指出：“创新”是创新型城市文化的本质特征和核心内涵，这种创新的特质驱使着城市不断地向前看，不在乎过去的历史，而看重现在和未来能创造什么，使其具备了与美国新兴文化一样的前瞻性、开拓性和冒险精神[9]。著名科幻作家郑军等也强调前瞻性是创新型城市所需要的文化特质，前瞻文化是创新型城市之功能、科技、产业、制度等创新的先导或先驱[10]。徐荣祥曾这样总结创新型城市文化的独特之处：创新性、包容性、内生性、多样化、集聚性和开放性[11]。但关于城市文化个性包括创新型城市文化特质的研究仍显不足。

### （四）创新型城市文化特质的经济学研究

近年来，国内外除对文化产业的经济学研究日趋热络外，也有学者借助经济学方法对文化竞争力进行定量评价，如科特尔（Kotter）、陈春花等尝试建立企业文化力指数[12,13]，一些评价或学术机构也开始将地缘文化力指数纳入国家、区域、城市竞争力评价体系。然而与当前创新型城市建设和发展的需要相比，有关创新型城市文化特质的经济学研究明显不足，尤其对其进行的计量分析几近空白。如何在新一轮城市竞争中以“高”“新”“特”制胜，将是未来城市发展，尤其是创新型城市建设面对的重点和难点问题。为此本文尝试运用经济学原理，建构创新型城市文化特质的理论与计量分析模型，以期为创新型城市战略之制定、实施和评价提供工具或支撑。

## 二、创新型城市文化特质的内涵

美国著名心理学家奥尔波特（Allport）曾从心理学的角度，用逻辑与语义的分析方法，把“特质”（traits）界定为个性化的“心理结构”，是“个人所具有的神经特性，具有支配个人行为的能力，使个人在变化的环境中给以步调一致的反应”。奥尔波特还区分了“共同特质”（common trait）和“个人特质”（individual trait），前者为一种“群体”或“类”特质，后者乃每个人所独具的性格倾向，即“个体”或“单”特质[14]。借鉴此定义，本文把创新型城市的文化特质界定为“创新型城市所特有的内在文化素质、结构及其外在表征”，是创新型城市在文化上区别于一般城市的依据和标志。它一方面作为“类”特质，反映“所有”创新型城市（群体）共同的“文化性格”并支配其（the ones'）行为取向；另一方面作为“单”特质，反映“每一”创新型城市（个体）独具的“文化性格”并支配其（the one's）行为取向。

## （一）创新型城市文化特质的层次

同企业文化层次类似，也可以把城市的文化特质分为四个层次（见图22-1），由此从“理喻”意义上考察和解析创新型城市的文化特质：（1）表层——物质文化特质，指由城市的物质环境（如城市规划、建筑风格、市容市貌等）、物质设施、物质要素、物质产品等“器物”所反映出来的文化倾向；（2）浅层——行为文化特质，指由大多数市民，尤其是其中有影响力的业者和公众人物的行为举止所体现出来的文化倾向；（3）中层——制度文化特质，指城市的运行机制、管理体制、法规政策、风俗礼仪、程序惯例等所包含的文化倾向；（4）深层——精神文化特质，即根植于城市及其市民主流意识或群体价值观中的文化倾向。一座创新型城市从这四个层面所折射出来的文化倾向带有显著的“创新性”“创新崇尚”或“创新诉求”。

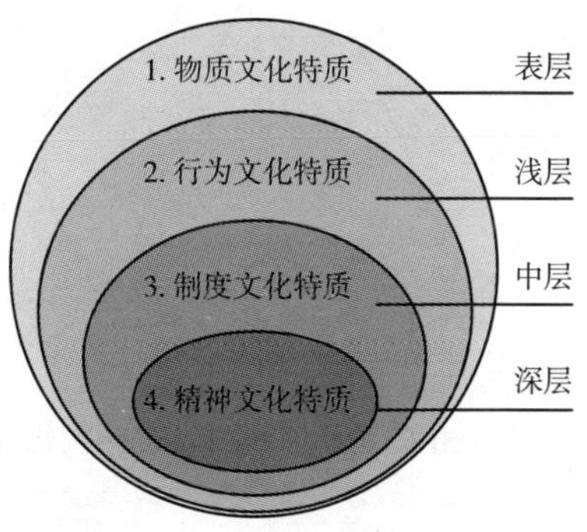


**图22-1　城市文化特质的层次**

### （二）创新型城市文化特质的识别

借鉴“企业识别系统”（Corporate Identity System），还可创建“城市识别系统”（City Identity System），由此从“感知”意义上观察和辨识创新型城市的文化特质（见图 22 -2）。作为城市识别系统的 CIS 同样包含三大子系统：（1）城市理念识别（City Mind Identity），指一个创新型城市及其市民群体在理念上与其他区域或城市的区别，尤指其独特、差异化的核心价值观。（2）城市行为识别（City Behavior Identity），指一个创新型城市及其市民在行为取向上与其他区域或城市的区别，尤指其独特且个性化的行事、处事、办事风格。（3）城市视觉识别（City Visual Identity），指一个创新型城市及其市民在外观视觉上与其他地区或城市的区别，尤指其独特且个性化的市容市貌、规划建筑、衣着服饰等风格及其所表达的地缘“文化元素”。同样，这三大子系统所体现出来的文化元素具有强烈的“创新性”“创新崇尚”或“创新诉求”。

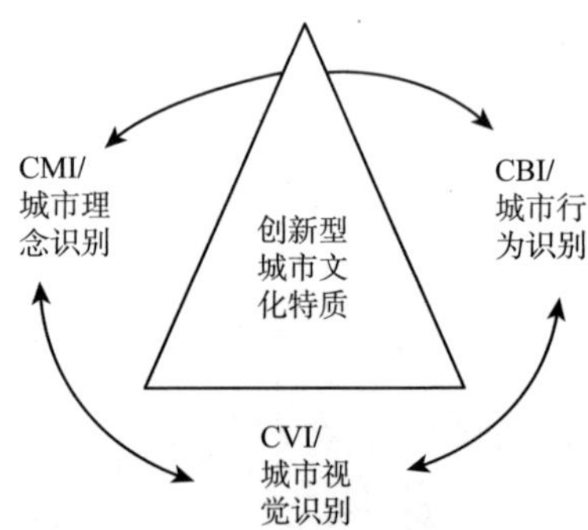


**图 22 -2　由 CIS 看创新型城市的文化特质**

### （三）创新型城市文化特质的构成

为满足经济学定量分析的需要并兼顾统计数据的可得性，这里尝试提出创新型城市文化特质（T：culture trait）的“三大构成要件”或“三维赋值模型”（OLI 模型），由此从“结构”意义上观察和剖析创新型城市的文化特质［式（22－1）、图 22－3］。这里的“三大构件”或“三维变量”即：（1）求新求变的城市文化取向（O：cultural orientation）。作为创新型城市的核心价值观或主流理念，“求新求变”意味着摒弃“求安守成”而讲求“敢为人先”，更意味着崇尚探索、鼓励冒险、宽容失败，客观上导致“特别能改革、特别能开放、特别能创新（业）”的群体行为取向。（2）丰富时尚的市民文化生活（L：cultural life）。表明创新型城市需要拥有一个支撑文化产业发展的庞大文化消费市场，需要打造一个有利于创新型人才成长、修养和创造的浓郁人文环境，更需要创建一种不断向周边辐射、传递或转移的现代生活方式。（3）繁荣发达的新兴文化产业（I：cultural industry）。新兴文化产业倚重创新（意）并对接科技（如动漫、科幻、网络、视听、设计……），拥有潜力巨大的内外部市场，是与高新技术产业比翼的创新型城市的两大产业支柱之一，越来越成为体现创新型文化特质和文化力的重要标志。

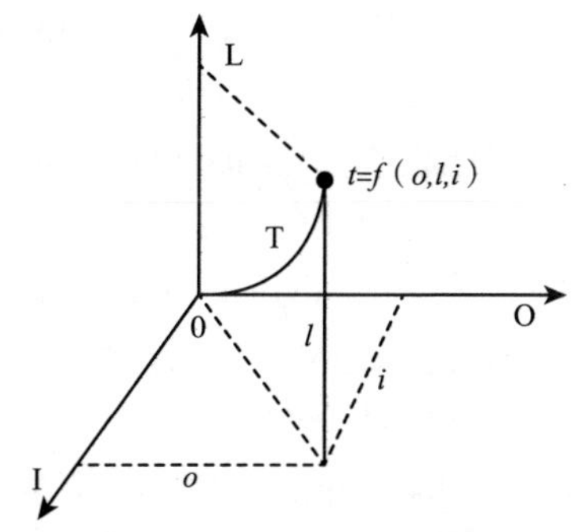


**图 22－3　城市文化特质的三维坐标**

“三维赋值模型”的函数表达式如下：

$$T = f(O, L, I) \tag{22-1}$$

“三维赋值模型”的坐标图示：图 22－3 表示城市文化特质（T）的数量定义，其增减包含城市文化取向（O）、市民文化生活（L）和新兴文化产业（I）的同向变化，至 $t$ 点时其城市文化取向的求新求变强度为 $o$、市民文化生活的丰富时尚水平为 $l$、新兴文化产业的繁荣发达程度为 $i$。

## 三、创新型城市文化特质的评价

为精确衡量创新型城市文化特质的“可识别度”或“显著度”以满足比较分析的需要，本文基于以上三大构成要件和“三维赋值模型”（OLI 模型），尝试建立创新型城市文化特质的评价体系，由此从“数量”意义上评价和测度创新型城市的文化特质。

### （一）评价体系的设计

设计创新型城市文化特质的评价体系，需解决好功能、路径、方法等问题。（1）体系功能：测度和评价创新型城市文化特质的“显著度”或“可识别度”。（2）设计路径：依据 OLI 模型［式（22－1）、图 22－3］，综合计量三大构成要件或三组变量。（3）评价方法：“三元合成法”（triad syntheticism），即集成运用层次分析法、区位商法和加权平均法，将“三组 n 项数据”合成为 T 值。层次分析法（AHP/analytical hierarchy process）的主要优点是根据评价需要分出指标层级，按其逻辑和从属关系排列组合，将定性分析和定量分析结合起来并使各指标的权重分配更为便利可行。区位商法（local quotient）的主要优点，一是具有“可通约性”（commensurable），即将所有样本数据化解为“商”，从而使它们之间可加总；二是具有“量纲”性，只要大于 1 就表明该城市创新型文化特质的显著度或可识别度高于一般水平。加权平均法（weighted average algorithm）的主要优点是考虑了各因素贡献度的大小，通过将政策经验等导入模型而使评价结果更具科学性、合理性和综合性。

### （二）评价指标的选择

本着功能性（可直接或间接显示 O、L、I）、可得性（可获取或提炼）、可比性（可做城际、区际、国际比较）、可通约性及一定弹性（指标数量也即“$n=?$”按个案需要和可得数据具体确定）的原则，分别选取以下三类指标中的若干项。(1) 城市文化取向类指标：尽管直接体现城市文化取向的创新意识、理念、核心价值观等难以计量，但却可以用创新投入强度及其绩效或成果指标来间接反映，为此试选取 R&D 经费、风险投资、SCI 收录科技论文数量和受理专利申请数量四（不限）项指标来间接反映城市文化取向的求新求变强度。(2) 市民文化生活类指标：试选取恩格尔系数、服务性消费支出、教育文化娱乐消费支出以及本地科教文卫财政支出四（不限）项指标来直接或间接反映市民文化生活的丰富时尚水平。(3) 新兴文化产业类指标：试选取服务业增加值、文化产业增加值、创意产业增加值和文化产业增长率四（不限）项指标来反映城市新兴文化产业的繁荣发达程度。

### （三）指标的层次、换算与权重

(1) 按层次分析法，依上述 12 项指标的相互关系将其纳入多层级分析模型（见表 22-1）：一级 T 为目标层，二级 O、L、I 为准则层，三级 12（或 $n$）项为指标层。(2) 按区位商法，将 12（或 $n$）项指标全部换算成可通约的区位商 $Q_{ij}$（Q 取自 local quotient），“人均数”“百分比”等相对数可一步直接算出区位商，恩格尔系数需做逆向处理。(3) 按加权平均法，经向相关学科学者和城市管理工作者发放“专家判断”问卷，通过回收汇总和技术处理得到各类指标的权重 $W_i$ 及各项指标的权重 $W_{ij}$，且 $\sum W_n = 1$。

**表 22－1　创新型城市文化特质的评价指标及其层次、换算与权重**

| 目标层 | 准则层 | 指标层 | 各项指标的区位商 $Q_{ij}$ | 类权重 | 项权重 |
|---|---|---|---|---|---|
| 创新型城市文化特质 T | 求新求变的城市文化取向 O | 研发经费 $O_1$ | $Q_{O1}$ =（本地 $O_1$/GLP）/（全国 $O_1$/GDP） | $W_O$ = 0.40 | 0.1363 |
| | | 风险投资 $O_2$ | $Q_{O2}$ = 本地人均 $O_2$/全国人均 $O_2$ | | 0.0810 |
| | | SCI 论文 $O_3$ | $Q_{O3}$ = 本地人均 $O_3$/全国人均 $O_3$ | | 0.0810 |
| | | 专利申请 $O_4$ | $Q_{O4}$ = 本地人均 $O_4$/全国人均 $O_4$ | | 0.1146 |
| | 丰富时尚的市民文化生活 L | 逆向恩格尔系数 $L_5$ | $Q_{L5}$ =（1－本地 $L_5$）/（1－全国 $L_5$） | $W_L$ = 0.30 | 0.0728 |
| | | 科教文卫公共支出 $L_6$ | $Q_{L6}$ =（本地 $L_6$/本地 FE）/（全国 $L_6$/全国 FE） | | 0.0515 |
| | | 服务性消费支出 $L_7$ | $Q_{L7}$ =（本地 $L_7$/本地 TC）/（全国 $L_7$/国内 TC） | | 0.0728 |
| | | 教育文化娱乐消费 $L_8$ | $Q_{L8}$ =（本地 $L_8$/本地 TC）/（全国 $L_8$/国内 TC） | | 0.1029 |
| | 繁荣发达的新兴文化产业 I | 服务业增加值 $I_9$ | $Q_{I9}$ =（本地 $I_9$/GLP）/（全国 $I_9$/GD）P | $W_I$ = 0.30 | 0.0378 |
| | | 文化产业增加值 $I_{10}$ | $Q_{I10}$ =（本地 $I_{10}$/GLP）/（全国 $I_{10}$/GDP） | | 0.0703 |
| | | 创意产业增加值 $I_{11}$ | $Q_{I11}$ =（本地 $I_{11}$/GLP）/（全国 $I_{11}$/GDP） | | 0.0925 |
| | | 文化产业增长率 $I_{12}$ | $Q_{I12}$ = 本地 $I_{12}$/全国 $I_{12}$ | | 0.0994 |

注：GLP//Gross Local Products//本地生产总值；GDP//Gross Domestic Products//国内生产总值；EF//Fiscal Expenditures//财政支出；TC//Total Consumptions//消费总支出。

### （四）创新型城市文化特质“值”的合成

（1）用算术平均法“合成”：

$$T = (\sum_{j=1}^{n} Q_{ij})/n \qquad (22-2)$$

其中，$T$ 表示城市创新型文化特质的可识别度或显著度；$n$ 表示指标个数；$j=1, 2, 3, \cdots, n$；$i=0, \cdots, I$，即指标类别；$Q_{ij}$表示 $i$ 类 $j$ 指标的区位商。

（2）用加权平均法“合成”：

$$T = \sum_{j=1}^{n} Q_{ij}W_{ij} \qquad (22-3)$$

其中，$W_{ij}$为 $i$ 类 $j$ 指标的权重。

## 四、创新型城市文化特质的实证

### （一）样本城市与数据选择

按中国社科院财贸所课题组 2007 年国内城市综合竞争力排名，本文选取内地前三甲的深圳、上海、北京作为样本。同时，也因为这 3 座城市启动创新型城市战略较早，创新型文化建设成就显著，比较具有代表性。限于数据的可得性并鉴于已基本能说明问题，本文选取 4×3=12 项指标（亦即本研究个案让 $n=12$），获取近 5 年的数据。

### （二）模型应用与计算

按表 22-1 的指标层次、计算方法与权重分配，运用公式（22-2）、式（22-3），计算出 3 个城市 12 项指标的单项区位商、算术平均区位商和加权平均区位商，结果如表 22-2 所列。

表 22－2　　样本城市创新型文化特质各评价指标区位商（2003～2007 年）

| 年份 | 城市 | 区位商/Q | | | | | | | | | | | | 算术平均值 | 加权平均值 |
|---|---|---|---|---|---|---|---|---|---|---|---|---|---|---|---|
| | | O 类指标/$Q_O$ | | | | L 类指标/$Q_L$ | | | | I 类指标/$Q_I$ | | | | | |
| | | $Q_{O1}$ | $Q_{O2}$ | $Q_{O3}$ | $Q_{O4}$ | $Q_{L5}$ | $Q_{L6}$ | $Q_{L7}$ | $Q_{L8}$ | $Q_{I9}$ | $Q_{I10}$ | $Q_{I11}$ | $Q_{I12}$ | | |
| 2003 | 上海 | 1.69 | 7.22 | 9.24 | 6.73 | 1.00 | 3.29 | 1.91 | 1.96 | 4.59 | 10.14 | 10.22 | 0.67 | 4.89 | 4.82 |
| | 北京 | 4.05 | 13.56 | 23.98 | 6.07 | 1.09 | 3.50 | 1.92 | 2.10 | 5.53 | 8.13 | 12.54 | 2.17 | 7.05 | 7.06 |
| | 深圳 | 2.57 | 55.73 | 3.92 | 10.45 | 1.15 | 2.83 | 3.68 | 3.16 | 6.65 | 10.58 | 7.89 | 1.35 | 9.16 | 9.06 |
| 2004 | 上海 | 1.72 | 4.14 | 9.12 | 5.48 | 1.02 | 3.39 | 2.03 | 2.13 | 4.74 | 9.57 | 10.22 | 0.79 | 4.53 | 4.43 |
| | 北京 | 4.25 | 20.38 | 20.63 | 5.82 | 1.09 | 3.58 | 1.92 | 2.05 | 5.62 | 8.42 | 13.07 | 1.26 | 7.34 | 7.32 |
| | 深圳 | 2.96 | 53.17 | 3.08 | 11.02 | 1.10 | 2.55 | 3.35 | 2.89 | 6.57 | 9.78 | 8.13 | 0.78 | 8.78 | 8.74 |
| 2005 | 上海 | 1.75 | 8.25 | 8.92 | 6.28 | 1.01 | 3.00 | 2.00 | 2.07 | 4.63 | 8.56 | 10.60 | 0.57 | 4.80 | 4.75 |
| | 北京 | 4.12 | 26.95 | 20.14 | 5.08 | 1.08 | 3.58 | 1.84 | 1.99 | 5.60 | 9.24 | 12.69 | 1.56 | 7.82 | 7.75 |
| | 深圳 | 2.42 | 38.23 | 2.52 | 8.82 | 1.05 | 2.70 | 3.40 | 2.84 | 5.07 | 11.08 | 10.18 | 3.09 | 7.62 | 7.62 |
| 2006 | 上海 | 1.68 | 12.05 | 8.97 | 5.61 | 1.00 | 2.91 | 1.98 | 2.02 | 4.53 | 8.30 | 10.99 | 0.83 | 5.07 | 5.00 |
| | 北京 | 3.90 | 31.23 | 20.48 | 4.76 | 1.08 | 3.55 | 1.91 | 2.09 | 5.55 | 9.96 | 12.39 | 1.71 | 8.22 | 8.11 |
| | 深圳 | 2.31 | 29.80 | 4.04 | 10.15 | 1.04 | 2.99 | 3.57 | 3.44 | 5.23 | 11.98 | 11.11 | 1.59 | 7.27 | 7.29 |
| 2007 | 上海 | 1.74 | 20.28 | 9.04 | 5.79 | 1.01 | 3.20 | 2.16 | 2.00 | 4.48 | 8.22 | 10.86 | 1.04 | 5.82 | 5.73 |
| | 北京 | 3.76 | 40.58 | 20.19 | 4.48 | 1.06 | 4.02 | 1.99 | 1.99 | 5.28 | 9.62 | 12.52 | 0.94 | 8.87 | 8.71 |
| | 深圳 | 2.21 | 35.69 | 2.58 | 9.36 | 1.06 | 3.21 | 3.63 | 3.49 | 5.08 | 11.79 | 10.83 | 1.22 | 7.51 | 7.48 |

资料来源：据《中国城市统计年鉴》（2003～2007 年）数据计算整理。

### （三）测度结果分析

（1）三个样本城市的 T 值（不管是算术平均值还是加权平均值）均超过 4，远高于 T 值为“1”的全国平均水平（见表 22－2），符合本文的基本假设和人们的常识认知；（2）三个样本城市的 T 线近 5 年呈上升走势（见图 22－4），显示随着三市创新型城市战略的提出和实施，其创新型文化建设得以提速、创新型文化特质得到强化、创新型文化特色不断凸显；（3）从 T 线轨迹看，三个样本城市创新型文化特质的发展并不均衡，其中北京、上海上升趋势相对平稳，而深圳在保持整体相对高位的同时，由于受风险资本量异动影响，T线产生较大波动，但2006年后又稳步回升；（4）从分类和单项指标看，三个样本城市的创新型文化特质也存在较大结构差异，如北京在城市原创能力方面（包括发表SCI论文）表现突出，深圳创新型文化发展的市场化、产业化程度较高等。

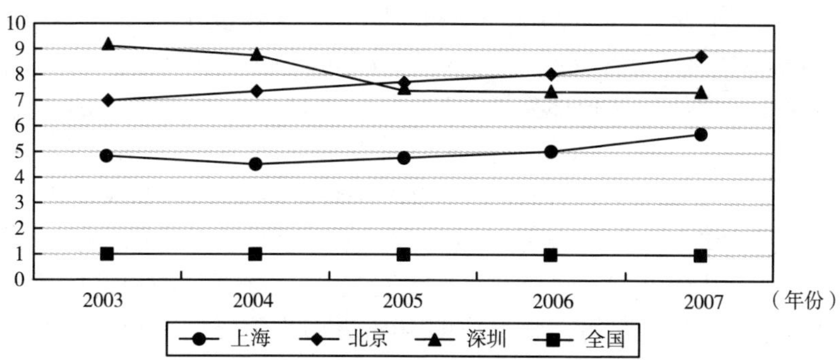


**图22－4　2003～2007年三样本城市创新型文化特质（T值）走势**

## 五、总结

创新型城市文化及其特质的定量评价与测度是实践中亟待解决的操作难题，也是经济学的使命。本文尝试提出“城市文化特质的三维赋值模型”及其量化测度方法（三元合成法），可能具有一定的理论启发意义和实用价值，甚至对深化诸如文化竞争力、文化创新力、文化贡献率、文化建设绩效等相关议题的定量分析也具有某种借鉴意义和参考价值。但由于受到目前数据来源及其提炼方法的限制，本模型所用指标的选取尚有很大改善空间。基于全文的分析与结论谨提出如下建议。

——着力打造创新型城市的文化特质：创新型城市的造就、认定、识别、影响和辐射（周边）等相当倚重其文化特质。为此既要不断强化创新型城市文化的“类”特质，也要注重追求各自的“单”特质。

——准确把握创新型城市文化特质打造的切入点：强化求新求变的城市文化取向、提升丰富时尚的市民文化生活、推动繁荣发达的新兴文化产业。此乃创新型城市特色文化建设的“三维”战略。

——尝试施行创新型城市文化特质的定量评价：（1）分别设置全域（球）级（the total area grade/TAG）、国域级（the national area grade/NAG）、省域级（the provincial area grade/PAG）……创新型城市文化特质评价体系。（2）各级都有一个为“1”的平均 T 值，凡 T > 1 者即为该级创新型文化特质“比较显著”城市。（3）按实际需要采用绝对法或相对法评定同级创新型文化特质“显著”城市，前者就是测定一个绝对标准值（如 1.5、2.0、3.0…），达标者即为该级创新型文化特质“显著”城市；后者则是测定一个相对比例，如 T 值前 10% 者即为该级创新型文化特质“显著”城市。（4）各级年度创新型文化特质显著城市（或创新型城市文化特质显著度）排名按 T 值大小即可知。

## 参考文献

[1] 魏江等．杭州市创新型城市建设对策研究［J］．杭州科技，2007（3）：33－36.

[2] 肖鹏等．创新型城市的国内外研究现状与展望［J］．科技与经济，2006（5）：51－54.

[3] 代明，王颖贤．创新型城市研究综述［J］．城市问题，2009（1）：94－98.

[4] A. Saxenian. Regional Advantage：Culture and Competition in Silicon Valley and Route 128［M］. Harvard University Press，1994.

[5] 吴敬琏．制度重于技术：论发展我国高新技术产业［J］．经济社会体制比较，1999（5）：1－6.

[6] C. Landry. The Creative City：A Toolkit for Urban Innovators

[M]. Earthscan Publications Ltd. , 2000.

[7] 转引自刘延平等：创新型城市的评价指标体系研究 [R]. 北京市社科规划项目（07BcJG183）. 2008 - 10 - 12. http：//www. bjpopss. gov. cn/asp_xxgl_400/ReadPJI. asp？ID = 1946

[8] Al. James. Everyday effects，practices and causal mechanisms of "cultural embeddedness"：Learning from Utah's high tech regional economy [J]. Geoforum，2007（38）：393 - 413.

[9] 徐小军. 城市个性的缺失与追求 [J]. 学术探索，2004（11）：62 - 67.

[10] 郑军等. 科幻文化、科幻产业与创新型城市建设 [N]. 深圳特区报：理论版，2008，（5）26：A12.

[11] 徐荣祥. 中国城市精神研究析要 [J]. 长江论坛，2004（6）：43 - 44.

[12] J. P. Kotter & J. L. Hesskett. Corporate Culture and Performance [M]. New York：Free Press，1992.

[13] 陈春花等. 企业文化管理 [M]. 广州：华南理工大学出版社，2002.

[14] G. W. Allport. Pattern and Growth in Personality [M]. Harcourt College Pub，1961.

# 单元Ⅵ　案例研究（样本）

案例研究是根据特定议题、从现实中选择典型个案进行深入剖析的经验性探究。这里的案例研究是指本团队近年来通过课题申请或招投标承接并完成的，涉及知识经济发展及知识产业、知识城市、知识市场、知识创业等议题的专项调查研究，比如“粤台自主创新能力比较与科技合作研究”“知识城市的国际比较与对标管理研究”“深圳科技中介市场体系建设研究”“多元权益函数与大范围员工股份期权计划研究”“知识集散效应下的城市形态研究”“城市创新支持系统研究”“广东创新型城市/区域评价体系研究”“珠三角地区创新资源配置与共享研究”“知识或创新型城市定位下的知识市场体系建设研究”“贵龙创意产业园规划”“深圳本土创业创新企业调查研究”“深圳争创全球创客之都研究”等。成果多为项目结题报告、成果简报、政策建议及系列工作论文等。因篇幅所限，本书仅收入一篇关于创建中的知识城市发展知识（研发）产业的调研报告样本。

# 23. 深圳研发产业发展报告：知识城市之知识产业初考[①]（缩略版）

【提要】深圳是我国定位最早的（国家）创新型城市，也是一座形成中的知识城市。与传统工业重镇和大都会不同的是，深圳的"创新型"定位主要依据于，或者说其"知识"特质主要体现在"产业"上，也就是崛起中的研发（知识）产业以及与之相关的高新技术产业。为掌握这方面的基本情况，该团队承接了该市科技主管部门委托的这一软科学课题，对深圳研发产业发展的现状、环境、绩效、走势、方略、政策等做了一次比较全面深入的调研。本研究在今天看来已显幼稚，且已滞后于深圳日新月异的产业实践，但也恰好印证了知识城市及其知识产业的新兴势头。

## 一、前言

经济发展过程同时也是产业演化与社会分工细化的过程。20世纪后期兴起的"外包"（outsourcing）潮加剧了这一进程。就像当年的"后勤"（logistics）随着外包从传统产业分离出来而衍生为

---

① 深圳市2011年度软科学项目研究成果，2012年1月结题验收，课题组成员：代明（组长）、程磊、殷仪金、王孝有、韩启钰、刘俊杰、陈欣宏。

独立的现代“物流”产业一样，如今的“研发”（R&D）也正在循此路逐渐走向产业化。新兴的研发产业是一种“高知化 + 高值化”的高端产业，也是一门蕴藏着巨大成长空间的潜在战略产业，正在成为业者乃至国际、区际、城际竞争的焦点或制高点。谁率先抢占这一制高点，就能在很大程度上赢得未来竞争的主动权。为此，一些国家、地区和城市业已展开对本地研发产业的研究并纷纷出台促进其发展的政策。鉴于对深圳这方面的研究相对滞后，为了解该产业发展现状并探索其未来发展道路，特进行本研究。

## 二、研发产业界定及其国内外发展概况

### （一）研发产业界定

1. 国外界定。20 世纪八九十年代，德鲁克（P. Drucker）等美国学者注意到了物流、研发等服务通过外包从组织内部分离出来演化为独立产业的趋势。1997 年，塔西（G. Tassey）提出了“研究密集产业”的概念。1998 年，“北美产业分类系统”（NAICS）将 R&D 及实验室编入产业目录中的服务业项下，代码为 5417。2001 年，美国“缅因州用于研发的公共投资评估报告”提出了“研发产业（R&D industry）”的概念：我们将研发产业定义为一系列的组织，包括一些非营利性的大学和以研发为主要产品的公司。美国统计局将研发产业归于生产性服务业（所以也称研发服务业），所给出的边界相当宽泛，既包括物理、工程、生命领域的研发服务业，也包括社会、人文领域的研发服务业。

2. 国内界定。较早见于高汝熹等学者于 2001 年对上海研发产业的研究：研发产业即所有从事研发活动的企业和组织，包括各类研究开发活动、支撑直接研发活动的辅助活动以及为充分实现其社会经济作用的关联活动（高汝熹等，2001）。黄鲁成等人则认为研发产业只应包含从事研发经营活动的组织而并非所有研发活动，也

就是说企业用于自身产品技术革新的研究开发不属于研发产业，公共服务性的研发活动也不属于。上海科技情报所对其的定义为：研发服务业是指利用自然、工程、社会及人文科学等专业知识或技能，提供产业技术创新所需的研究开发服务的产业，服务内容包括技术开发、产品开发、实验、检测等。

此外，我国台湾地区 2001 年对标准产业分类进行了第七次修订，将“学术研究及服务业”小类提升为中类，名称修订为“研究发展服务业”。2004 年出台《研发服务业发展纲领及行动方案》，其中给出的定义是：研发服务业系指以自然、工程、社会及人文科学等专门性知识或技能，提供研究发展服务之产业，包括提供研发策略规划服务、专门技术服务与研发成果运用服务。

3. 主要争议。目前，国内外对研发产业的界定尚未达成共识。分歧的焦点主要在于如何划定研发产业的边界：（1）研发产业涵盖所有的研发活动，还是仅指其中的外部化部分（负面表列：排除组织内部自我服务的研发活动或部门）？（2）研发产业包括所有的研发组织，还是仅指其中的市场化营利性企业组织（负面表列：排除公益性、非营利性的研发事业单位）？（3）研发产业涉及所有的知识研究领域，还是仅指其中的科学技术部分（负面表列：排除人文、社科类研发活动）？（4）研发产业涵盖所有的研发及其相关活动，还是仅指其中的直接研发活动（负面表列：排除“间接”亦即为研发活动提供中介、支撑等服务的“研发服务”）？

4. 建议界定。研发产业即向市场或全社会提供研究开发成果和服务的业类。其中的“研发成果”是指具有知识产权性质，可自用或用于转让、投资、质押等的版权（论著等）、工业产权（技术专利等）、技术诀窍（know-how）、设计方案乃至样品、样机等；“研发服务”是指直接为客户解决特定技术或知识问题的研发本体服务（R&D principal-service），为客户研发活动提供检测、实验和计算等辅助的研发支持服务（R&D support-service），为研发各方尤其是供求双方牵线搭桥的研发中介服务（R&D medi-service）等。

5. 与相关概念的关系。（1）研发产业与高新技术产业：后者是指由高新技术的研究开发推广应用等所形成的产业类别，是把生产过程和最终产品建立在高新技术基础之上的产业。高新技术产业链包括从市调、创意、研究、开发、中试到小批生产、工程设计、量产、市场营销直至扩散的完整过程。而“研发”仅限于该链条前端，且产业带宽较窄。此外，研发产业也不局限于高新技术产业，传统产业同样需要技术研发活动的支撑，在这些领域也存在专门的研发机构从而成为研发产业的一部分。（2）研发产业与生产性服务业：生产性服务业是从制造业内部分离并独立发展起来的新兴产业。我国定义的生产性服务业包括交通运输业、现代物流业、金融服务业、信息服务业和商务服务业等。研发产业也是从制造业内部分离并独立发展起来的一种生产性服务业，是运用知识、技术与信息提供智力成果与服务的行业。（3）研发产业与知识产业：前者是按产业的“活动”或“行为”状态来描述的，故而叫“研发”；后者是按产业的“投入”和“产出”形态来定义的，也就是“知识”（knowledge）。两者只是视角差异并无实质不同。

### （二）国外研发产业发展概况

1. 美国。作为全球研发产业发展的典范和领跑者，一是增长强劲：近5年其研发产业年均增长9.6%，大大高于同期1%的经济增速；二是贡献率提高：研发产值占GDP比重从1998年的0.46%升至2009年的0.73%，R&D投入占全世界的40%左右，研发企业海内外雇员达2700万人，其中研发人员190万人；三是重点领域突出：在物理、工程、生物，尤其是半导体微电子、光纤通信、基因工程、软件、网络技术等高新技术领域具有突出优势，也是生物医药研发外包（Contract Research Organization，CRO）产业的先驱。

2. 英国。据欧盟数据可知，1996～2002年间英研发服务业年均增长 18.2%（2001 年达 41%），大大高于同期约 5% 的经济年增率。2002 年研发产值占 GDP 的比重为 0.4% 并逐年上升。在生物医药、设计、基础研究等领域占一定优势。

3. 印度。以软件研发为主，年产值从 1990 年的 1.9 亿美元增长到 2008 年的 521 亿美元，年均增长 36.6%。其中 90% 以上集中在班加罗尔（36%）、钦奈、海德拉巴、新德里、孟买、普纳等城市，承接了硅谷约一半公司的软件外包业务。

4. 以色列：近十年研发产值年均增速达 20% 以上，大大高于同期经济增长率，以信息、通信和技术（ICT）和生物技术为主。广泛开展对外研发合作，与多国共同出资建立基金资助合作研发项目，2010 年又与中国及其若干地方政府签约开展深度研发合作。

发展趋势：一是发展势头迅猛；二是全球化加剧；三是集聚化程度提高；四是 CRO 亦即合同研发外包兴盛；五是研发战略联盟日益成熟等。

### （三）国内研发产业发展概况

1. 台湾：2001～2006 年，研发服务营业额以年均 7%、就业人数以年均 5.3% 的速度增长，高于同期 3.7% 的经济增速。2006 年，研发服务营收为 1045 亿新台币，占 GDP 的 0.86%；从业人数 4.7 万人，占总从业人员的 0.46%。以生技研发、IC 应用研发和智慧财产服务等为重点领域，又提出要打造亚太研发服务重镇。

2. 北京：研发经费投入（2010 年占 GDP 的 5.5%）、研发服务人数及劳动投入、科技论著产出、技术市场成交量（占全国约 1/3）等在全国领先。与研发产业相近的知识服务业“产值”占 GDP 的 5% 以上。重点领域依次为电子信息、新材料、先进制造技术和生物医药，最近开始重视 CRO 和工业设计，拟改变目前以科研院所为主体的研发结构，已确定 10～20 家科研院所为研发产业化转型试点。

3. 上海：2009 年研发产值达 1500 亿元左右；吸纳了全国外资研发机构的 1/4，成为跨国公司在华研发战略布局重心；以软件、生物医药等为重点领域，其中又以 CRO 最为活跃，已形成由 10 多所高校、30 多家专业研究机构、30 多家临床研究基地、200 多家研发企业组成的生物医药创新研发产业集群；并已着手制定全市研发产业发展规划。

4. 江苏：2005～2009 年，研发产值年均增长 19.8%，高于同期 14.28% 的经济增速；重视生物医药研发和 CRO，已相继成立医药研发产业创新联盟和国家级 CRO 产业联盟；与以色列等国家或地区深入开展国际研发合作，涉及 IT、生物医药、新能源、工业设计等领域；苏州还成立专班并出台文件促进制造企业剥离发展研发服务业。

发展趋势：一是研发产业化意识增强，扶持力度加大；二是结合各地优势，突出重点领域；三是集聚倾向明显，打造研发产业集群；四是寻求国际合作，利用全球资源与市场等。

## 三、深圳研发产业发展的现状分析

### （一）产业投入：研发资源分析

1. 研发资金：2010 年，全市研发经费支出 333.83 亿元，比 2009 年增长 19.3%，占 GDP 的 3.5%。专业化研发业者注册资本平均约 250 万元，其中 16% 的较大型机构占研发业者总注册资本的 80%，显示该产业大中小业者并存，但集中度较高的格局。

2. 研发人才：2010 年，深圳拥有各类专业技术人员 103.12 万人，其中具中高级技术职称的有 35.47 万人。2009 年 R&D 人员达 14.59 万人，按实际工作时间计算的 R&D 人员全时当量达 12.37 万人年，其中研究人员达 7.46 万人年，占 60.3%。

3. 研发设施：科技孵化器、风投机构等在全国领先，重点实验室、工程技术中心等发展较快，但大型科研仪器设备、检验检测服务平台等相对不足。

### （二）产业主体：研发业者分析

研发产业在一定意义上也是研发业者的集合。研发业者亦称研发机构、研发组织、研发产业主体，是指以从事研发活动为主，其研发投入（资金、人才）和研发产出达到一定比重的独立法人。其多视角分类情况如下。

1. 按名与实分为“名义”（注册）研发机构与“实际”（达标）研发机构。前者指注册名称和注册业务范围为科研、研究、研发、设计的企事业单位，如深圳电子信息科学研究院、中科等离子体研究院有限公司。据深圳组织机构资源库数据可知，全市注册研发机构至2010年底达6105家。后者指按一定标准认定的“达标”或“实际”研发机构，目前尚未实施此类认定。

2. 按经营性质分为非营利性研发机构和营利性研发机构。前者指在民政部门注册的科研院、所、室、中心、社团等事业法人，如深圳市标准技术研究院、华大基因研究院、深圳市知识产权研究会。后者指在工商部门注册的研发型公司等企业法人，如深圳市建筑科学研究院有限公司、伟创力研发（深圳）有限公司。

3. 按产权属性分为公共（办）研发机构、民营（办）研发机构和外资研发机构。前者指隶属于政府部门或以公共投资为主的研究机构，如中科院深圳先进技术研究院、深圳市环境科学研究院。中者指由民间发起并投资经营的研发型企事业单位，如大众健康发展研究院、中绿生态科技研究所。后者指海外跨国公司在深圳投资设立的独立研发机构，如甲骨文深圳研发中心、UT斯达康深圳研发中心。

4. 按关联性分为核心类、周延类和支持类研发机构。前者指直接从事科技研发活动的机构，如光启高等理工研究院、深圳市电子院设计有限公司。中者指从事与研发相关的周边活动的机构，如深圳市医疗器械检测中心、深圳 GMP 中试基地。后者指从事研发支持、后援或中介活动的机构，如朗腾研发管理咨询公司、睿智专利事务所、南山科技事务所。

5. 按产学研分为研发型企业、研究型高校和研究院所。前者指以技术研发为主的营利性企业，如华为技术、中兴通讯、兆凯生物等，约占深圳注册研发业者总数的90%。中者指以研究为主的高校及其附设机构（全国有 31 所高校被认定为 2011 年研究型大学，其中 26 所在深建有分支机构)，目前全市计有本土高校及外来大学在深所办学院、研究生院、研究院（所、中心)、医院等 60 余家，若全部视同研究型高校机构，则约占深圳注册研发业者的 1%。后者指不附属于高校的独立研究院、所、室、中心、社团等非营利性事业法人，如综合开发研究院、市园林科学研究所、市产业经济研究会等，约占深圳注册研发业者的 9%。

6. 按业务领域分为传统技术产业与高新技术产业研发机构。前者指提供某些传统优势领域研发及设计服务的业者，如深圳钟表研究院、深圳家具研究院、深圳黄金珠宝研究所。后者指提供高新技术研发及设计服务的业者，其典型业态有设计坊（design house，如经纬科技有限公司、汉普电子技术开发有限公司)，IC 设计（如中兴微电子技术有限公司、创维半导体设计中心有限公司)，软件开发（如金蝶软件有限公司、金证科技股份有限公司)，CRO（如深圳基因与药物工程技术研发中心、奥克生物技术有限公司)。

### （三）产业细分：研发领域分析

1. 在三大研发领域以实验发展类居首。按国家统计局 R&D 活动分类，在深圳现有 6105 家注册研发机构中，从事基础研究的占 3.9%，从事应用研究的占 7.8%，涉及实验发展的占 88.3%，实用性倾向明显。

2. 在实验发展类中以设计业为主。在 5392 家实验发展类研发业者中，从事或涉及各类“（工业）设计”服务的有 4260 家，占实验发展类研发业者的79%，占全部研发业者的69.8%，凸显出深圳“设计之都”的特色。

3. 在设计类中以营建设计与工业产品设计居多。在注册的设计类研发业者中，涉及营建业（城市/区域规划、环境设计、建筑/营造设计、装饰设计、室内设计等）的最多，占设计类研发业者的50.2%。然后是工业产品设计，占设计类研发业者的24.7%。考虑到许多工业（尤其是高新技术）产品设计企业的名称和经营范围并未注明“设计”字样，其搜索遗漏率一般要高于喜冠“设计”之名的营建类业者。经修正，全市工业产品设计类研发业者为2000～3000家。

4. 在工业产品设计类中以高新技术产品研发设计为主。除部分从事优势传统工业产品设计外，深圳工业产品设计产业主要涉及电子信息、医疗器械、新材料、节能环保以及高新技术改造传统产业等领域。

### （四）产业形态：研发业态分析

“工业设计”是深圳研发产业的基本形态。“工业产品设计”则是深圳工业设计的主要形态之一（另一主要形态是营建类设计）。“高新技术产品设计”又是深圳工业产品设计的典型形态，其不仅成长快而且不断衍生出一些新兴子业态。

1. 设计坊（design house）。最先在手机行业自发出现，并随着山寨手机的兴起而壮大，因此曾被定义为手机设计公司，主要是向制造商提供手机外观设计和总体解决方案。但近年来其发展已超出该领域。目前加入设计坊产业联盟（DHA）的深圳业者有1200多家（连同市外会员，该联盟会员已超过2000家）。六成左右属手机、MP3、MP4、GPS、芯片、上网本、平板电脑等电子通信业务；然后是近几年异军突起的生物医药，占15%左右；其他还涉及新能源、环保节能、光机电一体化等。鉴于“设计坊”接近“工业产品设计企业”的概念，涵盖了IC、软件、医疗器械等设计业者，本研究不再将其“单列”以避免重复统计。

2. 集成电路（IC）设计。作为一种独特业态，它专门服务于IC制造，且自英特尔以来就一直沿用代工、贴牌等现代商业模式。经过十多年的努力，深圳已崛起了一个涉及通信、手机和数字电视等诸多领域的“IC设计群”，拥有从设计、制造、封装测试到产品应用的完整IC产业链。2010年，全市IC设计企业达135家，其中有两家销售额超10亿元，进入国内十大IC设计商之列。

3. 软件开发。2010年深圳软件企业达1550余家，其中产值超亿元的有185家；从业人员逾32万人；研发投入达200亿元，占全市的60%以上，投入强度居各行业之首并高于全国同业平均水平；专利申请与授权量在全国同业居首，其中中兴、华为的专利合作协定（PCT）国际专利申请量分列全球第2、4位。9家深企跻身“2011年第10届中国软件业务收入百强”，且华为、中兴荣登榜首。

4. 生物医药研发外包（CRO）。CRO被视作当今最典型的研发服务业态，承担着全球1/3左右的新药研发任务，在国外已发展得相当成熟，近年来也流行于我国沪、京等地。目前深圳已有奥克、华测、源兴等业者涉足CRO市场。但总体上还发育得不够成熟，甚至没有关于CRO发展的统计数据，与上海（2009年其CRO产值达64.24亿元，同比增长28.48%）等地比较存在较大差距。

### （五）产业分布：研发空间分析

目前深圳的研发型企业以及高校、研究院所较多分布于南山区，尤其是其中的科技园和西丽片区。这种集聚态势符合一般规律，有望形成深圳的中关村、新竹园（我国台湾地区的名校、名院及高新产业集聚区）、128公路（美国东部高校高新产业集聚区）或硅谷（美国西部高校高新产业集聚区）。

### （六）产业成果：研发绩效分析

1. 产量类。近5年发表科研论文15040篇，SCI收录2709篇。

技术交易合同年均增长 20%，2010 年达 6913 宗。2010 年专利产出继续居全国前列：申请量 49430 件，增长 16.9%；PCT 国际专利申请量 5584 件，增长 47%；国内专利授权量 34951 件，增长 35%。

2. 产值类。因尚无统计规范，目前只能从三个侧面大致了解深圳研发产业总产值（2010 年）：一是按上海“研发总投入 ×3”的经验法估算约为 1000 亿元；二是按服务性产出法计算约为 474.63 亿元①（专业研发服务企业营收 132.32 亿元② + 设计产值 333.66 亿元③ + R&D 经费外部支出 8.65 亿元④）；三是按研发因子法计算约为 2191.69 亿元⑤（服务性研发产出 474.63 亿元 + 技术交易额 92.46 亿元⑥ + 核心版权产业增加值 415.13 亿元⑦ + 规模以上工业企业新产品增加值 1209.47 亿元⑧）。

## 四、深圳研发产业发展的 SWOT 分析

### （一）优势（strengths）：内部有利因素

1. 企业化程度高。以企业为主体的自主创新体系，有利于与市场保持同步从而充满活力。而企业拥有大量研发资源，也为研发

---

① 占深圳当年 GDP 的 4.99%，与北京知识服务业产值占其 GDP 5% 以上的比例相近。

② 数据来源于市统计局，仅指年营收入大于 500 万元的规模以上独立法人。

③ 据“2008 年设计产值 245 亿元，自 2003 年以来年均增长 16.7%”的数据（市工业设计协会）推估：$245 \times (1+16.7\%)^2 = 333.66$ 亿元，含 IC 设计。

④ 数据来源于市统计局，但深圳 R&D 外部支出并不完全流入本地（业者），同样本地（业者）也可能从异地获取部分 R&D 外部收入，这里假定两者相抵。

⑤ 约占深圳当年 GDP 的 23%，接近 10 年来深圳平均 25% 的 TFP 贡献率。

⑥ 数据来源于市技术市场办，市统计局数据为 70.30 亿元；因系产权性产出，其交易（知识产权交易）与产品销售类似，故区别于服务性产值。

⑦ 数据来源于 2010 年《深圳市版权产业发展状况》白皮书，系按版权因子法计算（涵盖软件业），但与其“核心版权产业增加值占深圳生产总值的比重为 15.39%”的说法存在矛盾。

⑧ 由深圳市统计局数据“2010 年规模以上工业企业新产品销售收入 5204.28 亿元 ×23.24%（当年全市平均工业增加值率）”得出。

产业化打下了基础。

2. 核心企业引领。一批研发型核心企业引领着集成电路、软件、生物医药（含医疗器械）、新能源以及先进制造业等产业集群发展，构成了深圳研发产业乃至整个市域经济蓬勃发展的强有力支撑。

3. “专”与“兼”并存。制药适于CRO，IC适于代工，嵌入式软件适于内部研发等，于是深圳形成了“专”与“兼”并存、研发业态多样化的格局和特色。

4. 侧重应（实）用研发。业者多从事应用研究和实验发展，且大多涉及工业设计，加上六个90%在企业，显示深圳目前的研发优势主要在应（实）用领域。

5. 重点领域突出。一是突出应（实）用领域；二是突出其中的高新技术领域；三是再突出其中的IT领域；四是进一步突出其中的软件、IC等优势领域。

6. 工业设计发达。一是规模大，各类设计业者达数千家；二是覆盖面广，涉及多产业尤其是高新技术领域；三是与文化创意产业结合，形成“相得益彰”之势等，体现出了“设计之都”在研发产业上的独特优势。

7. 市场化程度高。研发投入大都来源于本土企业、技术市场交易迅猛增长、设计坊大量自发涌现等现象，体现了深圳研发业的旺盛生命力和市场活力。

8. 空间集聚趋势明显。研发企业、高校机构和研究院所大量集中于南山区及其中的高新园区和西丽片区，形成产业集聚优势。

### （二）弱势（weaknesses）：内部不利因素

1. 产学研失衡。“六个90%”既体现了研发活动的市场化产业化优势，也反映了产学研失衡的弱势。国家级科研院所、本土大学与其经济实力更不相称。

2. 基础研究不足。如2009年用于基础研究的投入不足研发经费总量的1%，与美、英、以等创新型国家及京、沪等城市形成巨大反差。国家自然科学基金项目获批量也大幅落后于“同级”城市。

3. 一些领域相对薄弱。如近几年技术市场交易中生物医药类仅占10%左右，专业CRO机构更是屈指可数，与上海等差距很大。这与深圳缺乏临床研究基地、医药院校、动物实验基地、生物医药研发平台等有直接关系。

4. 产业空间布局与规划不尽合理。一方面，现有研发基地或集聚区出现空间承载力瓶颈；另一方面，分类布局特色不显著。

5. 业者间存在恶性竞争。尤其中小业者之间竞争激化，挖人才、打价格战、窃取研发成果、侵犯知识产权、技术骨干“带枪走人”等时有发生。

6. 研发资源外流。研发企业跨地域跨国发展本是一种常态，但深圳目前呈现出研发资源“流出 > 流入”的趋势，存在隐忧。

7. 资源环境瓶颈。与国内外许多城市或区域相比，面临“四个难以为继”的深圳不可能以丰腴低廉的土地、水电、人力等资源乃至宽松的排放条件等来吸引国内外研发产业投资，只能通过创造新优势来抵消这一劣势。

8. 行业发展不够成熟规范。深圳研发产业还处在自发成长期，尚无产业标准，缺乏统计数据，没有行业组织，运作不够规范，难以跟踪监管。

### （三）机遇（opportunities）：外部有利条件

1. 世界科技革命孕育新突破。各国加大了对科技发展的扶持力度，科技进步日新月异且正在孕育群体性突破，开启第四次浪潮的可能性大为增加。

2. 全球化不断深化。从产品销售全球化到生产全球化，再到现在的研发全球化，有利于深圳更多更好地利用国内外研发资源和市场。

3. 国内转变发展方式。国家确立了转变经济发展方式的主轴，有利于深圳率先走创新型、高端化发展道路，打造符合“转变”主题的研发产业。

4. 政策环境趋佳。国内已经出台一系列有利于研发产业发展的相关政策，还可能直接针对研发产业制定扶持政策。

5. 市场前景广阔。不论是市内外还是国内外，各界研发外包意识都在增强，R&D 外部支出增长加快，显示研发需求趋旺，外部市场潜力巨大。

6. 区位优势提升。《珠三角改革发展规划纲要》将深圳定为珠江口东岸中心，加上其“一区四市”的战略定位，有利于进一步强化其研发中心地位。

7. 区域创新体系优化。优化珠三角区域创新体系、打造深港创新圈、建设穗深港创新主轴等纲要内容，也将改善深圳研发产业发展的合作交流环境。

8. 外达及周边基础设施改善。广东省基础设施建设的一体化，“数字珠三角”的构建，厦深铁路、广深沿江高速、深中通道、深港东部通道、宝安机场扩容等项目的建设，都将改善深圳的区位环境并助推其研发产业的发展。

### （四）威胁（threats）：外部不利条件

1. 世界形势面临动荡。西方国家发生主权债务危机、美国实施货币量宽松政策、部分国家陷于政治动荡、局部地区冲突频仍等，使未来世界不确定因素增加。

2. 部分国家对华设置壁垒。一些国家设置对华贸易和技术壁垒（如华为收购美国 3Leaf 研发公司受阻），不利于我国利用国际市场和资源。

3. 中国香港的影响减弱。深圳当年快速崛起与毗邻香港，可就近引进境外市场经济制度和成熟技术有直接关系，如今发展研发产业则不再具此依附优势。

4. 面临一些地区的低端竞争。国内二、三线城市以低成本的土地、物业、水电，尤其是人力资源等展开竞争，也吸引并“吸走”了一些深圳研发业者。

5. 面临国内发达城市的高端竞争。国内一些发达城市纷纷提出研发产业发展方略并积极抢占先机，对深圳构成压力和挑战。

6. 面临新兴经济体的同质化竞争。印度等新兴经济体也开始进军国际研发市场并已在软件外包等领域捷足先登，增加了深圳同行业者“走出去”的难度。

7. 国内相关规范尚未确立。内涵、边界、分类、标准等模糊导致产业描述和统计困难，监测考核体系缺失，不利于研发产业有序发展。

8. 国内外相关理论研究滞后。这也不利于政府和业者的相关决策和实践，可能导致战略失据和盲目发展。

## 五、深圳研发产业发展的方略分析

“方略”（strategy）即总体、长远的努力方向与谋略，亦称战略、策略。“方略分析”或“方略设计”主要是确立事主应达到的总体长远目标（方向）及实现该目标所需要选择的基本路径。

### （一）发展意义

不论是从产业特质还是从本地条件看，研发产业都是深圳现在和未来应倚重的战略产业之一。大力发展研发产业对深圳具有缓解资源环境压力、加快发展方式转变、发挥本地既有优势、强化中心城市功能、提升国际区际分工地位、打造质量效益深圳、凸显创新型城市定位、优化财政收入结构等多重意义。

### （二）发展目标

1. 定位目标。深圳研发产业的战略定位为：潜在的战略性新兴产业，重要的新经济增长点，转变发展方式的关键环节，效益/质量深圳的有力保障，国家创新型城市的强劲支撑。据此并围绕“一区四市”的城市定位，深圳要力争成为全国研发产业化标杆城市、亚太地区研发产业重镇和国际研发联动枢纽城市。

2. 定性目标。一是建立研发产业规范；二是改善研发产业发展环境；三是增强研发产业实力；四是提高研发产业贡献率；五是优化研发产业结构；六是打造研发产业集群。

3. 定量目标。一是实现科技论著、专利等研发产出较快增长的“产量目标”；二是实现研发产值年均增长12%左右（高于“十二五”时期全市GDP增长率），至2015年达1700多亿元（按“上海估算法”基期为1000亿元）、2020年达3100多亿元等“产值目标”；三是实现至2015年研发产业对GDP贡献率达超11%等“结构目标”；四是实现研发产业竞争力指数进入国内城市三甲等“指数目标”。

### （三）发展路径

要实现深圳研发产业发展的上述目标，一要走市场化路径，二要走高端化路径，三要走集聚化路径，四要走多样化路径，五要走外部化路径，六要走一体化路径。

## 六、促进深圳研发产业发展的政策建议

### （一）产业规划与法律保障

着手研究制定深圳研发产业发展规划（部分省市已启动）：明确深圳从以制造和输出有形产品为主向以生产和输出无形知识产权为主的产业形态转变的必要性与重大意义；确立研发产业作为潜在新兴产业、重要经济增长点、转变发展方式关键环节、效益/质量深圳有力保障、国家创新型城市强劲支撑的战略定位；提出打造全

国研发产业化标杆城市、亚太地区研发产业重镇、国际研发联动枢纽城市及研发产业增长快于经济增长和全国同业增长等的战略目标（含定量目标）；给出实现这些目标及振兴研发产业的基本路径、重点布局和系列政策等。同时考虑借鉴国外的产业立法经验，将促进研发产业发展的内容纳入相关地方性法规修订案或研拟专项促进条例。

### （二）市场培育政策

一是需求培育，鼓励和引导各类机构实行研发外购或外包；二是供给培育，包括降低研发产业进入门槛、放宽准入条件、赋予优惠待遇，鼓励和支持投资、创业（孵化）或分离设置各类研发机构；三是“逆向”培育，引导和支持品牌制造企业拆分其制造部门，转而实行研发主导下的“委外生产”（代工）。

### （三）重点扶持政策

班加罗尔重点发展软件研发外包服务业。我国台湾地区侧重发展智慧财产服务、生计研发服务与 IC 应用研发服务业。上海提出重点发展张江药谷的 CRO 和紫竹科学园的软件外包业。深圳也需根据其在地条件和各产业成长潜力选择发展自己的重点研发产业：一是知识产权产业，包括工业产权（涉及专利、商标）、版权（著作权）、技术诀窍（know-how）等的生产、保护、应用、代理、交易、许可、投资、信托、质押等系列产业化活动；二是工业设计产业，包括 IC 研发设计、手机研发设计、软件研发设计、医疗器械研发设计以及部分传统工业设计，同时抢抓国家提出“到 2015 年形成 5 ~ 10 个辐射力强、带动效应显著的国家级工业设计示范园区”的机遇，率先规划、建设并申报“深圳国家级工业设计示范园区”；三是 CRO 产业，鉴于其在战略性新兴产业、高新技术产业及研发产业中的重要地位，需采取必要手段来补强这一薄弱领域，使之成为振兴深圳生物产业的突破口。

### （四）资金支持政策

一是支持研发企业申请认定为高新技术企业、软件和集成电路企业、工业设计企业及战略性新兴产业，以最大限度享受国家就这四类企（产）业已颁行的现成优惠政策；二是建立重点支持研发企业的政府风投引导基金，主要以参股方式投入创业阶段的研发企业，以期以一定量的公共投资引致倍加的各类民间或外来投资，共同推动研发企（产）业的发展；三是支持研发企业充分利用资本市场，包括引导风险投资（VC）、私募股权投资（PE）等社会资金投入研发企业并支持其到境内外上市；四是鼓励金融机构加大对研发企业的融资创新和支持力度。

### （五）人才支持政策

一是实施“研发人才梯次计划”，按高、中、低三个层次，研拟推行引进和培养研发人才的长期规划；二是实施“研发人才留住计划”，建立吸引并留住研发人才的激励性创业与安居机制；三是实施“研发人才储备计划”，建立第三方非营利性跨地域虚拟研发人才资源库和供需平台，实行研发人才的定期、有偿“租用”；四是实施“研发人才股份期权计划”，通过损益分享（担）建立研发人才长效激励机制并减少公司对“高薪养才”的“付现”压力。

### （六）集群化发展政策

一是依托深圳国家 IC 产业基地以及国民技术、中兴微电子等骨干业者，打造深圳 IC 设计产业集群；二是依托深圳软件园以及华为技术、金蝶软件等骨干业者，打造深圳软件产业集群；三是依托深圳国家生物医药产业基地以及生医联盟、华大基因等骨干业者，培育和打造深圳生物医药研发或 CRO 产业集群；四是依托拟建的“国家级工业设计示范园区”以及迈瑞、先健等骨干业者，打造深圳医疗器械设计产业集群；五是依托建科院、钟表院、家具院、黄金珠宝所等骨干业者，打造深圳传统工业设计产业集群；六是依托上述集群及各类知识产权组织、高交会等服务平台，打造深圳知识产权产业集群。

### （七）区域合作政策

一是加强与“毗邻”地区的合作，包括建设深港创新圈，打造穗深港创新主轴，推动构建珠三角集成电路设计协作网络、知识产权产业带、研发产业走廊等；二是加强与“附域”地区的合作，精心规划与广大附域地区的产业联系，加强与珠三角、“环珠”和“泛珠”地区以及全国乃至世界各国的产业分工与协作；三是加强与“标杆”地区的合作，包括与美德英印以等国家的国际合作、与港澳台地区的区际合作、与京沪穗等城市的城际合作。

### （八）行业规范政策

一是规范对象产业的概念，鉴于其具有“产品（权）”和“服务”两类产出，不宜将其简单地归于服务业而可称之为“研发产业”；二是按实际需要界定研发产业的范围，建议在涉及产业主体时按专门、独立等“狭义”亦即“窄域”标准来界定，在涉及投入产出时（因无法区分出“专门”与“非专门”业者的R&D投入、论著专利、技术交易额等）则按“广义”亦即“宽域”来界定；三是制定专门、独立研发业者认定标准，建议量化认定标准为：研发投入强度≥8%、研发人员比例≥30%、“研发服务营收+知识产权销售额+新产品增加值”占产出比重≥50%；四是建立研发产业同业公会，以加强行业联系、协作、维权、自律、规范及信息建设。

### （九）公共服务政策

一是建立推进工作机构，设立由一名分管副市长牵头、相关部门领导及外聘专家参与的“深圳研发产业促进工作领导小组”，下设办公室；二是加强加快公共研发服务平台建设，包括组建一个整合内外部相关资源的 CRO 公共服务平台；三是加强研发产业统计服务，包括建立一套完善的统计/检测/评价指标体系，以保证和促进研发产业的有序发展。

## 参考文献

［1］亚当·斯密（Adam Smith）. 国富论［M］. 中译本. 人民日报出版社，2009.

［2］代明. 管理新概念与新概念管理［M］. 中国社会科学出版社，2004.

［3］华东师范大学，上海市社科院课题组. 上海研发产业发展现状及建议. 上海科技发展研究中心：科技发展研究（15/245），2010－09－20；深圳市政府驻沪办事处：上海情况专报转载. 2011（49）.

［4］北京研发产业发展与竞争研究报告（2008）［R］. http：//www. BaoGaoBaoGao. com/.

［5］苏州市政府. 关于鼓励制造业企业分离发展现代服务业的若干意见. 苏府规字［2010］9 号. 2010－03－23.

［6］任伟宏等. 研发产业发展水平综合评价［J］. 科技进步与对策，2009/126－9（5）.

［7］I. Michael，I. F. Luger & S. R. Catherine. Evaluation of Maine's Public Investments in Research & Development［M］. Kenan Institute of Private Enterprise，2001：15－27.

［8］http：//www. census. gov/cgi-bin/sssd/naics/naicsrch？chart = 2007.

［9］http：//www. wisegeek. com/what-does-an-rd-company-do. htm.

［10］高汝熹等. 上海研发产业发展前景［J］. 上海经济研究. 2001（9）.

［11］黄鲁成，李晓英. 研发产业的产业关联与波及特点分

析——以上海为例［J］. 科学学与科学技术管理，2007/28（1）.

［12］上海图书馆/上海科技情报研究所官网［OL］. http：//www. library. sh. cn/.

［13］马春．美国研发服务业发展情况．http：//www. istis. sh. cn/list/list. aspx? id =2493.

［14］The National Science Foundation. U. S. R&D Companies Employed 27 Million Workers Worldwide in 2008. Press Release 2009 – 10 (113).

［15］马春．世界研发产业发展动态．http：//wenku. baidu. com/view/6a41200d4a7302768e9939b3. html.

［16］周天瑜，马勇．知识经济时代世界研发产业发展趋势探析［J］. 未来与发展，2008（12）.

［17］Gartner2007 年行业研究报告［R］. 2008 – 03 – 16.

［18］上海科技发展研究中心．印度研发产业发展的成功经验和启示［J］. 科技发展研究，2010（9）.

［19］周天瑜等．全球研发产业化进展及我国对策初探［J］. 生产力研究，2009（15）.

［20］上海科技发展研究中心．上海研发产业现状分析及建议［J］. 科技发展研究，2010（9）.

［21］简兆权，刘荣．广东研发服务业发展现状、问题与对策研究［J］. 科技管理研究，2010（16）.

［22］国家统计局，科技部，国家发改委，教育部，财政部，国防科工局：第二次全国科学研究与试验发展（R&D）资源清查主要数据公报［OL］. 2010 – 11 – 22. 国家统计局官网．

［23］深圳市统计局，市科技工贸委，市发改委，市教育局，市财政委：深圳市第二次全国科学研究与试验发展（R&D）资源清查主要数据公报［OL］. 2011 – 04 – 28. 深圳市统计局官网．

［24］深圳市统计局．关于研发产业的初步分析［J］. 统计分析，2011（20）.

［25］暨南大学代明课题组：深圳市科技中介市场体系建设现状与发展研究［R］. 2008.

［26］设计之都带来机遇和挑战［OL］. http：//szbbs.sznews.com/viewthread.php？tid = 462072.

［27］国家发改委等 9 部委关于促进自主创新成果产业化的若干政策（国办发［2008］128 号）. 2008 - 12 - 15.

［28］工信部等 11 部委关于促进工业设计发展的若干指导意见［O］. 工信部联产业［2010］390 号.

［29］国务院关于加快培育和发展战略性新兴产业的决定［O］. 国发［2010］32 号. 中国政府网，2010 - 10 - 18.

［30］产业结构调整指导目录（2011 年本）［O］. 国家发展和改革委员会公布.

［31］国家发改委：珠江三角洲地区改革发展规划纲要（2008—2020）［OL］. 中国网 2009 - 01 - 08 11：37.

［32］金城，丘慧慧. IC 设计——深圳抢占产业制高点. 深圳特区科技，2002（3）.

［33］中共深圳市委，深圳市人民政府关于加快转变经济发展方式的决定［O］. 2010 - 10 - 12，深发［2010］12 号.

［34］深圳市国民经济和社会发展第十二个五年规划纲要［O］. 深圳市政府在线，2011 - 03 - 29.

［35］国务院关于进一步鼓励软件产业和集成电路产业发展的若干政策［O］. 国发［2011］4 号.

［36］深圳市人民政府关于鼓励软件产业发展的若干政策［O］. 深府［2001］11 号.

［37］陈思平. 逆市增长：医疗器械产业成朝阳产业——中国医疗器械产业分析报告［J］. 深圳特区科技，2004（10）.

［38］国家发展改革委、财政部关于实施新兴产业创投计划、开展产业技术研究与开发资金参股设立创业投资基金试点工作的通知［O］. 发改高技［2009］2743 号.

[39] M. L. Weitzman. The Share Economy：Conquering Stagflation [M]. Cambridge，MA：Harvard University Press，1984.

[40] 国家集成电路设计深圳产业化基地等. 深圳市集成电路设计产业发展报告（2009 年度）[R]. 2010 - 03.